中國社會科學院歷史研究所專刊

劉琴麗 編著

漢魏六朝隋碑誌索引

第四冊

中國社會科學出版社

正　光

正光 001
元君妻成公氏墓誌

正光元年（520）正月。河南省孟津縣出土。

碑目著錄：

《漢魏六朝碑刻校注·總目提要》編號 1419。

《北朝隋代墓誌所在總合目錄》編號 240。

正光 002
安憙僧達法度磚銘

又名：安憙縣逢法度銘、法度磚銘。正光元年（520）八月十四日。河北定縣出土，羅振玉舊藏。磚高 23、寬 16 釐米。文隸書，3 行，行 4 至 7 字。

圖版著錄：

《北京圖書館藏中國歷代石刻拓本匯編》4 冊 88 頁。

《中國古代磚刻銘文集》上冊編號 0958。

錄文著錄：

《雪堂專錄·專誌徵存》5a，《羅雪堂先生全集》五編 3 冊 1273 頁。

《漢魏南北朝墓誌彙編》113 頁。

《中國古代磚刻銘文集》下冊編號 0958。

《全北魏東魏西魏文補遺》160 頁。

碑目著錄：

《石刻名彙》12/205b，《新編》2/2/1130 下。

《蒿里遺文目錄》3 上/3a，《新編》2/20/14982 上。

《漢魏六朝碑刻校注·總目提要》編號 1433。

《北朝隋代墓誌所在總合目錄》編號 229。

《北京大學圖書館藏歷代墓誌拓片目錄》編號 00213。

正光 003

韓玄墓誌

又名：□玄墓誌、俞玄誌、澄寂墓誌銘、齊州太守□澄家墓誌銘。神龜二年（519）十一月廿六日卒，正光元年（520）十月廿一日葬於臨淄南逢山之□阿。山東臨淄出土，一說山東益都出土。曾歸福山王懿榮、長白端方、貴州貴筑姚氏。石四周并殘缺，約高45.5、廣37.5釐米。文正書，15行，滿行17字。首題：魏故齊郡韓府君墓誌銘。

圖版著錄：

《漢魏南北朝墓誌集釋》圖版二二八，《新編》3/3/545。

《北京圖書館藏中國歷代石刻拓本匯編》4冊92頁。

錄文著錄：

《匋齋藏石記》7/1a–b，《新編》1/11/8042上。

《山左冢墓遺文》1b–2a，《新編》1/20/14898上—下。

（光緒）《益都縣圖志·金石志上》26/3b–4a，《新編》3/27/412下—413上。

（民國）《臨淄縣志·金石志上》4/82a–83a，《新編》3/27/542下—543上。

《魯迅輯校石刻手稿·墓誌》上冊111—112頁。

《漢魏南北朝墓誌彙編》113頁。

《全北魏東魏西魏文補遺》160頁。

碑目題跋著錄：

《匋齋藏石記》7/2b–3a，《新編》1/11/8042下—8043上。

《藝風堂金石文字目》18/1b，《新編》1/26/19814上。

《再續寰宇訪碑錄校勘記》4a，《新編》1/27/20461下。

《金石彙目分編》10（補遺）/22b。《新編》1/28/21224下。

《石刻題跋索引》138頁右，《新編》1/30/22476。

《石刻名彙》2/10a、2/10b、第一編"誌銘類"續補1b，《新編》2/2/1029下、1138下。

《崇雅堂碑錄補》1/6b，《新編》2/6/4553下。

（宣統）《山東通志·藝文志》卷152，《新編》2/12/9381下。

《山左碑目》4/8b，《新編》2/20/14867下。

《山左南北朝石刻存目》2a，《新編》2/20/14885下。

《蒿里遺文目錄》2（1）/2a，《新編》2/20/14944下。

《漢魏南北朝墓誌集釋》5/48b，《新編》3/3/130。

《國立北平圖書館藏碑目》5a，《新編》3/36/251上。

《古誌彙目》1/6b，《新編》3/37/16。

《碑帖跋》44頁，《新編》3/38/192、4/7/425下。

《壬癸金石跋》26a–27a，《新編》4/7/271上—下。

《再續寰宇訪碑錄》卷上，《羅振玉學術論著集》第五集，434頁。

《墓誌徵存目錄》卷1，《羅振玉學術論著集》第五集，565頁。

《歷代墓誌銘拓片目錄》13頁。

《增補校碑隨筆》（修訂本）200—201頁。

《六朝墓誌檢要》（修訂本）70頁。

《漢魏六朝碑刻校注·總目提要》1435、1437。

《齊魯碑刻墓誌研究》"附表"364頁。

《北朝隋代墓誌所在總合目錄》編號230。

《北京大學圖書館藏歷代墓誌拓片目錄》編號00215。

備考：因為出土地點存在爭議，故部分文獻重複著錄。

正光004

元氏妻趙光墓誌并蓋

正光元年（520）七月廿日薨於永康里，十月廿一日葬於莨陵之側，西去瀍澗之水五里有餘，東去武穆王陵二里之半。1926年洛陽城北姚凹村東出土，曾歸三原于右任，今存西安碑林博物館。誌高41、寬45釐米。蓋及誌文均正書，蓋文2行，滿行5字；誌文20行，滿行20字。蓋題：魏故元氏趙夫人墓誌銘。

圖版著錄：

《漢魏南北朝墓誌集釋》圖版六四，《新編》3/3/352–353。

《北京圖書館藏中國歷代石刻拓本匯編》4 冊 91 頁。

《鴛鴦七誌齋藏石》圖 50。

《西安碑林全集》60/259－265。

《洛陽出土北魏墓誌選編》圖版七五，289 頁。

《漢魏六朝碑刻校注》5 冊 75 頁。

錄文著錄：

《洛陽出土北魏墓誌選編》正光二，53 頁。

《漢魏南北朝墓誌彙編》113—114 頁。

《漢魏六朝碑刻校注》5 冊 76 頁。

《全北魏東魏西魏文補遺》161 頁。

碑目題跋著錄：

《石刻題跋索引》138 頁右，《新編》1/30/22476。

《古誌新目初編》1/5a，《新編》2/18/13694 上。

《漢魏南北朝墓誌集釋》3/16a，《新編》3/3/65。

《國立北平圖書館藏碑目》5a，《新編》3/36/251 上。

《蒿里遺文目錄續編・元魏宗室妃主誌存》12a，《新編》3/37/542 下。

《元氏誌錄補遺》1b，《新編》3/38/55 上。

《墓誌徵存目錄》卷 1，《羅振玉學術論著集》第五集，564 頁。

《洛陽出土石刻時地記》正光 002，22 頁。

《歷代墓誌銘拓片目錄》13 頁。

《六朝墓誌檢要》（修訂本）70 頁。

《漢魏六朝碑刻校注・總目提要》編號 1436。

《北朝隋代墓誌所在總合目錄》編號 231。

《北京大學圖書館藏歷代墓誌拓片目錄》編號 00214。

正光 005

宮内大監劉阿素墓誌

正光元年（520）八月卒於洛陽宮，十月遷葬於陵山，宮人典御監秦阿女等立。1918 年，洛陽城北南石山村東出土，曾歸三原于右任，今存西安碑林博物館。誌高 45、寬 36 釐米。文正書，13 行，滿行 16 字。首題：大魏正光元年歲在庚子魏宮內大監劉阿素墓誌銘。

圖版著錄：

《漢魏南北朝墓誌集釋》圖版二九，《新編》3/3/308。

《北京圖書館藏中國歷代石刻拓本匯編》4 冊 93 頁。

《鴛鴦七誌齋藏石》圖 51。

《中國金石集萃》7 函 4 輯編號 31。

《西安碑林全集》60/266－271。

《洛陽出土北魏墓誌選編》圖版七四，288 頁。

《漢魏六朝碑刻校注》5 冊 79 頁。

錄文著錄：

《芒洛冢墓遺文三編》7b－8a，《新編》1/19/14111 上—下。

《誌石文錄》卷上/17a－b，《新編》2/19/13750 上。

《魯迅輯校石刻手稿·墓誌》上冊 115—116 頁。

《洛陽出土北魏墓誌選編》正光一，52—53 頁。

《漢魏南北朝墓誌彙編》114—115 頁。

《漢魏六朝碑刻校注》5 冊 80 頁。

《全北魏東魏西魏文補遺》161 頁。

碑目題跋著錄：

《石刻題跋索引》138 頁左，《新編》1/30/22476。

《石刻名彙》2/10b，《新編》2/2/1029 下。

《崇雅堂碑錄補》1/7a，《新編》2/6/4554 上。

《古誌新目初編》1/5a，《新編》2/18/13694 上。

《蒿里遺文目錄》2（3）/3b，《新編》2/20/14978 上。

《漢魏南北朝墓誌集釋》2/6b，《新編》3/3/46。

《國立北平圖書館藏碑目》5a，《新編》3/36/251 上。

《循園古冢遺文跋尾》3/4a－b，《新編》3/38/22 下。

《雪堂金石文字跋尾》2/22a，《新編》3/38/298 下。

《墓誌徵存目錄》卷 1，《羅振玉學術論著集》第五集，565 頁。

《歷代墓誌銘拓片目錄》13 頁。

《六朝墓誌檢要》（修訂本）70—71 頁。
《洛陽出土石刻時地記》正光 001，22 頁。
《漢魏六朝碑刻校注·總目提要》編號 1438。
《北朝隋代墓誌所在總合目錄》編號 232。
《北京大學圖書館藏歷代墓誌拓片目錄》編號 00216。

正光 006
阿陽令假安定太守邵真墓誌

正光元年（520）十一月三日葬於明堂北鄉永貴里。1955 年陝西省西安市郊任家口村西北一里許出土，現藏西安碑林博物館。誌長 98、寬 95 釐米。文 11 行，滿行 15 字，正書。首題：魏故阿陽令假安定太守邵君墓誌銘。

圖版、錄文著錄：
《西安碑林全集》61/274－277。（圖）
《新中國出土墓誌·陝西（貳）》上冊 1 頁（圖）、下冊 1 頁（文）。
《漢魏六朝碑刻校注》5 冊 81—82 頁。（圖、文）
《漢魏南北朝墓誌彙編》115 頁。（文）
《全北魏東魏西魏文補遺》162 頁。（文）

碑目題跋著錄：
《語石》4/12a，《新編》2/16/11923 下。
《六朝墓誌檢要》（修訂本）71 頁。
《碑帖鑒定》169 頁。
《碑帖敘錄》86 頁。
《漢魏六朝碑刻校注·總目提要》編號 1439。
《北朝隋代墓誌所在總合目錄》編號 234。

論文：
陝西省文物管理委員會：《西安任家口北魏 M229 號北魏墓清理簡報》，《文物》1955 年第 12 期。

正光 007
游擊府功曹參軍劉滋墓誌

永平三年（510）六月卒於京師，夫人趙氏神龜元年（518）卒於私第，正光元年（520）十一月三日葬於京西北五十里張桑川。河南洛陽出土，石存洛陽。原誌高 27、寬 34 釐米。文正書，17 行，滿行 13 字。

著錄：

《洛陽出土歷代墓誌輯繩》33 頁。（圖）

《洛陽出土北魏墓誌選編》正光三，53—54 頁；圖版七六，290 頁。（圖、文）

《漢魏六朝碑刻校注》5 冊 83—84 頁。（圖、文）

《全北魏東魏西魏文補遺》162 頁。（文）

《漢魏六朝碑刻校注·總目提要》編號 1440。（目）

《北朝隋代墓誌所在綜合目錄》編號 233。（目）

正光 008

鎮遠將軍安州刺史元賄墓誌

神龜三年（520）四月廿六日卒於第，正光元年（520）十一月十四日葬於景陵東阿步龍之剛。洛陽老城北安駕溝村出土，石存洛陽博物館。誌高 68.5、寬 67.5 釐米。文正書，24 行，滿行 25 字。首題：魏故鎮遠將軍安州刺史元□（使）□成公墓誌銘。

著錄：

《洛陽出土歷代墓誌輯繩》34 頁。（圖）

《北魏皇家墓誌二十品》編號 10。（圖）

《洛陽出土北魏墓誌選編》圖版七七，291 頁；正光四，54 頁。（圖、文）

《漢魏六朝碑刻校注》5 冊 87—88 頁。（圖、文）

《全北魏東魏西魏文補遺》164 頁。（文）

《漢魏六朝碑刻校注·總目提要》編號 1442。（目）

《北朝隋代墓誌所在綜合目錄》編號 235。（目）

正光 009

元譿墓誌

神龜三年（520）三月十四日薨於洛陽，十一月十四日葬於洛陽之西山、滙澗之東。1920 年洛陽城北安駕溝村西小塚內出土，石存河南博物院。誌高 61、寬 62 釐米。文 16 行，滿行 15 字，正書。首題：大魏故假節鎮遠將軍恆州刺史諡曰宣公元使君墓誌銘。

圖版著錄：
《漢魏南北朝墓誌集釋》圖版一七七，《新編》3/3/483。
《北京圖書館藏中國歷代石刻拓本匯編》4 冊 84 頁。
《中國金石集萃》7 函 3 輯編號 29。
《洛陽出土北魏墓誌選編》圖版七二，286 頁。
《漢魏六朝碑刻校注》5 冊 90 頁。
《河洛墓刻拾零》上冊 27 頁。

錄文著錄：
《芒洛冢墓遺文四編》1/15b – 16a，《新編》1/19/14156 上—下。
《誌石文錄》卷上/17a，《新編》2/19/13750 上。
《洛陽出土北魏墓誌選編》神龜一四，51 頁。
《漢魏南北朝墓誌彙編》115—116 頁。
《漢魏六朝碑刻校注》5 冊 91 頁。
《全北魏東魏西魏文補遺》162—163 頁。

碑目題跋著錄：
《石刻題跋索引》137 頁右，《新編》1/30/22475。
《石刻名彙》2/10b，《新編》2/2/1029 下。
《崇雅堂碑錄》1/16a，《新編》2/6/4491 下。
《古誌新目初編》1/5a，《新編》2/18/13694 上。
《蒿里遺文目錄》2（3）/1b，《新編》2/20/14977 上。
《夢碧簃石言》5/13b，《新編》3/2/219 上。
《漢魏南北朝墓誌集釋》4/36b，《新編》3/3/106。
《國立北平圖書館藏碑目》5a，《新編》3/36/251 上。
《循園古冢遺文跋尾》3/3b – 4a，《新編》3/38/22 上—下。
《元氏誌錄》2a、7a，《新編》3/38/47 下、50 上。
《墓誌徵存目錄》卷 1，《羅振玉學術論著集》第五集，564 頁。
《松翁近稿》，《羅振玉學術論著集》第十集（上）60 頁。

《洛陽出土石刻時地記》神龜 014，22 頁。
《歷代墓誌銘拓片目錄》12 頁。
《增補校碑隨筆》（修訂本）198 頁。
《六朝墓誌檢要》（修訂本）68 頁。
《漢魏六朝碑刻校注‧總目提要》編號 1443。
《北朝隋代墓誌所在總合目錄》編號 236。
《北京大學圖書館藏歷代墓誌拓片目錄》編號 00211。
備考：元譿，《魏書》卷二一上、《北史》卷十九附《元諡傳》。

正光 010

張弁墓誌

神龜三年（520）二月廿八日卒於宅，其年十一月十五日葬於底閣城西北二里。石藏河北正定墨香閣。誌長、寬均 69 釐米。文 28 行，滿行 28 字。首題：魏故清河太守張府君之石誌銘。

著錄：
《墨香閣藏北朝墓誌》16—17 頁。（圖、文）

正光 011

元孟輝墓誌

神龜三年（520）三月廿二日終於篤恭里第，十一月十五日葬於東垣之陵。1926 年洛陽城北陳莊村出土，曾歸三原于右任，今存西安碑林博物館。誌高 52、寬 54 釐米。文正書，22 行，滿行 21 字。首題：魏故給事中晉陽男元君墓誌銘。

圖版著錄：
《漢魏南北朝墓誌集釋》圖版四五，《新編》3/3/329。
《北京圖書館藏中國歷代石刻拓本匯編》4 冊 85 頁。
《鴛鴦七誌齋藏石》圖 48。
《中國金石集萃》7 函 3 輯編號 30。
《西安碑林全集》60/251－258。
《漢魏六朝碑刻校注》5 冊 92 頁。
錄文著錄：

《洛陽出土北魏墓誌選編》神龜一五，51—52 頁。

《漢魏南北朝墓誌彙編》116 頁。

《漢魏六朝碑刻校注》5 冊 93 頁。

《全北魏東魏西魏文補遺》163 頁。

碑目題跋著錄：

《石刻題跋索引》137 頁右，《新編》1/30/22475。

《古誌新目初編》1/5a，《新編》2/18/13694 上。

《漢魏南北朝墓誌集釋》3/10b，《新編》3/3/54。

《國立北平圖書館藏碑目》5a，《新編》3/36/251 上。

《元氏誌錄補遺》1b，《新編》3/38/55 上。

《墓誌徵存目錄》卷 1，《羅振玉學術論著集》第五集，564 頁。

《洛陽出土石刻時地記》神龜 015，22 頁。

《歷代墓誌銘拓片目錄》12 頁。

《六朝墓誌檢要》（修訂本）68 頁。

《漢魏六朝碑刻校注·總目提要》編號 1444。

《北朝隋代墓誌所在綜合目錄》編號 237。

《北京大學圖書館藏歷代墓誌拓片目錄》編號 00212。

正光 012

司馬昞墓誌并蓋

又名：司馬景和墓誌。正光元年（520）七月廿五日薨於河內城，庚子年（正光元年）十一月廿六日葬於本鄉溫城西十五都鄉孝義之里。清乾隆二十年（1755）河南孟縣東北八里葛村出土，曾歸張大士、邑令周洵，貴州貴築姚氏舊藏，後亡佚。誌高 54、寬 57 釐米；蓋高 49、寬 51 釐米。蓋正書，1 行 3 字。誌文正書，18 行，滿行 17 字。首題：魏故持節左將軍平州刺史宜陽子司馬使君墓誌銘；蓋題：墓誌銘。

圖版著錄：

《漢魏南北朝墓誌集釋》圖版二三〇，《新編》3/3/547-548。

《北京圖書館藏中國歷代石刻拓本匯編》4 冊 95—96 頁。

《漢魏六朝碑刻校注》5 冊 96 頁。

錄文著錄：

《金石萃編》29/3b－4b，《新編》1/1/510 上—下。

《匋齋藏石記》7/3a，《新編》1/11/8043 上。（蓋）

《古誌石華》2/11a－12a，《新編》2/2/1168 上—下。

《宜祿堂收藏金石記》卷 11，《新編》2/5/3425 下。

（乾隆）《新修懷慶府志·金石志》27/15a－b，《新編》3/28/657 上。

（乾隆）《孟縣志·金石上》7/10b－11a，《新編》3/29/337 下—338 上。

《中州冢墓遺文》2b－3a，《新編》3/30/269 下—270 上。

《碑版廣例》7/19a－20a，《新編》3/40/323 上—下。

《全後魏文》57/5a－b，《全文》4 冊 3799 上。

《魯迅輯校石刻手稿·墓誌》上冊 123 頁。（蓋）

《漢魏南北朝墓誌彙編》117—118 頁。

《漢魏六朝碑刻校注》5 冊 97 頁。

碑目題跋著錄：

《金石萃編》29/7a－8a，《新編》1/1/512 上—下。

《匋齋藏石記》7/3b，《新編》1/11/8043 上。

《集古求真》1/16a，《新編》1/11/8485 下。

《授堂金石三跋·一跋》3/13b－14a，《新編》1/25/19106 上—下。

《平津讀碑記》2/15b－16a，《新編》1/26/19369 上—下。

《唐風樓金石文字跋尾》，《新編》1/26/19842 上。

《寰宇訪碑錄》2/6a，《新編》1/26/19863 下。

《寰宇訪碑錄校勘記》2/1a，《新編》1/27/20109 上。

《金石彙目分編》9（2）/64b，《新編》1/28/20985 下。

《石刻題跋索引》138 頁左，《新編》1/30/22476。

《石刻名彙》2/10b，《新編》2/2/1029 下。

《古誌石華》2/12a，《新編》2/2/1168 下。

《宜祿堂收藏金石記》卷 11，《新編》2/5/3425 下—3426 上。附馮敏昌跋。

《宜祿堂金石記》2/6b，《新編》2/6/4220 下。

《崇雅堂碑錄》1/16b，《新編》2/6/4491 下。

《河朔訪古新錄》13/1b，《新編》2/12/8943 上。

《河朔金石目》10/1a－b，《新編》2/12/9008 上。

《寶鴨齋題跋》卷上/22a，《新編》2/19/14345 下。

《寰宇貞石圖目錄》卷下/4a，《新編》2/20/14679 上。

《中州金石目錄》2/5a，《新編》2/20/14694 上。

《蒿里遺文目錄》2（1）/2a，《新編》2/20/14944 下。

《夢碧簃石言》6/2a，《新編》3/2/225 下。

《漢魏南北朝墓誌集釋》5/48b－49b，《新編》3/3/130－132。附《蛾術編》《獨笑齋金石考略》。

（乾隆）《孟縣志·金石上》7/11a－13a，《新編》3/29/338 上—339 上。

（民國）《孟縣志·金石》9/3b－4a，《新編》3/29/450 上—下。

《河朔新碑目》下卷/20a，《新編》3/35/590 下。

《河南古物調查表證誤》6b，《新編》3/35/594 下。

《石目》，《新編》3/36/73 上。

《中州金石目》2/16a，《新編》3/36/159 下。

《國立北平圖書館藏碑目》5a，《新編》3/36/251 上。

《古誌彙目》1/6a、6b，《新編》3/37/15、16。

《雪堂金石文字跋尾》2/21b－22a，《新編》3/38/298 上—下。

《中國金石學講義·正編》21b，《新編》3/39/160。

《漢魏六朝志墓金石例》2/14b，《新編》3/40/410 下。

《漢魏六朝墓銘纂例》4/4b－5a，《新編》3/40/460 下—461 上。

《讀碑小箋》，《羅振玉學術論著集》第三集，38 頁。

《俑廬日札》，《羅振玉學術論著集》第三集，136 頁。

《墓誌徵存目錄》卷 1，《羅振玉學術論著集》第五集，565 頁。

《歷代墓誌銘拓片目錄》13 頁。

《碑帖鑒定》169 頁。

《善本碑帖錄》2/69。

《碑帖敍錄》52頁。

《增補校碑隨筆》（修訂本）199頁。

《六朝墓誌檢要》（修訂本）69—70頁。

《漢魏六朝碑刻校注·總目提要》編號1446。

淑德大學《中國石刻拓本目錄》"墓誌"編號86。

《北朝隋代墓誌所在總合目錄》編號238。

《北京大學圖書館藏歷代墓誌拓片目錄》編號00218。

備考：司馬昞，字景和，《魏書》卷三七附《司馬叔璠傳》。

正光013

王曦墓誌

正光元年（520）九月十三日卒於京師，十一月葬於洛陽西北廿里亶甫山奇之陽。1996年洛陽孟津出土。誌高64、寬37.5、厚10釐米，圭形墓誌。文正書，18行，滿行25字。首題：魏故鎮南長史王府君墓誌。

論文：

王沛、王木鐸：《北魏王曦墓誌簡析》，《洛陽考古》2016年第1期。（圖、文）

正光014

李璧墓誌并陰

神龜二年（519）二月廿一日卒於洛陽里之宅，正光元年（520）十二月廿一日遷葬冀州勃海郡條縣南古城之東崗。清光緒季年直隸景州出土，歸山東濟南金石保存所，1950年撥交山東古代文物管理委員會，後入藏山東省博物館。誌高105、寬89、厚15釐米。文正書，33行，滿行31字，文上空處斜刻12字；碑陰14行，行4至10字不等。

圖版著錄：

《漢魏南北朝墓誌集釋》圖版二三二，《新編》3/3/550－551。

《北京圖書館藏中國歷代石刻拓本匯編》4冊97—98頁。

《漢魏六朝碑刻校注》5 冊 98—99 頁。
《山東石刻分類全集·歷代墓誌》19 頁。（碑陽）
錄文著錄：
《京畿冢墓遺文》卷上/4b–6b，《新編》1/18/13610 下—13611 下。
（民國）《續修歷城縣志·金石考》31/14a–16a，《新編》3/25/393 下—394 下。
《魯迅輯校石刻手稿·墓誌》上冊 117—122 頁。
《漢魏南北朝墓誌彙編》118—120 頁。
《漢魏六朝碑刻校注》5 冊 100—101 頁。
《全北魏東魏西魏文補遺》165—166 頁。
《山東石刻分類全集·歷代墓誌》18 頁。（碑陽）
碑目題跋著錄：
《續補寰宇訪碑錄》3/8a，《新編》1/27/20318 下。
《石刻題跋索引》138 頁右，《新編》1/30/22476。
《石刻名彙》第一編"誌銘類"續補 1a，《新編》2/2/1138 下。
（宣統）《山東通志·藝文志》卷 152，《新編》2/12/9324 上。
《寰宇貞石圖目錄》卷下/4a，《新編》2/20/14679 上。
《蒿里遺文目錄》2（1）/2a，《新編》2/20/14944 下。
《夢碧簃石言》4/18b，《新編》3/2/207 下。
《求恕齋碑錄》，《新編》3/2/525 上。
《漢魏南北朝墓誌集釋》5/50a–b，《新編》3/3/133。附《寐叟題跋二集》上、《九鐘精舍金石跋尾甲編》等跋。
（民國）《續修歷城縣志·金石考》31/16a–b，《新編》3/25/394 下。
《國立北平圖書館藏碑目》5a，《新編》3/36/251 上。
《古誌彙目》1/6b，《新編》3/37/16。
《循園古冢遺文跋尾》3/4b–5b，《新編》3/38/22 下—23 上。
《碑帖跋》70 頁，《新編》3/38/218、4/7/432 上。
《墓誌徵存目錄》卷 1，《羅振玉學術論著集》第五集，565 頁。
《歷代墓誌銘拓片目錄》13 頁。

《碑帖鑒定》169 頁。

《碑帖敘錄》77 頁。

《增補校碑隨筆》（修訂本）200 頁。

《六朝墓誌檢要》（修訂本）71—72 頁。

《齊魯碑刻墓誌研究》"附表" 364 頁。

《漢魏六朝碑刻校注·總目提要》編號 1447。

淑德大學《中國石刻拓本目錄》"墓誌" 編號 88—89。

《北朝隋代墓誌所在總合目錄》編號 239。

《北京大學圖書館藏歷代墓誌拓片目錄》編號 00219。

論文：

王夢筆：《北魏〈李璧墓誌〉研究二題》，《中國書法》2016 年第 4 期。

于芹：《李璧墓誌探析》，《中原文物》2016 年第 5 期。

正光 015

孫尊墓誌

正光元年（520）。河南洛陽出土。文正書，12 行，滿行 17 字。

碑目題跋著錄：

《石刻名彙》2/10b，《新編》2/2/1029 下。

《碑帖鑒定》175、177 頁。（節文）

《六朝墓誌檢要》（修訂本）72 頁。

《漢魏六朝碑刻校注·總目提要》編號 1448。

《北朝隋代墓誌所在総合目錄》編號 241。

備考：《碑帖鑒定》所載"□尊墓誌"墓誌，從時間"正光□年"，出土地在洛陽，字體"正書"等諸多信息推測，可能是《石刻名彙》所載的孫尊墓誌，故附此。

正光 016

臨淄令□君墓誌

正光元年（520）。山東省益都出土。

碑目著錄：

《齊魯碑刻墓誌研究》"附表" 364 頁。

《漢魏六朝碑刻校注·總目提要》編號 1449。

《北朝隋代墓誌所在総合目錄》編號 242。

正光 017

張君殘墓誌

正光二年（521）二月五日葬。河南洛陽出土。拓片高 24.5、寬 44.5 釐米。文正書，15 行，滿行 10 字。首題：（上缺）史張君墓誌。

碑目著錄：

《北京大學圖書館藏歷代墓誌拓片目錄》編號 00220。

正光 018

元恪嬪司馬顯姿墓誌

別名"世宗嬪司馬顯姿墓誌"、"宣武皇帝第一貴嬪夫人司馬氏墓誌銘"。正光元年（520）十二月十九日薨於金墉，正光二年（521）二月廿二日倍（陪）葬景陵。1917 年洛陽城西北水泉村出土，一說洛陽城北廿里伯樂凹村東出土。曾歸陽湖董氏、武進陶蘭泉、上虞羅振玉，今存遼寧省博物館。誌高、寬各 68 釐米。文正書，21 行，滿行 22 字。首題：魏故世宗宣武皇帝第一貴嬪夫人司馬氏墓誌銘。

圖版著錄：

《漢魏南北朝墓誌集釋》圖版三〇，《新編》3/3/309。

《六朝墓誌菁英二編》，《新編》4/3/209 上右—210 下右。

《北京圖書館藏中國歷代石刻拓本匯編》4 冊 100 頁。

《中國金石集萃》7 函 4 輯編號 32。

《洛陽出土北魏墓誌選編》圖版七九，293 頁。

《北魏皇家墓誌二十品》編號 11。

《遼寧省博物館藏碑誌精粹》62 頁。

《漢魏六朝碑刻校注》5 冊 105 頁。

錄文著錄：

《芒洛冢墓遺文三編》8a–9a，《新編》1/19/14111 下—14112 上。
《滿洲金石志別錄》卷上/13b–14b，《新編》1/23/17404 上—下。
《誌石文錄》卷上/17b–18a，《新編》2/19/13750 上—下。
《魯迅輯校石刻手稿·墓誌》上冊 124—126 頁。
《洛陽出土北魏墓誌選編》正光六，55 頁。
《漢魏南北朝墓誌彙編》120—121 頁。
《漢魏六朝碑刻校注》5 冊 106 頁。
《遼寧省博物館藏碑誌精粹》62 頁。
《全北魏東魏西魏文補遺》166—167 頁。

碑目題跋著錄：

《石刻題跋索引》138 頁右，《新編》1/30/22476。
《石刻名彙》第一編"誌銘類"續補 1b，《新編》2/2/1188 下。
《崇雅堂碑錄》1/16b，《新編》2/6/4491 下。
《古誌新目初編》1/5a，《新編》2/18/13694 上。
《蒿里遺文目錄》2（3）/3a，《新編》2/20/14978 上。
《夢碧簃石言》5/13b，《新編》3/2/219 上。
《漢魏南北朝墓誌集釋》2/7a，《新編》3/3/47。附《九鐘精舍金石跋尾乙編》。
《國立北平圖書館藏碑目》5a，《新編》3/36/251 上。
《循園古冢遺文跋尾》3/5b–6a，《新編》3/38/23 上—下。
《元氏誌錄》2a、8a，《新編》3/38/47 下、50 下。
《碑帖跋》77 頁，《新編》3/38/225、4/7/434 上。
《雪堂金石文字跋尾》2/22b–23a，《新編》3/38/298 下—299 上。
《墓誌徵存目錄》卷1，《羅振玉學術論著集》第五集，565 頁。
《洛陽出土石刻時地記》北魏正光 004，22 頁。
《歷代墓誌銘拓片目錄》13 頁。
《六朝墓誌檢要》（修訂本）72 頁。
《遼寧省博物館藏碑誌精粹》63 頁。
《漢魏六朝碑刻校注·總目提要》編號 1451。
淑德大學《中國石刻拓本目錄》"墓誌"編號 90。

《北朝隋代墓誌所在總合目錄》編號244。

《北京大學圖書館藏歷代墓誌拓片目錄》編號00221。

論文：

陳小青：《〈北魏司馬顯姿墓誌〉考釋》，《圖書館雜誌》2006年第11期。

正光019

穆纂墓誌并蓋

正光二年（521）二月十八日卒於京師宜年里宅，廿八日遷葬景陵之右。1926年洛陽城西北水泉村出土，曾歸三原于右任，今存西安碑林博物館。誌高55、寬54釐米；蓋高、寬均49釐米。文正書，26行，滿行26字。蓋正書，2行，行3字。首題：魏故東荊州長史征虜將軍潁川太守穆君墓誌銘；蓋題：穆君墓誌之銘。

著錄圖版：

《漢魏南北朝墓誌集釋》圖版二三三，《新編》3/3/552－553。

《北京圖書館藏中國歷代石刻拓本匯編》4冊101—102頁。

《鴛鴦七誌齋藏石》圖53。

《中國金石集萃》7函4輯編號33。（誌）

《西安碑林全集》61/278－283。（誌）

《漢魏六朝碑刻校注》5冊108頁。

錄文著錄：

《洛陽出土北魏墓誌選編》正光七，56頁。

《漢魏南北朝墓誌彙編》121—122頁。

《漢魏六朝碑刻校注》5冊109頁。

《全北魏東魏西魏文補遺》167—168頁。

碑目題跋著錄：

《石刻題跋索引》138頁右，《新編》1/30/22476。

《古誌新目初編》1/5a、11b，《新編》2/18/13694上、13697上。

《漢魏南北朝墓誌集釋》5/50b－51a，《新編》3/3/134－135。

《墓誌徵存目錄》卷1，《羅振玉學術論著集》第五集，565頁。

《國立北平圖書館藏碑目》5a,《新編》3/36/251 上。

《洛陽出土石刻時地記》北魏正光 005,23 頁。

《歷代墓誌銘拓片目錄》14 頁。

《六朝墓誌檢要》(修訂本) 72 頁。

《漢魏六朝碑刻校注・總目提要》編號 1452。

淑德大學《中國石刻拓本目錄》"墓誌"編號 91—92。

《北朝隋代墓誌所在總合目錄》編號 245。

《北京大學圖書館藏歷代墓誌拓片目錄》編號 00222。

正光 020

郭翻墓誌

正光二年(521)二月廿一日卒於洛陽壽安里,其年三月十六日歸葬於偏城之北崗。出土時地不詳,今存山西省高平市馬村鎮大周村。誌方形,邊長 40 釐米。蓋篆書,3 行,行 3 字;誌文正書,19 行,滿行 19 字。蓋題:大魏故郭將軍之墓誌。首題:魏故襄威將軍積射將軍郭君誌銘。

碑目著錄:

《北朝隋代墓誌所在總合目錄》編號 243。

論文:

安建峰:《〈魏故襄威將軍積射將軍郭君誌銘〉考》,《文物世界》2014 年第 2 期。(圖、文)

正光 021

宮品一太監劉華仁墓誌

又名"劉莘仁墓誌"。正光二年(521)正月卒於洛陽宮內,三月遷葬於陵山,正光二年三月十七日造。王遺女撰文。1925 年洛陽城北南石山村東出土,經茹古閣售與開封關葆謙,後歸蘇州古物保存會,抗日戰爭時石毀。誌高 46.5、廣 53 釐米。文正書,18 行,滿行 15 字。首題:大魏正光二年歲在辛丑三月己巳朔十七日乙酉魏宮品一太監墓誌銘。

圖版著錄:

《漢魏南北朝墓誌集釋》圖版三一，《新編》3/3/310。
《北京圖書館藏中國歷代石刻拓本匯編》4 冊 103 頁。
《中國金石集萃》8 函 4 輯編號 40。
《漢魏六朝碑刻校注》5 冊 111 頁。

錄文著錄：

《魯迅輯校石刻手稿·墓誌》上冊 127—128 頁。
《洛陽出土北魏墓誌選編》正光八，56—57 頁。
《漢魏南北朝墓誌彙編》122 頁。
《漢魏六朝碑刻校注》5 冊 112 頁。
《全北魏東魏西魏文補遺》30—31 頁。

碑目題跋著錄：

《石刻題跋索引》138 頁右、139 頁左，《新編》1/30/22476、22477。
《石刻名彙》2/11a，《新編》2/2/1030 上。
《崇雅堂碑錄補》1/7a，《新編》2/6/4554 上。
《古誌新目初編》1/5a，《新編》2/18/13694 上。
《夢碧簃石言》6/17a，《新編》3/2/233 上。
《漢魏南北朝墓誌集釋》2/7a，《新編》3/3/47。
《國立北平圖書館藏碑目》5a，《新編》3/36/251 上。
《古誌彙目》1/6b，《新編》3/37/16。
《循園古冢遺文跋尾》3/7a，《新編》3/38/24 上。
《洛陽出土石刻時地記》正光 006，23 頁。
《歷代墓誌銘拓片目錄》14 頁。
《碑帖鑒定》169 頁。
《增補校碑隨筆》（修訂本）201 頁。
《六朝墓誌檢要》（修訂本）73 頁。
《漢魏六朝碑刻校注·總目提要》編號 1453。
《北朝隋代墓誌所在綜合目錄》編號 246。
《北京大學圖書館藏歷代墓誌拓片目錄》編號 00223。

正光 022

女尚書馮迎男墓誌

　　正光二年（521）三月十八日亡於金墉宮，其月廿六日葬於洛陽之山陵。同母弟撰文。1925 年洛陽城北南石山村西出土，曾歸鄞縣馬衡，今存北京故宮博物院。誌高、廣均 33.5 釐米。文 16 行，滿行 17 字，正書。墓誌首題：魏故宮御作女尚書馮女郎之誌。

　　圖版著錄：

　　《漢魏南北朝墓誌集釋》圖版三二，《新編》3/3/311。

　　《北京圖書館藏中國歷代石刻拓本匯編》4 冊 104 頁。

　　《洛陽出土北魏墓誌選編》圖版八〇，294 頁。

　　《漢魏六朝碑刻校注》5 冊 113 頁。

　　《故宮博物院藏歷代墓誌彙編》1 冊 65 頁。

　　錄文著錄：

　　《芒洛冢墓遺文四編補遺》3b－4a，《新編》1/19/14309 上—下。

　　《洛陽出土北魏墓誌選編》正光九，57 頁。

　　《漢魏南北朝墓誌彙編》122—123 頁。

　　《漢魏六朝碑刻校注》5 冊 114 頁。

　　《故宮博物院藏歷代墓誌彙編》1 冊 64 頁。

　　《全北魏東魏西魏文補遺》168 頁。

　　碑目題跋著錄：

　　《石刻題跋索引》139 頁左，《新編》1/30/22477。

　　《石刻名彙》2/11a，《新編》2/2/1030 上。

　　《崇雅堂碑錄補》1/7a，《新編》2/6/4554 上。

　　《古誌新目初編》1/5a，《新編》2/18/13694 上。

　　《蒿里遺文目錄》2（3）/3b，《新編》2/20/14978 上。

　　《漢魏南北朝墓誌集釋》2/7a，《新編》3/3/47。

　　《國立北平圖書館藏碑目》5a，《新編》3/36/251 上。

　　《墓誌徵存目錄》卷 1，《羅振玉學術論著集》第五集，565 頁。

　　《洛陽出土石刻時地記》正光 007，23 頁。

《歷代墓誌銘拓片目錄》14 頁。

《六朝墓誌檢要》（修訂本）73 頁。

《漢魏六朝碑刻校注·總目提要》編號 1454。

《北朝隋代墓誌所在総合目錄》編號 247。

《北京大學圖書館藏歷代墓誌拓片目錄》編號 00224。

正光 023

宮第一品張安姬墓誌并蓋

春二月卒於洛陽宮，三月遷葬於陵山，正光二年（521）三月二十九日。1922 年洛陽城北楊凹村北出土，曾歸吳興徐森玉、三原于右任，今存西安碑林博物館。誌高 47、寬 53 釐米。蓋高 34、寬 41 釐米。文正書，16 行，滿行 15 字。誌蓋 2 行共 7 字，正書。蓋題：魏宮品一墓誌銘；首題：大魏正光二年歲在辛丑三月己巳朔廿九日丁酉宮弟一品張墓誌銘。

圖版著錄：

《漢魏南北朝墓誌集釋》圖版三三，《新編》3/3/312－313。

《北京圖書館藏中國歷代石刻拓本匯編》4 冊 105—106 頁。

《鴛鴦七誌齋藏石》圖 54。

《中國金石集萃》8 函 5 輯編號 41。（誌）

《西安碑林全集》61/284－288。

《洛陽出土北魏墓誌選編》圖版八一，295 頁。（誌）

《漢魏六朝碑刻校注》5 冊 115 頁。

錄文著錄：

《芒洛冢墓遺文續編》卷上/1b－2a，《新編》1/19/14057 上—下。

《誌石文錄續編》5a－b，《新編》2/19/13779 上。

《魯迅輯校石刻手稿·墓誌》上冊 129—130 頁。

《洛陽出土北魏墓誌選編》正光一〇，57—58 頁。

《漢魏南北朝墓誌彙編》123 頁。

《漢魏六朝碑刻校注》5 冊 116 頁。

《全北魏東魏西魏文補遺》169 頁。

碑目題跋著錄：

《續補寰宇訪碑錄》3/8b，《新編》1/27/20318 下。

《石刻題跋索引》138 頁右，《新編》1/30/22476。

《石刻名彙》2/11a，《新編》2/2/1030 上。

《古誌新目初編》1/5a，《新編》2/18/13694 上。

《蒿里遺文目錄》2（3）/3b，《新編》2/20/14978 上。

《漢魏南北朝墓誌集釋》2/7a–b，《新編》3/3/47–48。

《國立北平圖書館藏碑目》5b，《新編》3/36/251 上。

《循園古冢遺文跋尾》3/6a，《新編》3/38/23 下。

《雪堂金石文字跋尾》2/23a，《新編》3/38/299 上。

《墓誌徵存目錄》卷1，《羅振玉學術論著集》第五集，565 頁。

《洛陽出土石刻時地記》正光 008，23 頁。

《歷代墓誌銘拓片目錄》14 頁。

《六朝墓誌檢要》（修訂本）73 頁。

《漢魏六朝碑刻校注·總目提要》編號 1455。

《北朝隋代墓誌所在總合目錄》編號 248。

《北京大學圖書館藏歷代墓誌拓片目錄》編號 00225。

正光 024

薛廣智墓誌

正光二年（521）四月廿四日。1988 年甘肅省禮縣石橋鄉轅門村出土，藏禮縣博物館。拓片原件長 38 釐米，磚厚 8 釐米。文 3 行，行 9 至 13 字不等，正書。

著錄：

《禮縣金石集錦》20 頁。（圖、文）

《北朝隋代墓誌所在總合目錄》編號 249。（目）

正光 025

汲成并幽州范陽郡溫縣人墓誌磚

正光二年（521）四月卅日。乾隆丙午歲錢塘黃易得於濟寧。正書。

碑目著錄：

《續補寰宇訪碑錄》3/8b，《新編》1/27/20318 下。

正光 026

段華息妻范氏墓記磚

又作：殷華息妻范專。正光二年（521）五月廿一日。浙江定海方若舊藏。磚高 25.5、寬 12 釐米。文正書，3 行，行 4 或 7 字。

著錄：

《中國磚銘》圖版上冊 685 頁。（圖）

《中國古代磚刻銘文集》上、下冊編號 0960。（圖、文）

《雪堂專錄・專誌徵存》5a – b，《羅雪堂先生全集》五編 3 冊 1273—1274 頁。（文）

《石刻名彙》12/205b，《新編》2/2/1130 下。（目）

《蒿里遺文目錄》3 上/3a，《新編》2/20/14982 上。（目）

《北朝隋代墓誌所在總合目錄》編號 251。（目）

正光 027

張標妻李淑真墓誌

又名：李淑貞墓誌。正光二年（521）七月三日葬。河南洛陽出土。正書。首題：魏盧奴張標故夫人趙郡李氏墓誌。

錄文著錄：

《洛陽出土北魏墓誌選編》正光一一，58 頁。

《全北魏東魏西魏文補遺》169—170 頁。

碑目題跋著錄：

《石刻名彙》2/11a，《新編》2/2/1030 上。

《崇雅堂碑錄補》1/7a，《新編》2/6/4554 上。

《六朝墓誌檢要》（修訂本）74 頁。

《漢魏六朝碑刻校注・總目提要》編號 1460。

《北朝隋代墓誌所在總合目錄》編號 252。

《北京大學圖書館藏歷代墓誌拓片目錄》編號 00227。

正光 028

傅姆王遺女墓誌

終於洛陽宮，葬於終寧陵之北阿，正光二年（521）八月廿日。1919年洛陽城北楊凹村北地出土。曾歸三原于右任，今石存西安碑林博物館。誌高38、寬35釐米。文正書，15行，滿行16字。

圖版著錄：

《漢魏南北朝墓誌集釋》圖版三四，《新編》3/3/314。

《北京圖書館藏中國歷代石刻拓本匯編》4冊110頁。

《鴛鴦七誌齋藏石》圖55。

《中國金石集萃》8函5輯編號42。

《西安碑林全集》61/289–291。

《洛陽出土北魏墓誌選編》圖版八二，296頁。

《漢魏六朝碑刻校注》5冊128頁。

錄文著錄：

《芒洛冢墓遺文續補》1a–b，《新編》1/19/14091上。

《誌石文錄》卷上/18a–b，《新編》2/19/13750下。

《魯迅輯校石刻手稿·墓誌》上冊131—132頁。

《洛陽出土北魏墓誌選編》正光一二，58—59頁。

《漢魏南北朝墓誌彙編》124頁。

《漢魏六朝碑刻校注》5冊129頁。

《全北魏東魏西魏文補遺》170頁。

碑目題跋著錄：

《石刻題跋索引》139頁左，《新編》1/30/22477。

《石刻名彙》2/11a，《新編》2/2/1030上。

《崇雅堂碑錄補》1/7a，《新編》2/6/4554上。

《古誌新目初編》1/5b，《新編》2/18/13694上。

《蒿里遺文目錄》2（3）/3b，《新編》2/20/14978上。

《漢魏南北朝墓誌集釋》2/7b，《新編》3/3/48。

《國立北平圖書館藏碑目》5b，《新編》3/36/251上。

《循園古冢遺文跋尾》3/6b–7a,《新編》3/38/23 下—24 上。
《雪堂金石文字跋尾》2/23b–24a,《新編》3/38/299 上—下。
《墓誌徵存目錄》卷 1,《羅振玉學術論著集》第五集,565 頁。
《洛陽出土石刻時地記》正光 009,23 頁。
《歷代墓誌銘拓片目錄》14 頁。
《六朝墓誌檢要》(修訂本) 74 頁。
《漢魏六朝碑刻校注·總目提要》編號 1464。
《北朝隋代墓誌所在総合目錄》編號 254。
《北京大學圖書館藏歷代墓誌拓片目錄》編號 00228。

正光 029

女尚書王僧男墓誌并蓋

又名"宮品一王僧男墓誌"。終於魏金墉宮,葬於終寧陵之北阿。正光二年(521)九月廿日記。1917 年河南省洛陽城北南石山村東南地出土,曾歸紹興顧鼎梅氏、武進陶蘭泉。誌高、廣均 39.5 釐米,蓋高、寬均 42 釐米。15 行,滿行 16 字,正書。蓋題:魏品一墓誌銘。

圖版著錄:
《漢魏南北朝墓誌集釋》圖版三五,《新編》3/3/315–316。
《北京圖書館藏中國歷代石刻拓本匯編》4 冊 113—114 頁。
《中國金石集萃》7 函 4 輯編號 34。(誌)
《漢魏六朝碑刻校注》5 冊 132 頁。

錄文著錄:
《芒洛冢墓遺文四編》1/16a–b,《新編》1/19/14156 下。
《滿洲金石志別錄》卷上/15a–b,《新編》1/23/17405 上。
《誌石文錄》卷上/18b–19a,《新編》2/19/13750 下—13751 上。
《魯迅輯校石刻手稿·墓誌》上冊 133—134 頁。
《洛陽出土北魏墓誌選編》正光一三,59 頁。
《漢魏南北朝墓誌彙編》124 頁。
《漢魏六朝碑刻校注》5 冊 133 頁。
《全北魏東魏西魏文補遺》170 頁。

碑目題跋著錄：

《石刻題跋索引》139 頁左，《新編》1/30/22477。

《石刻名彙》2/11a，《新編》2/2/1030 上。

《崇雅堂碑錄》1/16b，《新編》2/6/4491 下。

《古誌新目初編》1/5b，《新編》2/18/13694 上。

《蒿里遺文目錄》2（3）/3b，《新編》2/20/14978 上。

《漢魏南北朝墓誌集釋》2/7b，《新編》3/3/48。

《國立北平圖書館藏碑目》5b，《新編》3/36/251 上。

《循園古冢遺文跋尾》3/6a—b，《新編》3/38/23 下。

《墓誌徵存目錄》卷 1，《羅振玉學術論著集》第五集，565 頁。

《丙寅稿》，《羅振玉學術論著集》第十集（上）143 頁。

《洛陽出土石刻時地記》正光 010，23 頁。

《歷代墓誌銘拓片目錄》14 頁。

《六朝墓誌檢要》（修訂本）74—75 頁。

《漢魏六朝碑刻校注·總目提要》編號 1466。

淑德大學《中國石刻拓本目錄》"墓誌"編號 95。

《北朝隋代墓誌所在總合目錄》編號 255。

《北京大學圖書館藏歷代墓誌拓片目錄》編號 00229。

正光 030

封魔奴墓誌

太和七年（483）十一月九日薨於代京，八年（484）二月葬於代郡平城縣之桑乾水南，正光二年（521）十月廿日改葬於本邑。1948 年河北省景縣十八亂塚出土，今存中國國家博物館。高、寬均 59.2 釐米。正書，26 行，滿行 26 字。首題：魏故使持節平東將軍冀州刺史勃海定公封使君墓誌序。

著錄：

《北京圖書館藏中國歷代石刻拓本匯編》4 冊 115 頁。（圖）

《漢魏六朝碑刻校注》5 冊 134—135 頁。（圖、文）

《中國國家博物館館藏文物研究叢書·墓誌卷》10—11 頁。（圖、

文）

《衡水出土墓誌》4—5 頁。（圖、文）

《河北金石輯錄》212—214 頁。（圖、文、跋）

《漢魏南北朝墓誌彙編》125—126 頁。（文）

《全北魏東魏西魏文補遺》171 頁。（文）

《漢魏六朝碑刻校注·總目提要》編號 1467。（目）

《北朝隋代墓誌所在綜合目錄》編號 256。（目）

論文：

張季：《河北景縣封氏墓群調查記》，《考古通訊》1957 年第 3 期。

昌樹芝：《北魏封魔奴墓誌》，《歷史教學》1984 年第 7 期。

周錚：《封魔奴墓誌考釋》，《北朝研究》1991 年上半年刊。

趙超：《中國國家博物館藏北朝封氏諸墓誌匯考》，《中國歷史文物》2007 年第 2 期。

備考：封魔奴，《魏書》卷三二、《北史》卷二四有傳，附《封懿傳》，史傳作"磨奴"。

正光 031

任榮墓誌

正光元年（520）十二月卅日亡於京師，正光二年（521）十月廿日葬於芒山。2003 年洛陽邙山出土。誌高 29、寬 37.5 釐米。文 15 行，滿行 11 字，正書。首題：西河任君墓誌。

圖版著錄：

《龍門區系石刻文萃》417 頁。

《北魏墓誌二十四品—洛陽民間收藏北魏墓誌集萃》110—118 頁。

碑目著錄：

《漢魏六朝碑刻校注·總目提要》編號 1470。

《北朝隋代墓誌所在綜合目錄》編號 257。

《北京大學圖書館藏歷代墓誌拓片目錄》編號 00230。

正光 032

宮內司楊氏墓誌

薨於洛陽宮，正光二年（521）十一月三日記，墓誌為宮人所立。

1918 年洛陽城北楊凹村南地出土，陝西三原于右任舊藏，今石存西安碑林博物館。誌石高 37、寬 52 釐米。誌文正書，23 行，滿行 16 字。首題：大魏宮內司高唐縣君楊氏墓誌。

圖版著錄：

《漢魏南北朝墓誌集釋》圖版三六，《新編》3/3/317。

《北京圖書館藏中國歷代石刻拓本匯編》4 冊 117 頁。

《鴛鴦七誌齋藏石》圖 56。

《中國金石集萃》7 函 4 輯編號 35。

《西安碑林全集》61/292－295。

《洛陽出土北魏墓誌選編》圖版八三，297 頁。

《漢魏六朝碑刻校注》5 冊 139 頁。

錄文著錄：

《芒洛冢墓遺文三編》9a－b，《新編》1/19/14112 上。

《誌石文錄》卷上/19a－b，《新編》2/19/13751 上。

《魯迅輯校石刻手稿·墓誌》上冊 135—136 頁。

《洛陽出土北魏墓誌選編》正光一四，59—60 頁。

《漢魏南北朝墓誌彙編》126 頁。

《漢魏六朝碑刻校注》5 冊 140 頁。

《全北魏東魏西魏文補遺》172 頁。

碑目題跋著錄：

《石刻題跋索引》139 頁左，《新編》1/30/22477。

《石刻名彙》2/11a，《新編》2/2/1030 上。

《崇雅堂碑錄》1/16b，《新編》2/6/4491 下。

《古誌新目初編》1/5b，《新編》2/18/13694 上。

《定庵題跋》61b，《新編》2/19/14316 上。

《蒿里遺文目錄》2（3）/3b，《新編》2/20/14978 上。

《漢魏南北朝墓誌集釋》2/7b，《新編》3/3/48。

《國立北平圖書館藏碑目》5b，《新編》3/36/251 上。

《循園古冢遺文跋尾》3/7b－8a，《新編》3/38/24 上—下。

《雪堂金石文字跋尾》2/23b，《新編》3/38/299 上。

《墓誌徵存目錄》卷1,《羅振玉學術論著集》第五集,565頁。
《洛陽出土石刻時地記》北魏正光011,23頁。
《歷代墓誌銘拓片目錄》14頁。
《六朝墓誌檢要》(修訂本)75頁。
《漢魏六朝碑刻校注·總目提要》編號1469。
《北朝隋代墓誌所在總合目錄》編號258。
《北京大學圖書館藏歷代墓誌拓片目錄》編號00231。

正光033

長孫忻墓誌

正光二年(521)十一月十五日葬於京西冊里。據云出土河南省洛陽市,高48、寬47釐米。隸書,18行,滿行19字。

圖版著錄:

《洛陽新見墓誌》3頁。

《洛陽新獲七朝墓誌》15頁。

《秦晉豫新出墓誌蒐佚續編》1冊49頁。

碑目著錄:

《北朝隋代墓誌所在總合目錄》編號259。

正光034

王壽德墓誌

終於第,正光二年(521)十一月十五日葬於王城之東,覆舟東南之麓。出土時地不詳,據誌出土於河南省洛陽市孟津縣。誌高52、寬54.5釐米。文正書,22行,滿行22字。首題:魏故舞陰安陽二縣令王君墓誌。

圖版著錄:

《秦晉豫新出墓誌蒐佚續編》1冊50頁。

正光035

程暐墓誌

正光二年(521)六月三日卒於京師洛陽縣永安里之宅,十一月廿六日葬於伊洛之南緱氏原雀兒澗東九百步。誌長60、高59釐米;蓋底長、高均 59.5 釐米，頂長、高均 51 釐米。文 18 行，滿行 18 字，正書。首題：魏故討寇將軍奉朝請天水太守程君墓誌銘。

著錄：

《新出土墓誌精粹》（北朝卷）上冊 4—9 頁。（圖）

《墨香閣藏北朝墓誌》18—19 頁。（圖、文）

《北朝藝術研究院藏品圖錄·墓誌》82—83 頁。（圖、文）

論文：

堯遠生：《北魏程暐墓誌》，《書法》2014 年第 6 期。

正光 036

沮渠愍墓誌

正光二年（521）卒於伊闕。河南洛陽出土，現藏河南新安鐵門鎮千唐誌齋博物館。拓片長 45.5、寬 42 釐米。正書，14 行，行 17 字。首題：故涼州武威太守沮渠愍之墓誌。

錄文著錄：

《全唐文補遺·千唐誌齋新藏專輯》436—437 頁。

碑目著錄：

《北朝隋代墓誌所在總合目錄》編號 260。

《北京大學圖書館藏歷代墓誌拓片目錄》編號 00232。

正光 037

田寧陵墓記磚

正光二年（521）。磚長一尺一寸四分。計 8 字。

著錄：

（光緒）《壽州志·藝文志》附錄《鳳臺縣志金石刻》32/10b－11a，《新編》3/12/155 下—156 上。（文、跋）

正光 038

魯郡太守張猛龍清頌碑并陰

正光三年（522）正月廿三日。石立於山東曲阜。碑身高 153、寬 87 釐米；額高 44、寬 40 釐米。文正書，26 行，滿行 46 字，後 4 行題名年月。陰 12 列，每列 2 行至 22 行不等。額正書，3 行 12 字，額題：魏魯郡太守張府君清頌之碑。

圖版（碑陽）著錄：

《金石圖說》乙上/9a–b，《新編》2/2/989 上。（局部）

《草隸存》卷 2，《新編》4/3/78。

《金石圖》，《新編》4/10/580 下。（局部）

《北京圖書館藏中國歷代石刻拓本匯編》4 冊 121 頁。

《漢魏六朝碑刻校注》5 冊 142 頁。

錄文著錄：

《金石萃編》29/8a–13b，《新編》1/1/512 下—515 上。

《山左金石志》9/15a–19a，《新編》1/19/14466 上—14468 上。

《宜祿堂收藏金石記》卷 11，《新編》2/5/3426 下—3427 下。（碑陽）

《金石文鈔》2/32a–35a，《新編》2/7/5119 下—5121 上。（碑陽）

（宣統）《山東通志·藝文志》卷 150，《新編》2/12/9243 上—9245 上。

（乾隆）《曲阜縣志·金石》52/3a–5a，《新編》3/26/111 上—112 上。（碑陽）

《全後魏文》58/5a–6b，《全文》4 冊 3803 上—下。（碑陽）

《魯迅輯校石刻手稿·碑銘》中冊 236—246 頁。

《漢魏六朝碑刻校注》5 冊 143—144 頁。（碑陽）

《全北魏東魏西魏文補遺》59—60 頁。（碑陰）

碑目題跋著錄：

《金石萃編》29/19a–b，《新編》1/1/518 上。

《八瓊室金石補正》15/8b–10a，《新編》1/6/4226 下—4227 下。

《集古求真》3/9a–10a，《新編》1/11/8506 上—下。

《集古求真補正》1/15b–17a，《新編》1/11/8639 上—8640 上。

《金石錄》2/9a–b，《新編》1/12/8810 上。

《金石錄補續跋》5/6b–8a，《新編》1/12/9169 下—9170 下。

《金石文字記》2/13a–14a，《新編》1/12/9217 上—下。

《山左金石志》9/19a–20a，《新編》1/19/14468 上—下。

《通志·金石略》卷上/30b，《新編》1/24/18034 上。

《石墨鐫華》1/13a－b，《新編》1/25/18599 上。

《曝書亭金石文字跋尾》3/12b－13b，《新編》1/25/18696 下—18697 上。

《潛研堂金石文跋尾》2/21b，《新編》1/25/18760 上。

《潛研堂金石文字目錄》1/10b，《新編》1/25/19011 下。

《授堂金石三跋·一跋》3/14b－15b，《新編》1/25/19106 下—19107 下。

《平津讀碑記》2/16a－b，《新編》1/26/19369 下。

《藝風堂金石文字目》2/13a，《新編》1/26/19540 上。

《寰宇訪碑錄》2/6b，《新編》1/26/19863 下。

《寰宇訪碑錄校勘記》2/1a，《新編》1/27/20109 上。

《續補寰宇訪碑錄》3/9a，《新編》1/27/20319 上。

《金石彙目分編》10（2）/5a，《新編》1/28/21143 上。

《石刻題跋索引》33 頁右，《新編》1/30/22371。

《天下金石志》3/5，《新編》2/2/816 上。

《金石圖說》乙上/9b，《新編》2/2/989 上。

《平津館金石萃編》4/8b，《新編》2/4/2470 下。

《宜祿堂收藏金石記》卷11，《新編》2/5/3428 上。

《宜祿堂金石記》2/6b，《新編》2/6/4220 下。

《崇雅堂碑錄》1/17a，《新編》2/6/4492 上。

《金石文鈔》2/35b－36a，《新編》2/7/5121 上—下。

《來齋金石刻考略》卷上/35a，《新編》2/8/5982 上。

《山左訪碑錄》6/4a，《新編》2/12/9084 上。

（宣統）《山東通志·藝文志》卷150，《新編》2/12/9245 上—下。

《曲阜碑碣考》1/3b，《新編》2/13/9748 上。

《關中金石文字存逸考》12/38b，《新編》2/14/10655 下。

《碑藪》，《新編》2/16/11830 下。

《語石》3/2a、3/7b、6/32a，《新編》2/16/11898 下、11901 上、11978 下。

《金石萃編校字記》8a－b，《新編》2/17/12328 下。

《古今碑帖考》23a，《新編》2/18/13174 上。

《金石錄續跋》62-64，《新編》2/18/13225下—13226下。
《平安館藏碑目》，《新編》2/18/13403下。
《古墨齋金石跋》2/15b-16a，《新編》2/19/14089上—下。
《定庵題跋》60b-61a，《新編》2/19/14315下—14316上。
《竹崦盦金石目錄》13b，《新編》2/20/14553上。
《范氏天一閣碑目》4，《新編》2/20/14606下。
《寰宇貞石圖目錄》卷上/6a、卷下/4a，《新編》2/20/14674上、14679上。
《山左碑目》2/5a，《新編》2/20/14841上。
《山左南北朝石刻存目》2a，《新編》2/20/14885下。
《古林金石表》9b，《新編》2/20/14898上。
《佩文齋書畫譜·金石》62/10a上，《新編》3/2/56上。
《夢碧簃石言》1/22a-23a，《新編》3/2/165上—下。
（民國）《棗陽縣志·金石志》32/3a，《新編》3/13/472下。
（乾隆）《曲阜縣志·金石》52/5a-b，《新編》3/26/112上。
《金石文考略》5/6a、7b-8a，《新編》3/34/301下、302上—下。附魏儒魚跋。
《寒山堂金石林時地攷》卷上/15b，《新編》3/34/497上。
《石目》，《新編》3/36/46下。
《非見齋審定六朝正書碑目》2a，《新編》3/36/519下。
《話雨樓碑帖目錄》1/13b，《新編》3/36/552。
《含經堂碑目》，《新編》3/37/253下。
《萊竹堂碑目》2/6a，《新編》3/37/278下。
《竹崦盦金石目錄》1/17a，《新編》3/37/348上。
《碑帖跋》54頁，《新編》3/38/202、4/7/428上。
《漢石經室金石跋尾》，《新編》3/38/265上—下。
《隱綠軒題識》10b-11a，《新編》3/38/676上—下。
《中國金石學講義·正編》10b，《新編》3/39/138。
《金石史》卷上/15b-16a，《新編》3/39/475上—下。
《碑版廣例》7/7a，《新編》3/40/317上。

《金石備攷‧兗州府》,《新編》4/1/46 下。

《激素飛清閣平碑記》卷 2,《新編》4/1/203 上。

《六藝之一錄》59/20a,《新編》4/5/92 下。

《芳堅館題跋》1/7a,《新編》4/6/773 上。

《雪堂所藏金石文字簿錄》72a－74a,《新編》4/7/405 下—406 下。

《讀碑小箋》,《羅振玉學術論著集》第三集,38 頁。

《增補校碑隨筆》(修訂本) 202—204 頁。

《碑帖鑒定》169—171 頁。

《善本碑帖錄》2/73－74。

《碑帖敘錄》170 頁。

《漢魏六朝碑刻校注‧總目提要》編號 1471。

淑德大學《中國石刻拓本目錄》"碑碣等刻石" 編號 428—429。

論文:

啓功:《〈張猛龍碑〉跋》,載於《啓功全集》(修訂版)第五卷,第 18 頁。

潘汝山:《關於〈張猛龍碑〉的幾個問題》,《濱州學院學報》2012 年第 1 期。

正光 039

定州常山郡蒲吾縣興安里人墓誌

正光三年(522)正月二十八日。河南洛陽偃師出土。拓片長 32、寬 37.5 釐米。文正書,18 行,行 16 字。首題:大魏正光三年歲次壬寅正月甲午朔廿八日辛酉。

碑目著錄:

《北京大學圖書館藏歷代墓誌拓片目錄》編號 00233。

正光 040

張盧墓誌

薨於京師,與夫人劉法珠合葬於涅澗之東,正光三年(522)三月廿三日造。1935 年洛陽城北伯樂凹村南出土。誌高 50.5、寬 52 釐米。正書,21 行,滿行 20 字。首題:魏故張府君墓誌銘。

圖版著錄：

《漢魏南北朝墓誌集釋》圖版五八五，《新編》3/4/342。

《北京圖書館藏中國歷代石刻拓本匯編》4 冊 122 頁。

《漢魏六朝碑刻校注》5 冊 146 頁。

錄文著錄：

《洛陽出土北魏墓誌選編》正光一五，60—61 頁。

《漢魏南北朝墓誌彙編》126—127 頁。

《漢魏六朝碑刻校注》5 冊 147 頁。

《全北魏東魏西魏文補遺》173 頁。

碑目題跋：

《石刻題跋索引》139 頁左，《新編》1/30/22477。

《漢魏南北朝墓誌集釋》11/114b，《新編》3/3/262。

《國立北平圖書館藏碑目》5b，《新編》3/36/251 上。

《墓誌徵存目錄》卷 1，《羅振玉學術論著集》第五集，565 頁。

《洛陽出土石刻時地記》北魏正光 012，23—24 頁。

《六朝墓誌檢要》（修訂本）75—76 頁。

《漢魏六朝碑刻校注·總目提要》編號 1473。

《北朝隋代墓誌所在總合目錄》編號 262。

正光 041

尹式和墓記磚

正光三年（522）四月廿三日。河北出土，涇陽端方舊藏。磚高 30、寬 14.5 釐米。正書，3 行，行 6 至 11 字不等。

著錄：

《中國古代磚刻銘文集》上、下冊編號 0962。（圖、文）

《全北魏東魏西魏文補遺》173—174 頁。（文）

《匋齋藏石記》7/4a，《新編》1/11/8043 下。（文、跋）

《石刻題跋索引》685 頁左，《新編》1/30/23023。（目）

《北朝隋代墓誌所在總合目錄》編號 263。（目）

《北京大學圖書館藏歷代墓誌拓片目錄》編號 00234。（目）

正光 042

肅宗充華盧令媛墓誌

正光三年（522）四月十六日卒於京室，以其月卅日葬於芒山成周西北廿里。1926 年洛陽城北十八里小梁村南地出土，陝西三原于右任舊藏，今石存西安碑林博物館。誌石高、寬均 57 釐米。文正書，23 行，滿行 23 字。首題：魏故充華嬪盧氏墓誌銘。

圖版著錄：

《漢魏南北朝墓誌集釋》圖版三七，《新編》3/3/318。

《北京圖書館藏中國歷代石刻拓本匯編》4 冊 123 頁。

《鴛鴦七誌齋藏石》圖 57。

《中國金石集萃》7 函 4 輯編號 36。

《西安碑林全集》61/296－301。

《漢魏六朝碑刻校注》5 冊 149 頁。

錄文著錄：

《洛陽出土北魏墓誌選編》正光一六，61 頁。

《漢魏南北朝墓誌彙編》127—128 頁。

《漢魏六朝碑刻校注》5 冊 150 頁。

《全北魏東魏西魏文補遺》174 頁。

碑目題跋著錄：

《石刻題跋索引》139 頁左，《新編》1/30/22477。

《石刻名彙》第一編誌銘類續補 1b，《新編》2/2/1138 下。

《古誌新目初編》1/5b，《新編》2/18/13694 上。

《蒿里遺文目錄補遺》10b，《新編》2/20/15000 下。

《漢魏南北朝墓誌集釋》2/7b－8b，《新編》3/3/48－50。

《國立北平圖書館藏碑目》5b，《新編》3/36/251 上。

《元氏誌錄補遺》2a，《新編》3/38/55 下。

《墓誌徵存目錄》卷 1，《羅振玉學術論著集》第五集，565 頁。

《丙寅稿》，《羅振玉學術論著集》第十集（上）144 頁。

《洛陽出土石刻時地記》北魏正光 013，24 頁。

《歷代墓誌銘拓片目錄》14 頁。

《六朝墓誌檢要》（修訂本）76 頁。

《漢魏六朝碑刻校注·總目提要》編號 1474。

淑德大學《中國石刻拓本目錄》"墓誌"編號 98—99。

《北朝隋代墓誌所在総合目錄》編號 264。

《北京大學圖書館藏歷代墓誌拓片目錄》編號 00235。

正光 043

郭定興墓誌

正光三年（522）四月卒。2001 年 9 月洛陽市紗廠西路出土。誌高、寬均 50、厚 12 釐米。蓋高、寬均 33.5 釐米，未見拓本。誌正書，17 行，滿行 16 字。蓋篆書，3 行，行 2 字。首題：魏故河澗太守郭君墓誌；蓋題：魏故郭君墓銘。

著錄：

《漢魏六朝碑刻校注》5 冊 152—153 頁。（圖、文）

《洛陽新獲墓誌續編》6 頁（圖）、311 頁（文、跋）。

《新出魏晉南北朝墓誌疏證》（修訂本）91—92 頁。（文、跋）

《全北魏東魏西魏文補遺》174—175 頁。（文）

《漢魏六朝碑刻校注·總目提要》編號 1475。（目）

《北朝隋代墓誌所在総合目錄》編號 265。（目）

《北京大學圖書館藏歷代墓誌拓片目錄》編號 00236。（目）

論文：

洛陽市第二文物工作隊：《洛陽紗廠西路北魏 HM555 發掘簡報》，《文物》2002 年第 9 期。

嚴輝：《北魏永寧寺建築師郭定興事跡的發現及相關問題》，《中原文物》2004 年第 5 期。

正光 044

贈司空元暉碑

神龜二年（519）卒，正光三年（522）四月。

碑目題跋著錄：

《金石錄》2/9b、21/7a－b，《新編》1/12/8810 上、8926 上。（節文）
《通志·金石略》卷上/32a，《新編》1/24/18035 上。
《寶刻叢編》20/17b，《新編》1/24/18381 上。
《石刻題跋索引》33 頁右，《新編》1/30/22371。
《佩文齋書畫譜·金石》62/9b 下，《新編》3/2/55 下。
《六藝之一錄》59/19b，《新編》4/5/92 上。
備考：元暉，《魏書》卷一五、《北史》卷一五有傳。

正光 045
郭太妃碑
正光三年（522）四月。
碑目題跋著錄：
《金石錄》2/9b，《新編》1/12/8810 上。
《通志·金石略》卷上/32a，《新編》1/24/18035 上。
《佩文齋書畫譜·金石》62/10a 上，《新編》3/2/56 上。
《六藝之一錄》59/14b，《新編》4/5/89 下。

正光 046
望都令侯宗碑
正光三年（522）六月。
碑目題跋著錄：
《金石錄》2/9b，《新編》1/12/8810 上。
《寶刻叢編》20/17b，《新編》1/24/18381 上。
《石刻題跋索引》33 頁右，《新編》1/30/22371。
《佩文齋書畫譜·金石》62/10a 上，《新編》3/2/56 上。
《六藝之一錄》59/21a，《新編》4/5/93 上。

正光 047
馮邕妻元氏墓誌并蓋
正光三年（522）四月朔日卒於艾澗之候庭，以其年十月廿五日葬於景陵之南崗。1926 年洛陽城西北東陡溝村西地出土，誌石出土後流往日本。誌高、寬均 69 釐米。側寬 17 釐米；蓋通高 95、寬 92 釐米。誌正書，26 行，行 26 字。四周石邊刻畫像及題字共 38 字，蓋題刻畫像及題字 8 字。首題：魏直閣將軍輔國將軍長樂馮邕之妻元氏墓誌。

圖版著錄：

《漢魏南北朝墓誌集釋》圖版五七，《新編》3/3/344－345。

《北京圖書館藏中國歷代石刻拓本匯編》4 冊 125—126 頁。

《漢魏六朝碑刻校注》5 冊 156 頁。

錄文著錄：

《洛陽出土北魏墓誌選編》正光一七，61—62 頁。

《漢魏南北朝墓誌彙編》128—129 頁。

《漢魏六朝碑刻校注》5 冊 157 頁。

《全北魏東魏西魏文補遺》175—176 頁。

碑目題跋著錄：

《石刻題跋索引》139 頁左，《新編》1/30/22477。

《漢魏南北朝墓誌集釋》3/15a，《新編》3/3/63。

《國立北平圖書館藏碑目》5b，《新編》3/36/251 上。

《墓誌徵存目錄》卷 1，《羅振玉學術論著集》第五集，565 頁。

《洛陽出土石刻時地記》北魏正光 014，24 頁。

《增補校碑隨筆》（修訂本）204 頁。

《善本碑帖錄》2/73。

《碑帖鑒定》171 頁。

《碑帖敘錄》188 頁。

《六朝墓誌檢要》（修訂本）76 頁。

《漢魏六朝碑刻校注·總目提要》編號 1477。

淑德大學《中國石刻拓本目錄》"墓誌"編號 96—97。

《北朝隋代墓誌所在総合目錄》編號 266。

《北京大學圖書館藏歷代墓誌拓片目錄》編號 00237。

論文：

施安昌：《北魏馮邕妻元氏墓誌紋飾考》，《故宮博物院院刊》1997 年第 2 期。

正光 048

鄭道忠墓誌

正光三年（522）十月十七日卒於洛陽之安豐里宅，其年十二月廿六日葬於滎陽山瀝石澗北。清光緒年間河南滎陽出土，河南酈嘉穀舊藏，今存河南開封博物館。誌高 62、廣 60 釐米。文正書，23 行，滿行 23 字。首題：□魏正光三年歲次壬寅十二月己未朔廿六日壬申故鎮遠將軍後軍將軍鄭君墓誌銘。

圖版著錄：

《漢魏南北朝墓誌集釋》圖版二三四，《新編》3/3/554。

《北京圖書館藏中國歷代石刻拓本匯編》4 冊 129 頁。

《漢魏六朝碑刻校注》5 冊 161 頁。

錄文著錄：

《八瓊室金石補正》15/10a – 11a，《新編》1/6/4227 下—4228 上。

《芒洛冢墓遺文》卷上/6b – 7b，《新編》1/19/13982 下—13983 上。

《古誌石華》2/12b – 13b，《新編》2/2/1168 下—1169 上。

《宜祿堂收藏金石記》卷 11，《新編》2/5/3428 下—3429 上。

《魯迅輯校石刻手稿·墓誌》上冊 137—139 頁。

《漢魏南北朝墓誌彙編》129—130 頁。

《漢魏六朝碑刻校注》5 冊 162 頁。

《全北魏東魏西魏文補遺》177 頁。

碑目題跋著錄：

《八瓊室金石補正》15/11b – 13a，《新編》1/6/4228 上—4229 上。

《集古求真》3/10b，《新編》1/11/8506 下。

《平津讀碑記·三續》卷上/5a – b，《新編》1/26/19478 上。

《藝風堂金石文字目》18/1b，《新編》1/26/19814 上。

《補寰宇訪碑錄》2/3b，《新編》1/27/20207 上。

《補寰宇訪碑錄校勘記》1/5a，《新編》1/27/20288 上。

《洛陽石刻錄》4a，《新編》1/27/20636 下。

《金石彙目分編》9（1）/18b、9（補遺）/5a，《新編》1/28/20932

下、21084 上。

《石刻題跋索引》139 頁左—右,《新編》1/30/22477。

《石刻名彙》2/11b,《新編》2/2/1030 上。

《古誌石華》2/13b – 14a,《新編》2/2/1169 上—下。

《宜祿堂收藏金石記》卷 11,《新編》2/5/3429 上。

《宜祿堂金石記》2/6b – 7a,《新編》2/6/4220 下—4221 上。

《崇雅堂碑錄補》1/7a,《新編》2/6/4554 上。

《語石》4/2b,《新編》2/16/11918 下。

《寰宇貞石圖目錄》卷上/6a,《新編》2/20/14674 上。

《中州金石目錄》2/5b,《新編》2/20/14694 上。

《蒿里遺文目錄》2(1)/2a,《新編》2/20/14944 下。

《夢碧簃石言》6/25a 引《二金蜨齋尺牘》,《新編》3/2/237 上。

《漢魏南北朝墓誌集釋》5/51a,《新編》3/3/135。附《獨笑齋金石考略》。

《國立北平圖書館藏碑目》5b,《新編》3/36/251 上。

《古誌彙目》1/6b,《新編》3/37/16。

《碑帖跋》43—44 頁,《新編》3/38/191 – 192、4/7/425 下。

《激素飛清閣平碑記》卷 2,《新編》4/1/203 上—下。

《越縵堂讀書記》下冊 1076—1077 頁。

《俑廬日札》,《羅振玉學術論著集》第三集,137 頁。

《墓誌徵存目錄》卷 1,《羅振玉學術論著集》第五集,566 頁。

《歷代墓誌銘拓片目錄》15 頁。

《善本碑帖錄》2/73。

《增補校碑隨筆》(修訂本)204 頁。

《六朝墓誌檢要》(修訂本)77 頁。

《碑帖鑒定》171 頁。

《碑帖敘錄》218 頁。

《漢魏六朝碑刻校注・總目提要》編號 1480。

淑德大學《中國石刻拓本目錄》"墓誌"編號 100。

《北朝隋代墓誌所在総合目錄》編號 268。

《北京大學圖書館藏歷代墓誌拓片目錄》編號00238。

備考：《語石》作"鄭忠"，認為鄭忠即鄭道忠。鄭忠，《魏書》卷五六附《鄭輯之傳》。

正光 049

郡功曹李帶墓誌

正光三年（522）十二月廿六日葬於高邑縣之平化鄉。1949年後高邑縣坊柵鄉坊柵村附近出土，具體地點不詳，現藏河北省正定縣文物保管所。盝頂蓋，誌長50、寬32、厚7釐米。蓋無文字。誌文5行，滿行14字，正書。

著錄：

《新中國出土墓誌・河北〔壹〕》上冊4頁（圖）、下冊2頁（文）。

《漢魏六朝碑刻校注》5冊164—165頁。（圖、文）

《全北魏東魏西魏文補遺》177—178頁。（文）

《河北金石輯錄》431頁。（目）

《漢魏六朝碑刻校注・總目提要》編號1479。（目）

《北朝隋代墓誌所在總合目錄》編號267。（目）

正光 050

辛鳳麟妻胡顯明墓誌

正光三年（522）六月十三日卒於洛陽永年里，十二月廿七日歸祔於晉陽之北山，與東安府君合葬。1973年山西省太原市南郊太堡磚廠辛祥夫婦墓出土。誌高45、寬42釐米。文正書，24行，行19字。首題：魏故東安太守隴西辛君夫人胡氏之墓誌銘。

著錄：

《漢魏六朝碑刻校注》5冊166—167頁。（圖、文）

《全北魏東魏西魏文補遺》176頁。（文）

《漢魏六朝碑刻校注・總目提要》編號1481。（目）

《北朝隋代墓誌所在總合目錄》編號269。（目）

論文：

王天麻：《北魏辛祥家族三墓誌》，《文物季刊》1992年第3期。

羅新：《跋北魏辛鳳麟妻胡顯明、辛祥及妻李慶容墓誌》，西安碑林博物館編：《紀念西安碑林九百二十周年華誕學術研討會論文集》，第255—261 頁。

正光 051
大監孟元華墓誌

正光三年（522）十二月薨於洛陽宫，葬在西陵，正光四年（523）正月十六日。1936 年洛陽城北楊凹村南出土。誌高 40.3、寬 42.8 釐米。文正書，12 行，滿行 17 字。首題：大魏正光四年正月十六日。

圖版著録：

《漢魏南北朝墓誌集釋》圖版五八〇，《新編》3/4/337。

《北京圖書館藏中國歷代石刻拓本匯編》4 冊 130 頁。

《洛陽出土北魏墓誌選編》圖版八四，298 頁。

《漢魏六朝碑刻校注》5 冊 169 頁。

録文著録：

《洛陽出土北魏墓誌選編》正光一八，62—63 頁。

《漢魏南北朝墓誌彙編》130—131 頁。

《漢魏六朝碑刻校注》5 冊 170 頁。

《全北魏東魏西魏文補遺》178 頁。

碑目題跋著録：

《石刻題跋索引》139 頁右，《新編》1/30/22477。

《漢魏南北朝墓誌集釋》11/114a，《新編》3/3/261。

《國立北平圖書館藏碑目》5b，《新編》3/36/251 上。

《墓誌徵存目録》卷 1，《羅振玉學術論著集》第五集，566 頁。

《洛陽出土石刻時地記》北魏正光 015，24 頁。

《六朝墓誌檢要》（修訂本）77 頁。

《漢魏六朝碑刻校注·總目提要》編號 1482。

《北朝隋代墓誌所在總合目録》編號 270。

正光 052
馬鳴寺根法師碑

正光四年（523）二月三日卒於寺，翌日葬於含霞山之陰。石立於山東省樂安縣。碑身高 125、寬 84 釐米；額高、寬均 31 釐米。文正書，22 行，滿行 30 字。額正書，額題：馬鳴寺魏故根法師之碑銘。

圖版著錄：

《北京圖書館藏中國歷代石刻拓本匯編》4 冊 132 頁。

《漢魏六朝碑刻校注》5 冊 173 頁。

錄文著錄：

《八瓊室金石補正》15/15a–17a，《新編》1/6/4230 上—4231 上。

《魯迅輯校石刻手稿·碑銘》中冊 252—255 頁。

《漢魏六朝碑刻校注》5 冊 174 頁。

《全北魏東魏西魏文補遺》60—61 頁。

碑目題跋著錄：

《八瓊室金石補正》15/17a，《新編》1/6/4231 上。

《集古求真》3/10a，《新編》1/11/8506 下。

《藝風堂金石文字目》2/13b，《新編》1/26/19540 上。

《補寰宇訪碑錄》2/3b，《新編》1/27/20207 上。

《補寰宇訪碑錄刊誤》2b，《新編》1/27/20271 下。

《金石彙目分編》10（3）/38a，《新編》1/28/21197 下。

《石刻題跋索引》34 頁左，《新編》1/30/22372。

《崇雅堂碑錄》1/17a，《新編》2/6/4492 上。

（宣統）《山東通志·藝文志》卷 152，《新編》2/12/9381 下。

《語石》3/3b，《新編》2/16/11899 上。

《平安館藏碑目》，《新編》2/18/13403 下。

《定庵題跋》64a，《新編》2/19/14317 下。

《寰宇貞石圖目錄》卷上/6a、卷下/4a，《新編》2/20/14674 上、14679 上。

《山左南北朝石刻存目》2a，《新編》2/20/14885 下。

《碑帖跋》49 頁，《新編》3/38/197。

《激素飛清閣平碑記》卷 2，《新編》4/1/203 下。

《雪堂所藏金石文字簿錄》74a，《新編》4/7/406 下。

《增補校碑隨筆》（修訂本）204—205 頁。

《碑帖鑒定》171—172 頁。

《碑帖敘錄》134 頁。

《善本碑帖錄》2/74。

《漢魏六朝碑刻校注·總目提要》編號 1484。

論文：

啓功：《淡拓〈馬鳴寺碑〉跋》，載於《啓功全集》（修訂版）第五卷，第 19 頁。

正光 053

代尹郡太守賀拔墓誌

正光三年（522）六月十三日卒於第，四年（523）二月十五日窆於洛陽城北十五里常平鄉。出土時地不詳，據誌出土於河南省孟津縣。誌高、寬均 43 釐米。文正書，16 行，滿行 16 字。首題：魏故襄威將軍積弩將軍嘗食監代尹郡太守賀公之墓誌銘。

圖版著錄：

《秦晉豫新出墓誌蒐佚續編》1 冊 52 頁。

正光 054

冠軍將軍席盛墓誌

卒於郡解，正光四年（523）二月廿四日葬於恒農胡城縣胡城鄉胡城里。1987 年靈寶縣焦村鎮焦村出土，今存河南省靈寶市文物管理所。誌、蓋均高 79、寬 83 釐米。正書，32 行，行 30 字。首題：魏故冠軍將軍河間席府君墓誌銘。

著錄：

《新中國出土墓誌·河南〔貳〕》上冊 321 頁（圖）、下冊 329—330 頁（文）。

《漢魏六朝碑刻校注》5 冊 176—178 頁。（圖、文）

《全北魏東魏西魏文補遺》179—180 頁。（文）

《新出魏晉南北朝墓誌疏證》（修訂本）93—95 頁。（文、跋）

《漢魏六朝碑刻校注·總目提要》編號 1485。（目）

《北朝隋代墓誌所在總合目錄》編號 271。（目）

正光 055

張孃墓誌

正光三年（522）十二月十九日卒於中練里，正光四年（523）二月廿七日葬於魚園之西丘。2001 年河南省洛陽市郊區邙山鄉井溝村出土，洛陽古代藝術館藏石。高 50.4、寬 50.2、厚 8 釐米。正書，15 行，滿行 17 字。首題：魏故張孃墓誌銘。

著錄：

《河洛墓刻拾零》上冊 28 頁。（圖）

《漢魏六朝碑刻校注》5 冊 179—180 頁。（圖、文）

《洛陽新獲墓誌續編》7 頁（圖）、311—312 頁（文、跋）。

《漢魏六朝碑刻校注·總目提要》編號 1489。（目）

《北朝隋代墓誌所在總合目錄》編號 278。（目）

論文：

魏宏利：《北魏〈張孃墓誌〉考證》，《寶雞文理學院學報》2014 年第 3 期。

正光 056

燉煌鎮將元倪墓誌

太和廿一年（497）二月卒於洛陽照明里，正光四年（523）二月廿七日遷葬於景陵東山之陽。民國初年洛陽城北姚凹村東張羊村西北出土。曾歸常熟曾炳章、吳興蔣穀孫、番禺陳仲漁，1960 年歸上海市博物館。誌高 72.5、寬 62.5 釐米。19 行，滿行 23 字，正書。首題：魏故寧遠將軍燉煌鎮將元君墓誌銘。

圖版著錄：

《漢魏南北朝墓誌集釋》圖版七三，《新編》3/3/364。

《北京圖書館藏中國歷代石刻拓本匯編》4 冊 137 頁。

《中國金石集萃》7 函 4 輯編號 38。

《洛陽出土北魏墓誌選編》圖版八六，300 頁。

《漢魏六朝碑刻校注》5 冊 190 頁。

錄文著錄：

《芒洛冢墓遺文續補》1b－2b，《新編》1/19/14091 上—下。
《誌石文錄》卷上/19b－20a，《新編》2/19/13751 上—下。
《魯迅輯校石刻手稿・墓誌》上冊 141—143 頁。
《漢魏南北朝墓誌彙編》134—135 頁。
《洛陽出土北魏墓誌選編》正光二三，65—66 頁。
《漢魏六朝碑刻校注》5 冊 191 頁。
《全北魏東魏西魏文補遺》182 頁。
碑目題跋著錄：
《續補寰宇訪碑錄》3/9a，《新編》1/27/20319 上。
《石刻題跋索引》139 頁右，《新編》1/30/22477。
《石刻名彙》2/11b，《新編》2/2/1030 上。
《崇雅堂碑錄》1/17a，《新編》2/6/4492 上。
《古誌新目初編》1/5b，《新編》2/18/13694 上。
《蒿里遺文目錄》2（3）/1b，《新編》2/20/14977 上。
《夢碧簃石言》5/14a，《新編》3/2/219 下。
《漢魏南北朝墓誌集釋》上/3/17b，《新編》3/3/68。
《國立北平圖書館藏碑目》5b，《新編》3/36/251 上。
《循園古冢遺文跋尾》3/9a－10a，《新編》3/38/25 上—下。
《元氏誌錄》2a、5b，《新編》3/38/47 下、49 上。
《碑帖跋》64，《新編》3/38/212。
《雪堂金石文字跋尾》2/25b－26a，《新編》3/38/300 上—下。
《墓誌徵存目錄》卷 1，《羅振玉學術論著集》第五集，566 頁。
《洛陽出土石刻時地記》北魏正光 018，24 頁。
《歷代墓誌銘拓片目錄》15 頁。
《碑帖敘錄》17—18 頁。
《增補校碑隨筆》（修訂本）206 頁。
《六朝墓誌檢要》（修訂本）78 頁。
《漢魏六朝碑刻校注・總目提要》編號 1491。
《北朝隋代墓誌所在總合目錄》編號 275。
《北京大學圖書館藏歷代墓誌拓片目錄》編號 00242。

論文：

楊婭萍：《簡析〈元倪墓誌〉的歷史價值》，《美術教育研究》2012年第12期。

正光 057

元祐妃常季繁墓誌

正光三年（522）正月十九日薨於洛陽照洛里第，正光四年（523）二月廿七日與齊王合葬。宣統年間洛陽城北高溝村出土，曾歸武進董氏，後轉授日本東京太倉喜八郎，1924年在地震中亡佚。誌高62.7、廣62釐米。正書，26行，行26字。首題：魏故齊郡王妃常氏墓誌銘。

圖版著錄：

《漢魏南北朝墓誌集釋》圖版一六六，《新編》3/3/471。

《北京圖書館藏中國歷代石刻拓本匯編》4冊136頁。

《中國金石集萃》8函5輯編號43。

《漢魏六朝碑刻校注》5冊184頁。

錄文著錄：

《芒洛冢墓遺文》卷上/7b–9a，《新編》1/19/13983上—13984上。

《洛陽出土北魏墓誌選編》正光二〇，63—64頁。

《漢魏南北朝墓誌彙編》132—133頁。

《漢魏六朝碑刻校注》5冊185頁。

《全北魏東魏西魏文補遺》180—181頁。

碑目題跋著錄：

《續補寰宇訪碑錄》3/9a，《新編》1/27/20319上。

《石刻題跋索引》139頁右，《新編》1/30/22477。

《石刻名彙》2/11b，《新編》2/2/1030上。

《崇雅堂碑錄補》1/7a，《新編》2/6/4554上。

《古誌新目初編》1/12a，《新編》2/18/13697下。

《蒿里遺文目錄》2（3）/4a，《新編》2/20/14978下。

《夢碧簃石言》5/14a，《新編》3/2/219下。

《漢魏南北朝墓誌集釋》4/34b，《新編》3/3/102。附《九鐘精舍金

《國立北平圖書館藏碑目》5b，《新編》3/36/251 上。

《古誌彙目》1/6b，《新編》3/37/16。

《循園古冢遺文跋尾》3/8a - 9a，《新編》3/38/24 下—25 上

《元氏誌錄》2a、8a，《新編》3/38/47 下、50 下。

《雪堂金石文字跋尾》2/24a - 25b，《新編》3/38/299 下—300 上。

《海外貞珉錄》3b，《新編》4/1/244 上。

《雪堂所藏金石文字簿錄》74a，《新編》4/7/406 下。

《墓誌徵存目錄》卷 1，《羅振玉學術論著集》第五集，566 頁。

《增補校碑隨筆》（修訂本）205—206 頁。

《洛陽出土石刻時地記》北魏正光 020，25 頁。

《歷代墓誌銘拓片目錄》28 頁。

《善本碑帖錄》2/69。

《碑帖鑒定》172 頁。

《碑帖敘錄》17 頁。

《六朝墓誌檢要》（修訂本）78—79 頁。

《漢魏六朝碑刻校注·總目提要》編號 1492。

《北朝隋代墓誌所在總合目錄》編號 273。

《北京大學圖書館藏歷代墓誌拓片目錄》編號 00244。

備考：台灣中研院史語所藏《歷代墓誌銘拓片目錄》有《齊郡王妃常氏墓誌蓋》，當與此誌匹配，故附此。

正光 058

元敷墓誌

正光三年（522）二月廿二日終於治所，四年（523）二月廿七日葬於滙澗之濱。1936 年洛陽城北後李村出土。高 38、寬 34 釐米。正書，15 行，滿行 18 字；殘 5 行，行缺 5—8 字不等。首題：魏故襄威將軍汝南太守元君墓誌。

圖版著錄：

《漢魏南北朝墓誌集釋》圖版五七一，《新編》3/4/328。

《北京圖書館藏中國歷代石刻拓本匯編》4 冊 138 頁。

《漢魏六朝碑刻校注》5 冊 194 頁。

錄文著錄：

《洛陽出土北魏墓誌選編》正光二二，65 頁。

《漢魏南北朝墓誌彙編》136 頁。

《漢魏六朝碑刻校注》5 冊 195 頁。

《全北魏東魏西魏文補遺》183 頁。

碑目題跋著錄：

《石刻題跋索引》139 頁右，《新編》1/30/22477。

《漢魏南北朝墓誌集釋》11/112a－b，《新編》3/3/257－258。

《國立北平圖書館藏碑目》5b，《新編》3/36/251 上。

《洛陽出土石刻時地記》北魏正光 016，24 頁。

《六朝墓誌檢要》（修訂本）77 頁。

《漢魏六朝碑刻校注・總目提要》編號 1490。

《北朝隋代墓誌所在総合目錄》編號 277。

《北京大學圖書館藏歷代墓誌拓片目錄》編號 00243。

正光 059

前軍將軍正平太守元仙墓誌

正光二年（521）八月廿二日薨於第，四年（523）二月廿七日葬於景陵之東阿。1927 年洛陽城北徐家溝村出土，曾歸三原于右任，今石存西安碑林博物館。誌高、寬均 55 釐米。文正書，25 行，滿行 25 字。首題：魏故鎮遠將軍前軍將軍贈冠軍將軍正平太守元君之墓誌銘。

圖版著錄：

《漢魏南北朝墓誌集釋》圖版八四，《新編》3/3/378。

《北京圖書館藏中國歷代石刻拓本匯編》4 冊 134 頁。

《鴛鴦七誌齋藏石》圖 58。

《西安碑林全集》61/302－307。

《漢魏六朝碑刻校注》5 冊 187 頁。

錄文著錄：

《洛陽出土北魏墓誌選編》正光二一，64—65 頁。

《漢魏南北朝墓誌彙編》133—134 頁。

《漢魏六朝碑刻校注》5 冊 188 頁。

《全北魏東魏西魏文補遺》181—182 頁。

碑目題跋著錄：

《石刻題跋索引》139 頁右，《新編》1/30/22477。

《古誌新目初編》1/5b，《新編》2/18/13694 上。

《漢魏南北朝墓誌集釋》3/19b-20a，《新編》3/3/72-73。

《國立北平圖書館藏碑目》10b，《新編》3/36/253 下。

《蒿里遺文目錄續編·元魏宗室妃主誌存》11b，《新編》3/37/542 上。

《元氏誌錄補遺》2a，《新編》3/38/55 下。

《墓誌徵存目錄》卷 1，《羅振玉學術論著集》第五集，566 頁。

《洛陽出土石刻時地記》北魏正光 017，24 頁。

《歷代墓誌銘拓片目錄》15 頁。

《六朝墓誌檢要》（修訂本）79 頁。

《漢魏六朝碑刻校注·總目提要》編號 1487。

《北朝隋代墓誌所在総合目錄》編號 274。

《北京大學圖書館藏歷代墓誌拓片目錄》編號 00240。

正光 060

元引墓誌

太和廿四年（500）卒於洛陽靜順里宅，正光四年（523）二月廿七日葬於西陵。1925 年洛陽城北姚凹村東南嶺出土，陝西三原于右任舊藏，今石存西安碑林博物館。誌高 42、寬 44 釐米。文正書，16 行，滿行 15 字。首題：魏故龍驤將軍元公墓誌銘。

圖版著錄：

《漢魏南北朝墓誌集釋》圖版六〇，《新編》3/3/348。

《北京圖書館藏中國歷代石刻拓本匯編》4 冊 133 頁。

《鴛鴦七志齋藏石》圖 59。

《中國金石集萃》7函4輯編號37。
《西安碑林全集》61/308–311。
《洛陽出土北魏墓誌選編》圖版八七，301頁。
《漢魏六朝碑刻校注》5冊192頁。
錄文著錄：
《洛陽出土北魏墓誌選編》正光二四，66頁。
《漢魏南北朝墓誌彙編》135頁。
《漢魏六朝碑刻校注》5冊193頁。
《全北魏東魏西魏文補遺》183頁。
碑目題跋著錄：
《石刻題跋索引》139頁右，《新編》1/30/22477。
《石刻名彙》2/11b，《新編》2/2/1030上。
《崇雅堂碑錄》1/17b，《新編》2/6/4492上。
《古誌新目初編》1/5b，《新編》2/18/13694上。
《定庵題跋》63a–b，《新編》2/19/14317上。
《蒿里遺文目錄補遺》10b，《新編》2/20/15000下。
《漢魏南北朝墓誌集釋》3/15b，《新編》3/3/64。
《國立北平圖書館藏碑目》5b，《新編》3/36/251上。
《元氏誌錄補遺》2a，《新編》3/38/55下。
《墓誌徵存目錄》卷1，《羅振玉學術論著集》第五集，566頁。
《洛陽出土石刻時地記》北魏正光019，24—25頁。
《歷代墓誌銘拓片目錄》15頁。
《六朝墓誌檢要》（修訂本）78頁。
《漢魏六朝碑刻校注·總目提要》編號1486。
淑德大學《中國石刻拓本目錄》"墓誌"編號102。
《北朝隋代墓誌所在總合目錄》編號276。
《北京大學圖書館藏歷代墓誌拓片目錄》編號00239。

正光061

王虬墓誌

正光三年（522）正月廿六日卒於京師河陰之宜年里，四年（523）

二月廿七日葬於北芒之阿。2005 年冬河南省洛陽市孟津縣北邙山出土，旋歸北京劉氏。誌高 64、寬 63.5 釐米。文 28 行，滿行 28 字，正書。首題：魏故餶藏令王君墓誌銘。

圖版著錄：

《河洛墓刻拾零》上冊 29 頁。

《龍門區系石刻文萃》418 頁。

碑目著錄：

《北朝隋代墓誌所在總合目錄》編號 279。

正光 062

王靜（字迴安）墓誌

正光三年（522）四月五日卒，正光四年（523）三月十一日葬於北芒之嶺。出土時地不詳，據誌出土於河南省洛陽市。高 47、寬 48 釐米。20 行，滿行 20 字，正書。首題：魏故善無太守略陽王府君墓誌銘。

圖版著錄：

《洛陽新獲七朝墓誌》16 頁。

《秦晉豫新出墓誌蒐佚續編》1 冊 53 頁。

錄文著錄：

《全唐文補遺‧千唐誌齋新藏專輯》437 頁。

碑目著錄：

《北朝隋代墓誌所在總合目錄》編號 280。

《北京大學圖書館藏歷代墓誌拓片目錄》編號 00246。

正光 063

元秀墓誌

正光三年（522）八月卒，四年（523）二月葬於北芒之西崗。1926 年洛陽城北伯樂凹村西北出土，曾歸三原于右任，今存西安碑林博物館。誌高 67、寬 66 釐米。文正書，24 行，滿行 25 字。首題：魏故假節督洛州諸軍事驄驤將軍洛州刺史河南元使君之墓誌銘。

圖版著錄：

《漢魏南北朝墓誌集釋》圖版九五，《新編》3/3/390。

《北京圖書館藏中國歷代石刻拓本匯編》4 冊 135 頁。
《鴛鴦七志齋藏石》圖 60。
《中國金石集萃》8 函 5 輯編號 44。
《西安碑林全集》61/312－317。
《洛陽出土北魏墓誌選編》圖版八五，299 頁。
《漢魏六朝碑刻校注》5 冊 181 頁。

錄文著錄：

《洛陽出土北魏墓誌選編》正光一九，63 頁。
《漢魏南北朝墓誌彙編》131—132 頁。
《漢魏六朝碑刻校注》5 冊 182 頁。
《全北魏東魏西魏文補遺》178—179 頁。

碑目題跋著錄：

《石刻題跋索引》139 頁右，《新編》1/30/22477。
《古誌新目初編》1/5b，《新編》2/18/13694 上。
《漢魏南北朝墓誌集釋》3/21a，《新編》3/3/75。
《國立北平圖書館藏碑目》6a，《新編》3/36/251 下。
《蒿里遺文目錄續編・元魏宗室妃主誌存》11b，《新編》3/37/542 上。
《元氏誌錄補遺》2a，《新編》3/38/55 下。
《墓誌徵存目錄》卷 1，《羅振玉學術論著集》第五集，566 頁。
《丙寅稿》，《羅振玉學術論著集》第十集（上）136—137 頁。
《洛陽出土石刻時地記》北魏正光 021，25 頁。
《歷代墓誌銘拓片目錄》15 頁。
《六朝墓誌檢要》（修訂本）79 頁。
《漢魏六朝碑刻校注・總目提要》編號 1488。
淑德大學《中國石刻拓本目錄》"墓誌" 編號 105。
《北朝隋代墓誌所在總合目錄》編號 272。
《北京大學圖書館藏歷代墓誌拓片目錄》編號 00241。

正光 064

元譚妻司馬氏墓誌

又名：元宗正夫人司馬氏墓誌。正光三年（522）六月五日薨於第，正光四年（523）三月廿三日葬於洛陽之西山，溮水之東。1927 年洛陽城北安駕溝村西南出土，于右任鴛鴦七誌齋舊藏，今石存西安碑林博物館。誌石高、寬均 57 釐米。文正書，20 行，滿行 20 字。首題：大魏元宗正夫人司馬氏誌銘。

圖版著錄：

《漢魏南北朝墓誌集釋》圖版一七六，《新編》3/3/482。

《北京圖書館藏中國歷代石刻拓本匯編》4 冊 139 頁。

《鴛鴦七志齋藏石》圖 62。

《西安碑林全集》61/333－342。

《洛陽出土北魏墓誌選編》圖版八八，302 頁。

《漢魏六朝碑刻校注》5 冊 196 頁。

錄文著錄：

《洛陽出土北魏墓誌選編》正光二五，67 頁。

《漢魏南北朝墓誌彙編》136—137 頁。

《漢魏六朝碑刻校注》5 冊 197 頁。

《全北魏東魏西魏文補遺》183—184 頁。

碑目題跋著錄：

《石刻題跋索引》139 頁右，《新編》1/30/22477。

《古誌新目初編》1/5b，《新編》2/18/13694 上。

《元氏誌錄補遺》2a，《新編》3/38/55 下。

《漢魏南北朝墓誌集釋》4/36a－b，《新編》3/3/105－106。

《國立北平圖書館藏碑目》6a，《新編》3/36/251 下。

《洛陽出土石刻時地記》北魏正光 022，25 頁。

《六朝墓誌檢要》（修訂本）79 頁。

《碑帖敘錄》19—20 頁。

《漢魏六朝碑刻校注·總目提要》編號 1495。

淑德大學《中國石刻拓本目錄》"墓誌"編號 103。

《北朝隋代墓誌所在總合目錄》編號 281。

正光 065

平州刺史元靈曜墓誌

正光三年（522）十一月十日薨於宅，四年（523）三月廿三日附葬長陵。1927 年洛陽城北後海資村西北出土，于右任舊藏，今石存西安碑林博物館。誌高、寬均 77 釐米。文正書，27 行，滿行 27 字。首題：魏故征虜將軍平州刺史元使君墓誌序銘。

圖版著錄：

《漢魏南北朝墓誌集釋》圖版一〇九，《新編》3/3/406。

《北京圖書館藏中國歷代石刻拓本匯編》4 冊 140 頁。

《鴛鴦七誌齋藏石》圖 61。

《中國金石集萃》7 函 4 輯編號 39。

《西安碑林全集》61/318 – 332。

《漢魏六朝碑刻校注》5 冊 199 頁。

錄文著錄：

《洛陽出土北魏墓誌選編》正光二六，67—68 頁。

《漢魏南北朝墓誌彙編》137—138 頁。

《漢魏六朝碑刻校注》5 冊 200 頁。

《全北魏東魏西魏文補遺》184—185 頁。

碑目題跋著錄：

《石刻題跋索引》139 頁右，《新編》1/30/22477。

《古誌新目初編》1/5b，《新編》2/18/13694 上。

《漢魏南北朝墓誌集釋》4/24b – 25a，《新編》3/3/82 – 83。

《國立北平圖書館藏碑目》6a，《新編》3/36/251 下。

《蒿里遺文目錄續編·元魏宗室妃主誌存》11b，《新編》3/37/542 上。

《元氏誌錄補遺》2a，《新編》3/38/55 下。

《墓誌徵存目錄》卷 1，《羅振玉學術論著集》第五集，566 頁。

《洛陽出土石刻時地記》北魏正光 023，25 頁。

《歷代墓誌銘拓片目錄》15 頁。

《六朝墓誌檢要》（修訂本）79—80 頁。

《漢魏六朝碑刻校注·總目提要》編號 1494。

《北朝隋代墓誌所在總合目錄》編號 282。

《北京大學圖書館藏歷代墓誌拓片目錄》編號 00247。

正光 066

臨洮王妃楊奧妃墓誌

永平二年（509）十一月十二日薨於第，正光四年（523）四月廿九日葬於洛陽之西，陵東南培塿之陽，先王神塋之內。石藏山西大同北朝藝術博物館。誌長 69、高 67 釐米。文 27 行，滿行 27 字，正書。首題：魏故臨洮王妃楊氏墓誌銘。

著錄：

《北朝藝術研究院藏品圖錄·墓誌》84—85 頁。（圖、文）

論文：

殷憲：《北魏臨洮王妃楊氏墓誌考述》，《北魏平城書跡研究》，第 434—451 頁。

正光 067

單明暈妻賈氏墓誌

正光四年（523）五月三日。誌高 28、寬 35 釐米。文 18 行，滿行 14 字，正書。

圖版著錄：

《洛陽新獲七朝墓誌》17 頁。

碑目著錄：

《北朝隋代墓誌所在總合目錄》編號 283。

《北京大學圖書館藏歷代墓誌拓片目錄》編號 00245。

正光 068

姬伯度磚誌

正光四年（523）五月廿四日。誌高 31.5、寬 17.3 釐米。文正書，3 行，行 6 至 8 字不等。

圖版著錄：

《漢魏南北朝墓誌集釋》圖版五八六，《新編》3/4/343。

《俟堂專文雜集》149 頁。

《中國磚銘》圖版上冊 688 頁。

《漢魏六朝碑刻校注》5 冊 204 頁。

《中國古代磚刻銘文集》上冊編號 0964。

錄文著錄：

《雪堂專錄·專誌徵存》5b，《羅雪堂先生全集》五編 3 冊 1274 頁。

《漢魏南北朝墓誌彙編》138 頁。

《漢魏六朝碑刻校注》5 冊 205 頁。

《中國古代磚刻銘文集》下冊編號 0964。

《全北魏東魏西魏文補遺》185 頁。

碑目題跋著錄：

《石刻題跋索引》139 頁右，《新編》1/30/22477。

《石刻名彙》12/205b，《新編》2/2/1130 下。

《蒿里遺文目錄》3 上/3a，《新編》2/20/14982 上。

《漢魏南北朝墓誌集釋》11/114b–115a，《新編》3/3/262–263。

《俟堂專文雜集》目錄編號 163。

《六朝墓誌檢要》（修訂本）80 頁。

《漢魏六朝碑刻校注·總目提要》編號 1496。

《北朝隋代墓誌所在總合目錄》編號 284。

《北京大學圖書館藏歷代墓誌拓片目錄》編號 00248。

正光 069

贈營州刺史懿侯高貞碑

延昌三年（514）四月廿六日卒於京師，正光四年（523）六月八日刻。清乾嘉年間出土於山東德州衛河第三屯，後移置德州學宮。碑身高 170、寬 90 釐米；額高 30、寬 45 釐米。文正書，24 行，滿行 46 字。額篆書，額題：魏故營州刺史懿侯高君之碑。首題：魏故驃驤將軍營州刺史高使君懿侯碑銘。

圖版著錄：

《北京圖書館藏中國歷代石刻拓本匯編》4 冊 143 頁。

《漢魏六朝碑刻校注》5 冊 232 頁。

錄文著錄：

《金石續編》1/36a–38a，《新編》1/4/3024 下—3025 下。

《八瓊室金石補正》15/17b－20a，《新編》1/6/4231 上—4232 下。

《十二硯齋金石過眼錄》6/10b－12b，《新編》1/10/7841 下—7842 下。

《平津館金石萃編》4/8b－11a，《新編》2/4/2470 下—2472 上。

（宣統）《山東通志・藝文志》卷 149，《新編》2/12/9198 上—下。

《濟南金石志》4/86a－88a，《新編》2/13/9927 下—9928 下。

《續古文苑》16/13a－15a，《新編》4/2/244 上—245 上。

《全後魏文》58/6b－8a，《全文》4 冊 3803 下—3804 下。

《魯迅輯校石刻手稿・碑銘》中冊 256—260 頁。

《漢魏六朝碑刻校注》5 冊 233—234 頁。

碑目題跋著錄：

《金石續編》1/39b－41b，《新編》1/4/3026 上—3027 上。

《八瓊室金石補正》15/24a，《新編》1/6/4234 下。

《十二硯齋金石過眼錄》6/13a－b，《新編》1/10/7843 上。

《集古求真》3/8b－9a，《新編》1/11/8505 下—8506 上。

《鐵橋金石跋》1/14b－15b，《新編》1/25/19311 下—19312 上。

《平津讀碑記》2/16b－17b，《新編》1/26/19369 下—19370 上。

《藝風堂金石文字目》2/13b，《新編》1/26/19540 上。

《補寰宇訪碑錄》2/3b，《新編》1/27/20207 上。

《補寰宇訪碑錄校勘記》1/5b，《新編》1/27/20288 上。

《金石彙目分編》10（1）/20a，《新編》1/28/21110 下。

《石刻題跋索引》34 頁左，《新編》1/30/22372。

《古泉山館金石文編殘稿》1/8b－10a，《新編》2/3/1628 下—1629 下。

《平津館金石萃編》4/11a－b、11b－12b，《新編》2/4/2472 上—下。附《四錄堂類集》。

《崇雅堂碑錄》1/17a，《新編》2/6/4492 上。

《山左訪碑錄》1/16b，《新編》2/12/9062 下。

（宣統）《山東通志・藝文志》卷 149，《新編》2/12/9199 上。

《濟南金石志》4/88a，《新編》2/13/9928 下。

《平安館藏碑目》，《新編》2/18/13403 上。

《定庵題跋》34b – 35b，《新編》2/19/14302 下—14303 上。

《寶鴨齋題跋》卷上/20b，《新編》2/19/14344 下。

《寰宇貞石圖目錄》卷上/6a、卷下/4a，《新編》2/20/14674 上、14679 上。

《山左南北朝石刻存目》2a，《新編》2/20/14885 下。

《蒿里遺文目錄》1 上/4a，《新編》2/20/14939 上。

（民國）《德縣志·輿地志》4/43a – b，《新編》3/26/425 上。

《石目》，《新編》3/36/46 下。

《非見齋審定六朝正書碑目》2a，《新編》3/36/519 下。

《金石萃編補目》1/4a，《新編》3/37/485 下。

《碑帖跋》39 頁，《新編》3/38/187、4/7/424 下。

《雪堂金石文字跋尾》2/26a – b，《新編》3/38/300 下。

《漢魏六朝志墓金石例》2/13a，《新編》3/40/410 上。

《激素飛清閣平碑記》卷 2，《新編》4/1/203 下。

《金石筆識》21a，《新編》4/7/234 上。

《雪堂所藏金石文字簿錄》74a – b，《新編》4/7/406 下。

《面城精舍雜文甲編》，《羅振玉學術論著集》第九集，39 頁。

《魯迅輯校石刻手稿·碑銘》中冊 260—261 頁。附孫星衍記。

《增補校碑隨筆》（修訂本）207 頁。

《碑帖鑒定》172、174 頁。

《碑帖敘錄》138 頁。

《善本碑帖錄》2/74。

《漢魏六朝碑刻校注·總目提要》編號 1508。

淑德大學《中國石刻拓本目錄》"碑碣等刻石"編號 432。

正光 070

南陽太守趙碑墓誌

歲在癸卯（正光四年，523）八月三日薨於京師之繁高里，葬於張夫人墓西北三里，馬村之後。出土時地不詳，據云出土於河南省孟津縣。誌高、寬均 38 釐米。文正書，21 行，滿行 21 字。首題：魏故明威將軍河南縣令陵江將軍南陽太守趙君墓誌之銘。

圖版著錄：

《秦晉豫新出墓誌蒐佚續編》1 冊 54 頁。

正光 071

楊順妻呂法勝墓誌并蓋

又名：天水呂夫人殯誌。正光四年（523）九月廿二日卒於家，廿六日權殯於本邑華陰之潼鄉習仙里家宅之西庚地。1993 年出土於華陰縣五方村楊氏家族墓地，今存陝西華山西嶽廟。高、寬均 33 釐米。文正書兼隸意，9 行，滿行 11 字。首題：魏故洛州史君恒農簡公楊懿之第四子婦天水呂夫人之殯誌；蓋題：故恒農簡公第四子婦呂夫墓誌蓋。

著錄：

《華山碑石》12 頁。（圖、文）

《漢魏六朝碑刻校注》5 冊 222—223 頁。（圖、文）

《新出魏晉南北朝墓誌疏證》（修訂本）96 頁。（文、跋）

《全北魏東魏西魏文補遺》185—186 頁。（文）

《漢魏六朝碑刻校注·總目提要》編號 1503。（目）

《北朝隋代墓誌所在總合目錄》編號 285。（目）

《北京大學圖書館藏歷代墓誌拓片目錄》編號 00249。（目）

備考：楊順，《魏書》卷五八附《楊孝邕傳》、《北史》卷四一附《楊昱傳》。

正光 072

處士王基墓誌

正光三年（522）二月廿四日薨於洛陽永康里，四年（523）十月廿日葬於洛陽城北首陽之山。1927 年洛陽城東北東山嶺頭村南三里出土。三原于右任舊藏，今石存西安碑林博物館。誌高、寬均 54 釐米。文正書，21 行，滿行 24 字。首題：魏故處士王君墓誌銘。

圖版著錄：

《漢魏南北朝墓誌集釋》圖版二三五，《新編》3/3/555。

《北京圖書館藏中國歷代石刻拓本匯編》4 冊 151 頁。

《鴛鴦七誌齋藏石》圖63。

《中國金石集萃》7函4輯編號40。

《西安碑林全集》61/343-348。

《漢魏六朝碑刻校注》5冊224頁。

錄文著錄：

《洛陽出土北魏墓誌選編》正光二七，68—69頁。

《漢魏南北朝墓誌彙編》138—139頁。

《漢魏六朝碑刻校注》5冊225頁。

《全北魏東魏西魏文補遺》186頁。

碑目題跋著錄：

《石刻題跋索引》139頁右，《新編》1/30/22477。

《古誌新目初編》1/6a，《新編》2/18/13694下。

《漢魏南北朝墓誌集釋》5/51a，《新編》3/3/135。

《國立北平圖書館藏碑目》6a，《新編》3/36/251下。

《蒿里遺文目錄續編·墓誌徵存》2b，《新編》3/37/537下。

《墓誌徵存目錄》卷1，《羅振玉學術論著集》第五集，566頁。

《洛陽出土石刻時地記》北魏正光024，25頁。

《歷代墓誌銘拓片目錄》15頁。

《六朝墓誌檢要》（修訂本）80頁。

《漢魏六朝碑刻校注·總目提要》編號1504。

《北朝隋代墓誌所在總合目錄》編號286。

《北京大學圖書館藏歷代墓誌拓片目錄》編號00250。

正光073

平珍顯妻李貞姬磚誌

正光四年（523）十月。端方舊藏。磚高15、寬14.5釐米。文3行，首行6字，餘各5字，正書。

圖版著錄：

《北京圖書館藏中國歷代石刻拓本匯編》4冊150頁。

《中國古代磚刻銘文集》上冊編號0965。

錄文著錄：

《匋齋藏石記》7/5b，《新編》1/11/8044 上。

《漢魏南北朝墓誌彙編》138 頁。

《中國古代磚刻銘文集》下冊編號 0965。

《全北魏東魏西魏文補遺》186 頁。

碑目題跋著錄：

《石刻題跋索引》140 頁左，《新編》1/30/22478。

《石刻名彙》12/205b，《新編》2/2/1130 下。

《古誌彙目》1/6b，《新編》3/37/16。

《六朝墓誌檢要》（修訂本）80 頁。

《漢魏六朝碑刻校注·總目提要》編號 1505。

《北朝隋代墓誌所在總合目錄》編號 287。

《北京大學圖書館藏歷代墓誌拓片目錄》編號 00251。

正光 074

高猛墓誌

正光四年（523）四月十日卒於位，十一月二日葬於茫山之陽。二十世紀三十年代（一說 1948 年）出土於河南省洛陽東北小李村，石今存洛陽古代藝術館。高 86、寬 86.3 釐米。文正書，31 行，滿行 31 字。首題：魏故使持節侍中都督冀州諸軍事車騎大將軍司空公冀州刺史駙馬都尉勃海郡開國公高公誌銘。

著錄：

《洛陽出土北魏墓誌選編》正光二八，69—70 頁；圖版八九，303 頁。（圖、文）

《漢魏六朝碑刻校注》5 冊 229—231 頁。（圖、文）

《全北魏東魏西魏文補遺》187—188 頁。（文）

《新出魏晉南北朝墓誌疏證》（修訂本）97—99 頁。（文、跋）

《漢魏六朝碑刻校注·總目提要》編號 1506。（目）

《北朝隋代墓誌所在總合目錄》編號 288。（目）

論文：

黃吉軍、黃吉博：《北魏高猛及夫人元瑛墓誌淺釋》，《中原文物》1996 年第 1 期。

備考：高猛，《魏書》卷八三下附《高植傳》，《北史》卷八〇附《高肇傳》。

正光 075

鞠彥雲墓誌并蓋

正光四年（523）正月十六日亡，正光四年十一月二日。清光緒初年於山東黃縣出土，曾藏山東黃縣衙署内，今存山東省博物館。誌高 26、寬 29；蓋高 25、寬 29 釐米。文正書，14 行，滿行 13 字。蓋正書 3 行，滿行 4 字。蓋題：黃縣都鄉石羊里鞠彥雲墓誌。

圖版著錄：

《漢魏南北朝墓誌集釋》圖版二三六，《新編》3/3/556–557。

《北京圖書館藏中國歷代石刻拓本匯編》4 冊 153 頁。

《中國金石集萃》7 函 5 輯編號 41。

《漢魏六朝碑刻校注》5 冊 227 頁。

《山東石刻分類全集·歷代墓誌》20—21 頁。

錄文著錄：

《山左冢墓遺文》2a–b，《新編》1/20/14898 下。

（宣統）《山東通志·藝文志》卷 151，《新編》2/12/9302 下。

《誌石文錄續編》5b，《新編》2/19/13779 上。

（光緒）《增修登州府志》65/3a–4a，《新編》3/27/46 上一下。

《魯迅輯校石刻手稿·墓誌》上冊 144—145 頁。

《漢魏南北朝墓誌彙編》139—140 頁。

《漢魏六朝碑刻校注》5 冊 228 頁。

《全北魏東魏西魏文補遺》187 頁。

《山東石刻分類全集·歷代墓誌》20 頁。

碑目題跋著錄：

《集古求真》1/17b，《新編》1/11/8486 上。

《藝風堂金石文字目》18/1b，《新編》1/26/19814 上。

《再續寰宇訪碑錄校勘記》4a，《新編》1/27/20461 下。

《金石彙目分編》10（補遺）/25b，《新編》1/28/21226 上。

《石刻題跋索引》140 頁左，《新編》1/30/22478。

《石刻名彙》2/11b，《新編》2/2/1030 上。

《崇雅堂碑錄》1/17a，《新編》2/6/4492 上。

（宣統）《山東通志·藝文志》卷 151，《新編》2/12/9302 下—9303 上。

《語石》4/2b、12a，《新編》2/16/11918 下、11923 下。

《定盦題跋》58b—59a，《新編》2/19/14314 下—14315 上。

《寰宇貞石圖目錄》卷上/6a、卷下/4a，《新編》2/20/14674 上、14679 上。

《山左南北朝石刻存目》2a，《新編》2/20/14885 下。

《蒿里遺文目錄》2（1）/2a，《新編》2/20/14944 下。

《漢魏南北朝墓誌集釋》5/51b，《新編》3/3/136。附《十二硯齋金石過眼續錄》五。

（光緒）《增修登州府志》65/4a－b，《新編》3/27/46 下。附《黃縣志》。

《天壤閣雜記》3b－4a，《新編》3/35/458 下—459 上。

《石目》，《新編》3/36/73 上。

《國立北平圖書館藏碑目》6a，《新編》3/36/251 下。

《古誌彙目》1/6b，《新編》3/37/16。

《循園古冢遺文跋尾》3/10a－b，《新編》3/38/25 下。

《碑帖跋》63 頁，《新編》3/38/211、4/7/430 下。

《再續寰宇訪碑錄》卷上，《羅振玉學術論著集》第五集，435 頁。

《墓誌徵存目錄》卷 1，《羅振玉學術論著集》第五集，566 頁。

《面城精舍雜文甲編》，《羅振玉學術論著集》第九集，39 頁。

《歷代墓誌銘拓片目錄》15 頁。

《碑帖鑒定》174 頁。

《碑帖敘錄》245 頁。

《善本碑帖錄》2/73。

《增補校碑隨筆》（修訂本）207—208 頁。

《六朝墓誌檢要》（修訂本）81 頁。

《齊魯碑刻墓誌研究》290—291、364 頁。

《漢魏六朝碑刻校注·總目提要》編號 1507。

淑德大學《中國石刻拓本目錄》"墓誌"編號 106—107。

《北朝隋代墓誌所在総合目錄》編號 289。

《北京大學圖書館藏歷代墓誌拓片目錄》編號 00252。

論文：

莊學香：《真的是"千古之謎"嗎——〈鞠彥雲墓誌〉、〈段峻德墓誌〉考辨》，《中國典籍與文化》2001 年第 3 期。

正光 076

元尚之墓誌

正光四年（523）十一月廿七日葬於景陵之東阿。1936 年洛陽城北安駕溝村西、徐家溝村南出土。誌高 49.5、寬 11.6、厚 9 釐米。文正書，四面刻字，22 行，滿行 22 字。首題：魏故威烈將軍元尚之墓誌銘。

圖版著錄：

《漢魏南北朝墓誌集釋》圖版五七二，《新編》3/4/329。

《北京圖書館藏中國歷代石刻拓本匯編》4 冊 154 頁。

《漢魏六朝碑刻校注》5 冊 239 頁。

錄文著錄：

《洛陽出土北魏墓誌選編》正光二九，70 頁。

《漢魏南北朝墓誌彙編》141—142 頁。

《漢魏六朝碑刻校注》5 冊 240 頁。

《全北魏東魏西魏文補遺》189—190 頁。

碑目題跋著錄：

《石刻題跋索引》140 頁左，《新編》1/30/22478。

《漢魏南北朝墓誌集釋》11/112b，《新編》3/3/258。

《國立北平圖書館藏碑目》6a，《新編》3/36/251 下。

《墓誌徵存目錄》卷 1，《羅振玉學術論著集》第五集，566 頁。

《洛陽出土石刻時地記》北魏正光025,25頁。

《六朝墓誌檢要》(修訂本)81頁。

《漢魏六朝碑刻校注·總目提要》編號1510。

《北朝隋代墓誌所在總合目錄》編號291。

正光077

元斌墓誌

正光四年(523)九月廿一日卒於崇讓里宅,其年冬十一月廿七日葬於長陵之東。1927年洛陽城北後海資村西北出土,曾歸三原于右任,今石存西安碑林博物館。誌高、寬均66釐米。文正書,15行,滿行31字。首題:魏故襄威將軍大宗正丞元君墓誌銘并序。

圖版著錄:

《漢魏南北朝墓誌集釋》圖版一一○,《新編》3/3/407。

《北京圖書館藏中國歷代石刻拓本匯編》4冊155頁。

《鴛鴦七誌齋藏石》圖65。

《中國金石集萃》8函5輯編號45。

《西安碑林全集》61/355-358。

《洛陽出土北魏墓誌選編》圖版九○,304頁。

《漢魏六朝碑刻校注》5冊236頁。

錄文著錄:

《洛陽出土北魏墓誌選編》正光三一,71頁。

《漢魏南北朝墓誌彙編》140—141頁。

《漢魏六朝碑刻校注》5冊237頁。

《全北魏東魏西魏文補遺》188—189頁。

碑目題跋著錄:

《石刻題跋索引》140頁左,《新編》1/30/22478。

《古誌新目初編》1/6a,《新編》2/18/13694下。

《漢魏南北朝墓誌集釋》4/25a,《新編》3/3/83。

《國立北平圖書館藏碑目》6a,《新編》3/36/251下。

《蒿里遺文目錄續編·元魏宗室妃主誌存》11b,《新編》3/37/

542 上。

《元氏誌錄補遺》2a,《新編》3/38/55 下。

《墓誌徵存目錄》卷 1,《羅振玉學術論著集》第五集,566 頁。

《洛陽出土石刻時地記》北魏正光 026,25—26 頁。

《歷代墓誌銘拓片目錄》15 頁。

《六朝墓誌檢要》(修訂本)82 頁。

《漢魏六朝碑刻校注·總目提要》編號 1511。

《北朝隋代墓誌所在總合目錄》編號 290。

《北京大學圖書館藏歷代墓誌拓片目錄》編號 00253。

備考:元斌,《魏書》卷二一上、《北史》卷一九有傳。

正光 078

孝廉奚真墓誌

卒於河陰西鄉,正光四年(523)十一月廿七日葬於洛京西滻泉之源。1926 年洛陽西北瀍水發源處田溝村南嶺上出土,地在孟津縣境,三原于右任舊藏,今石存西安碑林博物館。誌高、寬均 47 釐米。文正書,20 行,滿行 20 字。首題:魏故孝廉奚君墓誌銘。

圖版著錄:

《漢魏南北朝墓誌集釋》圖版二三七,《新編》3/3/558。

《北京圖書館藏中國歷代石刻拓本匯編》4 冊 156 頁。

《鴛鴦七誌齋藏石》圖 64。

《中國金石集萃》8 函 5 輯編號 46。

《西安碑林全集》61/349–354。

《漢魏六朝碑刻校注》5 冊 242 頁。

錄文著錄:

《洛陽出土北魏墓誌選編》正光三〇,70—71 頁。

《漢魏南北朝墓誌彙編》142 頁。

《漢魏六朝碑刻校注》5 冊 243 頁。

《全北魏東魏西魏文補遺》190 頁。

碑目題跋著錄:

《石刻題跋索引》140 頁左，《新編》1/30/22478。
《古誌新目初編》1/6a，《新編》2/18/13694 下。
《漢魏南北朝墓誌集釋》5/51b，《新編》3/3/136。
《國立北平圖書館藏碑目》6a，《新編》3/36/251 下。
《蒿里遺文目錄續編·墓誌徵存》2b，《新編》3/37/537 下。
《墓誌徵存目錄》卷 1，《羅振玉學術論著集》第五集，566 頁。
《洛陽出土石刻時地記》北魏正光 027，26 頁。
《歷代墓誌銘拓片目錄》15 頁。
《六朝墓誌檢要》（修訂本）81 頁。
《漢魏六朝碑刻校注·總目提要》編號 1509。
《北朝隋代墓誌所在總合目錄》編號 292。
《北京大學圖書館藏歷代墓誌拓片目錄》編號 00254。

正光 079

右軍將軍領廷尉評王遵墓誌

正光四年（523）二月十五日薨於洛陽遵悌里，以即年十一月廿七日葬於京兆郡山北縣樊川之原。出土時地不詳，據云出土於陝西省西安市長安區。誌高 52、寬 51 釐米。文正書，19 行，滿行 23 字。首題：魏故鎮遠將軍右軍將軍領廷尉評王遵墓誌。

圖版著錄：

《秦晉豫新出墓誌蒐佚續編》1 冊 55 頁。

正光 080

渴丸瓊墓誌

神龜元年（518）六月卒，正光四年（523）十二月九日葬。河南省洛陽市出土。文 20 行，滿行 22 字，正書。首題：使持節都督安州諸軍事平北將軍安州刺史渴丸君墓誌。

圖版著錄：

《邙洛碑誌三百種》15 頁。

錄文著錄：

《全北魏東魏西魏文補遺》190—191 頁。

碑目著錄：

《漢魏六朝碑刻校注·總目提要》編號 1512。

《北朝隋代墓誌所在総合目錄》編號 293。

正光 081

劉鬷墓誌并蓋

正光四年（523）十月十九日終於安武里，夫人苻氏延昌四年（515）十一月七日卒，正光四年十二月廿一日合葬伊闕之南，大石嶺西十四里。據云 2000 年河南洛陽龍門西山出土。誌拓本長 55.5、寬 56 釐米；蓋拓本長、寬均 49 釐米。文 21 行，滿行 24 字，正書。蓋 3 行，行 4 字，篆書。蓋題：魏故司州金曹從事劉君墓誌。首題：魏故司州皇子金曹從事劉君之墓誌銘。

圖版著錄：

《龍門區系石刻文萃》23 頁。

碑目著錄：

《北朝隋代墓誌所在総合目錄》編號 294。

正光 082

陸希道墓誌并蓋及銘側題字

正光四年（523）。袁飜撰。蓋石自河南孟縣西三十四里張河村出土，河南孟縣金石保存所舊藏。蓋高 57.2、廣 64 釐米。蓋篆書，4 行，行 4 字；文正書，行款不詳。蓋題：魏故涇州刺史淮陽男陸使君墓誌之銘；首題：魏故使持節（缺）諸軍事（缺）涇州刺史淮陽男陸使君墓誌銘。

圖版著錄：

《漢魏南北朝墓誌集釋》圖版二三八，《新編》3/3/559。（蓋）

《北京圖書館藏中國歷代石刻拓本匯編》4 冊 157 頁。（蓋）

錄文著錄：

《金石萃編》29/21a–b，《新編》1/1/519 上。（側）

《八瓊室金石補正》16/8a，《新編》1/6/4238 下。（蓋）

《古誌石華》2/14a，《新編》2/2/1169 下。

《中州冢墓遺文》3a–b，《新編》3/30/270 上。（蓋）

《全後魏文》48/7a,《全文》4冊3752上。(誌、側)
《魯迅輯校石刻手稿·墓誌》上冊233頁。(蓋)
《漢魏南北朝墓誌彙編》505頁。(蓋)
《全北魏東魏西魏文補遺》410、414頁。(誌、蓋)
碑目題跋著錄：
《八瓊室金石補正》16/8a-b,《新編》1/6/4238下。
《授堂金石文字續跋》1/15b-16a,《新編》1/25/19174上—下。
《藝風堂金石文字目》18/2a,《新編》1/26/19814下。
《寰宇訪碑錄》2/6b,《新編》1/26/19863下。
《續補寰宇訪碑錄》3/9b,《新編》1/27/20319上。
《金石彙目分編》9(2)/64b,《新編》1/28/20985下。
《石刻題跋索引》140頁左,《新編》1/30/22478。
《石刻名彙》2/11b,《新編》2/2/1030上。
《古誌石華》2/14a-b,《新編》2/2/1169下。
《崇雅堂碑錄》1/17a,《新編》2/6/4492上。
《河朔訪古新錄》13/2b,《新編》2/12/8943下。
《河朔金石目》10/1b,《新編》2/12/9008上。
《語石》3/12a,《新編》2/16/11903下。
《金石例補》2/4a-b,《新編》2/17/12367下。
《平安館藏碑目》,《新編》2/18/13403下。
《中州金石目錄》2/6a,《新編》2/20/14694下。
《蒿里遺文目錄》2(1)/3a,《新編》2/20/14945上。
《漢魏南北朝墓誌集釋》5/51b,《新編》3/3/136。
(乾隆)《孟縣志·金石上》7/13a-15a,《新編》3/29/339上—340上。
(民國)《孟縣志·金石》9/4a-b,《新編》3/29/450下。
《河朔新碑目》下卷/20a,《新編》3/35/590下。
《河南古物調查表證誤》6b,《新編》3/35/594下。
《中州金石目》2/16a,《新編》3/36/159下。
《古誌彙目》1/6b,《新編》3/37/16。

《竹崦盦金石目錄》1/18a,《新編》3/37/348 下。
《碑版廣例》7/20a–b,《新編》3/40/323 下。
《漢魏六朝墓銘纂例》4/5b,《新編》3/40/461 上。
《墓誌徵存目錄》卷1,《羅振玉學術論著集》第五集, 575 頁。
《歷代墓誌銘拓片目錄》28 頁。
《碑帖鑒定》172 頁。
《增補校碑隨筆》(修訂本) 208 頁。
《六朝墓誌檢要》(修訂本) 82 頁。
《漢魏六朝碑刻校注·總目提要》編號 1513。
《北朝隋代墓誌所在總合目錄》編號 295。
《北京大學圖書館藏歷代墓誌拓片目錄》編號 00255。
備考：陸希道,《魏書》卷四〇、《北史》卷二八有傳。

正光 083
僧會碑

正光四年（523）立。

碑目題跋著錄：
《集古錄目》3/9a,《新編》1/24/17960 上。
《寶刻叢編》20/18a,《新編》1/24/18381 下。
《石刻題跋索引》34 頁左,《新編》1/30/22372。
《六藝之一錄》59/22b,《新編》4/5/93 下。

正光 084
元鑒之墓誌

正光三年（522）九月六日卒於洛陽里第, 四年（523）葬於河內軹縣嶺山之白楊塢。河南洛陽出土。誌長 64.5、寬 63 釐米。文 20 行, 滿行 20 字, 正書。首題：魏故諫議大夫元君墓誌銘。

圖版著錄：
《北魏皇家墓誌二十品》編號 12。

碑目著錄：
《北朝隋代墓誌所在總合目錄》編號 296。

正光 085

劉道斌墓誌

正光四年（523）正月十日卒於岐州官第，以五年（524）二月廿一日遷葬於舊塋。1966 年 3 月河北省阜城縣出土，河北省文物研究所藏石。誌長 59.5、寬 59、厚 10.4 釐米。文 26 行，滿行 26 字，正書。首題：魏故使持節右將軍岐州刺史平東將軍濟州刺史劉使君墓誌銘。

著錄：

《河北金石輯錄》214—215 頁。（圖、文、跋）

《衡水出土墓誌》6—7 頁。（圖、文）

《漢魏六朝碑刻校注·總目提要》編號 1514。（目）

《北朝隋代墓誌所在總合目錄》編號 297。（目）

備考：劉道斌，《魏書》卷七九、《北史》卷四六有傳。

正光 086

元謐墓誌并蓋

正光五年（524）閏二月三日葬。1930 年洛陽城西北東陡溝村東北李家凹村南出土，曾歸三原于右任，後流至海外。誌高 86.5、廣 89 釐米。文 20 行，滿行 20 字，正書。蓋無字。首題：大魏故使持節征南將軍侍中司州牧趙郡貞景王誌銘。

圖版著錄：

《漢魏南北朝墓誌集釋》圖版一七一、五七九，《新編》3/3/476、3/4/336。（誌、蓋）

《北京圖書館藏中國歷代石刻拓本匯編》4 冊 158 頁。（誌）

《洛陽出土北魏墓誌選編》圖版九一，305 頁。（誌）

《漢魏六朝碑刻校注》5 冊 244 頁。（誌）

錄文著錄：

《洛陽出土北魏墓誌選編》正光三二，72 頁。

《漢魏南北朝墓誌彙編》142—143 頁。

《漢魏六朝碑刻校注》5 冊 245 頁。

《全北魏東魏西魏文補遺》191—192 頁。

碑目題跋著錄：

《石刻題跋索引》140 頁左，《新編》1/30/22478。

《古誌新目初編》1/6a，《新編》2/18/13694 下。

《漢魏南北朝墓誌集釋》4/35b，《新編》3/3/104。

《漢魏南北朝墓誌集釋》11/113b－114a，《新編》3/3/260－261。

《元氏誌錄補遺》2a，《新編》3/38/55 下。

《遼居乙稿》44b－45a，《新編》3/38/356 下—357 上。

《墓誌徵存目錄》卷1，《羅振玉學術論著集》第五集，566 頁。

《洛陽出土石刻時地記》北魏正光 028，26 頁。

《碑帖敘錄》19 頁。

《六朝墓誌檢要》（修訂本）82 頁。

《增補校碑隨筆》（修訂本）208 頁。

《碑帖鑒定》175 頁。

《漢魏六朝碑刻校注·總目提要》編號 1515。

《北朝隋代墓誌所在總合目錄》編號 298。

《北京大學圖書館藏歷代墓誌拓片目錄》編號 00256。

備考：元謐，《魏書》卷二一上、《北史》卷一九有傳。

正光 087

元平墓誌

薨於家，正光五年（524）三月十日葬於先陵。1925 年洛陽城北姚凹村東南嶺出土，三原于右任舊藏，今石存西安碑林博物館。誌高 48、寬 49 釐米。文正書，18 行，滿行 18 字。首題：大魏故宣威將軍白水太守小劍戍主元公墓誌銘。

圖版著錄：

《漢魏南北朝墓誌集釋》圖版四八，《新編》3/3/333。

《北京圖書館藏中國歷代石刻拓本匯編》4 冊 159 頁。

《鴛鴦七誌齋藏石》圖 66。

《中國金石集萃》8 函 5 輯編號 47。

《西安碑林全集》61/359－365。

《漢魏六朝碑刻校注》5 冊 250 頁。

錄文著錄：

《洛陽出土北魏墓誌選編》正光三三，72—73 頁。

《漢魏南北朝墓誌彙編》143—144 頁。

《漢魏六朝碑刻校注》5 冊 251 頁。

《全北魏東魏西魏文補遺》192 頁。

碑目題跋著錄：

《石刻題跋索引》140 頁左，《新編》1/30/22478。

《石刻名彙》2/11b，《新編》2/2/1030 上。

《崇雅堂碑錄補》1/7b，《新編》2/6/4554 上。

《古誌新目初編》1/6a，《新編》2/18/13694 下。

《蒿里遺文目錄補遺》10b，《新編》2/20/15000 下。

《漢魏南北朝墓誌集釋》3/11a－b，《新編》3/3/55－56。

《國立北平圖書館藏碑目》6a，《新編》3/36/251 下。

《元氏誌錄補遺》2a，《新編》3/38/55 下。

《墓誌徵存目錄》卷 1，《羅振玉學術論著集》第五集，566 頁。

《丙寅稿》，《羅振玉學術論著集》第十集（上）137 頁。

《洛陽出土石刻時地記》北魏正光 029，26 頁。

《歷代墓誌銘拓片目錄》15 頁。

《增補校碑隨筆》（修訂本）209 頁。

《六朝墓誌檢要》（修訂本）82—83 頁。

《漢魏六朝碑刻校注·總目提要》編號 1517。

《北朝隋代墓誌所在綜合目錄》編號 299。

《北京大學圖書館藏歷代墓誌拓片目錄》編號 00257。

正光 088

元陽墓誌

卒於荊州之邸，正光五年（524）三月十一日葬於長陵之東阿。河南省洛陽市出土，今存洛陽古代藝術館。原誌高、寬均 65 釐米。文正書，27 行，滿行 27 字。首題：魏故持節督恒州諸軍事平北將軍恒州刺史元君墓誌銘。

著錄：

《洛陽出土歷代墓誌輯繩》38 頁。（圖）

《洛陽出土北魏墓誌選編》圖版九二，306 頁（圖）；正光三四，73 頁（文）。

《漢魏六朝碑刻校注》5 冊 257—258 頁。（圖、文）

《全北魏東魏西魏文補遺》194—195 頁。（文）

《漢魏六朝碑刻校注·總目提要》編號 1519。（目）

《北朝隋代墓誌所在總合目錄》編號 300。（目）

正光 089

元昭墓誌

正光三年（522）二月廿二日薨於第，五年（524）三月十一日葬於洛陽之西陵，滙澗之東。1922 年洛陽城東北六里馬坡村北地出土，天津張氏舊藏。誌高 74、寬 78 釐米；蓋高 67、寬 69 釐米。文 36 行，滿行 35 字，正書。蓋有花紋無文字。首題：魏故使持節散騎常侍車騎大將軍儀同三司尚書左僕射冀州刺史元公墓誌銘。

圖版著錄：

《漢魏南北朝墓誌集釋》圖版四九，《新編》3/3/334－335。

《北京圖書館藏中國歷代石刻拓本匯編》4 冊 160 頁。

《中國金石集萃》8 函 5 輯編號 48。

《洛陽出土北魏墓誌選編》圖版九三，307 頁。

《漢魏六朝碑刻校注》5 冊 253 頁。

《秦晉豫新出墓誌蒐佚續編》1 冊 56 頁。

錄文著錄：

《芒洛冢墓遺文四編補遺》4a－6b，《新編》1/19/14309 下—14310 下。

《洛陽出土北魏墓誌選編》正光三五，74—75 頁。

《漢魏南北朝墓誌彙編》144—146 頁。

《漢魏六朝碑刻校注》5 冊 254—255 頁。

《全北魏東魏西魏文補遺》192—194 頁。

碑目題跋著錄：

《石刻題跋索引》140 頁左,《新編》1/30/22478。

《石刻名彙》2/11b,《新編》2/2/1030 上。

《崇雅堂碑錄補》1/7b,《新編》2/6/4554 上。

《古誌新目初編》1/6a,《新編》2/18/13694 下。

《蒿里遺文目錄》2（3）/1b,《新編》2/20/14977 上。

《夢碧簃石言》5/14a,《新編》3/2/219 下。

《漢魏南北朝墓誌集釋》3/11b－12a,《新編》3/3/56－57。

《國立北平圖書館藏碑目》6a,《新編》3/36/251 下。

《元氏誌錄補遺》2a,《新編》3/38/55 下。

《墓誌徵存目錄》卷 1,《羅振玉學術論著集》第五集,567 頁。

《松翁近稿》,《羅振玉學術論著集》第十集（上）60—61 頁。

《洛陽出土石刻時地記》北魏正光 030,26 頁。

《碑帖鑒定》174 頁。

《歷代墓誌銘拓片目錄》16 頁。

《六朝墓誌檢要》（修訂本）83 頁。

《漢魏六朝碑刻校注·總目提要》編號 1518。

《北朝隋代墓誌所在總合目錄》編號 301。

《北京大學圖書館藏歷代墓誌拓片目錄》編號 00258。

論文：

劉軍：《北魏元昭墓誌考釋》,《咸陽師範學院學報》2015 年第 3 期。

備考：元昭,《魏書》卷一五、《北史》卷一五有傳,附《元遵傳》。

正光 090

侯掌墓誌并蓋

正光五年（524）三月二日卒於洛陽延壽宅,四月廿九日寓殯於河南之芒阜。1985 年秋河南省洛陽市孟津縣邙山鄉三十里鋪村東北出土,石存洛陽。誌高 54.5 釐米,寬 53 釐米。文正書,21 行,滿行 23 字。蓋正書,1 行 4 字。蓋題：侯府君銘；首題：魏故本國中正奉朝請燕州治中從事史上谷侯府君墓誌。

著錄：

《洛陽出土歷代墓誌輯繩》39 頁。（圖）

《中國金石集萃》8 函 5 輯編號 49。（誌圖）

《漢魏六朝碑刻校注》5 冊 262—263 頁。（圖、文）

《洛陽出土北魏墓誌選編》正光三六，75 頁。（文）

《新出魏晉南北朝墓誌疏證》（修訂本）100—101 頁。（文、跋）

《全北魏東魏西魏文補遺》195—196 頁。（文）

《漢魏六朝碑刻校注·總目提要》編號 1521。（目）

《北朝隋代墓誌所在總合目錄》編號 303。（目）

論文：

洛陽市文物工作隊：《洛陽孟津晉墓北魏墓發掘簡報》，《文物》1991 年第 8 期。

正光 091

比丘尼統慈慶（王鍾兒）墓誌

又名：比丘尼慈慶墓誌。正光五年（524）五月七日卒於昭儀寺，十八日葬於洛陽北芒之山。常景撰，李寧民書。1923 年洛陽城東北東山嶺頭村東南五里小塚內出土，曾歸上虞羅振玉，1945 年石毀。誌高 65、廣 65 釐米。文 26 行，滿行 26 字，正書。首題：魏故比丘尼統慈慶墓誌銘。

圖版著錄：

《漢魏南北朝墓誌集釋》圖版二三九，《新編》3/3/560。

《北京圖書館藏中國歷代石刻拓本匯編》4 冊 163 頁。

《中國金石集萃》8 函 5 輯編號 50。

《洛陽出土北魏墓誌選編》圖版九四，308 頁。

《漢魏六朝碑刻校注》5 冊 266 頁。

錄文著錄：

《芒洛冢墓遺文四編補遺》6b–7b，《新編》1/19/14310 下—14311 上。

《洛陽出土北魏墓誌選編》正光三七，75—76 頁。

《漢魏南北朝墓誌彙編》146—147 頁。

《漢魏六朝碑刻校注》5 冊 267 頁。

《全北魏東魏西魏文補遺》22—23 頁。
碑目題跋著錄：
《集古求真續編》2/6a–b，《新編》1/11/8723 下。
《石刻題跋索引》140 頁左，《新編》1/30/22478。
《石刻名彙》2/11b，《新編》2/2/1030 上。
《崇雅堂碑錄補》1/7b，《新編》2/6/4554 上。
《古誌新目初編》1/6a，《新編》2/18/13694 下。
《蒿里遺文目錄》5/1a，《新編》2/20/14991 上。
《漢魏南北朝墓誌集釋》5/52a，《新編》3/3/137。
《石交錄》3/14b，《新編》4/6/469 下。
《墓誌徵存目錄》卷 1，《羅振玉學術論著集》第五集，567 頁。
《洛陽出土石刻時地記》北魏正光 031，26 頁。
《增補校碑隨筆》（修訂本）209 頁。
《碑帖鑒定》174 頁。
《六朝墓誌檢要》（修訂本）83 頁。
《碑帖敘錄》51 頁。
《漢魏六朝碑刻校注·總目提要》編號 1523。
淑德大學《中國石刻拓本目錄》"墓誌"編號 108。
《北朝隋代墓誌所在總合目錄》編號 304。
《北京大學圖書館藏歷代墓誌拓片目錄》編號 00259。
論文：
周玉茹：《北魏比丘尼統慈慶墓誌考釋》，《北方文物》2016 年第 2 期。

正光 092

韓玫墓誌

正光五年（524）四月廿七日卒於洛陽之永建里，七月廿四日葬於芒山。2007 年春河南省孟津縣出土，旋歸單氏。誌長、寬均 54.5 釐米。文 24 行，滿行 24 字。

圖版著錄：

《秦晉豫新出墓誌蒐佚》1 冊 22 頁。
碑目著錄：
《北朝隋代墓誌所在總合目錄》編號 302。

正光 093

孫遼浮圖銘記

正光五年（524）七月廿五日。河南洛陽出土，山東黃縣丁氏舊藏，原石已毀。高 33.4、廣 60.8 釐米。文正書，30 行，滿行 16 字。首題：大魏正光五年歲次甲辰七月己酉朔廿五日癸酉故蘭倉令孫府君浮圖之銘記。

圖版著錄：
《漢魏南北朝墓誌集釋》圖版二四〇，《新編》3/3/561。
《北京圖書館藏中國歷代石刻拓本匯編》4 冊 168 頁。
《漢魏六朝碑刻校注》5 冊 276 頁。
錄文著錄：
《中州冢墓遺文》3b–4b，《新編》3/30/270 上—下。
《魯迅輯校石刻手稿·碑銘》中冊 269—271 頁。
《洛陽出土北魏墓誌選編》正光三八，76—77 頁。
《漢魏南北朝墓誌彙編》147—148 頁。
《漢魏六朝碑刻校注》5 冊 277 頁。
《全北魏東魏西魏文補遺》196 頁。
碑目題跋著錄：
《續補寰宇訪碑錄》3/9b，《新編》1/27/20319 上。
《石刻題跋索引》140 頁左—右，《新編》1/30/22478。
《石刻名彙》2/12a，《新編》2/2/1030 下。
《崇雅堂碑錄》1/17b，《新編》2/6/4492 上。
《蒿里遺文目錄》5/1a，《新編》2/20/14991 上。
《漢魏南北朝墓誌集釋》5/52a，《新編》3/3/137。
《石目》，《新編》3/36/73 上。
《古誌彙目》1/7a，《新編》3/37/17。

《循園古冢遺文跋尾》3/10b,《新編》3/38/25 下。
《碑帖跋》69 頁,《新編》3/38/217、4/7/432 上。
《墓誌徵存目錄》卷 1,《羅振玉學術論著集》第五集, 567 頁。
《增補校碑隨筆》(修訂本) 210 頁。
《六朝墓誌檢要》(修訂本) 84 頁。
《碑帖鑒定》175 頁。
《齊魯碑刻墓誌研究》"附表" 363 頁。
《漢魏六朝碑刻校注·總目提要》編號 1528。
《北朝隋代墓誌所在總合目錄》編號 305。

論文:

宋愛平:《北碑逸品、塔銘佳作——館藏'孫遼浮圖銘'》,《文物天地》2017 年第 1 期。

正光 094

積弩將軍中黃門趙晒墓誌

正光五年(524)四月十八日遘疾卒於洛陽之脩人里,粵以八月四日葬於亶甫之西崗。出土時地不詳,據誌出土於河南省孟津縣。誌高、寬均 49.5 釐米。文正書, 25 行,滿行 23 字。首題:魏故積弩將軍中黃門趙君之墓誌銘。

圖版著錄:

《秦晉豫新出墓誌蒐佚續編》1 冊 58 頁。

正光 095

元子直墓誌

正光五年(524)四月十二日薨於第,以其年八月六日葬於長陵之東北。1922 年洛陽城北南陳莊村張姓地中出土,陝西三原于右任舊藏,今石存西安碑林博物館。誌高、寬均 79 釐米。文正書, 27 行,滿行 31 字。首題:魏故使持節散騎常侍安南將軍都官尚書冀州刺史元公墓誌銘。

圖版著錄:

《漢魏南北朝墓誌集釋》圖版一八七,《新編》3/3/493。

《北京圖書館藏中國歷代石刻拓本匯編》4 冊 169 頁。
《鴛鴦七誌齋藏石》圖 67。
《西安碑林全集》61/366－380。
《洛陽出土北魏墓誌選編》圖版九五，309 頁。
《漢魏六朝碑刻校注》5 冊 282 頁。

錄文著錄：

《芒洛冢墓遺文四編補遺》7b－9a，《新編》1/19/14311 上—14312 上。
《洛陽出土北魏墓誌選編》正光三九，77—78 頁。
《漢魏南北朝墓誌彙編》150—151 頁。
《漢魏六朝碑刻校注》5 冊 283 頁。
《全北魏東魏西魏文補遺》198—199 頁。

碑目題跋著錄：

《石刻題跋索引》140 頁右，《新編》1/30/22478。
《石刻名彙》2/12a，《新編》2/2/1030 下。
《崇雅堂碑錄》1/17b，《新編》2/6/4492 上。
《古誌新目初編》1/6a，《新編》2/18/13694 下。
《蒿里遺文目錄》2（3）/1b，《新編》2/20/14977 上。
《夢碧簃石言》5/14a，《新編》3/2/219 下。
《漢魏南北朝墓誌集釋》4/38a，《新編》3/3/109。
《國立北平圖書館藏碑目》6a，《新編》3/36/251 下。
《元氏誌錄補遺》2a，《新編》3/38/55 下。
《墓誌徵存目錄》卷 1，《羅振玉學術論著集》第五集，567 頁。
《洛陽出土石刻時地記》北魏正光 033，26—27 頁。
《歷代墓誌銘拓片目錄》16 頁。
《六朝墓誌檢要》（修訂本）84 頁。
《漢魏六朝碑刻校注·總目提要》編號 1529。
《北朝隋代墓誌所在綜合目錄》編號 307。
《北京大學圖書館藏歷代墓誌拓片目錄》編號 00260。

備考：元子直，《魏書》卷二一下有傳，附《元飇傳》。

正光 096

元瑛妃李媛華墓誌

正光五年（524）正月十五日薨於第，其年八月六日合葬於武宣王陵。1920年洛陽城北張楊村西小塚內出土，曾歸三原于右任、武進陶湘（字蘭泉），今存遼寧省博物館。誌高79、寬76釐米。文正書，36行，滿行37字。首題：魏故使持節假黃鉞侍中太師領司徒都督中外諸軍事彭城武宣王妃李氏墓誌銘。

圖版著錄：

《漢魏南北朝墓誌集釋》圖版一八六，《新編》3/3/492。

《北京圖書館藏中國歷代石刻拓本匯編》4冊170頁。

《洛陽出土北魏墓誌選編》圖版九六，310頁。

《漢魏六朝碑刻校注》5冊279頁。

《遼寧省博物館藏碑誌精粹》64頁。

錄文著錄：

《芒洛冢墓遺文四編》1/16b–19a，《新編》1/19/14156下—14158上。

《滿洲金石志別錄》卷上/16a–18a，《新編》1/23/17405下—17406下。

《誌石文錄》卷上/20a–22a，《新編》2/19/13751下—13752下。

《洛陽出土北魏墓誌選編》正光四〇，78—79頁。

《漢魏南北朝墓誌彙編》148—150頁。

《漢魏六朝碑刻校注》5冊280—281頁。

《遼寧省博物館藏碑誌精粹》258頁。

《全北魏東魏西魏文補遺》196—198頁。

碑目題跋著錄：

《滿洲金石志別錄》卷上/18a–19a，《新編》1/23/17406下—17407上。

《石刻題跋索引》140頁右，《新編》1/30/22478。

《石刻名彙》2/12a，《新編》2/2/1030下。

《崇雅堂碑錄》1/17b，《新編》2/6/4492上。

《古誌新目初編》1/6a,《新編》2/18/13694 下。
《蒿里遺文目錄》2（3）/4a,《新編》2/20/14978 下。
《夢碧簃石言》5/14a,《新編》3/2/219 下。
《漢魏南北朝墓誌集釋》4/37b,《新編》3/3/108。
《國立北平圖書館藏碑目》6a,《新編》3/36/251 下。
《循園古冢遺文跋尾》3/10b－11b,《新編》3/38/25 下—26 上。
《元氏誌錄》2a、10a,《新編》3/38/47 下、51 下。
《墓誌徵存目錄》卷 1,《羅振玉學術論著集》第五集,567 頁。
《洛陽出土石刻時地記》北魏正光 034,27 頁。
《歷代墓誌銘拓片目錄》16 頁。
《六朝墓誌檢要》（修訂本）85 頁。
《遼寧省博物館藏碑誌精粹》65 頁。
《漢魏六朝碑刻校注·總目提要》編號 1530。
淑德大學《中國石刻拓本目錄》"墓誌"編號 110。
《北朝隋代墓誌所在總合目錄》編號 306。
《北京大學圖書館藏歷代墓誌拓片目錄》編號 00261。
備考：元颺,《魏書》卷二一下、《北史》卷一九有傳。

正光 097

傅母杜法真墓誌并蓋

卒於洛陽,正光五年（524）十月三日葬於首陽之陰。1933 年洛陽北南石山村北地出土,三原于右任舊藏,今石存西安碑林博物館。誌、蓋高、寬均 55 釐米。文正書,12 行,滿行 16 字。蓋正書,1 行 4 字。蓋題：杜傅母銘。

圖版著錄：
《漢魏南北朝墓誌集釋》圖版五八一,《新編》3/4/338。（誌）
《鴛鴦七誌齋藏石》圖 68。
《西安碑林全集》61/381－387。
《洛陽出土北魏墓誌選編》圖版九七,311 頁。
《漢魏六朝碑刻校注》5 冊 287 頁。

錄文著錄：

《洛陽出土北魏墓誌選編》正光四一，79 頁。

《漢魏南北朝墓誌彙編》151—152 頁。

《漢魏六朝碑刻校注》5 冊 288 頁。

《全北魏東魏西魏文補遺》199 頁。

碑目題跋著錄：

《石刻題跋索引》140 頁右，《新編》1/30/22478。

《漢魏南北朝墓誌集釋》11/114a，《新編》3/3/261。

《墓誌徵存目錄》卷 1，《羅振玉學術論著集》第五集，567 頁。

《洛陽出土石刻時地記》北魏正光 035，27 頁。

《六朝墓誌檢要》（修訂本）85 頁。

《漢魏六朝碑刻校注·總目提要》編號 1532。

《北朝隋代墓誌所在總合目錄》編號 308。

正光 098

趙猛墓誌

太和十二年（488）八月十七日卒於家，正光五年（524）十月二十日葬於蒲城南嵋。1987 年出土於山西省永濟縣蒲州鎮侯家莊村南，今存山西省永濟縣博物館。誌高 44.5、寬 43 釐米。文 17 行，滿行 18 字，正書。蓋題：趙府君墓誌銘。

著錄：

《新出魏晉南北朝墓誌疏證》（修訂本）102—103 頁。（文、跋）

《河東出土墓誌錄》1 頁。（文）

《全北魏東魏西魏文補遺》199—200 頁。（文）

《漢魏六朝碑刻校注·總目提要》編號 1533。（目）

《北朝隋代墓誌所在總合目錄》編號 309。（目）

正光 099

呂通墓誌

正光五年（524）四月一日卒於洛陽之承華里舍，十一月三日遷葬於河陽城北嶺山之下。1987 年在洛陽市吉利區出土。誌長、寬均 56 釐米。

文 29 行，滿行 28 字，正書。首題：魏故輔國將軍博陵太守呂公之墓誌銘。

圖版著錄：

《洛陽出土歷代墓誌輯繩》41 頁。

錄文著錄：

《洛陽出土北魏墓誌選編》正光四二，79—80 頁。

《全北魏東魏西魏文補遺》201—202 頁。

碑目著錄：

《北朝隋代墓誌所在總合目錄》編號 310。

論文：

洛陽市文物工作隊：《河南洛陽市吉利區兩座北魏墓的發掘》，《考古》2011 年第 9 期。

張蕾：《讀北魏呂達、呂仁墓誌》，《淮陰師範學院學報》2012 年第 5 期。

正光 100

呂達墓誌

正光五年（524）四月一日卒於洛陽之承華里舍，以十一月三日遷葬於河陽城北嶺山之下。1987 年在洛陽市吉利區出土，石存洛陽市文物工作隊。一墓雙誌，誌文內容幾乎相同，惟墓主名有異，一曰名"達"，一曰名"通"；首題不同、誌石大小不同。誌石長、寬均 74 釐米。文 28 行，滿行 28 字，正書。首題：魏故威遠將軍積射將軍宮興令呂君之墓誌銘。

圖版著錄：

《洛陽出土歷代墓誌輯繩》40 頁。

錄文著錄：

《洛陽出土北魏墓誌選編》偽刻三一，201—202 頁。

碑目著錄：

《北朝隋代墓誌所在總合目錄》編號 315。

論文：

洛陽市文物工作隊：《河南洛陽市吉利區兩座北魏墓的發掘》，《考古》2011 年第 9 期。

張蕾：《讀北魏呂達、呂仁墓誌》，《淮陰師範學院學報》2012 年第 5 期。

備考：《洛陽出土北魏墓誌選編》以其偽刻，然此墓誌出土有發掘報告，當為真品。呂達、呂通墓誌同出一墓，名雖不同，但均字"慈達"，是否同一人？待考。暫單列。

正光 101

長孫嵩墓誌

正始四年（507）八月卒，正光五年（524）十一月三日葬於北芒。2000 年河南省孟津縣出土。誌高 48.5、寬 48.2 釐米。文 23 行，滿行 24 字，正書。首題：大魏故驍驤將軍魯陽太守長孫嵩墓誌銘。

圖版著錄：

《邙洛碑誌三百種》16 頁。

錄文著錄：

《全北魏東魏西魏文補遺》203 頁。

碑目著錄：

《漢魏六朝碑刻校注·總目提要》編號 1541。

《北朝隋代墓誌所在總合目錄》編號 311。

備考：長孫嵩，《魏書》卷二五、《北史》卷二二有傳。

正光 102

韓賄妻高氏墓銘

正光四年（523）十一月十九日卒於洛陽延壽里，五年（524）十一月三日移葬定州常山郡行唐縣宕城川蘭山之陽。1964 年河北省曲陽縣嘉裕村出土，河北省文物研究所藏石。誌高 58、寬 58、厚 9.5 釐米；蓋長、寬均 57 釐米。文正書，26 行，滿行 27 字。首題：魏故持節征虜將軍營州刺史長岑侯韓使君賄夫人高氏墓銘。

著錄：

《中國金石集萃》7 函 5 輯編號 43。（圖）

《漢魏六朝碑刻校注》5 冊 292—293 頁。（圖、文）

《河北金石輯錄》215—217 頁。（圖、文、跋）

《漢魏南北朝墓誌彙編》153—154 頁。（文）

《全北魏東魏西魏文補遺》200—201 頁。（文）

《漢魏六朝碑刻校注·總目提要》編號 1534。（目）

《北朝隋代墓誌所在總合目錄》編號 313。（目）

論文：

河北省博物館文物管理處：《河北曲陽發現北魏墓》，《考古》1972 年第 5 期。

備考：高氏之弟高肇，《魏書》卷八三、《北史》卷八〇有傳。

正光 103

元瑒墓誌

正光五年（524）四月廿九日薨於第，其年十一月三日葬於金谷之原。1926 年洛陽城北張楊村西北三塚槐之南出土，于右任鴛鴦七誌齋舊藏，今石存西安碑林博物館。誌高 73、寬 72 釐米。文正書，22 行，滿行 26 字。

圖版著錄：

《漢魏南北朝墓誌集釋》圖版一〇一，《新編》3/3/398。

《北京圖書館藏中國歷代石刻拓本匯編》4 冊 172 頁。

《鴛鴦七誌齋藏石》圖 69。

《中國金石集萃》7 函 5 輯編號 42。

《西安碑林全集》61/388－400。

《漢魏六朝碑刻校注》5 冊 289 頁。

錄文著錄：

《洛陽出土北魏墓誌選編》正光四三，80—81 頁。

《漢魏南北朝墓誌彙編》152—153 頁。

《漢魏六朝碑刻校注》5 冊 290 頁。

《全北魏東魏西魏文補遺》202 頁。

碑目題跋著錄：

《石刻題跋索引》140 頁右，《新編》1/30/22478。

《漢魏南北朝墓誌集釋》4/23b,《新編》3/3/80。

《國立北平圖書館藏碑目》6b,《新編》3/36/251下。

《蒿里遺文目錄續編補遺・元魏宗室妃主誌存》1b,《新編》3/37/545上。

《墓誌徵存目錄》卷1,《羅振玉學術論著集》第五集,567頁。

《洛陽出土石刻時地記》北魏正光036,27頁。

《歷代墓誌銘拓片目錄》16頁。

《六朝墓誌檢要》(修訂本)85頁。

《漢魏六朝碑刻校注・總目提要》編號1535。

淑德大學《中國石刻拓本目錄》"墓誌"編號111。

《北朝隋代墓誌所在總合目錄》編號312。

《北京大學圖書館藏歷代墓誌拓片目錄》編號00262。

正光 104

元悅妃馮季華墓誌

正光五年(524)三月卅日薨於第,其年十一月十四日合葬於長陵之東。1920年河南省洛陽城北徐家溝村東南出土,河南安陽古物保存所舊藏,今存洛陽博物館。誌高70.3、廣68.8釐米。文正書,26行,前11行行40至44字不等,後15行行27字。首題:魏故樂安王妃馮氏墓誌銘。

圖版著錄:

《漢魏南北朝墓誌集釋》圖版八三,《新編》3/3/377。

《北京圖書館藏中國歷代石刻拓本匯編》4冊173頁。

《中國金石集萃》7函5輯編號45。

《洛陽出土北魏墓誌選編》圖版九八,312頁。

《漢魏六朝碑刻校注》5冊297頁。

錄文著錄:

《芒洛冢墓遺文四編》1/19a–20b,《新編》1/19/14158上—下。

《誌石文錄》卷上/22a–23a,《新編》2/19/13752下—13753上。

《洛陽出土北魏墓誌選編》正光四四,81—82頁。

《漢魏南北朝墓誌彙編》155—156 頁。
《漢魏六朝碑刻校注》5 冊 298 頁。
《全北魏東魏西魏文補遺》204—205 頁。
碑目題跋著錄：
《石刻題跋索引》140 頁右，《新編》1/30/22478。
《石刻名彙》2/12a，《新編》2/2/1030 下。
《崇雅堂碑錄》1/17b，《新編》2/6/4492 上。
《古誌新目初編》1/6a，《新編》2/18/13694 下。
《定庵題跋》61a–b，《新編》2/19/14316 上。
《蒿里遺文目錄》2（3）/4a，《新編》2/20/14978 下。
《夢碧簃石言》5/14a，《新編》3/2/219 下。
《漢魏南北朝墓誌集釋》3/19b，《新編》3/3/72。
《國立北平圖書館藏碑目》6b，《新編》3/36/251 下。
《循園古冢遺文跋尾》3/11b–12a，《新編》3/38/26 上—下。
《元氏誌錄》2b、8b，《新編》3/38/47 下、50 下。
《墓誌徵存目錄》卷 1，《羅振玉學術論著集》第五集，567 頁。
《松翁近稿》，《羅振玉學術論著集》第十集（上）66—67 頁。
《洛陽出土石刻時地記》北魏正光 037，27 頁。
《歷代墓誌銘拓片目錄》16 頁。
《六朝墓誌檢要》（修訂本）86 頁。
《漢魏六朝碑刻校注·總目提要》編號 1537。
淑德大學《中國石刻拓本目錄》"墓誌"編號 113。
《北朝隋代墓誌所在總合目錄》編號 317。
《北京大學圖書館藏歷代墓誌拓片目錄》編號 00264。

正光 105

元崇業墓誌

正光五年（524）三月廿七日卒於第，其年冬十一月十四日葬於長陵之東北。1927 年洛陽城北安駕溝村出土，三原于右任舊藏，今石存西安碑林博物館。誌高 52、寬 53 釐米。文正書，20 行，滿行 20 字。首題：

魏故持節輔國將軍平州刺史元使君墓誌銘。
　　圖版著錄：
《漢魏南北朝墓誌集釋》圖版一〇三，《新編》3/3/400。
《北京圖書館藏中國歷代石刻拓本匯編》4 冊 174 頁。
《鴛鴦七誌齋藏石》圖 70。
《中國金石集萃》7 函 5 輯編號 44。
《西安碑林全集》61/401－408。
《洛陽出土北魏墓誌選編》圖版九九，313 頁。
《漢魏六朝碑刻校注》5 冊 295 頁。
　　錄文著錄：
《洛陽出土北魏墓誌選編》正光四五，82 頁。
《漢魏南北朝墓誌彙編》154—155 頁。
《漢魏六朝碑刻校注》5 冊 296 頁。
《全北魏東魏西魏文補遺》203—204 頁。
　　碑目題跋著錄：
《石刻題跋索引》140 頁右，《新編》1/30/22478。
《古誌新目初編》1/6b，《新編》2/18/13694 下。
《漢魏南北朝墓誌集釋》4/24a，《新編》3/3/81。
《國立北平圖書館藏碑目》6b，《新編》3/36/251 下。
《蒿里遺文目錄續編·元魏宗室妃主誌存》11b，《新編》3/37/542 上。
《元氏誌錄補遺》2b，《新編》3/38/55 下。
《墓誌徵存目錄》卷 1，《羅振玉學術論著集》第五集，567 頁。
《洛陽出土石刻時地記》北魏正光 038，27 頁。
《歷代墓誌銘拓片目錄》16 頁。
《碑帖敍錄》18 頁。
《六朝墓誌檢要》（修訂本）85 頁。
《漢魏六朝碑刻校注·總目提要》編號 1536。
淑德大學《中國石刻拓本目錄》"墓誌"編號 112。
《北朝隋代墓誌所在総合目錄》編號 316。
《北京大學圖書館藏歷代墓誌拓片目錄》編號 00265。

正光 106

殿中將軍韓虎墓誌

寢疾卒於景彥里，葬於芒山，正光五年（524）十一月十四日。出土時地不詳，據誌出土於河南省孟津縣。誌高、寬均 50.5 釐米。文正書，19 行，滿行 20 字。首題：唯大魏正光五年歲次甲辰十一月丁未朔十四日庚申盪寇將軍殿中將軍韓虎之神銘。

著錄：

《秦晉豫新出墓誌蒐佚續編》1 冊 59 頁。（圖）

《新見北朝墓誌集釋》46—48 頁。（圖、文、跋）

正光 107

元寧墓誌

正光五年（524）薨於京師，其年十一月十五日遷葬於大陵東北冀剛之陽。1926 年洛陽城北伯樂凹村出土，曾歸三原于右任，今石存西安碑林博物館。誌高 42、寬 44 釐米。文正書，20 行，滿行 20 字。首題：魏故輕車將軍元府君墓誌。

圖版著錄：

《漢魏南北朝墓誌集釋》圖版一九七，《新編》3/3/506。

《北京圖書館藏中國歷代石刻拓本匯編》4 冊 175 頁。

《鴛鴦七誌齋藏石》圖 71。

《中國金石集萃》8 函 6 輯編號 52。

《西安碑林全集》61/409－412。

《漢魏六朝碑刻校注》5 冊 300 頁。

錄文著錄：

《洛陽出土北魏墓誌選編》正光四六，82—83 頁。

《漢魏南北朝墓誌彙編》157 頁。

《漢魏六朝碑刻校注》5 冊 301 頁。

《全北魏東魏西魏文補遺》205—206 頁。

碑目題跋著錄：

《石刻題跋索引》140 頁右，《新編》1/30/22478。

《古誌新目初編》1/6b，《新編》2/18/13694下。
《漢魏南北朝墓誌集釋》4/40a，《新編》3/3/113。
《國立北平圖書館藏碑目》6b，《新編》3/36/251下。
《元氏誌錄補遺》2b，《新編》3/38/55下。
《墓誌徵存目錄》卷1，《羅振玉學術論著集》第五集，567頁。
《洛陽出土石刻時地記》北魏正光039，27頁。
《歷代墓誌銘拓片目錄》16頁。
《六朝墓誌檢要》（修訂本）86頁。
《漢魏六朝碑刻校注·總目提要》編號1538。
《北朝隋代墓誌所在總合目錄》編號318。
《北京大學圖書館藏歷代墓誌拓片目錄》編號00266。

正光 108

郭顯墓誌

《墓誌徵存目錄》作"郭顒"。正光四年（523）六月廿三日卒於河南洛陽都鄉受安里，正光五年（524）十一月廿六日葬於北芒山之西崗。1926年洛陽城北姚凹村北出土，曾歸三原于右任，今石存西安碑林博物館。誌高49、寬50釐米。文正書，22行，滿行21字。首題：魏故中給事中謁者關西十州臺使郭顯墓誌銘。

圖版著錄：

《漢魏南北朝墓誌集釋》圖版二四一，《新編》3/3/562。
《北京圖書館藏中國歷代石刻拓本匯編》4冊177頁。
《鴛鴦七志齋藏石》圖72。
《中國金石集萃》8函6輯編號53。
《西安碑林全集》62/413–418。
《洛陽出土北魏墓誌選編》圖版一〇〇，314頁。
《漢魏六朝碑刻校注》5冊303頁。

錄文著錄：

《洛陽出土北魏墓誌選編》正光四七，83頁。
《漢魏南北朝墓誌彙編》157—158頁。

《漢魏六朝碑刻校注》5 冊 304 頁。
《全北魏東魏西魏文補遺》206 頁。
碑目題跋著錄：
《石刻題跋索引》140 頁右，《新編》1/30/22478。
《古誌新目初編》1/6b，《新編》2/18/13694 下。
《漢魏南北朝墓誌集釋》5/52a，《新編》3/3/137。
《國立北平圖書館藏碑目》6b，《新編》3/36/251 下。
《蒿里遺文目錄續編·墓誌徵存》2b，《新編》3/37/537 下。
《墓誌徵存目錄》卷 1，《羅振玉學術論著集》第五集，567 頁。
《洛陽出土石刻時地記》北魏正光 040，27—28 頁。
《歷代墓誌銘拓片目錄》16 頁。
《六朝墓誌檢要》（修訂本）86 頁。
《漢魏六朝碑刻校注·總目提要》編號 1539。
淑德大學《中國石刻拓本目錄》"墓誌"編號 114。
《北朝隋代墓誌所在總合目錄》編號 319。
《北京大學圖書館藏歷代墓誌拓片目錄》編號 00267。

正光 109

檀賓墓誌

正光五年（524）八月八日薨於洛陽，其年十一月廿七日葬於北芒之陽。據葬地推測，誌石出土地應在洛陽城北瀍水之東一帶，于右任舊藏，今存西安碑林博物館。誌高 54、寬 55 釐米。文正書，27 行，滿行 27 字。首題：魏故驃騎將軍平陽檀府君之墓誌銘。

圖版著錄：
《漢魏南北朝墓誌集釋》圖版二四二，《新編》3/3/563。
《北京圖書館藏中國歷代石刻拓本匯編》4 冊 178 頁。
《鴛鴦七誌齋藏石》圖 73。
《中國金石集萃》7 函 5 輯編號 46。
《西安碑林全集》62/419-424。
《洛陽出土北魏墓誌選編》圖版一〇一，315 頁。

《漢魏六朝碑刻校注》5 冊 306 頁。

錄文著錄：

《洛陽出土北魏墓誌選編》正光四八，84 頁。

《漢魏南北朝墓誌彙編》158—160 頁。

《漢魏六朝碑刻校注》5 冊 307 頁。

《全北魏東魏西魏文補遺》206—207 頁。

碑目題跋著錄：

《石刻題跋索引》140 頁右，《新編》1/30/22478。

《古誌新目初編》1/6b，《新編》2/18/13694 下。

《漢魏南北朝墓誌集釋》5/52a，《新編》3/3/137。

《國立北平圖書館藏碑目》6b，《新編》3/36/251 下。

《蒿里遺文目錄續編·墓誌徵存》2b，《新編》3/37/537 下。

《墓誌徵存目錄》卷 1，《羅振玉學術論著集》第五集，567 頁。

《洛陽出土石刻時地記》北魏正光 041，28 頁。

《歷代墓誌銘拓片目錄》16 頁。

《碑帖敘錄》245 頁。

《六朝墓誌檢要》（修訂本）86—87 頁。

《漢魏六朝碑刻校注·總目提要》編號 1540。

淑德大學《中國石刻拓本目錄》"墓誌" 編號 115。

《北朝隋代墓誌所在總合目錄》編號 320。

《北京大學圖書館藏歷代墓誌拓片目錄》編號 00268。

正光 110

杜祖悦墓誌

正光五年（524）六月十四日卒於洛陽勸學里，十一月葬于雍州京兆郡山北縣鴻固鄉疇貴里。出土時地不詳，據誌出土於陝西省西安市，石藏河北正定墨香閣。誌長、寬均 61 釐米。文 24 行，滿行 25 字，隸書。首題：魏故鎮遠將軍太尉府諮議參軍前行南秦州事杜使君墓誌銘。

著錄：

《秦晉豫新出墓誌蒐佚續編》1 冊 60 頁。（圖）
《墨香閣藏北朝墓誌》20—21 頁。（圖、文）
《珍稀墓誌百品》8—10 頁。（圖、文、跋）
備考：杜祖悅，《魏書》卷四五附《杜銓傳》。

正光 111
宇文永墓誌并蓋

正光五年（524）十二月八日遷葬於京東。2008 年春河南省偃師出土，旋歸洛陽張氏。誌蓋長 49、寬 48 釐米；誌石長 46.5、寬 46 釐米。誌文 15 行，滿行 16 字，正書。蓋 2 行，行 5 或 14 字，正書。蓋題：魏故假節鎮遠將軍武川鎮將宇文府君墓誌銘。

圖版著錄：
《龍門區系石刻文萃》419 頁。
《秦晉豫新出墓誌蒐佚》1 冊 23—24 頁。
碑目著錄：
《北朝隋代墓誌所在總合目錄》編號 321。
論文：
邵磊：《北魏〈宇文永墓誌〉考證》，《冶山存稿——南京文物考古論叢》，第 182—186 頁。
備考：宇文永，事見《周書》卷二七、《北史》卷五七《宇文測傳》和《宇文深傳》。

正光 112
王僧玉妻杜延登墓記磚

正光五年（524）。紹興范壽銘舊藏。磚高 31、寬 15 釐米。文正書，3 行，前 2 行行 7 至 8 字，末行 2 字。

著錄：
《中國古代磚刻銘文集》上、下冊編號 0966。（圖、文）
《北朝隋代墓誌所在總合目錄》編號 322。（目）
《北京大學圖書館藏歷代墓誌拓片目錄》編號 00269。（目）

正光 113

李超墓誌

正光五年（524）八月十八日卒於洛陽縣之永年里宅，正光六年（525）正月十六日葬於洛陽縣覆舟山之東南。《石刻名彙》作"永安二年"。清初偃師縣西北喬家村出土，偃師縣學明倫堂舊藏。誌高 55.1、廣 55.6 釐米。文正書，26 行，滿行 26 字。首題：魏故懷令李君墓誌銘。

圖版著錄：

《漢魏南北朝墓誌集釋》圖版二四三，《新編》3/3/564。

《北京圖書館藏中國歷代石刻拓本匯編》4 冊 179 頁、5 冊 116 頁。

《中國金石集萃》7 函 5 輯編號 47。

《洛陽出土北魏墓誌選編》圖版一〇二，316 頁。

《漢魏六朝碑刻校注》5 冊 309 頁。

錄文著錄：

《金石萃編》29/25a–26b，《新編》1/1/521 上—下。

《芒洛冢墓遺文》卷上/9a–10a，《新編》1/19/13984 上—下。

《古誌石華》2/14b–16b，《新編》2/2/1169 下—1170 下。

《宜祿堂收藏金石記》卷 11，《新編》2/5/3430 上—下。

《偃師金石遺文記》卷上/9a–10b，《新編》2/14/10105 上—下。

《碑版廣例》7/21a–22b，《新編》3/40/324 上—下。

《續古文苑》16/15a–17a，《新編》4/2/245 上—246 上。

《全後魏文》57/5b–6b，《全文》4 冊 3799 上—下。

《魯迅輯校石刻手稿·墓誌》上冊 152—155 頁。

《洛陽出土北魏墓誌選編》正光四九，84—85 頁。

《漢魏南北朝墓誌彙編》160—161 頁。

《漢魏六朝碑刻校注》5 冊 310 頁。

碑目題跋著錄：

《金石萃編》29/28a，《新編》1/1/522 下。

《八瓊室金石補正》16/7a、7b–8a，《新編》1/6/4238 上—下。

《集古求真》1/17b，《新編》1/11/8486 上。

《中州金石記》1/13b，《新編》1/18/13755 上。

《潛研堂金石文跋尾》2/22a – b，《新編》1/25/18760 下。

《潛研堂金石文字目錄》1/11a，《新編》1/25/19012 上。

《平津讀碑記》2/18a，《新編》1/26/19370 下。

《藝風堂金石文字目》18/2a，《新編》1/26/19814 下。

《寰宇訪碑錄》2/7b，《新編》1/26/19864 上。

《寰宇訪碑錄刊謬》2b – 3a，《新編》1/26/20085 下—20086 上。

《金石彙目分編》9（4）/1a，《新編》1/28/21036 上。

《石刻題跋索引》140 頁右—141 頁左，《新編》1/30/22478 – 22479。

《石刻名彙》2/14a，《新編》2/2/1031 下。

《古誌石華》2/16b – 17a，《新編》2/2/1170 下—1171 上。

《平津館金石萃編》4/12b，《新編》2/4/2472 下。

《宜祿堂金石記》2/7a，《新編》2/6/4221 上。

《崇雅堂碑錄》1/17b，《新編》2/6/4492 上。

《偃師金石記》1/8a – b，《新編》2/14/10072 下。

《偃師金石遺文記》卷上/10b – 11a，《新編》2/14/10105 下—10106 上。

《金石例補》1/7a，《新編》2/17/12364 上。

《平安館藏碑目》，《新編》2/18/13403 上、下。

《定庵題跋》65b – 66a，《新編》2/19/14318 上—下。

《寶鴨齋題跋》卷上/21b – 22a，《新編》2/19/14345 上—下。

《竹崦盦金石目錄》13b，《新編》2/20/14553 上。

《寰宇貞石圖目錄》卷上/6b、卷下/4a，《新編》2/20/14674 上、14679 上。

《中州金石目錄》2/7a，《新編》2/20/14695 上。

《蒿里遺文目錄》2（1）/2a，《新編》2/20/14944 下。

《漢魏南北朝墓誌集釋》5/52b – 53a，《新編》3/3/138 – 139。附《獨學廬二稿》下、《獨笑齋金石考略》三。

《洹洛訪古記》卷下/46a，《新編》3/29/582 下。

《石目》，《新編》3/36/73 上。

《中州金石目》4/1a，《新編》3/36/172 上。
《國立北平圖書館藏碑目》6b，《新編》3/36/251 下。
《話雨樓碑帖目錄》1/13b，《新編》3/36/552。
《古誌彙目》1/7a－b，《新編》3/37/17－18。
《竹崦盦金石目錄》1/17b－18a，《新編》3/37/348 上—下。
《碑帖跋》70 頁，《新編》3/38/218、4/7/432 上。
《漢魏六朝志墓金石例》2/14b－15a，《新編》3/40/410 下—411 上。
《漢魏六朝墓銘纂例》4/5a－b，《新編》3/40/461 上。
《雪堂所藏金石文字簿錄》75a，《新編》4/7/407 上。
《墓誌徵存目錄》卷 1，《羅振玉學術論著集》第五集，567 頁。
《洛陽出土石刻時地記》北魏正光042，28 頁。
《歷代墓誌銘拓片目錄》16 頁。
《碑帖鑒定》180 頁。
《碑帖敘錄》74 頁。
《增補校碑隨筆》（修訂本）211 頁。
《六朝墓誌檢要》（修訂本）87 頁。
《漢魏六朝碑刻校注·總目提要》編號1543。
淑德大學《中國石刻拓本目錄》"墓誌"編號116。
《北朝隋代墓誌所在總合目錄》編號323。
《北京大學圖書館藏歷代墓誌拓片目錄》編號00270。

備考：《中州金石記》認為，"越六年"即經過了六年，當是武泰二年（529）；《金石萃編》認為"越六年"當是永安二年（529）；二者觀點大抵相同。《全後魏文》認為"越六年"即"正光六年（525）"。《偃師金石遺文記》認為："當時年號在數年中，凡屢改易而纖悉書之，不便於文，故約舉言之"，也認為"越六年"，即正光六年。暫從正光六年，因為"越六年"之"越"通"粵"，即"在"之意。

正光 114

涂淵墓誌

又名：徐法智墓誌、字法智墓誌、□淵墓誌、曠野將軍石窟署

□□□墓誌。正光六年（525）正月終於營福署，其月廿七日葬於伊闕之右。曾歸福山王懿榮、長白端方，後流入日本，日本江藤氏舊藏，今存日本書道博物院。誌高36.5、廣46.3釐米。文27行，滿行20字，正書。首題：魏故曠野將軍石窟署□徐君墓誌銘。

圖版著錄：

《漢魏南北朝墓誌集釋》圖版二四四，《新編》3/3/565。

《漢魏六朝碑刻校注》5冊314頁。

《龍門區系石刻文萃》21頁。

錄文著錄：

《匋齋藏石記》7/6a-7a，《新編》1/11/8044下—8045上。

《芒洛冢墓遺文補遺》2a-3a，《新編》1/19/14042下—14043上。

《魯迅輯校石刻手稿·墓誌》上冊148—150頁。

《漢魏南北朝墓誌彙編》162頁。

《漢魏六朝碑刻校注》5冊315頁。

《全北魏東魏西魏文補遺》208—209頁。

碑目題跋著錄：

《匋齋藏石記》7/7a-b，《新編》1/11/8045上。

《續補寰宇訪碑錄》3/10a，《新編》1/27/20319下。

《石刻題跋索引》141頁左，《新編》1/30/22479。

《石刻名彙》2/12a，《新編》2/2/1030下。

《崇雅堂碑錄補》1/7b，《新編》2/6/4554上。

《蒿里遺文目錄》2（1）/2a，《新編》2/20/14944下。

《漢魏南北朝墓誌集釋》5/53a，《新編》3/3/139。

《國立北平圖書館藏碑目》6b，《新編》3/36/251下。

《古誌彙目》1/7a，《新編》3/37/17。

《墓誌徵存目錄》卷1，《羅振玉學術論著集》第五集，567頁。

《魯迅全集》第八卷"《徐法智墓誌》考"，76—77頁。

《歷代墓誌銘拓片目錄》17頁。

《增補校碑隨筆》（修訂本）210—211頁。

《六朝墓誌檢要》（修訂本）87、88頁。

《漢魏六朝碑刻校注·總目提要》編號 1544、1547。

《北朝隋代墓誌所在總合目錄》編號 325。

《北京大學圖書館藏歷代墓誌拓片目錄》編號 00271。

備考：《古誌彙目》著錄了兩次。

正光 115

甄凱墓誌

正始四年（507）二月二十七日病遂大漸，正光六年（525）正月二十七日葬、刻。1956 年 4 月河北無極縣北蘇鄉甄氏墓群出土，現藏河北正定縣文物保管所。誌蓋長、寬均 56、厚 10.5 釐米；誌石長 55.5、寬 56、厚 9.5 釐米。誌文 19 行，滿行 19 字，正書。首題：甄凱石誌。蓋題：處士中山甄凱墓誌銘。

著錄：

《新中國出土墓誌·河北〔壹〕》上冊 5 頁（圖）、下冊 2 頁（文）。

《漢魏六朝碑刻校注》5 冊 312—313 頁。（圖、文）

《漢魏南北朝墓誌彙編》161—162 頁。（文）

《全北魏東魏西魏文補遺》207—208 頁。（文）

《碑帖鑒定》175 頁。（跋）

《河北金石輯錄》432 頁。（目）

《六朝墓誌檢要》（修訂本）88 頁。（目）

《漢魏六朝碑刻校注·總目提要》編號 1545。（目）

《北朝隋代墓誌所在總合目錄》編號 324。（目）

論文：

孟昭林：《無極甄氏諸墓的發現及其有關問題》，《文物》1959 年第 1 期。

正光 116

緩光姬墓誌

正光六年（525）正月十九日卒於掖庭之宮，其年二月廿一日葬於皇陵之東。河南洛陽出土。誌高 48、寬 50 釐米。文正書，22 行，滿行 21 字。首題：魏故第一品家監緩夫人之墓誌銘。

著錄：

《邙洛碑誌三百種》17 頁。（圖）

《洛陽新見墓誌》4 頁。（圖）

《洛陽新獲七朝墓誌》18 頁。（圖）

《北京大學圖書館新藏金石拓本菁華 1996—2012》，85 頁。（圖）

《新出土墓誌精粹》（北朝卷）上冊 40—47 頁。（圖）

《新見北朝墓誌集釋》49—51 頁。（圖、文、跋）

《全北魏東魏西魏文補遺》209 頁。（文）

《漢魏六朝碑刻校注·總目提要》編號 1548。（目）

《北朝隋代墓誌所在綜合目錄》編號 327。（目）

《北京大學圖書館藏歷代墓誌拓片目錄》編號 00273。（目）

正光 117

張澂墓誌

正光五年（524）卒，正光六年（525）二月葬於張曲之里，洛水之陰。2007 年冬河南偃師出土，存民間。誌長 52、寬 53 釐米。文 19 行，滿行 21 字，正書。首題：魏故持節平東將軍齊州刺史東武伯張使君之墓誌。

著錄：

《秦晉豫新出墓誌蒐佚》1 冊 25 頁。（圖）

《新出土墓誌精粹》（北朝卷）上冊 60—67 頁。（圖）

《新見北朝墓誌集釋》43—45 頁。（圖、文、跋）

《北朝隋代墓誌所在綜合目錄》編號 326。（目）

《北京大學圖書館藏歷代墓誌拓片目錄》編號 00272。（目）

正光 118

封龍墓誌

正光四年（523）六月十九日終於郡，以正光六年（525）三月七日葬。1991 年 4 月河北省吳橋縣新店鎮出土，現存吳橋縣文物保管所。誌長 47.5、寬 47.5、厚 10 釐米。文 25 行，滿行 25 字，正書。蓋佚。首題：魏故鎮遠將軍中部太守封君之志銘。

著錄：

《滄州出土墓誌》10—11 頁。（圖、文）

《全北魏東魏西魏文補遺》209—210 頁。（文）

《漢魏六朝碑刻校注·總目提要》編號 1551。（目）

《北朝隋代墓誌所在總合目錄》編號 328。（目）

論文：

盧瑞芳、劉漢芹：《河北吳橋北魏封龍墓及其相關問題》，《文物春秋》2005 年第 3 期。

正光 119

元茂墓誌

正光六年（525）正月八日卒於洛陽，以三月十七日葬於都西金山之東。1936 年洛陽城北南陳莊村寨北出土。誌高、寬均 52 釐米。文正書，22 行，滿行 22 字。首題：維大魏平南府功曹參軍元君墓誌銘。

圖版、錄文著錄：

《漢魏南北朝墓誌集釋》圖版五七六，《新編》3/4/333。（圖）

《北京圖書館藏中國歷代石刻拓本匯編》4 冊 180 頁。（圖）

《洛陽出土北魏墓誌選編》圖版一〇三，317 頁（圖）；正光五〇，85—86 頁（文）。

《漢魏六朝碑刻校注》5 冊 317—318 頁。（圖、文）

《漢魏南北朝墓誌彙編》163 頁。（文）

《全北魏東魏西魏文補遺》31—32 頁。（文）

碑目題跋著錄：

《石刻題跋索引》141 頁左，《新編》1/30/22479。

《漢魏南北朝墓誌集釋》11/113a，《新編》3/3/259。

《國立北平圖書館藏碑目》6b，《新編》3/36/251 下。

《墓誌徵存目錄》卷 1，《羅振玉學術論著集》第五集，567 頁。

《洛陽出土石刻時地記》北魏正光 043，28 頁。

《六朝墓誌檢要》（修訂本）88 頁。

《漢魏六朝碑刻校注·總目提要》編號 1549。

《北朝隋代墓誌所在總合目錄》編號 329。

正光 120

李遵墓誌并蓋

正光五年（524）五月八日薨於洛陽顯德里第，六年（525）五月廿二日葬於豹祠之南。張景淵撰。河南洛陽出土，今存首都博物館。拓片誌高、寬均 92 釐米，蓋高、寬均 82 釐米。文正書，32 行，滿行 32 字。首題：魏故驃騎將軍洛州刺史涇陽縣開國子李使君墓誌。蓋篆書，3 行，計 13 字，蓋題：魏故驃騎將軍洛州李使君墓誌。

圖版著錄：

《北京圖書館藏中國歷代石刻拓本匯編》4 冊 184 頁。

《中國金石集萃》8 函 6 輯編號 54。（誌）

《漢魏六朝碑刻校注》5 冊 324 頁。

錄文著錄：

《漢魏南北朝墓誌彙編》163—165 頁。

《漢魏六朝碑刻校注》5 冊 325—326 頁。

《全北魏東魏西魏文補遺》32—33 頁。

碑目題跋著錄：

《歷代墓誌銘拓片目錄》17 頁。

《六朝墓誌檢要》（修訂本）88 頁。

《漢魏六朝碑刻校注·總目提要》編號 1553。

淑德大學《中國石刻拓本目錄》"墓誌"編號 117—118。

《北朝隋代墓誌所在總合目錄》編號 330。

《北京大學圖書館藏歷代墓誌拓片目錄》編號 00274。

備考：李遵，其事附《魏書》卷三九、《北史》卷一〇〇《李佐傳》。

正光 121

中書監前懷州刺史高允遺德頌

太和十一年（487）正月卒，正光中（520—525）立碑。在懷慶府河內縣。

碑目題跋著錄：

《金石彙目分編》9（2）/47a，《新編》1/28/20977 上。

《諸史碑銘錄目·魏書金石》，《新編》3/37/326 上、327 下。

《全後魏文》32/5b，《全文》4 冊 3674 上。

備考：高允，《魏書》卷四八、《北史》卷三一有傳。

正光 122

孝女姚女勝墓碑

正光中（520—525）卒。崔游撰。在平陽府臨汾縣。

碑目題跋著錄：

《金石彙目分編》11/22a，《新編》1/28/21238 下。

《佩文齋書畫譜·金石》62/10a 上，《新編》3/2/56 上。

（光緒）《山西通志·金石記二》90/18a，《新編》3/30/340 下。

《山右訪碑記》2a，《新編》3/30/566 下。

《諸史碑銘錄目·魏書金石》，《新編》3/37/329 下。

《六藝之一錄》59/30a–b，《新編》4/5/97 下。

備考：姚女勝，《北史》卷九一《列女傳》有傳。

孝 昌

孝昌 001

張君妻殷伯姜墓誌

正光六年（525）五月十四日卒於洛陽澤泉里宅，孝昌元年（525）八月十二日與先君合葬於旦甫山之高崿。1990 年 9 月出土於河南省偃師市南蔡莊鄉溝口頭村，石藏偃師商城博物館。誌長 41、寬 43、厚 9 釐米。文正書，20 行，行 19 字。首題：魏故涇州三水令張府君殷夫人之墓誌銘。

著錄：

《偃師碑誌精選》編號 8。（圖）

《北京大學圖書館新藏金石拓本菁華 1996—2012》，86 頁。（圖）

《洛陽新獲墓誌》12 頁（圖）、198—199 頁（文）。

《漢魏六朝碑刻校注》5 冊 333—334 頁。（圖、文）

《新出魏晉南北朝墓誌疏證》（修訂本）104—105頁。（文、跋）

《全北魏東魏西魏文補遺》210—211頁。（文）

《漢魏六朝碑刻校注·總目提要》編號1557。（目）

《北朝隋代墓誌所在總合目錄》編號332。（目）

《北京大學圖書館藏歷代墓誌拓片目錄》編號00275。（目）

論文：

李獻奇：《北魏六方墓誌考釋》，《畫像磚石刻墓誌研究》，第208—210頁。

任昉：《〈洛陽新獲墓誌〉釋文補正》，《故宮博物院院刊》2001年第5期。

孝昌002
羊祉妻崔神妃墓誌

正光五年（524）九月廿九日薨於洛陽徽文里宅，孝昌元年（525）八月卅日祔葬於泰山郡梁父縣徂徠山陽鎮軍使君之神□。羊允撰。1964年出土於山東省新泰縣天寶鎮顏莊村羊氏墓群，石存山東省泰安市博物館。誌方形，邊長55釐米。文正書，25行，滿行25字。首題：魏故鎮軍將軍兗州刺史羊使君夫人崔氏墓誌銘。

著錄：

《山東石刻分類全集·歷代墓誌》24—25頁。（圖、文）

《新出魏晉南北朝墓誌疏證》（修訂本）106—107頁。（文、跋）

《全北魏東魏西魏文補遺》211—212頁。（文）

《齊魯碑刻墓誌研究》"附表"，364頁。（目）

《漢魏六朝碑刻校注·總目提要》編號1558。（目）

《北朝隋代墓誌所在總合目錄》編號333。（目）

論文：

周郢：《新發現的羊氏家族墓誌考略》，《周郢文史論文集》，第46—80頁；又載於《岱宗學刊》1997年第3期。

備考：羊祉，《魏書》卷八九、《北史》卷三九有傳。

孝昌 003

王君妻元華光墓誌

孝昌元年（525）九月十六日卒於家第，葬於景陵之東，龍剛之西，孝昌元年九月廿四日。1923 年河南洛陽城北徐家溝村南、安駕溝村西北出土，浙江上虞羅振玉、山陰張氏舊藏。誌高 51.5、廣 50.6 釐米。文正書，23 行，滿行 25 字。首題：魏故金城郡君墓誌銘。

圖版、錄文著錄：

《漢魏南北朝墓誌集釋》圖版八六，《新編》3/3/380。（圖）

《北京圖書館藏中國歷代石刻拓本匯編》5 冊 5 頁。（圖）

《中國金石集萃》7 函 5 輯編號 48。（圖）

《洛陽出土北魏墓誌選編》圖版一〇四，318 頁（圖）；孝昌一，86 頁（文）。

《漢魏六朝碑刻校注》5 冊 336—337 頁。（圖、文）

《漢魏南北朝墓誌彙編》165—166 頁。（文）

《全北魏東魏西魏文補遺》212 頁。（文）

碑目題跋著錄：

《石刻題跋索引》141 頁左，《新編》1/30/22479。

《石刻名彙》2/12a，《新編》2/2/1030 下。

《崇雅堂碑錄補》1/7b，《新編》2/6/4554 上。

《蒿里遺文目錄》2（3）/4b，《新編》2/20/14978 下。

《漢魏南北朝墓誌集釋》3/20a，《新編》3/3/73。

《國立北平圖書館藏碑目》6b，《新編》3/36/251 下。

《墓誌徵存目錄》卷 1，《羅振玉學術論著集》第五集，568 頁。

《洛陽出土石刻時地記》孝昌 001，28 頁。

《歷代墓誌銘拓片目錄》17 頁。

《六朝墓誌檢要》（修訂本）89 頁。

《漢魏六朝碑刻校注·總目提要》編號 1559。

淑德大學《中國石刻拓本目錄》"墓誌"編號 119。

《北朝隋代墓誌所在總合目錄》編號 334。

《北京大學圖書館藏歷代墓誌拓片目錄》編號00276。

孝昌004

裴譚墓誌

正光五年（524）九月十九日卒於洛陽縣洛汭里宅，孝昌元年（525）十月二日葬於洛陽蒿丘山。2005年春河南省洛陽市孟津縣邙山出土，旋歸某氏。誌高67、寬67.5釐米。文23行，滿行24字；側面5行，行21至22字不等；均正書。首題：魏故平南將軍使持節豫州刺史蘭陵郡開國公裴君墓誌。

圖版著錄：

《河洛墓刻拾零》上冊30頁。

碑目著錄：

《北朝隋代墓誌所在總合目錄》編號335。

備考：裴譚，《魏書》卷七一、《北史》卷四五有傳，附《裴叔業傳》。

孝昌005

元顯魏墓誌并蓋

正光六年（525）二月七日終於宣化里宅，孝昌元年（525）十月廿六日葬於金陵。1916年河南洛陽城北後海資村北出土，洛陽金石保存所舊藏，今石藏河南省博物院。誌高、廣58.5釐米。文26行，滿行28字，正書。首題：魏故假節輔國將軍東豫州刺史元公墓誌銘；蓋題：魏故元使君墓誌銘。

圖版著錄：

《漢魏南北朝墓誌集釋》圖版一四六、五七四，《新編》3/3/446、3/4/331。

《北京圖書館藏中國歷代石刻拓本匯編》5冊6頁。（誌）

《中國金石集萃》8函6輯編號55。（誌）

《洛陽出土北魏墓誌選編》圖版一〇五，319頁。（誌）

《漢魏六朝碑刻校注》5冊339頁。

錄文著錄：

《芒洛冢墓遺文續補》2b–3b，《新編》1/19/14091 下—14092 上。
《誌石文錄》卷上/23a–24a，《新編》2/19/13753 上—下。
《夢碧簃石言》2/7a–8a，《新編》3/2/177 上—下。
《魯迅輯校石刻手稿·墓誌》上冊 161—164 頁。
《洛陽出土北魏墓誌選編》孝昌二，87 頁。
《漢魏南北朝墓誌彙編》166—167、505 頁。
《漢魏六朝碑刻校注》5 冊 340 頁。
《全北魏東魏西魏文補遺》213 頁。

碑目題跋著錄：
《石刻題跋索引》141 頁左，《新編》1/30/22479。
《石刻名彙》2/12b，《新編》2/2/1030 下。
《崇雅堂碑錄》1/18a，《新編》2/6/4492 下。
《古誌新目初編》1/6b，《新編》2/18/13694 下。
《蒿里遺文目錄》2（3）/1b，《新編》2/20/14977 上。
《夢碧簃石言》2/6a–7a、5/14a，《新編》3/2/176 下—177 上，219 下。
《漢魏南北朝墓誌集釋》4/30b–31a、11/113a，《新編》3/3/94–95、259。附《九鐘精舍金石跋尾乙編》。
《河南圖書館藏石目》1b，《新編》3/36/125 下。
《國立北平圖書館藏碑目》6b，《新編》3/36/251 下。
《循園古冢遺文跋尾》3/12a–b，《新編》3/38/26 下。
《元氏誌錄》2b、6b、8b，《新編》3/38/47 下、49 下、50 下。
《墓誌徵存目錄》卷 1，《羅振玉學術論著集》第五集，568 頁。
《洛陽出土石刻時地記》孝昌 002，28 頁。
《歷代墓誌銘拓片目錄》17 頁。
《碑帖敘錄》20 頁。
《增補校碑隨筆》（修訂本）212 頁。
《六朝墓誌檢要》（修訂本）89—90 頁。
《漢魏六朝碑刻校注·總目提要》編號 1560。
淑德大學《中國石刻拓本目錄》"墓誌"編號 120。

《北朝隋代墓誌所在總合目錄》編號 336。
《北京大學圖書館藏歷代墓誌拓片目錄》編號 00277。
備考：元顯魏，《魏書》卷一九下附《元長壽傳》。

孝昌 006

元煥墓誌并蓋

孝昌元年（525）七月四日薨於國第，其年冬十一月八日葬於西陵之陰。1926 年洛陽城北張羊（楊）村西北姚凹村東出土，三原于右任舊藏，今石存西安碑林博物館。誌高 84、寬 86 釐米；蓋高 63、寬 66 釐米。文正書，31 行，滿行 30 字。蓋文篆書，5 行，滿行 5 字。首題：魏故龍驤將軍荊州刺史廣川孝王墓誌銘；蓋題：魏故寧朔將軍諫議大夫龍驤將軍荊州刺史廣川孝王墓誌銘。

圖版著錄：
《漢魏南北朝墓誌集釋》圖版一六一，《新編》3/3/465－466。
《北京圖書館藏中國歷代石刻拓本匯編》5 冊 7—8 頁。
《鴛鴦七誌齋藏石》圖 74。
《中國金石集萃》8 函 6 輯編號 56。（誌）
《西安碑林全集》62/425－433。
《洛陽出土北魏墓誌選編》圖版一〇六，320 頁。
《漢魏六朝碑刻校注》5 冊 342 頁。

錄文著錄：
《洛陽出土北魏墓誌選編》孝昌三，87—88 頁。
《漢魏南北朝墓誌彙編》168—169 頁。
《漢魏六朝碑刻校注》5 冊 343 頁。
《全北魏東魏西魏文補遺》214—215 頁。

碑目題跋著錄：
《石刻題跋索引》141 頁左，《新編》1/30/22479。
《石刻名彙》第一編誌銘類續補 1b，《新編》2/2/1138 下。
《古誌新目初編》1/6b、7b，《新編》2/18/13694 下、13695 上。
《蒿里遺文目錄補遺》10b，《新編》2/20/15000 下。

《漢魏南北朝墓誌集釋》4/33b – 34a，《新編》3/3/100 – 101。

《國立北平圖書館藏碑目》6b，《新編》3/36/251 下。

《元氏誌錄補遺》3a，《新編》3/38/56 上。

《墓誌徵存目錄》卷1，《羅振玉學術論著集》第五集，568 頁。

《丙寅稿》，《羅振玉學術論著集》第十集（上）137—138 頁。

《洛陽出土石刻時地記》孝昌 003，28 頁。

《歷代墓誌銘拓片目錄》17 頁。

《碑帖敘錄》18 頁。

《六朝墓誌檢要》（修訂本）90 頁。

《漢魏六朝碑刻校注・總目提要》編號 1561。

淑德大學《中國石刻拓本目錄》"墓誌"編號 121。

《北朝隋代墓誌所在總合目錄》編號 337。

《北京大學圖書館藏歷代墓誌拓片目錄》編號 00278。

孝昌 007

張問墓誌并蓋

景明二年（501）七月廿四日終於永平里第，以三年（502）十一月葬於京東皋陶山陽。夫人王氏以正光六年（525）三月十二日卒，以孝昌元年（525）十一月八日遷葬於京南維氏崗原。2003 年春河南省洛陽市孟津縣邙山出土，旋歸侯氏。誌高 57.5、寬 56.5 釐米；蓋高 49.6、寬 50 釐米。文 27 行，滿行 27 字，正書。蓋 3 行，行 3 字，篆書。首題：魏故尚書祠部郎安東府司馬張府君墓誌；蓋題：魏故南陽張府君墓誌。

圖版著錄：

《河洛墓刻拾零》上冊 31—32 頁。

碑目著錄：

《北朝隋代墓誌所在總合目錄》編號 338。

孝昌 008

鄆州前將軍府長史□君磚

孝昌元年（525）十一月十九日。正書，表裏分刻。

碑目著錄：

《蒿里遺文目錄續編·甎誌徵存》12b，《新編》3/37/542 下。

孝昌 009
封君妻長孫氏墓誌

孝昌元年（525）七月廿五日終於安武里，十一月十九日葬。誌、蓋高、寬均 47 釐米。剪裱本，46 行，滿行 10 字，正書。蓋題：長孫氏墓誌；首題：輕車將軍給事中封君夫人長孫氏墓誌銘。

著錄：

《漢魏六朝碑刻校注》5 冊 345—349 頁。（圖、文）

《全北魏東魏西魏文補遺》215 頁。（文）

《新出魏晉南北朝墓誌疏證》（修訂本）108—110 頁。（文、跋）

《漢魏六朝碑刻校注·總目提要》編號 1562。（目）

《北朝隋代墓誌所在綜合目錄》編號 339。（目）

論文：

王壯弘：《北魏封君夫人長孫氏墓誌》，《書法》1995 年第 3 期。

孝昌 010
文獻王元懌墓誌

神龜三年（520）七月三日被害，孝昌元年（525）十一月二十日改葬瀍西邙阜之陽。1940 年洛陽老城北三里邙山南麓出土，石存洛陽古代藝術館。誌高、寬均 98 釐米。文正書，32 行，滿行 32 字。首題：魏故使持節侍中假黃鉞太師丞相大將軍都督中外諸軍事錄尚書事太尉公清河文獻王墓誌銘。

圖版著錄：

《洛陽出土歷代墓誌輯繩》43 頁。

《中國金石集萃》8 函 6 輯編號 59。

《洛陽出土北魏墓誌選編》圖版一〇七，321 頁。

《北魏皇家墓誌二十品》編號 13。

《漢魏六朝碑刻校注》5 冊 357 頁。

錄文著錄：

《洛陽出土北魏墓誌選編》孝昌四，88—89 頁。

《漢魏六朝碑刻校注》5 冊 358—359 頁。
《漢魏南北朝墓誌彙編》172—173 頁。
《全北魏東魏西魏文補遺》218—219 頁。
碑目題跋著錄：
《碑帖鑒定》177 頁。
《洛陽市文物志》（内部資料）115—116 頁。
《漢魏六朝碑刻校注·總目提要》編號 1568。
《北朝隋代墓誌所在綜合目錄》編號 343。
論文：
洛陽博物館：《洛陽北魏元邵墓》，《考古》1973 年第 4 期。
陳長安：《北魏元懌墓誌考釋》，《中原文物》1983 年特刊。
陳仲安：《跋元懌墓誌》，《魏晉南北朝隋唐史資料》第 9—10 輯，1988 年。
蘇哲：《元懌元叉墓誌與北魏孝明帝朝的朋黨政治》，《考古學研究》第 3 輯，1997 年。
徐嬋菲：《洛陽北魏元懌墓壁畫》，《文物》2002 年第 2 期。
備考：元懌，《魏書》卷二二、《北史》卷一九有傳。

孝昌 011

元義華墓誌

孝昌元年（525）十一月廿日葬。1956 年西安市西郊小土門村出土，現藏西安碑林博物館。誌長 63、寬 61 釐米。文 9 行，滿行 9 字，正書。
著錄：
《西安碑林全集》62/459–460。（圖）
《新中國出土墓誌·陝西（貳）》上冊 2 頁（圖）、下冊 1 頁（文）。
《漢魏六朝碑刻校注》5 冊 368—369 頁。（圖、文）
《全北魏東魏西魏文補遺》221 頁。（文）
《漢魏六朝碑刻校注·總目提要》編號 1566。（目）
《北朝隋代墓誌所在綜合目錄》編號 340。（目）

孝昌 012

元纂墓誌

正光初年卒，孝昌元年（525）十一月廿日葬於獻武王塋之側。1919年（一說 1912 年）洛陽城北安駕溝村北出土，曾歸陽湖董氏、武進陶蘭泉、上虞羅振玉，今存遼寧省博物館。誌高 70.5、廣 69.7 釐米。文正書，20 行，滿行 21 字。首題：魏故持節都督恒州諸軍事安北將軍恒州刺史安平縣元公之墓誌銘。

圖版著錄：

《漢魏南北朝墓誌集釋》圖版一四〇，《新編》3/3/440。

《六朝墓誌菁英二編》，《新編》4/3/210 下左—212 下右。

《北京圖書館藏中國歷代石刻拓本匯編》5 冊 13 頁。

《中國金石集萃》8 函 6 輯編號 58。

《漢魏六朝碑刻校注》5 冊 363 頁。

《洛陽出土北魏墓誌選編》圖版一一一，325 頁。

《遼寧省博物館藏碑誌精粹》66 頁。

《中國北朝石刻拓片精品集》64—69 頁。

錄文著錄：

《芒洛冢墓遺文三編》9b–10b，《新編》1/19/14112 上—下。

《滿洲金石志別錄》卷上/19b–20a，《新編》1/23/17407 上—下。

《誌石文錄》卷上/25b–26a，《新編》2/19/13754 上—下。

《魯迅輯校石刻手稿·墓誌》上冊 168—169 頁。

《洛陽出土北魏墓誌選編》孝昌八，91—92 頁。

《漢魏南北朝墓誌彙編》175 頁。

《漢魏六朝碑刻校注》5 冊 364 頁。

《遼寧省博物館藏碑誌精粹》66 頁。

《全北魏東魏西魏文補遺》220 頁。

碑目題跋著錄：

《石刻題跋索引》141 頁左—右，《新編》1/30/22479。

《石刻名彙》2/12b，《新編》2/2/1030 下。

《崇雅堂碑錄補》1/7b，《新編》2/6/4554 上。

《古誌新目初編》1/6b，《新編》2/18/13694 下。

《蒿里遺文目錄》2（3）/2a，《新編》2/20/14977 下。

《夢碧簃石言》5/14a，《新編》3/2/219 下。

《漢魏南北朝墓誌集釋》4/29b，《新編》3/3/92。

《國立北平圖書館藏碑目》7a，《新編》3/36/252 上。

《循園古冢遺文跋尾》3/13a–b，《新編》3/38/27 上。

《元氏誌錄》2b、6b，《新編》3/38/47 下、49 下。

《雪堂金石文字跋尾》2/28b–29a，《新編》3/38/301 下—302 上。

《墓誌徵存目錄》卷 1，《羅振玉學術論著集》第五集，568 頁。

《洛陽出土石刻時地記》北魏孝昌 004，28—29 頁。

《歷代墓誌銘拓片目錄》17 頁。

《碑帖敘錄》20 頁。

《增補校碑隨筆》（修訂本）213 頁。

《六朝墓誌檢要》（修訂本）91 頁。

《遼寧省博物館藏碑誌精粹》67 頁。

《漢魏六朝碑刻校注·總目提要》編號 1563。

淑德大學《中國石刻拓本目錄》"墓誌" 編號 122。

《北朝隋代墓誌所在總合目錄》編號 345。

《北京大學圖書館藏歷代墓誌拓片目錄》編號 00282。

備考：元纂，《魏書》卷一九下附《南安王楨傳》。

孝昌 013

元暐墓誌

孝昌元年（525）十月十七日卒，以其年十一月廿日葬於西陵。1919 年洛陽城北安駕溝村北出土，江蘇武進陶湘、陽湖董氏舊藏。誌高、寬均 70 釐米。文 22 行，滿行 22 字，正書。首題：魏故青州刺史元敬公之墓誌銘。

圖版著錄：

《漢魏南北朝墓誌集釋》圖版一三五，《新編》3/3/435。

《北京圖書館藏中國歷代石刻拓本匯編》5 冊 9 頁。

《中國金石集萃》8 函 6 輯編號 57。

《洛陽出土北魏墓誌選編》圖版一〇八，322 頁。

《漢魏六朝碑刻校注》5 冊 365 頁。

錄文著錄：

《芒洛冢墓遺文四編》1/22a－23a，《新編》1/19/14159 下—14160 上。

《滿洲金石志別錄》卷上/21a－22a，《新編》1/23/17408 上—下。

《誌石文錄》卷上/26a－b，《新編》2/19/13754 下。

《魯迅輯校石刻手稿·墓誌》上冊 165—167 頁。

《洛陽出土北魏墓誌選編》孝昌五，89—90 頁。

《漢魏南北朝墓誌彙編》175—176 頁。

《漢魏六朝碑刻校注》5 冊 366 頁。

《全北魏東魏西魏文補遺》220—221 頁。

碑目題跋著錄：

《石刻題跋索引》141 頁左、右，《新編》1/30/22479。

《石刻名彙》2/12b，《新編》2/2/1030 下。

《崇雅堂碑錄補》1/8a，《新編》2/6/4554 下。

《古誌新目初編》1/6b，《新編》2/18/13694 下。

《蒿里遺文目錄》2（3）/2a，《新編》2/20/14977 下。

《夢碧簃石言》5/14a，《新編》3/2/219 下。

《漢魏南北朝墓誌集釋》4/29a，《新編》3/3/91。

《國立北平圖書館藏碑目》7a，《新編》3/36/252 上。

《循園古冢遺文跋尾》3/13b－14a，《新編》3/38/27 上—下。

《元氏誌錄》2b、6b，《新編》3/38/47 下、49 下。

《雪堂金石文字跋尾》2/28a－b，《新編》3/38/301 下。

《墓誌徵存目錄》卷 1，《羅振玉學術論著集》第五集，568 頁。

《洛陽出土石刻時地記》北魏孝昌 005，29 頁。

《歷代墓誌銘拓片目錄》17 頁。

《碑帖敘錄》18 頁。

《六朝墓誌檢要》（修訂本）90—91 頁。

《漢魏六朝碑刻校注·總目提要》編號 1567。

淑德大學《中國石刻拓本目錄》"墓誌"編號 124。

《北朝隋代墓誌所在総合目錄》編號 346。

《北京大學圖書館藏歷代墓誌拓片目錄》編號 00279。

孝昌 014

元熙墓誌

　　正光元年（520）八月廿四日被害，孝昌元年（525）十一月廿日葬於舊塋。1919 年洛陽城北安駕溝村北出土，曾歸江西九江李氏收藏。誌高、廣 81 釐米。文 30 行，滿行 30 字，正書。首題：魏故使持節大將軍太尉公中山王之墓誌銘。

圖版著錄：

《漢魏南北朝墓誌集釋》圖版一三四，《新編》3/3/434。

《北京圖書館藏中國歷代石刻拓本匯編》5 冊 12 頁。

《洛陽出土北魏墓誌選編》圖版一一二，326 頁。

《漢魏六朝碑刻校注》5 冊 351 頁。

錄文著錄：

《芒洛冢墓遺文四編》1/20b－22a，《新編》1/19/14158 下—14159 下。

《誌石文錄》卷上/24a－25b，《新編》2/19/13753 下—13754 上。

《洛陽出土北魏墓誌選編》孝昌九，92—93 頁。

《漢魏南北朝墓誌彙編》169—171 頁。

《漢魏六朝碑刻校注》5 冊 352—353 頁。

《全北魏東魏西魏文補遺》215—216 頁。

碑目題跋著錄：

《石刻題跋索引》141 頁左，《新編》1/30/22479。

《石刻名彙》2/12b，《新編》2/2/1030 下。

《崇雅堂碑錄補》1/8a，《新編》2/6/4554 下。

《古誌新目初編》1/6b，《新編》2/18/13694 下。

《蒿里遺文目錄》2（3）/2a，《新編》2/20/14977 下。

《夢碧簃石言》5/14a,《新編》3/2/219 下。

《漢魏南北朝墓誌集釋》4/28b,《新編》3/3/90。

《國立北平圖書館藏碑目》6b,《新編》3/36/251 下。

《循園古冢遺文跋尾》3/12b–13a,《新編》3/38/26 下—27 上。

《元氏誌錄》2b、6b,《新編》3/38/47 下、49 下。

《墓誌徵存目錄》卷 1,《羅振玉學術論著集》第五集,568 頁。

《洛陽出土石刻時地記》北魏孝昌 006,29 頁。

《歷代墓誌銘拓片目錄》17 頁。

《增補校碑隨筆》(修訂本) 212—213 頁。

《六朝墓誌檢要》(修訂本) 90 頁。

《漢魏六朝碑刻校注·總目提要》編號 1569。

淑德大學《中國石刻拓本目錄》"墓誌"編號 123。

《北朝隋代墓誌所在總合目錄》編號 341。

《北京大學圖書館藏歷代墓誌拓片目錄》編號 00281。

論文：

王則、張淑華：《釋北魏中山王元熙墓誌》,《古籍整理研究學刊》1999 年第 6 期。

備考：元熙,《魏書》卷一九下、《北史》卷一八有傳,附《元楨傳》。

孝昌 015

元誘墓誌

正光元年（520）九月三日薨於岐州,孝昌元年（525）十一月廿日葬於西陵。1923 年劉宗漢在洛陽城北安駕溝村北地掘土得之,于右任鴛鴦七誌齋藏石,今石存西安碑林博物館。誌高、寬均 78 釐米。文正書,25 行,滿行 25 字。首題：魏故使持節車騎大將軍儀同三司都督秦雍二州諸軍事雍州刺史恭惠元公之墓誌銘。

圖版著錄：

《漢魏南北朝墓誌集釋》圖版一三六,《新編》3/3/436。

《北京圖書館藏中國歷代石刻拓本匯編》5 冊 11 頁。

《鴛鴦七誌齋藏石》圖75。

《西安碑林全集》62/440－452。

《洛陽出土北魏墓誌選編》圖版一〇九，323頁。

《漢魏六朝碑刻校注》5冊354頁。

錄文著錄：

《洛陽出土北魏墓誌選編》孝昌六，90—91頁。

《漢魏南北朝墓誌彙編》171—172頁。

《漢魏六朝碑刻校注》5冊355頁。

《全北魏東魏西魏文補遺》217頁。

碑目題跋著錄：

《石刻題跋索引》141頁左，《新編》1/30/22479。

《古誌新目初編》1/6b，《新編》2/18/13694下。

《漢魏南北朝墓誌集釋》4/29a，《新編》3/3/91。

《國立北平圖書館藏碑目》7a，《新編》3/36/252上。

《元氏誌錄補遺》2b，《新編》3/38/55下。

《洛陽出土石刻時地記》北魏孝昌007，29頁。

《六朝墓誌檢要》（修訂本）91頁。

《漢魏六朝碑刻校注·總目提要》編號1564。

《北朝隋代墓誌所在總合目錄》編號342。

備考：元誘，《魏書》卷一九下附《元熙傳》。

孝昌016

元誘妻薛伯徽墓誌

正光二年（521）四月廿四日薨於雍州邸館，孝昌元年（525）十一月廿日附葬於洛陽西陵舊塋。1923年洛陽城北安駕溝村北出土，于右任鴛鴦七誌齋舊藏，今石存西安碑林博物館。誌高77、寬82釐米。文正書，22行，滿行23字。首題：魏故使持節儀同三司車騎大將軍雍秦二州刺史都昌侯元公夫人薛氏墓誌銘。

圖版著錄：

《漢魏南北朝墓誌集釋》圖版一三八，《新編》3/3/438。

《北京圖書館藏中國歷代石刻拓本匯編》5 冊 10 頁。
《鴛鴦七誌齋藏石》圖 76。
《中國金石集萃》7 函 5 輯編號 49。
《西安碑林全集》62/434－439。
《洛陽出土北魏墓誌選編》圖版一一〇，324 頁。
《漢魏六朝碑刻校注》5 冊 360 頁。

錄文著錄：

《洛陽出土北魏墓誌選編》孝昌七，91 頁。
《漢魏南北朝墓誌彙編》174 頁。
《漢魏六朝碑刻校注》5 冊 361 頁。
《全北魏東魏西魏文補遺》219 頁。

碑目題跋著錄：

《石刻題跋索引》141 頁左，《新編》1/30/22479。
《石刻名彙》第一編誌銘類續補 1b，《新編》2/2/1138 下。（偽刻）
《古誌新目初編》1/7a，《新編》2/18/13695 上。
《蒿里遺文目錄補遺》11a，《新編》2/20/15001 上。
《漢魏南北朝墓誌集釋》4/29a－b，《新編》3/3/91－92。
《國立北平圖書館藏碑目》7a，《新編》3/36/252 上。
《元氏誌錄補遺》2b，《新編》3/38/55 下。
《墓誌徵存目錄》卷 1，《羅振玉學術論著集》第五集，568 頁。
《丙寅稿》，《羅振玉學術論著集》第十集（上）144—145 頁。
《洛陽出土石刻時地記》北魏孝昌 008，29 頁。
《歷代墓誌銘拓片目錄》18 頁。
《六朝墓誌檢要》（修訂本）91—92 頁。
《漢魏六朝碑刻校注·總目提要》編號 1565。
淑德大學《中國石刻拓本目錄》"墓誌"編號 125。
《北朝隋代墓誌所在總合目錄》編號 344。
《北京大學圖書館藏歷代墓誌拓片目錄》編號 00280。

論文：

鄭衛、鄭霞：《洛陽出土北魏叱干氏後裔墓誌人物考證及相關史實鉤沉》，《洛陽考古》2015 年第 1 期。

備考：《石刻名彙》云其偽刻，然諸書皆云其真品，暫存。

孝昌 017

劇逸墓誌

又名：劇伯洛墓誌。寢疾卒於家，孝昌元年（525）十一月廿日葬。誌長 55、高 34 釐米。文 23 行，滿行 14 字，正書。尾題：大魏孝昌元年歲在乙巳十一月壬寅朔廿日辛酉劇伯洛銘記。

著錄：

《北朝藝術研究院藏品圖錄·墓誌》86 頁。（圖、文）

孝昌 018

劇市墓誌

孝昌元年（525）十一月廿日刊記。高 110、寬 63 釐米。文 21 行，滿行 29 字，正書。墓誌額題：魏故劇府君坐銘誌。

圖版著錄：

《秦晉豫新出墓誌蒐佚續編》1 冊 61 頁。

《洛陽新見墓誌》5 頁。

《洛陽新獲七朝墓誌》19 頁。

碑目著錄：

《北朝隋代墓誌所在總合目錄》編號 347。

孝昌 019

元遵墓誌

孝昌元年（525）八月十四日卒於中山，十一月廿日葬於西山之麓。2012 年洛陽市文物考古研究院在洛陽市龍翔路以西發掘出土。誌高、寬均 73、厚 13 釐米。文 23 行，滿行 25 字，正書。首題：魏故使持節散騎常侍都督雍州諸軍事雍州刺史淮南王墓誌。

論文：

洛陽市文物考古研究院：《北魏淮南王元遵墓發掘簡報》，《洛陽考古》2013 年第 2 期。（圖、文）

劉軍：《新出北魏淮南王元遵墓誌考釋》，《洛陽考古》2015 年第

2期。

備考：元遵，《魏書》卷一六、《北史》卷一六有傳，墓誌作"字世順"，《魏書》、《北史》作"世遵"，當以墓誌為準。

孝昌020

賈思伯墓誌

孝昌元年（525）十一月。1973年2月出土於山東省壽光縣城關鎮李二村，石今存山東省壽光縣博物館。高57.2、寬58釐米。文正書，33行，滿行33字。首題：魏故散騎常侍尚書右僕射使持節鎮東將軍青州使君賈君墓誌銘。

著錄：

《漢魏六朝碑刻校注》5冊370—372頁。（圖、文）

《山東石刻分類全集·歷代墓誌》22—23頁。（圖、文）

《全北魏東魏西魏文補遺》221—222頁。（文）

《齊魯碑刻墓誌研究》291—294、364頁。（跋、目）

《漢魏六朝碑刻校注·總目提要》編號1570。（目）

《北朝隋代墓誌所在総合目錄》編號348。（目）

論文：

壽光縣博物館：《山東壽光北魏賈思伯墓》，《考古》1992年第8期。

賴非：《其他墓誌考釋·賈思伯墓誌》，《齊魯碑刻墓誌研究》第291—294頁。

備考：賈思伯，《魏書》卷七二、《北史》卷四七有傳。

孝昌021

元懋墓誌

正光五年（524）十月卒於洛陽，孝昌元年（525）十二月二日遷葬西芒長陵之東。河南省洛陽市出土。誌高、寬均50釐米。文正書，21行，滿行21字。首題：魏故假節中堅將軍玄州刺史元使君墓誌銘。

著錄：

《洛陽出土歷代墓誌輯繩》44頁。（圖）

《洛陽出土北魏墓誌選編》孝昌一〇，93頁；圖版一一三，327頁。

（圖、文）

《漢魏六朝碑刻校注》5 冊 373—374 頁。（圖、文）

《全北魏東魏西魏文補遺》222 頁。（文）

《新出魏晉南北朝墓誌疏證》（修訂本）111—113 頁。（文、跋）

《漢魏六朝碑刻校注·總目提要》編號 1571。（目）

《北朝隋代墓誌所在總合目錄》編號 349。（目）

孝昌 022

元寶月墓誌并蓋

正光五年（524）五月廿五日薨於第，孝昌元年（525）十二月三日葬。1929 年河南洛陽城東北六里馬坡村西出土，三原于右任舊藏，今石存西安碑林博物館。誌高 70、寬 66 釐米。文正書，29 行，滿行 30 字。蓋文篆書，3 行共 9 字。首題：魏故持節都督秦州諸軍事平西將軍秦州刺史孝王墓誌并銘；蓋題：魏故平西元王墓誌銘。

圖版、錄文著錄：

《漢魏南北朝墓誌集釋》圖版一九一，《新編》3/3/497 – 498。（圖）

《北京圖書館藏中國歷代石刻拓本匯編》5 冊 14 頁。（誌圖）

《鴛鴦七誌齋藏石》圖 77。（圖）

《西安碑林全集》62/453 – 458、65/904 – 905。（圖）

《洛陽出土北魏墓誌選編》孝昌一一，93—94 頁；圖版一一四，328 頁。（誌圖、文）

《漢魏六朝碑刻校注》5 冊 376—378 頁。（圖、文）

《漢魏南北朝墓誌彙編》176—178 頁。（文）

《全北魏東魏西魏文補遺》223—224 頁。（文）

碑目題跋著錄：

《石刻題跋索引》141 頁左，《新編》1/30/22479。

《崇雅堂碑錄》1/18a，《新編》2/6/4492 下。

《漢魏南北朝墓誌集釋》4/38a – b，《新編》3/3/109 – 110。

《松翁未焚稿》18b – 19b，《新編》3/38/331 下—332 上。

《墓誌徵存目錄》卷 1，《羅振玉學術論著集》第五集，568 頁。

《洛陽出土石刻時地記》北魏孝昌009，29 頁。

《歷代墓誌銘拓片目錄》18 頁。

《六朝墓誌檢要》（修訂本）92 頁。

《漢魏六朝碑刻校注·總目提要》編號 1572。

淑德大學《中國石刻拓本目錄》"墓誌"編號 126。

《北朝隋代墓誌所在總合目錄》編號 350。

《北京大學圖書館藏歷代墓誌拓片目錄》編號 00283。

備考：元寶月，事見《魏書》卷二二、《北史》卷一九《元愉傳》。

孝昌 023

吳安國墓碣

大代孝昌元年（525）。曾藏日本某氏。石高六寸七分，寬四寸一分彊，額高三寸五分半。文 7 行，行 6 字，正書。額題：吳公之墓。

錄文著錄：

《匋齋藏石記》7/9a，《新編》1/11/8046 上。

《全北魏東魏西魏文補遺》224 頁。

碑目題跋著錄：

《匋齋藏石記》7/9a，《新編》1/11/8046 上。

《石刻題跋索引》34 頁左，《新編》1/30/22372。

《石刻名彙》2/12a，《新編》2/2/1030 下。

《崇雅堂碑錄》1/18a，《新編》2/5/4492 下。

《古誌彙目》1/7a，《新編》3/37/17。

《增補校碑隨筆·偽刻》（修訂本），425 頁。

《六朝墓誌檢要》（修訂本）88 頁。

《漢魏六朝碑刻校注·總目提要》編號 1546。

《北朝隋代墓誌所在總合目錄》編號 331。

《北京大學圖書館藏歷代墓誌拓片目錄》編號 00284。

淑德大學《中國石刻拓本目錄》"碑碣等刻石"編號 434。

備考：王壯弘在《增補校碑隨筆》中云，《吳安國墓誌》為偽刻，然其在《六朝墓誌檢要》中又云其真品，未知孰是，暫從《六朝墓誌檢要》。

孝昌 024

元匡墓誌并蓋

孝昌元年（525）。河南洛陽出土。正書。

碑目題跋著錄：

《石刻名彙》2/12a，《新編》2/2/1030 下。

《崇雅堂碑錄補》1/7b，《新編》2/6/4554 上。

《六朝墓誌檢要》（修訂本）92 頁。

《漢魏六朝碑刻校注·總目提要》編號 1573。

《北朝隋代墓誌所在總合目錄》編號 351。

備考：濟南王元匡，《魏書》卷一九上、《北史》卷一七有傳，是否誌主，因無錄文，待考。

孝昌 025

趙安妻房文姬墓誌

正光五年（524）二月廿六日卒於洛陽中堂之寢室，以孝昌二年（526）正月廿三日葬。河南省偃師縣出土。誌高、寬均 49 釐米。文 17 行，滿行 17 字，正書。首題：故尚書主事郎金城趙安妻房夫人墓誌。

圖版著錄：

《邙洛碑誌三百種》18 頁。

錄文著錄：

《全北魏東魏西魏文補遺》224—225 頁。

碑目著錄：

《漢魏六朝碑刻校注·總目提要》編號 1575。

《北朝隋代墓誌所在總合目錄》編號 353。

孝昌 026

孫世樹墓誌

孝昌二年（526）正月。河南洛陽出土。正書。

碑目著錄：

《石刻名彙》2/12b，《新編》2/2/1030 下。

《崇雅堂碑錄補》1/8a，《新編》2/6/4554 下。

孝昌027

李謀墓誌

正光四年（523）七月廿七日卒於洛陽顯中里，孝昌二年（526）二月十五日葬於齊郡安平縣黃山里。光緒年間出土於山東安丘縣，端方陶齋、山東濟南金石保存所、山東圖書館舊藏，今藏山東省博物館。誌高75.5、廣49釐米。文18行，滿行20字；額6行，行2字；并正書。額題：大魏故介休縣令李明府墓誌。

圖版著錄：

《漢魏南北朝墓誌集釋》圖版二四六，《新編》3/3/567。

《北京圖書館藏中國歷代石刻拓本匯編》5冊17頁。

《中國金石集萃》7函5輯編號50。

《漢魏六朝碑刻校注》5冊383頁。

《山東石刻分類全集·歷代墓誌》27頁。

錄文著錄：

《匋齋藏石記》7/11a–12a，《新編》1/11/8047上—下。

《山左冢墓遺文》2b–3a，《新編》1/20/14898下—14899上。

（民國）《續修歷城縣志·金石考》31/16b–17a，《新編》3/25/394下—395上。

（民國）《臨朐續志·金石略》17/2b–3a，《新編》3/28/19下—20上。

《魯迅輯校石刻手稿·墓誌》上冊175—176頁。

《漢魏南北朝墓誌彙編》178—179頁。

《漢魏六朝碑刻校注》5冊384頁。

《全北魏東魏西魏文補遺》225頁。

《山東石刻分類全集·歷代墓誌》26頁。

碑目題跋著錄：

《匋齋藏石記》7/12a–13a，《新編》1/11/8047下—8048上。

《石刻題跋索引》141頁左，《新編》1/30/22479。

《石刻名彙》2/12b，《新編》2/2/1030下。

《崇雅堂碑錄》1/18a，《新編》2/6/4492 下。

（宣統）《山東通志·藝文志》卷 152，《新編》2/12/9381 下。

《語石》4/7a，《新編》2/16/11921 上。

《寰宇貞石圖目錄》卷下/4a，《新編》2/20/14679 上。

《蒿里遺文目錄》2（1）/2b，《新編》2/20/14944 下。

《夢碧簃石言》4/18b，《新編》3/2/207 下。

《漢魏南北朝墓誌集釋》5/53b，《新編》3/3/140。

（民國）《續修歷城縣志·金石考》31/17a－b，《新編》3/25/395 上。

（民國）《臨朐續志·金石略》17/2a－b，《新編》3/28/19 下。

《國立北平圖書館藏碑目》7a，《新編》3/36/252 上。

《古誌彙目》1/7a，《新編》3/37/17。

《碑帖跋》44 頁，《新編》3/38/192、4/7/425 下。

《雪堂金石文字跋尾》2/27b－28a，《新編》3/38/301 上—下。

《壬癸金石跋》28a－29a，《新編》4/7/272 上—下。

《雪堂所藏金石文字簿錄》74b－75a，《新編》4/7/406 下—407 上。

《再續寰宇訪碑錄》卷上，《羅振玉學術論著集》第五集，435 頁。

《墓誌徵存目錄》卷 1，《羅振玉學術論著集》第五集，568 頁。

《歷代墓誌銘拓片目錄》18 頁。

《碑帖鑒定》177 頁。

《增補校碑隨筆》（修訂本）214 頁。

《六朝墓誌檢要》（修訂本）93 頁。

《齊魯碑刻墓誌研究》295—296、364 頁。

《漢魏六朝碑刻校注·總目提要》編號 1577。

淑德大學《中國石刻拓本目錄》"墓誌"編號 128。

《北朝隋代墓誌所在總合目錄》編號 354。

《北京大學圖書館藏歷代墓誌拓片目錄》編號 00286。

論文：

冠麟、宗全：《魏介休令李明府墓誌》，《書法》1998 年第 2 期。

孝昌028

賈祥墓誌并蓋

孝昌二年（526）二月十日卒於洛陽肅民鄉德宮里，其月廿七日葬於芒山之陽。2007年春，河南省孟津縣出土，石存河北正定墨香閣。誌長、寬均43釐米；蓋拓本長、寬均39釐米。文正書，18行，滿行17字。蓋篆書，3行，滿行3字。蓋題：魏故賈府君之墓誌。首題：魏故武威太守賈君墓誌銘。

著錄：

《秦晉豫新出墓誌蒐佚》1冊26—27頁。（圖）

《洛陽新獲七朝墓誌》20頁。（圖）

《北京大學圖書館新藏金石拓本菁華1996—2012》87頁。（圖）

《墨香閣藏北朝墓誌》22—23頁。（圖、文）

《北朝隋代墓誌所在総合目錄》編號355。（目）

《北京大學圖書館藏歷代墓誌拓片目錄》編號00287。（目）

孝昌029

高猛妻元瑛墓誌

孝昌元年（525）十二月廿日薨於洛陽之壽安里，以二年（526）三月七日合葬於司空文公之穴。二十世紀三十年代（一說1948年）出土於河南省洛陽東北小李村西，今存洛陽古代藝術館。誌高80.7、寬81.4釐米。文正書，22行，滿行25字。首題：魏故司空勃海郡開國公高猛夫人長樂長公主墓誌銘。

著錄：

《洛陽出土歷代墓誌輯繩》45頁。（圖）

《北魏皇家墓誌二十品》編號14。（圖）

《洛陽出土北魏墓誌選編》孝昌一三，95頁；圖版一一五，329頁。（圖、文）

《漢魏六朝碑刻校注》6冊1—2頁。（圖、文）

《新出魏晉南北朝墓誌疏證》（修訂本）114—115頁。（文、跋）

《全北魏東魏西魏文補遺》226頁。（文）

《漢魏六朝碑刻校注・總目提要》編號1579。（目）

《北朝隋代墓誌所在総合目錄》編號356。（目）

論文：

黃吉軍、黃吉博：《北魏高猛及夫人元瑛墓誌淺釋》，《中原文物》1996年第1期。

備考：高猛，《魏書》卷八三下附《高植傳》，《北史》卷八〇附《高肇傳》，皆提及長樂公主。

孝昌 030

洛州刺史李頤墓誌

正光元年（520）五月十九日薨，孝昌二年（526）三月八日葬於昌邑西鄉之原里。山東昌邑出土。誌高42、寬44釐米。文正書，20行，滿行20字。首題：魏故南陽太守持節洛州刺史李府君墓誌。

著錄：

《北京圖書館藏中國歷代石刻拓本匯編》5冊20頁。（圖）

《漢魏六朝碑刻校注》6冊4—5頁。（圖、文）

《山東石刻分類全集・歷代墓誌》28—29頁。（圖、文）

《漢魏南北朝墓誌彙編》179—180頁。（文）

《全北魏東魏西魏文補遺》226—227頁。（文）

《齊魯碑刻墓誌研究》"附表"365頁。（目）

《漢魏六朝碑刻校注・總目提要》編號1580。（目）

《北朝隋代墓誌所在総合目錄》編號357。（目）

孝昌 031

處士元過仁墓誌

孝昌二年（526）三月廿二日卒於河陰縣之安仁里宅，即廿七日葬於首陽山之陽。河南省洛陽市出土，今石存洛陽古代藝術館。誌高29.5釐米，寬29釐米。文正書，15行，滿行15字。首題：魏故處士元君墓誌。

著錄：

《洛陽出土歷代墓誌輯繩》46頁。（圖）

《洛陽出土北魏墓誌選編》孝昌一四，96頁；圖版一一六，330頁。

（圖、文）

《漢魏六朝碑刻校注》6 冊 6—7 頁。（圖、文）

《全北魏東魏西魏文補遺》227 頁。（文）

《漢魏六朝碑刻校注·總目提要》編號 1581。（目）

《北朝隋代墓誌所在綜合目錄》編號 358。（目）

孝昌 032

元瀞妻于仙姬墓誌并蓋

又名"魏文成皇帝夫人于氏墓誌"、"高宗夫人于仙姬墓誌"。二月廿七日薨於洛陽金墉之宮，孝昌二年（526）四月四日葬於西陵。1926 年洛陽城北南石山村西北出土，于右任鴛鴦七誌齋舊藏，今石存西安碑林博物館。誌高 46、寬 38 釐米。文正書，13 行，滿行 15 字。蓋 3 行，行 4 字，正書。首題：魏帝先朝故于夫人墓誌；蓋題：大魏文成皇帝夫人于墓誌銘。

圖版著錄：

《漢魏南北朝墓誌集釋》圖版三八，《新編》3/3/319 – 320。

《北京圖書館藏中國歷代石刻拓本匯編》5 冊 22—23 頁。

《鴛鴦七誌齋藏石》圖 78。

《中國金石集萃》8 函 6 輯編號 60。（誌）

《西安碑林全集》62/461 – 467。

《洛陽出土北魏墓誌選編》圖版一一七，331 頁。

《漢魏六朝碑刻校注》6 冊 8 頁。

錄文著錄：

《洛陽出土北魏墓誌選編》孝昌一五，96 頁。

《漢魏南北朝墓誌彙編》180 頁。

《漢魏六朝碑刻校注》6 冊 9 頁。

《全北魏東魏西魏文補遺》228 頁。

碑目題跋著錄：

《石刻題跋索引》141 頁左，《新編》1/30/22479。

《古誌新目初編》1/7a，《新編》2/18/13695 上。

《漢魏南北朝墓誌集釋》2/8b，《新編》3/3/50。
《國立北平圖書館藏碑目》7a，《新編》3/36/252 上。
《元氏誌錄補遺》2b，《新編》3/38/55 下。
《洛陽出土石刻時地記》北魏孝昌 010，29 頁。
《歷代墓誌銘拓片目錄》18 頁。
《增補校碑隨筆》（修訂本）214—215 頁。
《六朝墓誌檢要》（修訂本）93—94 頁。
《漢魏六朝碑刻校注·總目提要》編號 1582。
淑德大學《中國石刻拓本目錄》"墓誌"編號 130—131。
《北朝隋代墓誌所在総合目錄》編號 359。
《北京大學圖書館藏歷代墓誌拓片目錄》編號 00288。

論文：

刁淑琴、朱鄭慧：《北魏鄯乾、鄯月光、于仙姬墓誌及其相關問題》，《河南科技大學學報》2008 年第 6 期。

孝昌 033

伏君妻昚雙仁墓誌

孝昌二年（526）五月廿六日卒，以其月廿九日葬於北芒之山。1926 年洛陽城東北東山嶺頭村東地出土，曾歸于右任鴛鴦七誌齋，今石存西安碑林博物館。誌高、寬均 50 釐米。文正書，17 行，滿行 17 字。首題：大魏龍驤將軍崇訓太僕少卿中給事中明堂將伏君妻昚氏墓誌銘。

圖版著錄：

《漢魏南北朝墓誌集釋》圖版二四七，《新編》3/3/568。
《北京圖書館藏中國歷代石刻拓本匯編》5 冊 29 頁。
《鴛鴦七誌齋藏石》圖 79。
《中國金石集萃》8 函 7 輯編號 61。
《西安碑林全集》62/468－473。
《洛陽出土北魏墓誌選編》圖版一一八，332 頁。
《漢魏六朝碑刻校注》6 冊 14 頁。

錄文著錄：

《洛陽出土北魏墓誌選編》孝昌一六，97 頁。
《漢魏南北朝墓誌彙編》180—181 頁。
《漢魏六朝碑刻校注》6 冊 15 頁。
《全北魏東魏西魏文補遺》228 頁。
碑目題跋著錄：
《石刻題跋索引》141 頁左，《新編》1/30/22479。
《古誌新目初編》1/7a，《新編》2/18/13695 上。
《漢魏南北朝墓誌集釋》5/53b－54a，《新編》3/3/140－141。
《國立北平圖書館藏碑目》7a，《新編》3/36/252 上。
《蒿里遺文目錄續編補遺·墓誌徵存》1a，《新編》3/37/545 上。
《墓誌徵存目錄》卷 1，《羅振玉學術論著集》第五集，568 頁。
《洛陽出土石刻時地記》北魏孝昌 011，29—30 頁。
《歷代墓誌銘拓片目錄》18 頁。
《六朝墓誌檢要》（修訂本）94 頁。
《漢魏六朝碑刻校注·總目提要》編號 1585。
《北朝隋代墓誌所在總合目錄》編號 360。
《北京大學圖書館藏歷代墓誌拓片目錄》編號 00289。

孝昌 034

尹祥墓誌并蓋

正光五年（524）七月十八日薨，孝昌二年（526）七月廿四日葬於葛甫山之陽。1986 年 6 月出土於河南省偃師縣南蔡莊鄉溝口頭村，石藏偃師商城博物館。誌高、寬均 52 釐米，厚 23 釐米。文正書，26 行，滿行 26 字。首題：魏故襄威將軍東代郡太守尹府君之墓誌銘；蓋題：魏故□將軍（下未刻）

著錄：
《北京大學圖書館新藏金石拓本菁華 1996—2012》89 頁。（誌圖）
《偃師碑誌精選》編號 9。（圖）
《漢魏六朝碑刻校注》6 冊 22—23 頁。（圖、文）
《洛陽新獲墓誌》13 頁（圖）、199—200（文）。

《新出魏晉南北朝墓誌疏證》（修訂本）116—119 頁。（文、跋）

《全北魏東魏西魏文補遺》33—34 頁。（文）

《漢魏六朝碑刻校注·總目提要》編號 1587。（目）

《北朝隋代墓誌所在總合目錄》編號 361。（目）

《北京大學圖書館藏歷代墓誌拓片目錄》編號 00290。（目）

論文：

周錚：《北魏尹祥墓誌考釋》，《北朝研究》第 1 輯，2000 年，第 193—199 頁。

李獻奇：《北魏六方墓誌考釋》，《畫像磚石刻墓誌研究》，第 214—217 頁。

任昉：《〈洛陽新獲墓誌〉釋文補正》，《故宮博物院院刊》2001 年第 5 期。

備考：尹祥，《魏書》卷九《肅宗本紀》有載。

孝昌 035

元乂墓誌

孝昌二年（526）三月廿日遇害，七月廿四日葬於成周之北山長陵塋內。1925 年洛陽城北前海資村西南出土，開封市博物館藏石。誌高 82、寬 81.3 釐米。文正書，40 行，滿行 40 字。蓋有圖無文。首題：魏故使持節侍中驃騎大將軍儀同三司尚書令冀州刺史江陽王元公之墓誌銘。

圖版著錄：

《漢魏南北朝墓誌集釋》圖版七八，《新編》3/3/371－372。

《北京圖書館藏中國歷代石刻拓本匯編》5 冊 32 頁。

《洛陽出土北魏墓誌選編》圖版一一九，333 頁。

《漢魏六朝碑刻校注》6 冊 18 頁。

《中國北朝石刻拓片精品集》70—75 頁。

錄文著錄：

《洛陽出土北魏墓誌選編》孝昌一七，97—98 頁。

《漢魏南北朝墓誌彙編》181—184 頁。

《漢魏六朝碑刻校注》6 冊 19—20 頁。
《全北魏東魏西魏文補遺》228—230 頁。
碑目題跋：
《石刻題跋索引》142 頁右，《新編》1/30/22480。
《石刻名彙》2/13a，《新編》2/2/1031 上。
《崇雅堂碑錄補》1/8a，《新編》2/6/4554 下。
《古誌新目初編》1/7a，《新編》2/18/13695 上。
《蒿里遺文目錄補遺》10b，《新編》2/20/15000 下。
《漢魏南北朝墓誌集釋》3/18b–19a，《新編》3/3/70–71。
《國立北平圖書館藏碑目》7a，《新編》3/36/252 上。
《元氏誌錄補遺》2b，《新編》3/38/55 下。
《墓誌徵存目錄》卷 1，《羅振玉學術論著集》第五集，568 頁。
《松翁近稿》，《羅振玉學術論著集》第十集（上）62—63 頁。
《洛陽出土石刻時地記》北魏孝昌 012，30 頁。
《洛陽市文物志》（內部資料）117—119 頁。
《歷代墓誌銘拓片目錄》18 頁。
《六朝墓誌檢要》（修訂本）94 頁。
《漢魏六朝碑刻校注・總目提要》編號 1588。
淑德大學《中國石刻拓本目錄》"墓誌"編號 129。
《北朝隋代墓誌所在總合目錄》編號 362。
《北京大學圖書館藏歷代墓誌拓片目錄》編號 00291。
論文：
洛陽博物館：《河南洛陽北魏元乂墓調查》，《文物》1974 年第 12 期。
蘇哲：《元懌元叉墓誌與北魏孝明帝朝的朋黨政治》，《考古學研究》第 3 輯，1997 年。
曾廣：《魏江陽王元乂墓誌銘考》，《中國書法》2008 年第 11 期。
備考：元乂，《魏書》卷一六、《北史》卷一六有傳，作"元叉"，附《元黎傳》。

孝昌 036

元恪嬪李氏墓誌

又名：世宗嬪李氏墓誌。孝昌二年（526）八月六日葬於洛陽景陵垣。1926 年洛陽城北南石山村南地出土，曾歸于右任鴛鴦七誌齋，今石存西安碑林博物館。誌高、寬均 64 釐米。文正書，20 行，滿行 20 字。首題：魏故世宗宣武皇帝嬪墓誌。

圖版著錄：

《漢魏南北朝墓誌集釋》圖版三九，《新編》3/3/321。

《北京圖書館藏中國歷代石刻拓本匯編》5 冊 33 頁。

《鴛鴦七誌齋藏石》圖 80。

《中國金石集萃》8 函 7 輯編號 62。

《西安碑林全集》62/474–479。

《洛陽出土北魏墓誌選編》圖版一二〇，334 頁。

《漢魏六朝碑刻校注》6 冊 25 頁。

錄文著錄：

《洛陽出土北魏墓誌選編》孝昌一八，99 頁。

《漢魏南北朝墓誌彙編》184 頁。

《漢魏六朝碑刻校注》6 冊 26 頁。

《全北魏東魏西魏文補遺》231 頁。

碑目題跋著錄：

《石刻題跋索引》142 頁右，《新編》1/30/22480。

《古誌新目初編》1/7a，《新編》2/18/13695 上。

《漢魏南北朝墓誌集釋》2/8b，《新編》3/3/50。

《國立北平圖書館藏碑目》7a，《新編》3/36/252 上。

《蒿里遺文目錄續編補遺》2a，《新編》3/37/545 下。

《元氏誌錄補遺》2b，《新編》3/38/55 下。

《墓誌徵存目錄》卷 1，《羅振玉學術論著集》第五集，568 頁。

《洛陽出土石刻時地記》北魏孝昌 013，30 頁。

《歷代墓誌銘拓片目錄》18 頁。

《六朝墓誌檢要》（修訂本）94—95 頁。

《漢魏六朝碑刻校注‧總目提要》編號 1589。

淑德大學《中國石刻拓本目錄》"墓誌"編號 134。

《北朝隋代墓誌所在總合目錄》編號 363。

《北京大學圖書館藏歷代墓誌拓片目錄》編號 00292。

孝昌 037

丘哲妻鮮于仲兒墓誌

孝昌二年（526）五月廿八日薨於家，孝昌二年八月十八日。1927 年洛陽城東北馬溝村東出土，曾歸于右任鴛鴦七誌齋，今石存西安碑林博物館。誌高 52、寬 58 釐米。文正書，18 行，滿行 20 字。首題：大魏孝昌二年八月十八日故乞銀曹比和真曹匹紇曹四曹尚書奏事給事洛州刺史河南河陰丘使君之長子威遠將軍太尉府功曹參軍之命婦鮮于氏墓誌。

圖版著錄：

《漢魏南北朝墓誌集釋》圖版二六九，《新編》3/3/610。

《北京圖書館藏中國歷代石刻拓本匯編》5 冊 34 頁。

《鴛鴦七誌齋藏石》圖 81。

《中國金石集萃》7 函 6 輯編號 51。

《西安碑林全集》62/480－482。

《洛陽出土北魏墓誌選編》圖版一二一，335 頁。

《漢魏六朝碑刻校注》6 冊 27 頁。

錄文著錄：

《洛陽出土北魏墓誌選編》孝昌一九，99—100 頁。

《漢魏南北朝墓誌彙編》185 頁。

《漢魏六朝碑刻校注》6 冊 28 頁。

《全北魏東魏西魏文補遺》231—232 頁。

碑目題跋著錄：

《石刻題跋索引》142 頁右，《新編》1/30/22480。

《古誌新目初編》1/7a，《新編》2/18/13695 上。

《漢魏南北朝墓誌集釋》6/57a，《新編》3/3/147。

《國立北平圖書館藏碑目》7a，《新編》3/36/252 上。

《蒿里遺文目錄續編·墓誌徵存》2b，《新編》3/37/537 下。

《墓誌徵存目錄》卷 1，《羅振玉學術論著集》第五集，568 頁。

《洛陽出土石刻時地記》北魏孝昌 014，30 頁。

《歷代墓誌銘拓片目錄》18 頁。

《六朝墓誌檢要》（修訂本）95 頁。

《漢魏六朝碑刻校注·總目提要》編號 1590。

淑德大學《中國石刻拓本目錄》"墓誌" 編號 135。

《北朝隋代墓誌所在綜合目錄》編號 364。

《北京大學圖書館藏歷代墓誌拓片目錄》編號 00293。

孝昌 038

青州刺史崔鴻墓誌

孝昌元年（525）十一月廿九日卒於洛陽仁信里，葬於黃山之陰，孝昌二年（526）九月十七日造。1973 年山東省淄博市臨淄縣大武鄉窩托村出土，石藏山東省考古研究所。誌高、寬均 82 釐米。文正書，28 行，滿行 28 字。首題：魏故使持節鎮東將軍督青州諸軍事度支尚書青州刺史崔文貞侯墓誌銘。

著錄：

《漢魏六朝碑刻校注》6 冊 30—31 頁。（圖、文）

《山東石刻分類全集·歷代墓誌》30—31 頁。（圖、文）

《漢魏南北朝墓誌彙編》185—187 頁。（文）

《全北魏東魏西魏文補遺》232—233 頁。（文）

《齊魯碑刻墓誌研究》224—227、365 頁。（跋、目）

《漢魏六朝碑刻校注·總目提要》編號 1591。（目）

《北朝隋代墓誌所在綜合目錄》編號 365。（目）

論文：

山東省文物考古研究所：《臨淄北朝崔氏墓》，《考古學報》1984 年第 2 期。

［日］佐伯真也：《崔鴻一族墓誌銘訳注五種（一）》，《大東文化大

學中國學論集》15，1998 年。

備考：崔鴻，《魏書》卷六七附《崔光傳》。

孝昌 039

秦洪墓誌并蓋

卒於京師，葬於北芒，孝昌二年（526）十月十八日。1926 年洛陽城東北平樂村北小寨溝出土，曾歸于右任鴛鴦七誌齋，今石存西安碑林博物館。誌，蓋高、寬均 44 釐米。文正書，21 行，滿行 21 字。蓋正書，1 行 11 字。蓋題：魏故東莞太守秦府君墓誌。首題：唯大魏孝昌二年歲次丙午十月丁卯朔十八日甲辰東莞太守秦府君墓誌。

圖版著錄：

《漢魏南北朝墓誌集釋》圖版二四八，《新編》3/3/569－570。

《北京圖書館藏中國歷代石刻拓本匯編》5 冊 37—38 頁。

《鴛鴦七誌齋藏石》圖 83。

《西安碑林全集》62/498－507。

《洛陽出土北魏墓誌選編》圖版一二二，336 頁。（誌）

《漢魏六朝碑刻校注》6 冊 33 頁。

錄文著錄：

《洛陽出土北魏墓誌選編》孝昌二〇，100 頁。

《漢魏南北朝墓誌彙編》187—188 頁。

《漢魏六朝碑刻校注》6 冊 34 頁。

《全北魏東魏西魏文補遺》233 頁。

碑目題跋著錄：

《石刻題跋索引》142 頁右，《新編》1/30/22480。

《古誌新目初編》1/7a，《新編》2/18/13695 上。

《蒿里遺文目錄補遺》1a，《新編》2/20/14996 上。

《漢魏南北朝墓誌集釋》5/54a，《新編》3/3/141。

《國立北平圖書館藏碑目》7a，《新編》3/36/252 上。

《墓誌徵存目錄》卷 1，《羅振玉學術論著集》第五集，569 頁。

《洛陽出土石刻時地記》北魏孝昌 015，30 頁。

《歷代墓誌銘拓片目錄》19 頁。

《六朝墓誌檢要》（修訂本）96 頁。

《漢魏六朝碑刻校注·總目提要》編號 1594。

《北朝隋代墓誌所在總合目錄》編號 366。

孝昌 040

侯剛墓誌并蓋

孝昌二年（526）三月十一日卒於洛陽中練里第，十月十八日葬於馬鞍山之陽，戴智深撰。1926 年洛陽城東北馬溝村西嶺出土，曾歸于右任鴛鴦七誌齋，今石存西安碑林博物館。誌高、寬均 82 釐米，蓋高、寬均 85 釐米。文正書，33 行，滿行 33 字。蓋篆書，4 行，滿行 4 字。首題：魏故侍中使持節都督冀州諸軍事車騎大將軍儀同三司冀州刺史武陽縣開國公侯君之墓誌。蓋題：魏侍中車騎大將軍儀同三司武陽公誌。

圖版著錄：

《漢魏南北朝墓誌集釋》圖版二四九，《新編》3/3/571－572。

《北京圖書館藏中國歷代石刻拓本匯編》5 冊 35—36 頁。

《鴛鴦七誌齋藏石》圖 82。

《西安碑林全集》62/483－497。

《洛陽出土北魏墓誌選編》圖版一二三，337 頁。（誌）

《漢魏六朝碑刻校注》6 冊 36 頁。

錄文著錄：

《洛陽出土北魏墓誌選編》孝昌二一，100—101 頁。

《漢魏南北朝墓誌彙編》188—190 頁。

《漢魏六朝碑刻校注》6 冊 37—38 頁。

《全北魏東魏西魏文補遺》34—35 頁。

碑目題跋著錄：

《石刻題跋索引》142 頁右，《新編》1/30/22480。

《古誌新目初編》1/7a－b，《新編》2/18/13695 上。

《漢魏南北朝墓誌集釋》5/54a，《新編》3/3/141。

《國立北平圖書館藏碑目》7a，《新編》3/36/252 上。

《松翁未焚稿》19b–20a，《新編》3/38/332 上—下。

《墓誌徵存目錄》卷1，《羅振玉學術論著集》第五集，568 頁。

《洛陽出土石刻時地記》北魏孝昌016，30 頁。

《六朝墓誌檢要》（修訂本）95—96、130 頁。

《碑帖鑒定》177 頁。

《碑帖敘錄》116 頁。

《漢魏六朝碑刻校注·總目提要》編號1593。

淑德大學《中國石刻拓本目錄》"墓誌"編號136—137。

《北朝隋代墓誌所在綜合目錄》編號367。

《北京大學圖書館藏歷代墓誌拓片目錄》編號00294。

備考：侯剛，《魏書》卷九三、《北史》卷九二有傳。

孝昌041

楊乾墓誌并蓋

卒於洛陽中練里第，孝昌二年（526）十月十九日葬於旦甫中源鄉仁信里。1929 年洛陽城東北廿里後溝村西北出土，曾歸于右任鴛鴦七誌齋，今石存西安碑林博物館。誌，蓋皆高59、寬60 釐米。文正書，23 行，滿行23 字。蓋篆書，3 行，滿行3 字。蓋題：魏故清水太守墓誌。首題：魏故清水太守恒農男楊公之墓誌。

圖版著錄：

《漢魏南北朝墓誌集釋》圖版二五〇，《新編》3/3/573–574。

《北京圖書館藏中國歷代石刻拓本匯編》5 冊43—44 頁。

《鴛鴦七誌齋藏石》圖84。

《西安碑林全集》62/508–520。

《洛陽出土北魏墓誌選編》圖版一二四，338 頁。（誌）

《漢魏六朝碑刻校注》6 冊46 頁。

錄文著錄：

《洛陽出土北魏墓誌選編》孝昌二二，101—102 頁。

《漢魏南北朝墓誌彙編》192—193 頁。

《漢魏六朝碑刻校注》6 冊47 頁。

《全北魏東魏西魏文補遺》236頁。

碑目題跋著錄：

《石刻題跋索引》142頁右，《新編》1/30/22480。

《古誌新目初編》1/7b，《新編》2/18/13695上。

《漢魏南北朝墓誌集釋》5/54a，《新編》3/3/141。

《國立北平圖書館藏碑目》7b，《新編》3/36/252上。

《蒿里遺文目錄續編·墓誌徵存》2b，《新編》3/37/537下。

《墓誌徵存目錄》卷1，《羅振玉學術論著集》第五集，569頁。

《洛陽出土石刻時地記》北魏孝昌017，30—31頁。

《歷代墓誌銘拓片目錄》19頁。

《六朝墓誌檢要》（修訂本）96頁。

《漢魏六朝碑刻校注·總目提要》編號1596。

淑德大學《中國石刻拓本目錄》"墓誌"編號140。

《北朝隋代墓誌所在綜合目錄》編號370。

《北京大學圖書館藏歷代墓誌拓片目錄》編號00296。

孝昌042

元瑛墓誌并蓋

孝昌二年（526）七月廿八日薨於遵讓里第，以十月十九日遷葬西陵。1922年洛陽城北南陳莊村南出土，陝西三原于氏舊藏，今石存西安碑林博物館。誌、蓋皆呈方形，高47.8、寬48釐米。文正書，15行，滿行18字。蓋正書，3行，滿行4字。蓋題：魏故豫州刺史元瑛墓誌銘；首題：魏故左軍將軍司徒屬贈持節督豫州諸軍事驤驤將軍豫州刺史河南元君墓誌銘。

圖版著錄：

《漢魏南北朝墓誌集釋》圖版一五八，《新編》3/3/460-461。

《北京圖書館藏中國歷代石刻拓本匯編》5冊39—40頁。

《鴛鴦七誌齋藏石》圖85。

《中國金石集萃》7函6輯編號52。（誌）

《西安碑林全集》62/521-529。

《洛陽出土北魏墓誌選編》圖版一二五，339頁。
《漢魏六朝碑刻校注》6冊40頁。

錄文著錄：

《芒洛冢墓遺文四編補遺》9a－b，《新編》1/19/14312上。
《洛陽出土北魏墓誌選編》孝昌二三，102頁。
《漢魏南北朝墓誌彙編》190頁。
《漢魏六朝碑刻校注》6冊41頁。
《全北魏東魏西魏文補遺》233—234頁。

碑目題跋著錄：

《石刻題跋索引》142頁右，《新編》1/30/22480。
《石刻名彙》2/13a，《新編》2/2/1031上。
《古誌新目初編》1/7b，《新編》2/18/13695上。
《定庵題跋》63a－b，《新編》2/19/14317上。
《蒿里遺文目錄》2（3）/2a，《新編》2/20/14977下。
《夢碧簃石言》5/14a，《新編》3/2/219下。
《漢魏南北朝墓誌集釋》4/33b，《新編》3/3/100。
《國立北平圖書館藏碑目》7b，《新編》3/36/252上。
《元氏誌錄補遺》2b，《新編》3/38/55下。
《墓誌徵存目錄》卷1，《羅振玉學術論著集》第五集，569頁。
《洛陽出土石刻時地記》北魏孝昌018，31頁。
《歷代墓誌銘拓片目錄》19頁。
《碑帖鑒定》178頁。
《碑帖敘錄》17頁。
《增補校碑隨筆》（修訂本）215—216頁。
《六朝墓誌檢要》（修訂本）97頁。
《漢魏六朝碑刻校注·總目提要》編號1595。
淑德大學《中國石刻拓本目錄》"墓誌"編號132—133。
《北朝隋代墓誌所在總合目錄》編號368。
《北京大學圖書館藏歷代墓誌拓片目錄》編號00295。

孝昌 043

元壽安墓誌并蓋

五月十一日薨於軍所，孝昌二年（526）十月十九日遷葬於瀍水之東。1922年洛陽城東北馬坡村東北出土，江蘇武進陶氏舊藏，今存遼寧省博物館。誌高、寬均87釐米，蓋高、寬均48釐米。蓋篆書，3行9字；誌文正書，33行，滿行35字。蓋題：魏侍中司空元公墓誌；首題：魏故使持節侍中司空公都督冀瀛滄三州諸軍事領冀州刺史元公墓誌銘。

圖版著錄：

《漢魏南北朝墓誌集釋》圖版一一七，《新編》3/3/414–415。

《北京圖書館藏中國歷代石刻拓本匯編》5冊41—42頁。

《洛陽出土北魏墓誌選編》圖版一二六，340頁。（誌）

《漢魏六朝碑刻校注》6冊42頁。

《遼寧省博物館藏碑誌精粹》68頁。（誌）

錄文著錄：

《芒洛冢墓遺文四編》1/23b–26a，《新編》1/19/14160上—14161下。

《滿洲金石志別錄》卷上/23b–26a，《新編》1/23/17409上—17410下。

《洛陽出土北魏墓誌選編》孝昌二四，103—104頁。

《漢魏南北朝墓誌彙編》190—192頁。

《漢魏六朝碑刻校注》6冊43—44頁。

《遼寧省博物館藏碑誌精粹》259頁。

《全北魏東魏西魏文補遺》234—235頁。

碑目題跋著錄：

《滿洲金石志別錄》卷上/26a–b，《新編》1/23/17410下。

《石刻題跋索引》142頁右，《新編》1/30/22480。

《石刻名彙》2/13a，《新編》2/2/1031上。

《古誌新目初編》1/7b，《新編》2/18/13695上。

《蒿里遺文目錄》2（3）/2a，《新編》2/20/14977下。

《夢碧簃石言》5/14a，《新編》3/2/219下。

《漢魏南北朝墓誌集釋》4/26a，《新編》3/3/85。
《國立北平圖書館藏碑目》7b，《新編》3/36/252 上。
《元氏誌錄補遺》2b，《新編》3/38/55 下。
《墓誌徵存目錄》卷 1，《羅振玉學術論著集》第五集，569 頁。
《洛陽出土石刻時地記》北魏孝昌 019，31 頁。
《歷代墓誌銘拓片目錄》19 頁。
《增補校碑隨筆》（修訂本）215 頁。
《六朝墓誌檢要》（修訂本）96—97 頁。
《遼寧省博物館藏碑誌精粹》68—69 頁。
《漢魏六朝碑刻校注·總目提要》編號 1597。
淑德大學《中國石刻拓本目錄》"墓誌"編號 138—139。
《北朝隋代墓誌所在綜合目錄》編號 369。
《北京大學圖書館藏歷代墓誌拓片目錄》編號 00297。

論文：

劉軍：《河洛北魏宗室群體的貴族化趨勢——以元壽安墓誌為例》，《常州大學學報》2015 年第 6 期。

備考：元壽安，《魏書》卷一九上、《北史》卷一七附《元天賜傳》。

孝昌 044

南頓太守王坤墓誌

卒於洛陽中練里弟，孝昌二年（526）十月十九日葬於旦甫中源鄉仁信里。出土時地不詳，據誌出土於河南省洛陽市。誌高、寬均 53 釐米。文 23 行，滿行 23 字，正書。首題：魏故南頓太守恒農男王公之墓誌。

著錄：

《秦晉豫新出墓誌蒐佚續編》1 冊 62 頁。（圖）
《新見北朝墓誌集釋》52—55 頁。（圖、文、跋）

孝昌 045

高廣墓誌

孝昌二年（526）七月薨於洛陽，其年十月葬於洛陽之北崤。1923 年洛陽城東北馬溝村北嶺出土，江蘇武進陶氏舊藏，今存遼寧省博物館。誌高40.2、寬39.8釐米。文正書，20行，滿行24字。首題：魏故員外郎散騎常侍西陽男高府君墓誌。

圖版著錄：
《漢魏南北朝墓誌集釋》圖版二五一，《新編》3/3/575。
《北京圖書館藏中國歷代石刻拓本匯編》5冊45頁。
《洛陽出土北魏墓誌選編》圖版一二七，341頁。
《漢魏六朝碑刻校注》6冊52頁。
《遼寧省博物館藏碑誌精粹》70頁。

錄文著錄：
《芒洛冢墓遺文四編》1/23a-b，《新編》1/19/14160上。
《滿洲金石志別錄》卷上/22b-23b，《新編》1/23/17408下—17409上。
《誌石文錄》卷上/27a-b，《新編》2/19/13755上。
《洛陽出土北魏墓誌選編》孝昌二五，104頁。
《漢魏南北朝墓誌彙編》195頁。
《漢魏六朝碑刻校注》6冊53頁。
《遼寧省博物館藏碑誌精粹》70頁。
《全北魏東魏西魏文補遺》237—238頁。

碑目題跋著錄：
《滿洲金石志別錄》卷上/23b，《新編》1/23/17409上。
《石刻題跋索引》142頁右，《新編》1/30/22480。
《石刻名彙》2/13a，《新編》2/2/1031上。
《崇雅堂碑錄》1/18a，《新編》2/6/4492下。
《古誌新目初編》1/7a，《新編》2/18/13695上。
《蒿里遺文目錄》2（1）/2b，《新編》2/20/14944下。
《漢魏南北朝墓誌集釋》5/54a-b，《新編》3/3/141-142。
《國立北平圖書館藏碑目》7b，《新編》3/36/252上。
《循園古冢遺文跋尾》3/14a-b，《新編》3/38/27下。
《墓誌徵存目錄》卷1，《羅振玉學術論著集》第五集，569頁。

《洛陽出土石刻時地記》北魏孝昌 020，31 頁。

《歷代墓誌銘拓片目錄》19 頁。

《遼寧省博物館藏碑誌精粹》71 頁。

《六朝墓誌檢要》（修訂本）97—98 頁。

《漢魏六朝碑刻校注·總目提要》編號 1599。

淑德大學《中國石刻拓本目錄》"墓誌"編號 142。

《北朝隋代墓誌所在總合目錄》編號 371。

《北京大學圖書館藏歷代墓誌拓片目錄》編號 00298。

孝昌 046

染華墓誌

正光五年（524）十月卅日遘疾崩於京都，孝昌二年（526）十一月十四日。1990 年秋出土於河南省偃師縣城關鎮杏元村東磚廠。今石存偃師商城博物館。高、寬均 58.5、厚 9.5 釐米。文正書，25 行，滿行 25 字。首題：惟大魏孝昌二年歲次丙午十一月丙申朔十四日己酉故鎮遠將軍射聲校尉染府君墓誌。

著錄：

《漢魏六朝碑刻校注》6 冊 62—63 頁。（圖、文）

《洛陽新獲墓誌》14 頁（圖）、200—201 頁（文）。

《新出魏晉南北朝墓誌疏證》（修訂本）120—123 頁。（文、跋）

《全北魏東魏西魏文補遺》239—240 頁。（文）

《漢魏六朝碑刻校注·總目提要》編號 1600。（目）

《北朝隋代墓誌所在總合目錄》編號 373。（目）

《北京大學圖書館藏歷代墓誌拓片目錄》編號 00299。（目）

論文：

偃師商城博物館：《河南省偃師兩座北魏墓發掘簡報》，《考古》1993 年第 5 期。

任昉：《〈洛陽新獲墓誌〉釋文補正》，《故宮博物院院刊》2001 年第 5 期。

羅新：《北朝墓誌叢札》（一），《北大史學》第 9 輯，2003 年。

李獻奇：《北魏六方墓誌考釋》，《畫像磚石刻墓誌研究》，第210—213頁。

孝昌047

公孫猗墓誌并蓋

又名：公孫漪墓誌。孝昌二年（526）三月九日薨於州治，十一月十四日遷葬於終寧陵。1926年洛陽城北小梁村北出土，曾歸于右任鴛鴦七誌齋，今石存西安碑林博物館。誌高80、寬81釐米。文正書，22行，滿行26字。蓋篆書，4行，滿行3字。蓋題：魏并夏二州使君公孫公墓誌。首題：魏故假節東夏州刺史公孫猗墓誌銘。

圖版著錄：

《漢魏南北朝墓誌集釋》圖版二五三，《新編》3/3/578–579。

《北京圖書館藏中國歷代石刻拓本匯編》5冊48—49頁。

《鴛鴦七誌齋藏石》圖86。

《中國金石集萃》7函6輯編號55。（誌）

《西安碑林全集》62/530–542。

《洛陽出土北魏墓誌選編》圖版一二九，343頁。

《漢魏六朝碑刻校注》6冊59頁。

錄文著錄：

《洛陽出土北魏墓誌選編》孝昌二七，105—106頁。

《漢魏南北朝墓誌彙編》197—198頁。

《漢魏六朝碑刻校注》6冊60頁。

《全北魏東魏西魏文補遺》240—241頁。

碑目題跋著錄：

《石刻題跋索引》142頁右，《新編》1/30/22480。

《石刻名彙》第一編誌銘類續補1b，《新編》2/2/1138下。

《古誌新目初編》1/7b，《新編》2/18/13695上。

《蒿里遺文目錄補遺》1a，《新編》2/20/14996上。

《漢魏南北朝墓誌集釋》5/54b，《新編》3/3/142。

《國立北平圖書館藏碑目》7b，《新編》3/36/252上。

《墓誌徵存目錄》卷1，《羅振玉學術論著集》第五集，569頁。

《洛陽出土石刻時地記》北魏孝昌021，31頁。

《歷代墓誌銘拓片目錄》19頁。

《六朝墓誌檢要》（修訂本）98頁。

《漢魏六朝碑刻校注·總目提要》編號1601。

淑德大學《中國石刻拓本目錄》"墓誌"編號145。

《北朝隋代墓誌所在総合目錄》編號375。

《北京大學圖書館藏歷代墓誌拓片目錄》編號00301。

孝昌048

于景墓誌并蓋

《誌石文錄》等題為"于泰墓誌"。孝昌二年（526）十月八日薨於都鄉穀陽里，其年十一月十四日葬於北芒山之西崗。1919年洛陽城北伯樂凹村西出土，張鈁舊藏，今存北京故宮博物院。誌高、寬均64釐米；蓋高、寬均64釐米。文正書，28行，滿行29字。篆書蓋題：魏故武衛于公之墓誌。首題：魏故武衛將軍征虜將軍懷荒鎮大將恆州大中正于公墓誌銘。

圖版著錄：

《漢魏南北朝墓誌集釋》圖版二五二，《新編》3/3/576－577。

《北京圖書館藏中國歷代石刻拓本匯編》5冊46—47頁。

《洛陽出土北魏墓誌選編》圖版一二八，342頁。（誌）

《漢魏六朝碑刻校注》6冊55頁。

《故宮博物院藏歷代墓誌彙編》1冊68—69頁。

錄文著錄：

《芒洛冢墓遺文四編》1/26a－27b，《新編》1/19/14161下—14162上。

《誌石文錄》卷上/27b－28b，《新編》2/19/13755上—下。

《洛陽出土北魏墓誌選編》孝昌二六，104—105頁。

《漢魏南北朝墓誌彙編》196—197頁。

《漢魏六朝碑刻校注》6冊56頁。

《故宮博物院藏歷代墓誌彙編》1冊68頁。

《全北魏東魏西魏文補遺》238—239頁。

碑目題跋著錄：

《石刻題跋索引》142頁右，《新編》1/30/22480。

《石刻名彙》2/13a，《新編》2/2/1031上。

《崇雅堂碑錄》1/18b，《新編》2/6/4492下。

《古誌新目初編》1/7b，《新編》2/18/13695上。

《蒿里遺文目錄》2（1）/2b，《新編》2/20/14944下。

《漢魏南北朝墓誌集釋》5/54b，《新編》3/3/142。

《國立北平圖書館藏碑目》7b，《新編》3/36/252上。

《循園古冢遺文跋尾》3/14b–15a，《新編》3/38/27下—28上。

《墓誌徵存目錄》卷1，《羅振玉學術論著集》第五集，569頁。

《松翁近稿補遺》，《羅振玉學術論著集》第十集（上）96頁。

《洛陽出土石刻時地記》北魏孝昌022，31頁。

《歷代墓誌銘拓片目錄》19頁。

《碑帖鑒定》177頁。

《六朝墓誌檢要》（修訂本）99、100頁。

《漢魏六朝碑刻校注‧總目提要》編號1602、1604。

淑德大學《中國石刻拓本目錄》"墓誌"編號144。

《北朝隋代墓誌所在總合目錄》編號374、380。

《北京大學圖書館藏歷代墓誌拓片目錄》編號00300。

論文：

葉其峰：《故宮藏石兩種》，《故宮博物院院刊》1992年第3期。

葉其峰：《于景墓誌再考釋》，載於《古代銘刻論叢》，第292—299頁。

備考：于景，《魏書》卷三一、《北史》卷二三有傳。

孝昌049

宋京墓誌

孝昌二年（526）五月十日卒於洛陽經民里，十一月十四日葬於洛陽縣北芒之南。2007年春河南省孟津縣出土，存偃師民間。誌長43、寬46

釐米。文 18 行，滿行 18 字，正書。首題：魏故宋處士墓誌銘。

圖版著錄：

《秦晉豫新出墓誌蒐佚》1 冊 28 頁。

碑目著錄：

《北朝隋代墓誌所在總合目錄》編號 376。

《北京大學圖書館藏歷代墓誌拓片目錄》編號 00302。

孝昌 050

寇治墓誌并蓋

正光六年（525）正月廿日薨，孝昌二年（526）十一月十七日葬於洛京西大墓次。1919 年洛陽城東北攔駕溝村北嶺出土，曾歸蘇州古物保存所收藏，抗日戰爭時石毀。誌高 75.8、廣 77.7 釐米。文正書，雜少量篆文，32 行，滿行 31 字。蓋篆書，3 行，行 3 字。蓋題：魏故尚書寇使君墓誌。首題：魏故使持節衛將軍荊河雍四州刺史七兵尚書寇使君之墓誌銘。

圖版著錄：

《漢魏南北朝墓誌集釋》圖版二五四，《新編》3/3/580－581。

《北京圖書館藏中國歷代石刻拓本匯編》5 冊 50 頁。（誌）

《中國金石集萃》8 函 7 輯編號 64。（誌）

《洛陽出土北魏墓誌選編》圖版一三○，344 頁。（誌）

《漢魏六朝碑刻校注》6 冊 65 頁。

錄文著錄：

《芒洛冢墓遺文三編》10b－12a，《新編》1/19/14112 下—14113 下。

《誌石文錄》卷上/28b－30a，《新編》2/19/13755 下—13756 下。

《洛陽出土北魏墓誌選編》孝昌二八，106—107 頁。

《魯迅輯校石刻手稿·墓誌》上冊 179—183 頁。

《漢魏南北朝墓誌彙編》198—200 頁。

《漢魏六朝碑刻校注》6 冊 66—67 頁。

《全北魏東魏西魏文補遺》241—242 頁。

碑目題跋著錄：

《石刻題跋索引》142 頁右—左，《新編》1/30/22480。

《石刻名彙》2/13a，《新編》2/2/1031 上。

《崇雅堂碑錄》1/18b，《新編》2/6/4492 下。

《古誌新目初編》1/7b，《新編》2/18/13695 上。

《蒿里遺文目錄》2（1）/2b，《新編》2/20/14944 下。

《漢魏南北朝墓誌集釋》5/55a，《新編》3/3/143。附《九鐘精舍金石跋尾乙編》。

《國立北平圖書館藏碑目》7b，《新編》3/36/252 上。

《循園古冢遺文跋尾》3/15a–b，《新編》3/38/28 上。

《墓誌徵存目錄》卷 1，《羅振玉學術論著集》第五集，569 頁。

《洛陽出土石刻時地記》北魏孝昌 023，31 頁。

《歷代墓誌銘拓片目錄》20 頁。

《增補校碑隨筆》（修訂本）216 頁。

《六朝墓誌檢要》（修訂本）99 頁。

《金石論叢》"貞石證史·寇治與酈道元"，87—88 頁。

《漢魏六朝碑刻校注·總目提要》編號 1603。

《北朝隋代墓誌所在總合目錄》編號 377。

《北京大學圖書館藏歷代墓誌拓片目錄》編號 00303。

備考：寇治，字祖禮，《魏書》卷四二、《北史》卷二七附《寇讚傳》。

孝昌 051

冀州刺史宇文善墓誌

捐軀殉國，以孝昌二年（526）十一月廿五日葬於洛陽縣覆丹山之南。據誌出土於河南省孟津縣。誌高、寬均 85 釐米。文 29 行，滿行 29 字，正書。首題：魏故使持節車騎將軍都督冀州諸軍事冀州刺史襄樂縣開國男宇文公墓誌。

圖版著錄：

《秦晉豫新出墓誌蒐佚續編》1 冊 63 頁。

碑目著錄：

《北朝隋代墓誌所在總合目錄》編號 378。

論文：

吳志浩：《北魏〈宇文善墓誌〉考述》，《洛陽師範學院學報》2015 年第 3 期。

孝昌 052

豫州刺史宇文延墓誌

戰鬥時陷身戎手，以孝昌二年（526）五月十一日卒，十一月廿五日葬於覆丹山之南。據誌出土於河南省孟津縣。誌高、寬均 80 釐米。文 33 行，滿行 33 字，正書。首題：魏故假節冠軍將軍豫州刺史宇文公墓誌。

圖版著錄：

《秦晉豫新出墓誌蒐佚續編》1 冊 64 頁。

碑目著錄：

《北朝隋代墓誌所在總合目錄》編號 379。

備考：宇文延，《魏書》卷四四、《北史》卷二五有傳。

孝昌 053

元則墓誌

孝昌元年（525）十月二十九日卒於官，粵二年（526）閏十一月七日葬於景陵之東北。1929 年在洛陽城北安駕溝村出土，曾歸固始許氏，今存中國國家博物館。誌高 52、寬 52.5 釐米。文 13 行，滿行 20 字，正書。首題：魏故齊州平東府中兵參軍元君墓誌銘。

圖版著錄：

《漢魏南北朝墓誌集釋》圖版八七，《新編》3/3/381。

《中國金石集萃》7 函 6 輯編號 53。

《漢魏六朝碑刻校注》6 冊 69 頁。

《中國國家博物館館藏文物研究叢書·墓誌卷》13 頁。

錄文著錄：

《洛陽出土北魏墓誌選編》孝昌三〇，108 頁。

《漢魏南北朝墓誌彙編》200 頁。

《漢魏六朝碑刻校注》6 冊 70 頁。

《全北魏東魏西魏文補遺》242 頁。

《中國國家博物館館藏文物研究叢書·墓誌卷》12 頁。

碑目題跋著錄：

《石刻題跋索引》142 頁右，《新編》1/30/22480。

《漢魏南北朝墓誌集釋》3/20a，《新編》3/3/73。

《墓誌徵存目錄》卷 1，《羅振玉學術論著集》第五集，569 頁。

《洛陽出土石刻時地記》北魏孝昌 024，31—32 頁。

《歷代墓誌銘拓片目錄》20 頁。

《六朝墓誌檢要》（修訂本）98 頁。

《漢魏六朝碑刻校注·總目提要》編號 1605。

淑德大學《中國石刻拓本目錄》"墓誌" 編號 146。

《北朝隋代墓誌所在總合目錄》編號 381。

《北京大學圖書館藏歷代墓誌拓片目錄》編號 00304。

論文：

羅新：《中國國家博物館藏北魏元則、元宥墓誌疏解》，《中國歷史文物》2007 年第 2 期。

孝昌 054

于纂（字榮業）墓誌并蓋

孝昌二年（526）五月廿八日卒於洛陽穀陽里第，越其年閏十一月七日遷葬於先塋之北。1926 年洛陽北伯樂凹村西出土，曾歸于右任鴛鴦七誌齋，今石存西安碑林博物館。誌高、寬均 67 釐米；蓋高、寬均 60 釐米。文正書，25 行，滿行 24 字。蓋正書，3 行，滿行 4 字。蓋題：魏故銀青光祿大夫于君墓誌；首題：魏故銀青光祿大夫于君墓誌銘。

圖版著錄：

《漢魏南北朝墓誌集釋》圖版二五五，《新編》3/3/582－583。

《北京圖書館藏中國歷代石刻拓本匯編》5 冊 51—52 頁。

《鴛鴦七誌齋藏石》圖 87。

《中國金石集萃》7 函 6 輯編號 54。（誌）

《洛陽出土北魏墓誌選編》圖版一三一，345 頁。（誌）

《漢魏六朝碑刻校注》6 冊 71 頁。

錄文著錄：

《洛陽出土北魏墓誌選編》孝昌二九，107—108 頁。

《漢魏南北朝墓誌彙編》200—201 頁。

《漢魏六朝碑刻校注》6 冊 72 頁。

《全北魏東魏西魏文補遺》243 頁。

碑目題跋著錄：

《石刻題跋索引》142 頁左，《新編》1/30/22480。

《古誌新目初編》1/7b、1/12a，《新編》2/18/13695 上、13697 下。

《漢魏南北朝墓誌集釋》5/55a，《新編》3/3/143。

《國立北平圖書館藏碑目》7b，《新編》3/36/252 上。

《蒿里遺文目錄續編·墓誌徵存》3a，《新編》3/37/538 上。

《墓誌徵存目錄》卷 1，《羅振玉學術論著集》第五集，569 頁。

《丙寅稿》，《羅振玉學術論著集》第十集（上）138—139 頁。

《洛陽出土石刻時地記》北魏孝昌 025，32 頁。

《歷代墓誌銘拓片目錄》20 頁。

《碑帖鑒定》178 頁。

《碑帖敘錄》9 頁。

《六朝墓誌檢要》（修訂本）99 頁。

《漢魏六朝碑刻校注·總目提要》編號 1606。

《北朝隋代墓誌所在總合目錄》編號 382。

《北京大學圖書館藏歷代墓誌拓片目錄》編號 00305。

備考：《古誌新目初編》所載"魏故銀青光祿大夫于君墓誌蓋"，從蓋題來看，當是于纂墓誌蓋，故附此。

孝昌 055

趙億墓誌

孝昌二年（526）四月廿八日卒，閏十一月八日葬於北芒。2003 年秋河南省洛陽市出土，歸洛陽古玩城孟氏。誌長、寬均 30 釐米。文 15 行，行 19 至 20 字不等，正書。首題：魏故陵江將軍朔方太守趙府君墓誌。

圖版著錄：

《河洛墓刻拾零》上冊33頁。

《龍門區系石刻文萃》421頁。

碑目著錄：

《北朝隋代墓誌所在總合目錄》編號372。

《北京大學圖書館藏歷代墓誌拓片目錄》編號00306。

備考：從《元則墓誌》《元朗墓誌》《封之秉墓誌》和《于纂（字榮業）墓誌》可知，孝昌二年閏"十一月"，《河洛墓刻拾零》作"閏十月"，誤。

孝昌056

元朗墓誌

孝昌二年（526）九月戊申日卒於師，閏十一月十九日葬於景陵東崗。1927年洛陽城北後李村北出土，曾歸于右任鴛鴦七誌齋，今石存西安碑林博物館。誌高、寬均52釐米。文正書，29行，滿行29字。首題：魏故安西將軍銀青光祿大夫元公之墓誌銘。

圖版著錄：

《漢魏南北朝墓誌集釋》圖版九二，《新編》3/3/387。

《北京圖書館藏中國歷代石刻拓本匯編》5冊53頁。

《鴛鴦七誌齋藏石》圖88。

《西安碑林全集》62/543－548。

《洛陽出土北魏墓誌選編》圖版一三二，346頁。

《漢魏六朝碑刻校注》6冊74頁。

錄文著錄：

《洛陽出土北魏墓誌選編》孝昌三一，108—109頁。

《漢魏南北朝墓誌彙編》201—203頁。

《漢魏六朝碑刻校注》6冊75頁。

《全北魏東魏西魏文補遺》244—245頁。

碑目題跋著錄：

《石刻題跋索引》142頁右，《新編》1/30/22480。

《古誌新目初編》1/8a,《新編》2/18/13695 下。
《漢魏南北朝墓誌集釋》3/20b-21a,《新編》3/3/74-75。
《國立北平圖書館藏碑目》7b,《新編》3/36/252 上。
《元氏誌錄補遺》3a,《新編》3/38/56 上。
《墓誌徵存目錄》卷 1,《羅振玉學術論著集》第五集,569 頁。
《洛陽出土石刻時地記》北魏孝昌 026,32 頁。
《歷代墓誌銘拓片目錄》20 頁。
《六朝墓誌檢要》(修訂本) 100 頁。
《漢魏六朝碑刻校注·總目提要》編號 1607。
《北朝隋代墓誌所在總合目錄》編號 383。
備考:元朗,《魏書》卷一九中有傳,附《元雲傳》後。

孝昌 057
封之秉墓誌并蓋

孝昌元年(525)九月五日終於公館之次,孝昌二年(526)閏十一月十九日遷葬於方山大石嶺之西南。近年洛陽出土,時地不詳。誌高、廣均 72 釐米。文 31 行,滿行 37 字,正書。蓋文 3 行,行 3 字,篆書。蓋題:魏故幽州刺史封侯銘。首題:魏故封使君墓誌銘。

論文:

劉燦輝:《新見北魏〈封之秉墓誌〉研究》,《書法》2017 年第 6 期。(圖、文)

孝昌 058
李弼墓誌

孝昌二年(526)八月八日終於洛陽東□里,其年十二月八日葬於芒首杜鎮南預墓東隔一峰方岸上。2010 年河北贊皇縣西高村出土。拓本長 68.5、寬 67.5 釐米。文正書,27 行,滿行 27 字。首題:魏故太尉府行參軍李君墓誌。

圖版著錄:

《北京大學圖書館新藏金石拓本菁華 1996—2012》90 頁。

碑目著錄:

《北朝隋代墓誌所在總合目錄》編號384。

《北京大學圖書館藏歷代墓誌拓片目錄》編號00307。

孝昌059

韋彧墓誌

孝昌元年（525）八月廿六日卒於長安城永貴里，二年（526）十二月十日葬於杜陵。1998年出土於陝西省西安市長安縣韋曲北原。誌長78、寬62釐米。文正書，35行，滿行44字。蓋佚。首題：魏故使持節散騎常侍太常卿尚書都督雍州諸軍事撫軍將軍豫雍二州刺史文烈公韋使君墓誌銘。

著錄：

《漢魏六朝碑刻校注》6冊77—79頁。（圖、文）

《長安新出墓誌》6—9頁。（圖、文）

《全北魏東魏西魏文補遺》245—246頁。（文）

《新出魏晉南北朝墓誌疏證》（修訂本）124—127頁。（文、跋）

《漢魏六朝碑刻校注·總目提要》編號1608。（目）

《北朝隋代墓誌所在總合目錄》編號385。（目）

論文：

周偉洲、賈麥明、穆小軍《新出土的四方北朝韋氏墓誌考釋》，《文博》2000年第2期。

牟發松、蓋金偉：《新出四方北朝韋氏墓誌校注》，《故宮博物院院刊》2006年第4期。

備考：韋彧，《魏書》卷四五、《北史》卷二六有傳，附《韋閬傳》。

孝昌060

司徒行參軍李劇墓誌

孝昌二年（526）十一月二日卒，其年十二月十二日葬於洛陽芒山之陽。據誌出土於河南省孟津縣。誌高32、寬80釐米。文18行，滿行13字，正書。首題：魏故司徒行參軍李君墓誌銘。

圖版著錄：

《秦晉豫新出墓誌蒐佚續編》1冊65頁。

論文：

薛海洋：《風力危峭，變態之宗—漫談新發現北魏〈李劇墓誌銘〉》，《書法》2016 年第 2 期。

孝昌 061
元伏生妻輿龍姬磚誌

孝昌二年（526）十二月廿日送終。河南洛陽出土。磚高 28、廣 15.2 釐米。文正書，3 行，行 7 至 8 字不等。首題：故元伏生妻輿龍姬銘。

圖版著錄：
《漢魏南北朝墓誌集釋》圖版一九八，《新編》3/3/507。
《中國磚銘》圖版上冊 690 頁右。
《漢魏六朝碑刻校注》6 冊 135 頁。
《中國古代磚刻銘文集》上冊編號 0967。

錄文著錄：
《洛陽出土北魏墓誌選編》孝昌四二，116 頁。
《漢魏南北朝墓誌彙編》203 頁。
《漢魏六朝碑刻校注》6 冊 136 頁。
《中國古代磚刻銘文集》下冊編號 0967。
《全北魏東魏西魏文補遺》247 頁。

碑目題跋著錄：
《石刻題跋索引》143 頁左，《新編》1/30/22481。
《漢魏南北朝墓誌集釋》4/40a，《新編》3/3/113。
《洛陽出土石刻時地記》北魏孝昌 029，32 頁。
《六朝墓誌檢要》（修訂本）104 頁。
《漢魏六朝碑刻校注・總目提要》編號 1635。
《北朝隋代墓誌所在總合目錄》編號 386。

孝昌 062
寇偘墓誌并蓋

孝昌二年（526）十二月十二日卒於家，廿六日葬。1920 年洛陽城東北攔駕溝村北出土。江西九江李氏收藏。誌高31、廣32.5釐米。文15行，滿行14字，正書。蓋3行，行3字，正書。蓋題：魏故舞陰寇府君墓誌。

圖版著錄：

《漢魏南北朝墓誌集釋》圖版二五六，《新編》3/3/584－585。

《北京圖書館藏中國歷代石刻拓本匯編》5冊54頁。（誌）

《洛陽出土北魏墓誌選編》圖版一三三，347頁。

《漢魏六朝碑刻校注》6冊82頁。

錄文著錄：

《芒洛冢墓遺文四編》1/27b－28a，《新編》1/19/14162上－下。

《誌石文錄》卷上/26b－27a，《新編》2/19/13754下－13755上。

《洛陽出土北魏墓誌選編》孝昌三二，109—110頁。

《漢魏南北朝墓誌彙編》203頁。

《漢魏六朝碑刻校注》6冊83頁。

《全北魏東魏西魏文補遺》247頁。

碑目題跋著錄：

《石刻題跋索引》142頁右，《新編》1/30/22480。

《石刻名彙》2/13a，《新編》2/2/1031上。

《崇雅堂碑錄補》1/8a，《新編》2/6/4554下。

《古誌新目初編》1/8a，《新編》2/18/13695下。

《蒿里遺文目錄》2（1）/2b，《新編》2/20/14944下。

《漢魏南北朝墓誌集釋》5/55a－b，《新編》3/3/143－144。

《國立北平圖書館藏碑目》7b，《新編》3/36/252上。

《循園古冢遺文跋尾》3/15b，《新編》3/38/28上。

《墓誌徵存目錄》卷1，《羅振玉學術論著集》第五集，569頁。

《洛陽出土石刻時地記》北魏孝昌028，32頁。

《歷代墓誌銘拓片目錄》20頁。

《六朝墓誌檢要》（修訂本）100頁。

《漢魏六朝碑刻校注·總目提要》編號1609。

《北朝隋代墓誌所在總合目錄》編號387。

《北京大學圖書館藏歷代墓誌拓片目錄》編號00308。

孝昌 063

郭崇墓誌

孝昌二年（526）正月八日薨於洛陽，孝昌三年（527）正月廿日葬在太安橋南三里。據誌出土於河南省偃師市。誌高、寬均 50 釐米。文 15 行，滿行 18 字，正書。首題：大魏孝昌三年歲次丁未正月乙丑朔廿日甲申并州太原郭君之墓誌銘。

圖版著錄：

《秦晉豫新出墓誌蒐佚續編》1 冊 66 頁。

備考：郭崇，事見《魏書》卷七五、《北史》卷四八《尒朱彥伯傳》；《北史》卷七四《郭衍傳》。

孝昌 064

宣威將軍騎都尉董偉墓誌

正光四年（523）四月廿五日卒於洛陽咸安鄉安明里，孝昌三年（527）二月十六日葬於芒山之陽。1925 年洛陽城東北馬溝村出土，陝西三原于右任舊藏，今石存西安碑林博物館。誌高 37、寬 48 釐米。文正書，6 行，滿行 12 字。

圖版著錄：

《漢魏南北朝墓誌集釋》圖版二五七，《新編》3/3/586。

《北京圖書館藏中國歷代石刻拓本匯編》5 冊 58 頁。

《鴛鴦七誌齋藏石》圖 90。

《西安碑林全集》63/549－550。

《洛陽出土北魏墓誌選編》圖版一三四，348 頁。

《漢魏六朝碑刻校注》6 冊 84 頁。

錄文著錄：

《洛陽出土北魏墓誌選編》孝昌三三，110 頁。

《漢魏六朝碑刻校注》6 冊 85 頁。

《漢魏南北朝墓誌彙編》204 頁。

《全北魏東魏西魏文補遺》247 頁。

碑目題跋著錄：

《石刻題跋索引》142 頁右，《新編》1/30/22480。
《石刻名彙》2/12b，《新編》2/2/1030 下。
《石刻名彙》第一編誌銘類續補 1b，《新編》2/2/1138 下。（偽刻）
《崇雅堂碑錄補》1/8a，《新編》2/6/4554 下。
《古誌新目初編》1/8a，《新編》2/18/13695 下。
《蒿里遺文目錄補遺》1a，《新編》2/20/14996 上。
《漢魏南北朝墓誌集釋》5/55b，《新編》3/3/144。
《國立北平圖書館藏碑目》7b，《新編》3/36/252 上。
《墓誌徵存目錄》卷 1，《羅振玉學術論著集》第五集，569 頁。
《洛陽出土石刻時地記》北魏孝昌 030，32 頁。
《歷代墓誌銘拓片目錄》20 頁。
《六朝墓誌檢要》（修訂本）100 頁。
《漢魏六朝碑刻校注·總目提要》編號 1610。
《北朝隋代墓誌所在總合目錄》編號 388。
《北京大學圖書館藏歷代墓誌拓片目錄》編號 00309。
備考：《石刻名彙》判定其偽刻，然諸書皆云其真，故暫附此。

孝昌 065

蘇屯墓誌

北魏孝昌二年（526）二月十三日卒於第，以孝昌三年（527）二月廿一日葬於北邙小山。1929 年洛陽城東北太倉村北嶺出土，曾歸于右任鴛鴦七誌齋，今石存西安碑林博物館。誌石高、寬均 37 釐米。文正書，17 行，滿行 17 字。首題：魏故密陽令武功蘇君墓誌銘。

圖版著錄：
《漢魏南北朝墓誌集釋》圖版二五八，《新編》3/3/587。
《北京圖書館藏中國歷代石刻拓本匯編》5 冊 59 頁。
《鴛鴦七誌齋藏石》圖 91。
《西安碑林全集》63/551-553。
《洛陽出土北魏墓誌選編》圖版一三五，349 頁。
《漢魏六朝碑刻校注》6 冊 86 頁。

錄文著錄：《洛陽出土北魏墓誌選編》孝昌三四，110 頁。

《漢魏六朝碑刻校注》6 冊 87 頁。

《漢魏南北朝墓誌彙編》204 頁。

《全北魏東魏西魏文補遺》248 頁。

碑目題跋著錄：

《石刻題跋索引》142 頁右，《新編》1/30/22480。

《崇雅堂碑錄》1/18b，《新編》2/6/4492 下。

《古誌新目初編》1/8a，《新編》2/18/13695 下。

《漢魏南北朝墓誌集釋》5/55b，《新編》3/3/144。

《國立北平圖書館藏碑目》7b，《新編》3/36/252 上。

《墓誌徵存目錄》卷 1，《羅振玉學術論著集》第五集，569 頁。

《洛陽出土石刻時地記》北魏孝昌 031，32 頁。

《歷代墓誌銘拓片目錄》20 頁。

《六朝墓誌檢要》（修訂本）101 頁。

《漢魏六朝碑刻校注·總目提要》編號 1611。

《北朝隋代墓誌所在總合目錄》編號 389。

《北京大學圖書館藏歷代墓誌拓片目錄》編號 00310。

孝昌 066

元融墓誌

卒於戰陣，孝昌三年（527）仲春（二月）廿七日葬於邙山。1935 年洛陽城北鄭凹村南地路西出土，石存西安碑林博物館。誌高 84、寬 84.5 釐米。文正書，35 行，滿行 36 字。首題：使持節侍中司徒公都督雍華岐三州諸軍事車騎大將軍雍州刺史章武武莊王墓誌銘。

圖版著錄：

《漢魏南北朝墓誌集釋》圖版五七五，《新編》3/4/332。

《北京圖書館藏中國歷代石刻拓本匯編》5 冊 60 頁。

《西安碑林全集》63/554–559。

《洛陽出土北魏墓誌選編》圖版一三六，350 頁。

《漢魏六朝碑刻校注》6 冊 94 頁。

錄文著錄：

《洛陽出土北魏墓誌選編》孝昌三五，111—112 頁。

《漢魏六朝碑刻校注》6 冊 95—96 頁。

《漢魏南北朝墓誌彙編》204—207 頁。

《全北魏東魏西魏文補遺》248—249 頁。

碑目題跋著錄：

《石刻題跋索引》142 頁右，《新編》1/30/22480。

《漢魏南北朝墓誌集釋》11/113a，《新編》3/3/259。

《國立北平圖書館藏碑目》8a，《新編》3/36/252 下。

《墓誌徵存目錄》卷 1，《羅振玉學術論著集》第五集，570 頁。

《洛陽出土石刻時地記》北魏孝昌 032，32—33 頁。

《歷代墓誌銘拓片目錄》20 頁。

《六朝墓誌檢要》（修訂本）102 頁。

《漢魏六朝碑刻校注·總目提要》編號 1612。

《北朝隋代墓誌所在総合目錄》編號 391。

備考：元融，《魏書》卷一九下、《北史》卷一八有傳，附《元太洛傳》。

孝昌 067

肆州刺史和邃墓誌并蓋

孝昌二年（526）九月十一日卒於京師脩民里，越歲（三年，527）二月廿七日葬於西山之阿。1927 年（一說 1929 年）洛陽城東北馬溝村出土，三原于右任舊藏，今石存西安碑林博物館。誌高、寬均 55 釐米。文正書，24 行，滿行 24 字。蓋篆書，3 行，行 3 字。首題：魏故使持節後將軍肆州刺史和君墓誌銘；蓋題：魏肆州刺史和君墓銘。

圖版著錄：

《漢魏南北朝墓誌集釋》圖版二六三，《新編》3/3/604。（誌）

《北京圖書館藏中國歷代石刻拓本匯編》5 冊 74 頁。（誌）

《鴛鴦七誌齋藏石》圖 92。

《中國金石集萃》7 函 6 輯編號 56。（誌）

《西安碑林全集》63/560－568。

《洛陽出土北魏墓誌選編》圖版一四二，356頁。（誌）

《漢魏六朝碑刻校注》6冊88頁。

錄文著錄：

《洛陽出土北魏墓誌選編》孝昌四三，116—117頁。

《漢魏六朝碑刻校注》6冊89頁。

《漢魏南北朝墓誌彙編》207—208頁。

《全北魏東魏西魏文補遺》250—251頁。

碑目題跋著錄：

《石刻題跋索引》142頁右、143頁左，《新編》1/30/22480、22481。

《古誌新目初編》1/8a，《新編》2/18/13695下。

《漢魏南北朝墓誌集釋》6/56b，《新編》3/3/146。

《國立北平圖書館藏碑目》8a，《新編》3/36/252下。

《墓誌徵存目錄》卷1，《羅振玉學術論著集》第五集，569頁。

《洛陽出土石刻時地記》北魏孝昌039，34頁。

《歷代墓誌銘拓片目錄》20頁。

《六朝墓誌檢要》（修訂本）101頁。

《漢魏六朝碑刻校注·總目提要》編號1613。

《北朝隋代墓誌所在總合目錄》編號392。

《北京大學圖書館藏歷代墓誌拓片目錄》編號00311。

孝昌068

元曄墓誌

又名：元曄之墓誌。孝昌二年（526）六月十八日卒於洛陽孝弟里，以三年（527）二月廿七日葬於山陵。1934年洛陽城北後海資村北出土，石存洛陽古代藝術館。誌高57釐米，寬61釐米。文正書，23行，滿行21字。首題：魏故假節驢驤將軍南青州刺史元曄之墓誌銘。

著錄：

《洛陽出土歷代墓誌輯繩》49頁。（圖）

《洛陽出土北魏墓誌選編》圖版一三七，351頁（圖）；孝昌三六，

112 頁（文）。

《漢魏六朝碑刻校注》6 冊 91—92 頁。（圖、文）

《全北魏東魏西魏文補遺》250 頁。（文）

《墓誌徵存目錄》卷 1，《羅振玉學術論著集》第五集，570 頁。（目）

《洛陽出土石刻時地記》北魏孝昌 033，33 頁。（目）

《六朝墓誌檢要》（修訂本）101 頁。（目）

《漢魏六朝碑刻校注・總目提要》編號 1614。（目）

《北朝隋代墓誌所在總合目錄》編號 390。（目）

孝昌 069

楊仲彥墓誌

孝昌三年（527）二月卅日卒於洛陽依仁里宅，以三月四日葬於宅之辛地果園之內。河南洛陽出土。誌高 26.5、寬 29 釐米。文 10 行，滿行 11 字，正書。

著錄：

《龍門區系石刻文萃》422 頁。（圖）

《新出土墓誌精粹》（北朝卷）上冊 10—11 頁。（圖）

《新見北朝墓誌集釋》56—58 頁。（圖、文、跋）

《北朝隋代墓誌所在總合目錄》編號 393。（目）

論文：

王連龍：《北魏楊仲彥墓誌》，《社會科學戰線》2011 年第 5 期。

孝昌 070

楊宜成墓誌

孝昌二年（526）正月十七日卒於京師阮曲里，三年（527）三月十日權葬於洛陽，其先人漢太尉康公墓之東北，隔公路澗。河南洛陽出土，現藏河南新安縣千唐誌齋博物館。拓本長、寬均 58 釐米。文正書，16 行，滿行 20 字。首題：魏故平東府長流參軍莀寧男之墓誌銘。

圖版著錄：

《北京大學圖書館新藏金石拓本菁華 1996—2012》91 頁。

錄文著錄：

《全唐文補遺·千唐誌齋新藏專輯》439 頁。

碑目著錄：

《北朝隋代墓誌所在總合目錄》編號 394。

《北京大學圖書館藏歷代墓誌拓片目錄》編號 00312。

孝昌 071

元子豫墓誌并蓋

孝昌二年（526）閏十一月廿二日終於洛陽，三年（527）三月十日葬於芒山之西嶺、磌硎之北崗。河南洛陽出土，河南新安鐵門鎮千唐誌齋博物館藏石。拓片長 41.5、寬 41 釐米。蓋長、寬均 45 釐米。文正書，15 行，行 16 字；蓋篆書，2 行，行 4 字。首題：魏故給事中元君墓誌銘；蓋題：魏故給中墓誌銘。

錄文著錄：

《全唐文補遺·千唐誌齋新藏專輯》439 頁。

碑目著錄：

《北朝隋代墓誌所在總合目錄》編號 395。

《北京大學圖書館藏歷代墓誌拓片目錄》編號 00313。

孝昌 072

李達及妻張氏墓誌

太和十八年（494）九月廿八日卒，夫人張氏孝昌三年（527）卒，以五月十日葬於洛陽之北葛甫山南。河南路陽出土。誌高、寬均 40 釐米。文 21 行，滿行 21 字，正書。首題：魏故都護陽平郡事李府君夫人林慮張氏墓誌銘。

圖版著錄：

《邙洛碑誌三百種》19 頁。

錄文著錄：

《全北魏東魏西魏文補遺》36 頁。

碑目著錄：

《漢魏六朝碑刻校注·總目提要》編號 1623。

《北朝隋代墓誌所在總合目錄》編號 396。

孝昌 073

岐州刺史于纂（字万年）墓誌

孝昌三年（527）二月四日卒於洛陽永康里宅，五月十一日葬於芒山之西垂，帝陵之東坡。1910 年洛陽城東北劉家坡村西溝內出土，江蘇武進陶蘭泉、三原于右任遞藏，今石存西安碑林博物館。誌高、寬均 55 釐米。文正書，27 行，滿行 27 字。首題：魏故假節征虜將軍岐州刺史富平伯于君墓誌銘。

圖版著錄：

《漢魏南北朝墓誌集釋》圖版二五九，《新編》3/3/589。

《北京圖書館藏中國歷代石刻拓本匯編》5 冊 63 頁。

《鴛鴦七誌齋藏石》圖 93。

《中國金石集萃》7 函 6 輯編號 58。

《西安碑林全集》63/571－579。

《洛陽出土北魏墓誌選編》圖版一三八，352 頁。

《漢魏六朝碑刻校注》6 冊 108 頁。

《中國北朝石刻拓片精品集》76—81 頁。

《山東石刻分類全集·歷代墓誌》33 頁。

錄文著錄：

《芒洛冢墓遺文》卷上/10a－11b，《新編》1/19/13984 下—13985 上。

《誌石文錄》卷上/30a－31a，《新編》2/19/13756 下—13757 上。

《洛陽出土北魏墓誌選編》孝昌三七，113 頁。

《魯迅輯校石刻手稿·墓誌》上冊 184—187 頁。

《漢魏南北朝墓誌彙編》208—209 頁。

《漢魏六朝碑刻校注》6 冊 109 頁。

《全北魏東魏西魏文補遺》251—252 頁。

《山東石刻分類全集·歷代墓誌》32 頁。

碑目題跋著錄：

《石刻題跋索引》142 頁右，《新編》1/30/22480。

《石刻名彙》2/13a,《新編》2/2/1031 上。

《崇雅堂碑錄》1/18b,《新編》2/6/4492 下。

《蒿里遺文目錄》2（1）/2b,《新編》2/20/14944 下。

《漢魏南北朝墓誌集釋》6/56a,《新編》3/3/145。

《國立北平圖書館藏碑目》8a,《新編》3/36/252 下。

《古誌彙目》1/7a,《新編》3/37/17。

《循園古冢遺文跋尾》3/15b－16a,《新編》3/38/28 上—下。

《墓誌徵存目錄》卷1,《羅振玉學術論著集》第五集,570 頁。

《洛陽出土石刻時地記》北魏孝昌034,33 頁。

《歷代墓誌銘拓片目錄》20 頁。

《增補校碑隨筆》（修訂本）216 頁。

《六朝墓誌檢要》（修訂本）102 頁。

《漢魏六朝碑刻校注・總目提要》編號1620。

淑德大學《中國石刻拓本目錄》"墓誌"編號147。

《北朝隋代墓誌所在総合目錄》編號397。

《北京大學圖書館藏歷代墓誌拓片目錄》編號00314。

孝昌074

昭儀胡明相墓誌并蓋

又名：肅宗昭儀胡明相墓誌。孝昌三年（527）四月十九日卒於建始殿，五月廿三日遷葬於西陵。1919 年洛陽城北楊凹村西北出土，曾歸江蘇武進陶湘（字蘭泉）收藏。誌高65、廣67.6 釐米。文正書，23 行，滿行21 字。蓋篆書，3 行，行3 字。蓋題：魏故胡昭儀之墓誌銘；首題：魏故胡昭儀墓誌銘。

圖版著錄：

《漢魏南北朝墓誌集釋》圖版四〇,《新編》3/3/322－323。

《北京圖書館藏中國歷代石刻拓本匯編》5 冊64 頁。（誌）

《中國金石集萃》7 函6 輯編號57。（誌）

《洛陽出土北魏墓誌選編》圖版一三九,353 頁。（誌）

《漢魏六朝碑刻校注》6 冊111 頁。

錄文著錄：

《芒洛冢墓遺文四編》1/28a–b，《新編》1/19/14162 下。

《誌石文錄》卷上/31a–b，《新編》2/19/13757 上。

《洛陽出土北魏墓誌選編》孝昌三八，113—114 頁。

《漢魏南北朝墓誌彙編》209—210 頁。

《漢魏六朝碑刻校注》6 冊 112 頁。

《全北魏東魏西魏文補遺》252—253 頁。

碑目題跋著錄：

《集古求真續編》2/6b，《新編》1/11/8723 下。

《石刻題跋索引》142 頁右，《新編》1/30/22480。

《石刻名彙》2/13a，《新編》2/2/1031 上。

《崇雅堂碑錄》1/18b，《新編》2/6/4492 下。

《古誌新目初編》1/8a，《新編》2/18/13695 下。

《蒿里遺文目錄》2（3）/3b，《新編》2/20/14978 上。

《漢魏南北朝墓誌集釋》2/8b，《新編》3/3/50。

《國立北平圖書館藏碑目》8a，《新編》3/36/252 下。

《循園古冢遺文跋尾》3/16a–b，《新編》3/38/28 下。

《元氏誌錄》2b、9a，《新編》3/38/47 下、51 上。

《墓誌徵存目錄》卷 1，《羅振玉學術論著集》第五集，570 頁。

《洛陽出土石刻時地記》北魏孝昌 035，33 頁。

《歷代墓誌銘拓片目錄》20 頁。

《碑帖敘錄》108 頁。

《六朝墓誌檢要》（修訂本）102 頁。

《漢魏六朝碑刻校注·總目提要》編號 1618、1621。

淑德大學《中國石刻拓本目錄》"墓誌"編號 148—149。

《北朝隋代墓誌所在總合目錄》編號 398。

《北京大學圖書館藏歷代墓誌拓片目錄》編號 00315。

孝昌 075

張神龍息□□墓銘磚

孝昌三年（527）七月十九日。浭陽端方舊藏。磚高 33、寬 15 釐米。

文正書，3 行，行 3 至 10 字不等。

著錄：

《中國磚銘》圖版上冊 690 左。（圖）

《中國古代磚刻銘文集》上、下冊編號 0968。（圖、文）

《俟堂專文雜集》150 頁、目錄編號 164。（圖、目）

《北朝隋代墓誌所在總合目錄》編號 401。（目）

《北京大學圖書館藏歷代墓誌拓片目錄》編號 00316。（目）

孝昌 076

真定縣劉詳□妻張銘

孝昌三年（527）八月一日。正書。

碑目著錄：

《蒿里遺文目錄》3 上/3a，《新編》2/20/14982 上。

孝昌 077

侯悁墓誌

孝昌三年（527）九月三日卒，以其年十月十三日葬於漳水之陽。河北省臨漳縣出土，今存浙江杭州西泠印社。誌高、寬均 36 釐米。文正書兼隸意，16 行，滿行 16 字。首題：大魏車騎秘書郎侯君墓誌銘。

著錄：

《北京圖書館藏中國歷代石刻拓本匯編》5 冊 69 頁。（圖）

《漢魏六朝碑刻校注》6 冊 123—124 頁。（圖、文）

《漢魏南北朝墓誌彙編》210 頁。（文）

《全北魏東魏西魏文補遺》254 頁。（文）

《石刻名彙》第一編誌銘類續補 1b，《新編》2/2/1138 下。（目）

《古誌新目初編》1/8a，《新編》2/18/13695 下。（目）

《漢魏六朝碑刻校注·總目提要》編號 1629。（目）

《北朝隋代墓誌所在總合目錄》編號 402。（目）

孝昌 078

張斌墓誌并蓋

孝昌三年（527）四月十一日卒，十月廿六日葬於瀍洛之內。2001 年

2月河南洛陽出土。誌高61.5、寬62.5釐米。蓋高、寬均50.5釐米。文32行，滿行31字，正書。蓋3行，行3字，篆書。蓋題：大魏故張使君之銘。首題：魏故左將軍銀青光祿大夫太僕卿贈使持節都督青州諸軍事撫軍將軍青州刺史張君墓誌銘。

圖版著錄：

《邙洛碑誌三百種》21—22頁。

錄文著錄：

《全北魏東魏西魏文補遺》255—256頁。

碑目著錄：

《漢魏六朝碑刻校注·總目提要》編號1630。

《北朝隋代墓誌所在總合目錄》編號403。

孝昌079

元固墓誌

孝昌三年（527）九月二日薨於位，十一月二日葬於長陵之東。1918年洛陽城北南陳莊村東寨壕出土，河南洛陽金石保存所舊藏，今存洛陽古代藝術館。誌高、廣59.5釐米。文正書，25行，滿行25字。首題：魏故使持節車騎大將軍儀同三司雍州刺史元公墓誌銘。

圖版著錄：

《漢魏南北朝墓誌集釋》圖版一二〇，《新編》3/3/419。

《北京圖書館藏中國歷代石刻拓本匯編》5冊70頁。

《中國金石集萃》7函6輯編號59。

《洛陽出土北魏墓誌選編》圖版一四〇，354頁。

《漢魏六朝碑刻校注》6冊125頁。

《中國北朝石刻拓片精品集》82—87頁。

錄文著錄：

《芒洛冢墓遺文四編》1/28b–30a，《新編》1/19/14162下—14163下。

《誌石文錄》卷上/31b–32b，《新編》2/19/13757上—下。

《魯迅輯校石刻手稿·墓誌》上冊188—190頁。

《洛陽出土北魏墓誌選編》孝昌三九，114頁。

《漢魏南北朝墓誌彙編》211—212 頁。
《漢魏六朝碑刻校注》6 冊 126 頁。
《全北魏東魏西魏文補遺》256—257 頁。
碑目題跋著錄：
《石刻題跋索引》142 頁右—143 頁左，《新編》1/30/22480 – 22481。
《石刻名彙》2/13b，《新編》2/2/1031 上。
《崇雅堂碑錄》1/18b，《新編》2/6/4492 下。
《古誌新目初編》1/8a，《新編》2/18/13695 下。
《蒿里遺文目錄》2（3）/2a，《新編》2/20/14977 下。
《夢碧簃石言》5/14b，《新編》3/2/219 下。
《漢魏南北朝墓誌集釋》4/26b，《新編》3/3/86。
《國立北平圖書館藏碑目》8a，《新編》3/36/252 下。
《循園古冢遺文跋尾》3/16b – 17b，《新編》3/38/28 下—29 上。
《元氏誌錄》2b、6a、10a，《新編》3/38/47 下、49 下、51 下。
《雪堂金石文字跋尾》2/29a – b，《新編》3/38/302 上。
《墓誌徵存目錄》卷 1，《羅振玉學術論著集》第五集，570 頁。
《洛陽出土石刻時地記》北魏孝昌 036，33 頁。
《歷代墓誌銘拓片目錄》21 頁。
《碑帖敘錄》16 頁。
《增補校碑隨筆》（修訂本）217 頁。
《六朝墓誌檢要》（修訂本）103 頁。
《漢魏六朝碑刻校注·總目提要》編號 1631。
淑德大學《中國石刻拓本目錄》"墓誌"編號 153。
《北朝隋代墓誌所在総合目錄》編號 404。
《北京大學圖書館藏歷代墓誌拓片目錄》編號 00317。
論文：
張靈威：《北魏元固墓誌考釋》，洛陽市文物局編《耕耘論叢》（二），第 145—148 頁。
備考：元固，事見《魏書》卷五八、《北史》卷四一《楊津傳》，《魏書》卷六八、《北史》卷四〇《甄楷傳》。

孝昌 080

胡屯進墓誌

又名：胡毛進墓誌。孝昌三年（527）十一月十三日。1928年洛陽城東北十八里三里橋西北出土，曾歸固始許氏，今存中國國家博物館。誌高22、廣27.5釐米。文正書，9行，滿行8字。首題：大魏孝昌三年歲次丁未十一月庚申朔十三日壬申安定郡臨涇縣胡屯進墓誌。

圖版、錄文著錄：

《漢魏南北朝墓誌集釋》圖版二六〇，《新編》3/3/590。（圖）

《北京圖書館藏中國歷代石刻拓本匯編》5冊71頁。（圖）

《洛陽出土北魏墓誌選編》圖版一四一，355頁（圖）；孝昌四〇，115頁（文）。

《漢魏六朝碑刻校注》6冊128—129頁。（圖、文）

《中國國家博物館館藏文物研究叢書·墓誌卷》14—15頁。（圖、文）

《漢魏南北朝墓誌彙編》212頁。（文）

《全北魏東魏西魏文補遺》257頁。（文）

碑目題跋著錄：

《石刻題跋索引》143頁左，《新編》1/30/22481。

《漢魏南北朝墓誌集釋》6/56a，《新編》3/3/145。

《墓誌徵存目錄》卷1，《羅振玉學術論著集》第五集，570頁。

《洛陽出土石刻時地記》北魏孝昌037，33頁。

《歷代墓誌銘拓片目錄》21頁。

《六朝墓誌檢要》（修訂本）103頁。

《漢魏六朝碑刻校注·總目提要》編號1632。

淑德大學《中國石刻拓本目錄》"墓誌"編號151。

《北朝隋代墓誌所在総合目錄》編號405。

《北京大學圖書館藏歷代墓誌拓片目錄》編號00318。

孝昌 081

于神恩墓誌

孝昌三年（527）六月廿九日卒於洛陽休齡里宅，十一月十四日葬於新城陵。河南洛陽出土。誌高54.5、寬54釐米。文24行，滿行24字，正書。首題：魏故寧朔將軍南梁太守于府君墓誌銘。

著錄：

《邙洛碑誌三百種》26頁。（圖）

《新出土墓誌精粹》（北朝卷）上冊48—49頁。（圖）

《新見北朝墓誌集釋》59—62頁。（圖、文、跋）

《全北魏東魏西魏文補遺》257—258頁。（文）

《漢魏六朝碑刻校注·總目提要》編號1636。（目）

《北朝隋代墓誌所在綜合目錄》編號406。（目）

《北京大學圖書館藏歷代墓誌拓片目錄》編號00319。（目）

孝昌082

咸陽太守劉玉墓誌

孝昌三年（527）十一月廿四日卒於家。陝西省西安市出土，原藏山東無棣吳氏，清光緒十八年石毀於火，民國年間王希量曾重刻。翻刻誌高51、寬54釐米。文正書，19行，滿行17字，第17行18字。首題：魏故咸陽太守劉府君墓誌銘。

圖版著錄：

《古石抱守錄》，《新編》3/1/337。

《漢魏南北朝墓誌集釋》圖版二六一，《新編》3/3/591。

《北京圖書館藏中國歷代石刻拓本匯編》5冊72頁。

《中國金石集萃》7函6輯編號60。

《漢魏六朝碑刻校注》6冊130頁。

錄文著錄：

《八瓊室金石補正》16/11a–b，《新編》1/6/4240上。

《山左冢墓遺文》3a–4a，《新編》1/20/14899上—下。

《誌石文錄》卷上/32b–33a，《新編》2/19/13757下—13758上。

《漢魏南北朝墓誌彙編》212頁。

《漢魏六朝碑刻校注》6冊131頁。

《全北魏東魏西魏文補遺》258頁。

碑目題跋著錄：

《八瓊室金石補正》16/11b－13a，《新編》1/6/4240 上—4241 上。

《藝風堂金石文字目》18/2a，《新編》1/26/19814 下。

《補寰宇訪碑錄》2/4b，《新編》1/27/20207 下。

《金石彙目分編》10（1）/76b、12（1）/1b，《新編》1/28/21138 下、21277 上。

《石刻題跋索引》143 頁左，《新編》1/30/22481。

《石刻名彙》2/13b，《新編》2/2/1031 上。

《崇雅堂碑錄》1/18b，《新編》2/6/4492 下。

《寶鴨齋題跋》卷上/22a，《新編》2/19/14345 下。

《寰宇貞石圖目錄》卷上/6b、卷下/4a，《新編》2/20/14674 上、14679 上。

《蒿里遺文目錄》2（1）/2b，《新編》2/20/14944 下。

《漢魏南北朝墓誌集釋》6/56a－b，《新編》3/3/145－146。附《十二硯齋金石過眼續錄》五。

《石目》，《新編》3/36/73 上。

《國立北平圖書館藏碑目》8a，《新編》3/36/252 下。

《古誌彙目》1/7a，《新編》3/37/17。

《循園古冢遺文跋尾》3/17b－18a，《新編》3/38/29 上—下。

《碑帖跋》51 頁，《新編》3/38/199、4/7/427 下。

《雪堂所藏金石文字簿錄》75a，《新編》4/7/407 上。

《越縵堂讀書記》下冊 1077—1078 頁。

《墓誌徵存目錄》卷 1，《羅振玉學術論著集》第五集，570 頁。

《歷代墓誌銘拓片目錄》21 頁。

《碑帖鑒定》179 頁。

《碑帖敘錄》226—227 頁。

《增補校碑隨筆》（修訂本）217—218 頁。

《六朝墓誌檢要》（修訂本）103 頁。

《漢魏六朝碑刻校注·總目提要》編號 1633。

淑德大學《中國石刻拓本目錄》"墓誌"編號 152。

《北朝隋代墓誌所在總合目錄》編號 407。
《北京大學圖書館藏歷代墓誌拓片目錄》編號 00320。

孝昌 083

元淵墓誌

孝昌二年（526）十月二日卒於瀛洲之高陽郡界，孝昌三年（527）十一月廿五日葬於洛陽城西。2006 年秋洛陽市北邙山出土，存洛陽民間。誌長 78、寬 76、厚 16 釐米。文 38 行，滿行 38 字。首題：魏故使持節侍中驃騎大將軍儀同三司吏部尚書兼尚書僕射東北道行臺前軍廣陽王墓誌銘。

圖版著錄：

《洛陽新獲七朝墓誌》23 頁。

《秦晉豫新出墓誌蒐佚》1 冊 29 頁。

碑目著錄：

《北朝隋代墓誌所在總合目錄》編號 408。

論文：

李淼：《北魏元淵墓誌釋考》，《甘肅廣播電視大學學報》2015 年第 1 期。

徐沖：《元淵之死與北魏末年政局——以新出元淵墓誌為線索》，《歷史研究》2015 年第 3 期。

劉軍：《新出元淵墓誌所見北魏超品宗室的仕進特徵——兼論城陽、廣陽二王衝突之實質》，《蘇州大學學報》2017 年第 3 期。

備考：元淵，《魏書》卷一八、《北史》卷一六有傳，《北史》避唐諱改"淵"作"深"。

孝昌 084

橫野將軍甄官主簿甯懋墓誌

又名：北魏甯想墓誌。景明二年（501）卒，妻鄭氏北魏孝昌三年（527）正月六日卒，十二月十五日葬於北芒□和鄉。1931 年洛陽故城北半坡出土，三原于右任舊藏，今石存西安碑林博物館。誌高 42、寬 41 釐米。文正書，17 行，滿行 17 字。首題：魏故橫野將軍甄官主簿甯君墓誌。

  圖版著錄：

  《漢魏南北朝墓誌集釋》圖版二六二，《新編》3/3/592。

  《北京圖書館藏中國歷代石刻拓本匯編》5 冊 73 頁。

  《鴛鴦七誌齋藏石》圖 89。

  《西安碑林全集》63/569－570。

  《漢魏六朝碑刻校注》6 冊 133 頁。

  錄文著錄：

  《洛陽出土北魏墓誌選編》孝昌四一，115—116 頁。

  《漢魏南北朝墓誌彙編》213 頁。

  《漢魏六朝碑刻校注》6 冊 134 頁。

  《全北魏東魏西魏文補遺》258—259 頁。

  碑目題跋著錄：

  《石刻題跋索引》143 頁左，《新編》1/30/22481。

  《古誌新目初編》1/8a，《新編》2/18/13695 下。

  《漢魏南北朝墓誌集釋》6/56b，《新編》3/3/146。

  《國立北平圖書館藏碑目》7b，《新編》3/36/252 上。

  《墓誌徵存目錄》卷 1，《羅振玉學術論著集》第五集，570 頁。

  《洛陽出土石刻時地記》北魏孝昌 038，33—34 頁。

  《增補校碑隨筆》（修訂本）218 頁。

  《六朝墓誌檢要》（修訂本）104 頁。

  《善本碑帖錄》2/76。

  《碑帖鑒定》178 頁。

  《漢魏六朝碑刻校注·總目提要》編號 1634。

  《北朝隋代墓誌所在總合目錄》編號 409。

  論文：

  郭建邦：《北魏寧懋石室和墓誌》，《河南文博通訊》1980 年第 2 期。

  胡順利：《北魏寧懋墓誌釋補》，《中原文物》1981 年第 1 期。

  郭建邦：《北魏寧懋墓誌再釋——答胡順利同志》，《中原文物》1981 年第 2 期。

孝昌 085

都督曹□墓誌

孝昌年間（525—527）。在趙州寧晉縣。正書。

碑目題跋著錄：

《金石彙目分編》3（2）/43a，《新編》1/27/20714 上。

《石刻名彙》2/13b，《新編》2/2/1031 上。

（光緒）《畿輔通志·金石十五》152/33a，《新編》2/11/8660 上。

《六朝墓誌檢要》（修訂本）104 頁。

武　泰

武泰 001

涂起墓誌

孝昌三年（527）九月六日終於箕山之阿，以武泰元年（528）正月十五日葬於伊闕之右。河南洛陽出土。誌高、寬均 58 釐米。文 24 行，滿行 24 字，正書。首題：魏故襄威將軍員外將軍徐君墓誌銘。

圖版著錄：

《邙洛碑誌三百種》23 頁。

錄文著錄：

《全北魏東魏西魏文補遺》259—260 頁。

碑目著錄：

《漢魏六朝碑刻校注·總目提要》編號 1639。

《北朝隋代墓誌所在總合目錄》編號 411。

武泰 002

辛穆墓誌并蓋

孝昌三年（527）五月五日卒，武泰元年（528）正月十五日葬於芒山之南感陵谷。2006 年河南洛陽出土。誌長、寬均 80 釐米；蓋長、寬均 67 釐米。文正書，30 行，滿行 30 字。蓋篆書，4 行，行 3 字。蓋題：魏故幽州刺史貞蘭辛侯墓銘。首題：魏故持節後將軍幽州刺史貞蘭辛侯墓誌銘。

圖版著錄：

《洛陽新見墓誌》7 頁。

《洛陽新獲七朝墓誌》24 頁。

《秦晉豫新出墓誌蒐佚續編》1 冊 68—69 頁。

《北京大學圖書館新藏金石拓本菁華 1996—2012》92 頁。

碑目著錄：

《北朝隋代墓誌所在総合目錄》編號 412。

《北京大學圖書館藏歷代墓誌拓片目錄》編號 00321。

論文：

何俊芳：《北魏辛穆墓志銘考釋》，《洛陽理工學院學報》2011 年第 1 期。

備考：辛穆，《北史》卷二六有傳。

武泰 003

元湛妻薛慧命墓誌并蓋

武泰元年（528）二月十七日薨於澄海鄉綏武里舍，葬於邙山之陵。門師釋僧澤書。1931 年河南洛陽城北安駕溝村北出土，石存河南新安千唐誌齋。誌高、寬均 40 釐米；蓋高、寬均 34 釐米。文正書，22 行，滿行 22 字。蓋篆書，3 行，行 3 字。首題：魏前將軍廷尉卿元公妻薛夫人墓誌銘；蓋題：魏故元氏薛夫人墓銘。

圖版著錄：

《漢魏南北朝墓誌集釋》圖版一五三，《新編》3/3/454-455。

《北京圖書館藏中國歷代石刻拓本匯編》5 冊 77—78 頁。

《洛陽出土北魏墓誌選編》圖版一四三，357 頁。

《漢魏六朝碑刻校注》6 冊 141 頁。

錄文著錄：

《洛陽出土北魏墓誌選編》武泰二，118 頁。

《漢魏六朝碑刻校注》6 冊 142 頁。

《漢魏南北朝墓誌彙編》214—215 頁。

《全北魏東魏西魏文補遺》260 頁。

碑目題跋著錄：

《石刻題跋索引》143 頁左，《新編》1/30/22481。

《古誌新目初編》1/8a，《新編》2/18/13695 下。

《漢魏南北朝墓誌集釋》4/32b，《新編》3/3/98。

《國立北平圖書館藏碑目》8a，《新編》3/36/252 下。

《墓誌徵存目錄》卷 1，《羅振玉學術論著集》第五集，570 頁。

《洛陽出土石刻時地記》北魏武泰 001，34 頁。

《歷代墓誌銘拓片目錄》21 頁。

《碑帖鑒定》179 頁。

《六朝墓誌檢要》（修訂本）105 頁。

《漢魏六朝碑刻校注·總目提要》編號 1640。

《北朝隋代墓誌所在總合目錄》編號 413。

《北京大學圖書館藏歷代墓誌拓片目錄》編號 00322。

論文：

鄭衛、鄭霞：《洛陽出土北魏叱干氏後裔墓誌人物考證及相關史實鉤沉》，《洛陽考古》2015 年第 1 期。

武泰 004

元舉（字景昇）墓誌

孝昌三年（527）三月廿七日薨於京師澄海鄉綏武里，武泰元年（528）仲春（二月）廿一日葬於邙山倍帝之陵。元景文撰。1934 年洛陽城北南陳莊村北出土，三原于右任舊藏，今石存西安碑林博物館。誌高 42、寬 45 釐米。文正書，29 行，滿行 26 字。首題：維大魏武泰元年歲次戊申二月己丑朔廿一日己酉故員外散騎侍郎元君墓誌銘。

圖版著錄：

《漢魏南北朝墓誌集釋》圖版一五四，《新編》3/3/456。

《北京圖書館藏中國歷代石刻拓本匯編》5 冊 79 頁。

《鴛鴦七誌齋藏石》圖 95。

《西安碑林全集》63/587－590。

《漢魏六朝碑刻校注》6 冊 144 頁。

錄文著錄：
《漢魏六朝碑刻校注》6冊145頁。
《洛陽出土北魏墓誌選編》武泰一，117頁。
《漢魏南北朝墓誌彙編》215—216頁。
《全北魏東魏西魏文補遺》36—37頁。
碑目題跋著錄：
《石刻題跋索引》143頁左，《新編》1/30/22481。
《漢魏南北朝墓誌集釋》4/32b-33a，《新編》3/3/98-99。
《國立北平圖書館藏碑目》8a，《新編》3/36/252下。
《墓誌徵存目錄》卷1，《羅振玉學術論著集》第五集，570頁。
《洛陽出土石刻時地記》北魏武泰002，34頁。
《六朝墓誌檢要》（修訂本）104—105頁。
《漢魏六朝碑刻校注·總目提要》編號1641。
《北朝隋代墓誌所在綜合目錄》編號414。
《北京大學圖書館藏歷代墓誌拓片目錄》編號00323。
論文：
劉軍：《元舉墓誌與北魏遷洛宗室的士族化》，《史林》2013年第3期。

武泰005
青州治中張佽祖墓誌銘

孝昌三年（527）二月八日卒於昌國縣柳泉里私第，武太（泰）元年（528）三月十五日遷葬於黃山之陽。民國十六年秋出土於山東省臨朐縣北境辛莊西北大木山南麓。高約三尺，廣約二尺五寸。魏碑體。未見拓本。

著錄：
（民國）《臨朐續志·金石略》17/3b-4b，《新編》3/28/20上—下。（文、跋）

武泰006
寧朔將軍梁國鎮將元舉（字長融）墓誌并蓋

孝昌三年（527）十一月廿九日終於宣政里舍，武泰元年（528）三月十六日葬於西陵。1926年洛陽城北安駕溝村西北出土，三原于右任舊藏，今存西安碑林博物館。誌高47、寬50釐米。文正書，21行，滿行20字。蓋篆書，3行，行3字。首題：魏故寧朔將軍梁國鎮將元君墓誌銘，蓋題：大魏故元君墓誌銘。

著錄：

《鴛鴦七誌齋藏石》圖96。（誌圖）

《西安碑林全集》63/580－586。（誌圖）

《洛陽出土北魏墓誌選編》圖版一四四，358頁；武泰三，118—119頁。（圖、文）

《漢魏六朝碑刻校注》6冊150—151頁。（圖、文）

《全北魏東魏西魏文補遺》261頁。（文）

《墓誌徵存目錄》卷1，《羅振玉學術論著集》第五集，570頁。（目）

《洛陽出土石刻時地記》北魏武泰003，34頁。（目）

《漢魏六朝碑刻校注·總目提要》編號1642。（目）

淑德大學《中國石刻拓本目錄》"墓誌"編號154。（目）

《北朝隋代墓誌所在總合目錄》編號415。（目）

武泰007

雍州刺史南平王元暐墓誌

孝昌三年（527）十月廿日薨於長安之公館，武泰元年（528）三月十六日歸葬於景陵東山之陽。1928年洛陽城北八里金家溝之西，盤龍塚村東南出土，河南圖書館舊藏，今石存河南博物院。誌高、寬均85釐米。文正書，33行，滿行33字。首題：魏故使持節散騎常侍衛大將軍尚書右僕射都督雍岐南豳三州諸軍事雍州刺史南平王墓誌銘。

圖版著錄：

《漢魏南北朝墓誌集釋》圖版七四，《新編》3/3/365。

《北京圖書館藏中國歷代石刻拓本匯編》5冊80頁。

《中國金石集萃》7函7輯編號61。

《洛陽出土北魏墓誌選編》圖版一四五，359頁。

《漢魏六朝碑刻校注》6 冊 147 頁。

錄文著錄：

《洛陽出土北魏墓誌選編》武泰四，119—120 頁。

《漢魏六朝碑刻校注》6 冊 148—149 頁。

《漢魏南北朝墓誌彙編》216—218 頁。

《全北魏東魏西魏文補遺》261—262 頁。

碑目題跋著錄：

《石刻題跋索引》143 頁左，《新編》1/30/22481。

《古誌新目初編》1/8a，《新編》2/18/13695 下。

《漢魏南北朝墓誌集釋》3/17b–18a，《新編》3/3/68–69。

《國立北平圖書館藏碑目》8a，《新編》3/36/252 下。

《蒿里遺文目錄續編‧元魏宗室妃主誌存》11b，《新編》3/37/542 上。

《元氏誌錄補遺》3a，《新編》3/38/56 上。

《墓誌徵存目錄》卷 1，《羅振玉學術論著集》第五集，570 頁。

《丁戊稿》，《羅振玉學術論著集》第十集（上）225—226 頁。

《洛陽市文物志》（內部資料），119—121 頁。

《洛陽出土石刻時地記》北魏武泰 004，34 頁。

《歷代墓誌銘拓片目錄》21 頁。

《六朝墓誌檢要》（修訂本）105 頁。

《漢魏六朝碑刻校注‧總目提要》編號 1643。

《北朝隋代墓誌所在總合目錄》編號 416。

《北京大學圖書館藏歷代墓誌拓片目錄》編號 00325。

論文：

黃明蘭：《西晉裴祇和北魏元暐兩墓拾零》，《文物》1982 年第 1 期。

唐冬冬：《石刻珍品元暐墓誌》，《中原文物》1995 年第 1 期。

曾廣：《元暐墓誌考辨》，《開封教育學院學報》2004 年第 2 期。

李松儒：《〈元暐墓誌〉疏解》，《遼寧省博物館館刊》2011 年，第 122—128 頁。

備考：元暐，事見《魏書》卷九。

武泰 008

路寧墓誌

武泰元年（528）三月十六日葬。據誌出土於陝西省西安市，一說河南出土。誌高、寬均42.5釐米。文19行，滿行20字，正書。

圖版著錄：

《秦晉豫新出墓誌蒐佚續編》1冊70頁。

碑目著錄：

《北京大學圖書館藏歷代墓誌拓片目錄》編號00324。

武泰 009

元汎略墓誌

戊申年（武泰元年，528）四月十三日卒於家，葬於芒山之陽，孝昌三年（527）六月十三日銘記。河南洛陽出土。誌高49.5、寬49釐米。文29行，滿行29字，正書。首題：魏平東將軍大宗正卿元君墓誌。《秦晉豫新出墓誌蒐佚續編》以為，此墓誌葬年早、卒年晚，時間記載"二者當有一誤"，暫從卒年。

圖版著錄：

《洛陽新見墓誌》6頁。

《洛陽新獲七朝墓誌》22頁。

《金石拓本題跋集萃》47頁。

《秦晉豫新出墓誌蒐佚續編》1冊67頁。

碑目著錄：

《北朝隋代墓誌所在総合目錄》編號400。

武泰 010

趙邕墓誌并蓋

武泰元年（528）三月十三日卒於洛陽永建之里宅，四月廿二日葬於芒山之陽。河南洛陽邙山出土，香港中文大學文物館藏石。拓本長43、寬49.5釐米。蓋拓本長30、寬37釐米。文正書，22行，滿行21字。蓋正書，3行9字。首題：魏故太僕卿趙君墓誌銘；蓋題：魏故太僕卿趙公墓誌。

圖版著錄：

《北京大學圖書館新藏金石拓本菁華 1996—2012》93 頁。

碑目著錄：

《北朝隋代墓誌所在總合目錄》編號 418。

《北京大學圖書館藏歷代墓誌拓片目錄》編號 00326。

建　義

建義 001

穆彥妻元洛神墓誌并蓋

建義元年（528）四月十八日卒於洛陽，葬於芒山之陽。1928 年洛陽城北白鹿莊村南出土，于右任舊藏，今石存西安碑林博物館。誌高 69、寬 70 釐米；蓋高、寬均 62 釐米。文正書，23 行，滿行 24 字。蓋正書，3 行，滿行 3 字。首題：魏故侍中司徒公太子太傅宜都宰王穆君之曾孫故冠軍將軍散騎常侍駙馬都尉恭侯孫故司徒左長史桑乾太守之元子伏波將軍尚書北主客郎中大司農丞之命婦元氏墓誌銘；蓋題：魏故穆氏元夫人墓誌。

圖版著錄：

《漢魏南北朝墓誌集釋》圖版二七六，《新編》3/3/620－621。

《北京圖書館藏中國歷代石刻拓本匯編》5 冊 82—83 頁。

《鴛鴦七誌齋藏石》圖 97。

《西安碑林全集》63/591－603。

《洛陽出土北魏墓誌選編》圖版一四六，360 頁。（誌）

《漢魏六朝碑刻校注》6 冊 152 頁。

錄文著錄：

《洛陽出土北魏墓誌選編》建義一，121 頁。

《漢魏南北朝墓誌彙編》218—219 頁。

《漢魏六朝碑刻校注》6 冊 153 頁。

《全北魏東魏西魏文補遺》263 頁。

碑目題跋著錄：

《石刻題跋索引》143 頁左，《新編》1/30/22481。

《古誌新目初編》1/11b，《新編》2/18/13697 上。

《漢魏南北朝墓誌集釋》4/26a – b、6/58a，《新編》3/3/85 – 86、149。

《國立北平圖書館藏碑目》8a、10b，《新編》3/36/252 下、253 下。

《蒿里遺文目錄續編·元魏宗室妃主誌存》12a，《新編》3/37/542 下。

《元氏誌錄補遺》3b，《新編》3/38/56 上。

《墓誌徵存目錄》卷 1，《羅振玉學術論著集》第五集，572 頁。

《洛陽出土石刻時地記》北魏建義 001，34—35 頁。

《歷代墓誌銘拓片目錄》21 頁。

《碑帖敘錄》16 頁。

《六朝墓誌檢要》（修訂本）106 頁。

《漢魏六朝碑刻校注·總目提要》編號 1645。

淑德大學《中國石刻拓本目錄》"墓誌"編號 156。

《北朝隋代墓誌所在總合目錄》編號 417。

《北京大學圖書館藏歷代墓誌拓片目錄》編號 00327。

建義 002

穆景貴墓誌

建義元年（528）五月五日葬於芒山。2005 年河南洛陽孟津縣送莊鄉出土，洛陽魏氏藏石。誌長 55、寬 53 釐米。文正書，19 行，滿行 21 字。首題：大魏故龍驤將軍廣州刺史穆使君墓誌銘。

圖版著錄：

《河洛墓刻拾零》上冊 34 頁。

《洛陽新獲七朝墓誌》25 頁。

《龍門區系石刻文萃》423 頁。

《北京大學圖書館新藏金石拓本菁華 1996—2012》94 頁。

碑目著錄：

《北朝隋代墓誌所在總合目錄》編號 419。

《北京大學圖書館藏歷代墓誌拓片目錄》編號00328。

建義003

元悌墓誌并蓋

武泰元年（528）四月十三日薨於河梁之西，建義元年（528）六月十六日葬於西郊之兆。1922年洛陽城北張楊村西北三槐塚西塚內出土，石歸江蘇武進陶湘收藏，今存遼寧省博物館。誌高、寬均60釐米；蓋高、寬均53釐米。文正書，28行，滿行28字。蓋篆書，4行，行4字。蓋題：魏故侍中太尉公冀州刺史廣平王墓銘。首題：魏故侍中使持節驃騎大將軍太尉公尚書令冀州刺史廣平文懿王銘。

圖版著錄：

《漢魏南北朝墓誌集釋》圖版一九四，《新編》3/3/501－502。

《北京圖書館藏中國歷代石刻拓本匯編》5冊85—86頁。

《洛陽出土北魏墓誌選編》圖版一四七，361頁。（誌）

《漢魏六朝碑刻校注》6冊157頁。

《遼寧省博物館藏碑誌精粹》72頁。

《衡水出土墓誌》9頁。（誌）

錄文著錄：

《芒洛冢墓遺文四編補遺》10a－11a，《新編》1/19/14312下—14313上。

《滿洲金石志別錄》卷上/26b－28a，《新編》1/23/17410下—17411下。

《洛陽出土北魏墓誌選編》建義二，121—122頁。

《漢魏南北朝墓誌彙編》219—221頁。

《漢魏六朝碑刻校注》6冊158頁。

《遼寧省博物館藏碑誌精粹》259頁。

《衡水出土墓誌》8頁。

《全北魏東魏西魏文補遺》263—264頁。

碑目題跋著錄：

《石刻題跋索引》143頁左，《新編》1/30/22481。

《石刻名彙》2/13b,《新編》2/2/1031 上。
《崇雅堂碑錄》1/18b,《新編》2/6/4492 下。
《古誌新目初編》1/8b,《新編》2/18/13695 下。
《蒿里遺文目錄》2（3）/2a,《新編》2/20/14977 下。
《夢碧簃石言》5/14b,《新編》3/2/219 下。
《漢魏南北朝墓誌集釋》4/39a–b,《新編》3/3/111–112。
《國立北平圖書館藏碑目》8b,《新編》3/36/252 下。
《元氏誌錄補遺》3a,《新編》3/38/56 上。
《墓誌徵存目錄》卷1,《羅振玉學術論著集》第五集, 571 頁。
《松翁近稿》,《羅振玉學術論著集》第十集（上）63 頁。
《洛陽出土石刻時地記》北魏建義002, 35 頁。
《歷代墓誌銘拓片目錄》21 頁。
《增補校碑隨筆》（修訂本）219 頁。
《六朝墓誌檢要》（修訂本）106 頁。
《遼寧省博物館藏碑誌精粹》73 頁。
《漢魏六朝碑刻校注·總目提要》編號1647。
淑德大學《中國石刻拓本目錄》"墓誌"編號157—158。
《北朝隋代墓誌所在総合目錄》編號420。
《北京大學圖書館藏歷代墓誌拓片目錄》編號00329。
備考：元悌,《魏書》卷一〇《孝莊本紀》有載。

建義004

定州刺史元邵墓誌

或作"元卲"。武泰元年（528）四月十三日卒於河陰之野, 建義元年（528）七月五日葬於瀍水之東二里黃堽堆之上。1948 年 2 月洛陽盤龍冢村東南出土, 石存洛陽古代藝術館。誌高、寬均 97 釐米。文正書, 38 行, 滿行 38 字。首題：魏故侍中司徒公驃騎大將軍使持節定州刺史常山文恭王墓誌銘并序。

圖版著錄：

《洛陽出土歷代墓誌輯繩》51 頁。

《洛陽出土北魏墓誌選編》圖版一四八，362 頁。

《北魏皇家墓誌二十品》編號 16。

《漢魏六朝碑刻校注》6 冊 160 頁。

錄文著錄：

《洛陽出土北魏墓誌選編》建義三，122—123 頁。

《漢魏南北朝墓誌彙編》221—223 頁。

《漢魏六朝碑刻校注》6 冊 161—162 頁。

《全北魏東魏西魏文補遺》266—267 頁。

碑目題跋著錄：

《碑帖鑒定》179 頁。

《洛陽市文物志》（內部資料），116—117 頁。

《漢魏六朝碑刻校注·總目提要》編號 1648。

《北朝隋代墓誌所在總合目錄》編號 421。

論文：

洛陽博物館：《北魏元邵墓》，《考古》1973 年第 4 期。

郎保湘：《北魏元邵墓反映的經濟文化現象》，洛陽市文物局編《耕耘論叢》（一），第 139—145 頁。

馮健：《洛陽北魏元邵墓與楊機墓出土墓誌所反映的社會問題淺析》，《洛陽理工學院學報》2012 年第 5 期。

建義 005

張彥墓誌

建義元年（528）七月五日葬於芒山。2007 年秋洛陽市邙山出土，存洛陽民間。誌長 47.5、寬 47 釐米。文正書，20 行、滿行 20 字。首題：大魏持節鎮遠將軍廣州刺史張使君墓誌。

圖版著錄：

《秦晉豫新出墓誌蒐佚》1 冊 30 頁。

碑目著錄：

《漢魏六朝碑刻校注·總目提要》編號 1675。

《北朝隋代墓誌所在總合目錄》編號 423。

備考：《魏書》卷五二、《北史》卷三四《宋繇傳》載有張彥事跡，是否誌主，待考。

建義006

元順墓誌

建義元年（528）四月十三日在陵戶村被盜賊所害，其年七月五日遷葬於京西谷水之北剛。1937年洛陽城西柿園村西北出土，石存西安碑林博物館。誌高61.8、廣61釐米。文正書，28行，滿行34字。首題：魏故侍中驃騎大將軍司空公領尚書令定州刺史東阿縣開國公元公墓誌銘。

圖版著錄：

《漢魏南北朝墓誌集釋》圖版一二七，《新編》3/3/427。

《北京圖書館藏中國歷代石刻拓本匯編》5冊87頁。

《西安碑林全集》63/611－615。

《漢魏六朝碑刻校注》6冊164頁。

錄文著錄：

《洛陽出土北魏墓誌選編》建義四，123—124頁。

《漢魏南北朝墓誌彙編》223—225頁。

《漢魏六朝碑刻校注》6冊165—166頁。

《全北魏東魏西魏文補遺》265—266頁。

碑目題跋著錄：

《石刻題跋索引》143頁右，《新編》1/30/22481。

《古誌新目初編》1/8b，《新編》2/18/13695下。

《漢魏南北朝墓誌集釋》4/27b，《新編》3/3/88。

《國立北平圖書館藏碑目》8b，《新編》3/36/252下。

《墓誌徵存目錄》卷1，《羅振玉學術論著集》第五集，571頁。

《六朝墓誌檢要》（修訂本）107頁。

《洛陽出土石刻時地記》北魏建義003，35頁。

《漢魏六朝碑刻校注·總目提要》編號1649。

《北朝隋代墓誌所在綜合目錄》編號422。

備考：元順，《魏書》卷一九中、《北史》卷一八有傳，附《元雲傳》。

建義 007

青州刺史元譚墓誌

建義元年（528）四月十三日遇害，其年七月六日遷葬於瀍澗之東。1927 年河南洛陽城北安駕溝村西出土，三原于右任舊藏，今石存西安碑林博物館。誌高、寬均 84 釐米。文正書，29 行，滿行 30 字。首題：魏故使持節衛大將軍儀同三司青州刺史城安縣開國侯貞惠元公墓誌銘。

圖版著錄：

《漢魏南北朝墓誌集釋》圖版一七五，《新編》3/3/481。

《北京圖書館藏中國歷代石刻拓本匯編》5 冊 91 頁。

《鴛鴦七誌齋藏石》圖 99。

《西安碑林全集》63/621－634。

《洛陽出土北魏墓誌選編》圖版一五〇，364 頁。

《漢魏六朝碑刻校注》6 冊 177 頁。

錄文著錄：

《洛陽出土北魏墓誌選編》建義六，125—126 頁。

《漢魏南北朝墓誌彙編》229—230 頁。

《漢魏六朝碑刻校注》6 冊 178 頁。

《全北魏東魏西魏文補遺》270—271 頁。

碑目題跋著錄：

《石刻題跋索引》143 頁右，《新編》1/30/22481。

《古誌新目初編》1/8b，《新編》2/18/13695 下。

《漢魏南北朝墓誌集釋》4/36a，《新編》3/3/105。

《國立北平圖書館藏碑目》8b，《新編》3/36/252 下。

《元氏誌錄補遺》3a，《新編》3/38/56 上。

《洛陽出土石刻時地記》北魏建義 004，35 頁。

《六朝墓誌檢要》（修訂本）108 頁。

《漢魏六朝碑刻校注·總目提要》編號 1650。

《北朝隋代墓誌所在総合目錄》編號427。

備考：元譚，《魏書》卷二〇上、《北史》卷一九有傳，附《元幹傳》。

建義 008

元均之墓誌

武泰元年（528）四月十三日薨於洛陽，建義元年（528）七月六日葬於長陵之東。1928年洛陽城北徐家溝村南安駕溝村北出土，三原于右任舊藏，今石存西安碑林博物館。誌高48、寬11釐米。誌石柱形，三面刻字。文正書，第一面5行，第二面4行，第三面3行，滿行均20字。首題：魏故平西將軍瓜州刺史元君之墓銘。

圖版著錄：

《漢魏南北朝墓誌集釋》圖版八八，《新編》3/3/382。

《北京圖書館藏中國歷代石刻拓本匯編》5冊88頁。

《鴛鴦七誌齋藏石》圖100。

《西安碑林全集》63/635－636。

《洛陽出土北魏墓誌選編》圖版一五二，366頁。

《漢魏六朝碑刻校注》6冊168頁。

錄文著錄：

《洛陽出土北魏墓誌選編》建義八，127頁。

《漢魏南北朝墓誌彙編》225頁。

《漢魏六朝碑刻校注》6冊169頁。

《全北魏東魏西魏文補遺》268頁。

碑目題跋著錄：

《石刻題跋索引》143頁右，《新編》1/30/22481。

《古誌新目初編》1/8b，《新編》2/18/13695下。

《漢魏南北朝墓誌集釋》3/20a－b，《新編》3/3/73－74。

《元氏誌錄補遺》3a，《新編》3/38/56上。

《洛陽出土石刻時地記》北魏建義005，35頁。

《歷代墓誌銘拓片目錄》22頁。

《碑帖鑒定》179 頁。

《六朝墓誌檢要》（修訂本）107 頁。

《漢魏六朝碑刻校注·總目提要》編號 1651。

《北朝隋代墓誌所在總合目錄》編號 424。

《北京大學圖書館藏歷代墓誌拓片目錄》編號 00330。

建義 009

元瞻墓誌

建義元年（528）四月十三日薨於位，以其年七月六日葬於京西谷水之北皋。1932 年洛陽城西柿園村西半里處出土，三原于右任舊藏，今存西安碑林博物館。誌高、寬均 84 釐米。文正書，32 行，滿行 33 字。首題：魏故散騎常侍撫軍將軍金紫光祿大夫儀同三司車騎大將軍司空公光兗雍三州刺史元公墓誌銘。

圖版著錄：

《漢魏南北朝墓誌集釋》圖版一三〇，《新編》3/3/430。

《北京圖書館藏中國歷代石刻拓本匯編》5 冊 89 頁。

《鴛鴦七誌齋藏石》圖 101。

《中國金石集萃》8 函 7 輯編號 68。

《西安碑林全集》63/637－653。

《洛陽出土北魏墓誌選編》圖版一五一，365 頁。

《北魏皇家墓誌二十品》編號 15。

《漢魏六朝碑刻校注》6 冊 173 頁。

錄文著錄：

《洛陽出土北魏墓誌選編》建義七，126—127 頁。

《漢魏南北朝墓誌彙編》227—228 頁。

《漢魏六朝碑刻校注》6 冊 174—175 頁。

《全北魏東魏西魏文補遺》269—270 頁。

碑目題跋著錄：

《石刻題跋索引》143 頁右，《新編》1/30/22481。

《漢魏南北朝墓誌集釋》4/28a，《新編》3/3/89。

《墓誌徵存目錄》卷1，《羅振玉學術論著集》第五集，571頁。

《洛陽出土石刻時地記》北魏建義006，35—36頁。

《歷代墓誌銘拓片目錄》21頁。

《六朝墓誌檢要》（修訂本）107頁。

《漢魏六朝碑刻校注·總目提要》編號1653。

淑德大學《中國石刻拓本目錄》"墓誌"編號155。

《北朝隋代墓誌所在総合目錄》編號426。

備考：元瞻，《魏書》卷一九中附《元雲傳》，作"元贍"。

建義010
青州刺史任城王元彝墓誌

武泰元年（528）四月十三日被亂兵所害，以建義元年（528）七月六日葬於京西谷水之北皋。1932年洛陽城西柿園村西出土，三原于右任舊藏，今石存西安碑林博物館。誌高47、寬51釐米。文正書，28行，滿行27字。首題：魏故使持節都督青州諸軍事車騎大將軍儀同三司青州刺史任城王之墓誌銘。

圖版著錄：

《漢魏南北朝墓誌集釋》圖版一二八，《新編》3/3/428。

《北京圖書館藏中國歷代石刻拓本匯編》5冊90頁。

《鴛鴦七誌齋藏石》圖98。

《中國金石集萃》7函7輯編號62。

《西安碑林全集》63/616-620。

《洛陽出土北魏墓誌選編》圖版一四九，363頁。

《漢魏六朝碑刻校注》6冊170頁。

錄文著錄：

《洛陽出土北魏墓誌選編》建義五，124—125頁。

《漢魏南北朝墓誌彙編》225—227頁。

《漢魏六朝碑刻校注》6冊171頁。

《全北魏東魏西魏文補遺》268—269頁。

碑目題跋著錄：

《石刻題跋索引》143 頁右，《新編》1/30/22481。

《漢魏南北朝墓誌集釋》4/27b，《新編》3/3/88。

《國立北平圖書館藏碑目》8b，《新編》3/36/252 下。

《墓誌徵存目錄》卷 1，《羅振玉學術論著集》第五集，571 頁。

《洛陽出土石刻時地記》北魏建義 007，36 頁。

《歷代墓誌銘拓片目錄》21 頁。

《六朝墓誌檢要》（修訂本）107 頁。

《漢魏六朝碑刻校注·總目提要》編號 1652。

《北朝隋代墓誌所在總合目錄》編號 425。

備考：元彝，《魏書》卷一九中、《北史》卷一八有傳，附《元雲傳》。

建義 011

元悛墓誌

建義元年（528）四月十三日卒於河梁之南，其年七月十二日葬於洛陽西卌里長陵西北一十里西鄉漼原里漼澗之濱。1926 年洛陽城西北陳凹村出土，于右任舊藏，今存西安碑林博物館。誌高、寬均 57 釐米。文正書，20 行，滿行 21 字。首題：魏故驤驤將軍太常少卿元君墓誌銘。

圖版著錄：

《漢魏南北朝墓誌集釋》圖版五八，《新編》3/3/346。

《北京圖書館藏中國歷代石刻拓本匯編》5 冊 93 頁。

《鴛鴦七誌齋藏石》圖 103。

《中國金石集萃》8 函 7 輯編號 69。

《西安碑林全集》63/658－662。

《洛陽出土北魏墓誌選編》圖版一五三，367 頁。

《漢魏六朝碑刻校注》6 冊 182 頁。

錄文著錄：

《洛陽出土北魏墓誌選編》建義一〇，128—129 頁。

《漢魏南北朝墓誌彙編》231—232 頁。

《漢魏六朝碑刻校注》6 冊 183 頁。

《全北魏東魏西魏文補遺》272—273頁。

碑目題跋著錄：

《石刻題跋索引》143頁右，《新編》1/30/22481。

《古誌新目初編》1/8b，《新編》2/18/13695下。

《漢魏南北朝墓誌集釋》3/15a–b，《新編》3/3/63–64。

《國立北平圖書館藏碑目》8b，《新編》3/36/252下。

《蒿里遺文目錄續編·元魏宗室妃主誌存》11b，《新編》3/37/542上。

《元氏誌錄補遺》3a，《新編》3/38/56上。

《墓誌徵存目錄》卷1，《羅振玉學術論著集》第五集，571頁。

《丙寅稿》，《羅振玉學術論著集》第十集（上）139—140頁。

《洛陽出土石刻時地記》北魏建義010，36頁。

《歷代墓誌銘拓片目錄》22頁。

《六朝墓誌檢要》（修訂本）108頁。

《漢魏六朝碑刻校注·總目提要》編號1655。

《北朝隋代墓誌所在總合目錄》編號429。

《北京大學圖書館藏歷代墓誌拓片目錄》編號00331。

建義012

元愔墓誌

建義元年（528）四月十三日卒於河梁之南，以其年七月十二日葬於洛陽西冊里長陵西北十里西鄉滙源里滙澗之濱。1926年洛陽城西北陳凹村出土，于右任舊藏，今存西安碑林博物館。誌高60、寬58釐米。文正書，22行，滿行24字。首題：魏故輔國將軍廣州刺史元君墓誌銘。

圖版著錄：

《漢魏南北朝墓誌集釋》圖版五九，《新編》3/3/347。

《北京圖書館藏中國歷代石刻拓本匯編》5冊94頁。

《鴛鴦七誌齋藏石》圖104。

《西安碑林全集》63/663–668。

《漢魏六朝碑刻校注》6冊184頁。

錄文著錄：

《洛陽出土北魏墓誌選編》建義九，128 頁。

《漢魏南北朝墓誌彙編》232 頁。

《漢魏六朝碑刻校注》6 冊 185 頁。

《全北魏東魏西魏文補遺》273 頁。

碑目題跋著錄：

《石刻題跋索引》143 頁右，《新編》1/30/22481。

《古誌新目初編》1/8b，《新編》2/18/13695 下。

《漢魏南北朝墓誌集釋》3/15b，《新編》3/3/64。

《國立北平圖書館藏碑目》8b，《新編》3/36/252 下。

《元氏誌錄補遺》3a，《新編》3/38/56 上。

《洛陽出土石刻時地記》北魏建義 011，36 頁。

《漢魏六朝碑刻校注・總目提要》編號 1654。

《北朝隋代墓誌所在總合目錄》編號 430。

建義 013

元信墓誌

卒於官，建義元年（528）七月十二日葬於舊塋。1929 年洛陽城西北陳凹村西出土，于右任舊藏，今存西安碑林博物館。誌高、寬均 52 釐米。文正書，21 行，滿行 21 字。首題：魏故假節龍驤將軍晉州刺史元君墓誌銘。

圖版著錄：

《漢魏南北朝墓誌集釋》圖版五六，《新編》3/3/343。

《北京圖書館藏中國歷代石刻拓本匯編》5 冊 92 頁。

《鴛鴦七誌齋藏石》圖 102。

《西安碑林全集》63/654–657。

《洛陽出土北魏墓誌選編》圖版一五四，368 頁。

《漢魏六朝碑刻校注》6 冊 180 頁。

錄文著錄：

《洛陽出土北魏墓誌選編》建義一一，129 頁。

《漢魏南北朝墓誌彙編》230—231 頁。

《漢魏六朝碑刻校注》6 冊 181 頁。

《全北魏東魏西魏文補遺》272 頁。

碑目題跋著錄：

《石刻題跋索引》143 頁右，《新編》1/30/22481。

《漢魏南北朝墓誌集釋》3/15a，《新編》3/3/63。

《墓誌徵存目錄》卷 1，《羅振玉學術論著集》第五集，571 頁。

《洛陽出土石刻時地記》北魏建義 012，36—37 頁。

《歷代墓誌銘拓片目錄》22 頁。

《六朝墓誌檢要》（修訂本）108 頁。

《漢魏六朝碑刻校注·總目提要》編號 1656。

《北朝隋代墓誌所在總合目錄》編號 428。

建義 014

元誕（字那延）墓誌

建義元年（528）七月十七日葬於芒山。1930 年洛陽城北護駕莊村南出土。誌高 51、寬 53 釐米。文正書，16 行，滿行 23 字。首題：魏故元君墓誌銘。

圖版著錄：

《漢魏南北朝墓誌集釋》圖版五〇，《新編》3/3/336。

《北京圖書館藏中國歷代石刻拓本匯編》5 冊 98 頁。

《漢魏六朝碑刻校注》6 冊 190 頁。

錄文著錄：

《洛陽出土北魏墓誌選編》建義一三，131 頁。

《漢魏南北朝墓誌彙編》233 頁。

《漢魏六朝碑刻校注》6 冊 191 頁。

《全北魏東魏西魏文補遺》274 頁。

碑目題跋著錄：

《石刻題跋索引》143 頁左，《新編》1/30/22481。

《古誌新目初編》1/9a，《新編》2/18/13696 上。

《漢魏南北朝墓誌集釋》3/12a,《新編》3/3/57。
《墓誌徵存目錄》卷1,《羅振玉學術論著集》第五集,571頁。
《洛陽出土石刻時地記》北魏建義013,37頁。
《六朝墓誌檢要》(修訂本)109頁。
《漢魏六朝碑刻校注·總目提要》編號1659。
《北朝隋代墓誌所在總合目錄》編號432。
《北京大學圖書館藏歷代墓誌拓片目錄》編號00333。

建義015

陸紹墓誌

武泰元年(528)四月十三日卒於京,建義元年(528)七月十七日葬於京西十八里,西據芒山,北帶鞍道。清光緒年間河南洛陽城東北馬溝村出土,曾歸開封關葆謙、雲南騰衝李氏、江蘇吳縣古物保存所,抗戰時期毀於戰火。誌高52.3、廣55釐米。文正書,21行,滿行21字。首題:故司空城局參軍陸君墓誌銘。

圖版著錄:

《漢魏南北朝墓誌集釋》圖版二六四,《新編》3/3/605。

《北京圖書館藏中國歷代石刻拓本匯編》5冊99頁。

《洛陽出土北魏墓誌選編》圖版一五六,370頁。

《漢魏六朝碑刻校注》6冊199頁。

錄文著錄:

《芒洛冢墓遺文續編》卷上/2b–3a,《新編》1/19/14057下—14058上。

《誌石文錄》卷上/33a–b,《新編》2/19/13758上。

《魯迅輯校石刻手稿·墓誌》上冊191—193頁。

《洛陽出土北魏墓誌選編》建義一五,132—133頁。

《漢魏南北朝墓誌彙編》235—236頁。

《漢魏六朝碑刻校注》6冊200頁。

《全北魏東魏西魏文補遺》276頁。

碑目題跋著錄:

《續補寰宇訪碑錄》3/11b，《新編》1/27/20320 上。

《石刻題跋索引》143 頁右，《新編》1/30/22481。

《石刻名彙》2/13b，《新編》2/2/1031 上。

《崇雅堂碑錄補》1/8a，《新編》2/6/4554 下。

《古誌新目初編》1/9a，《新編》2/18/13696 上。

《蒿里遺文目錄》2（1）/2b，《新編》2/20/14944 下。

《夢碧簃石言》6/17a，《新編》3/2/233 上。

《漢魏南北朝墓誌集釋》6/56b，《新編》3/3/146。

《國立北平圖書館藏碑目》8b，《新編》3/36/252 下。

《古誌彙目》1/7a，《新編》3/37/17。

《循園古冢遺文跋尾》4/1a–b，《新編》3/38/30 上。

《墓誌徵存目錄》卷1，《羅振玉學術論著集》第五集，571 頁。

《洛陽出土石刻時地記》北魏建義 014，37 頁。

《歷代墓誌銘拓片目錄》22 頁。

《碑帖鑒定》180 頁。

《增補校碑隨筆》（修訂本）219 頁。

《六朝墓誌檢要》（修訂本）109 頁。

《漢魏六朝碑刻校注·總目提要》編號 1662。

《北朝隋代墓誌所在總合目錄》編號 434。

《北京大學圖書館藏歷代墓誌拓片目錄》編號 00334。

建義 016

元端墓誌

武泰元年（528）四月十三日卒於邙山，以建義元年（528）七月十七日遷葬於邙山之陽。1929 年洛陽城東北後溝村東二里處出土。誌高 70、廣 69 釐米。文 33 行，滿行 34 字，正書。首題：魏故使持節儀同三司都督相州諸軍事車騎大將軍相州刺史元公墓誌銘。

圖版著錄：

《漢魏南北朝墓誌集釋》圖版一七九，《新編》3/3/485。

《北京圖書館藏中國歷代石刻拓本匯編》5 冊 97 頁。

《漢魏六朝碑刻校注》6 冊 193 頁。

錄文著錄：

《洛陽出土北魏墓誌選編》建義一二，129—130 頁。

《漢魏南北朝墓誌彙編》233—235 頁。

《漢魏六朝碑刻校注》6 冊 194—195 頁。

《全北魏東魏西魏文補遺》274—275 頁。

碑目題跋著錄：

《石刻題跋索引》144 頁左，《新編》1/30/22482。

《古誌新目初編》1/8b，《新編》2/18/13695 下。

《漢魏南北朝墓誌集釋》4/36b，《新編》3/3/106。

《墓誌徵存目錄》卷 1，《羅振玉學術論著集》第五集，571 頁。

《洛陽出土石刻時地記》北魏建義 015，37 頁。

《六朝墓誌檢要》（修訂本）108 頁。

《漢魏六朝碑刻校注·總目提要》編號 1660。

《北朝隋代墓誌所在總合目錄》編號 433。

《北京大學圖書館藏歷代墓誌拓片目錄》編號 00332。

備考：元端，《魏書》卷二一上有傳，附《高陽王元雍傳》。

建義 017

元讞墓誌

建義元年（528）四月十三日卒，七月十七日遷葬於漼澗之東。出土時、地不詳。拓片高 81.5、寬 80 釐米。文正書，29 行，滿行 30 字。首題：魏故使持節車騎大將軍儀同三司定州刺史平鄉縣開國男孝惠元公墓誌銘。

著錄：

《洛陽出土北魏墓誌選編》圖版一五五，369 頁（圖）；建義一四，131—132 頁（文）。

《漢魏六朝碑刻校注》6 冊 196—197 頁。（圖、文）

《全北魏東魏西魏文補遺》276—277 頁。（文）

《漢魏六朝碑刻校注·總目提要》編號 1661。（目）

《北朝隋代墓誌所在總合目錄》編號 431。（目）

備考：元讞，《魏書》卷二一上、《北史》卷一九有傳，附《趙郡王元幹傳》。

建義 018

相州刺史元宥墓誌

武泰元年（528）四月三日薨於廬，建義元年（528）七月十七日葬於西陵。1929 年洛陽城北安駕溝村出土，曾歸固始許元，今存國家博物館。誌高 50.3、廣 50 釐米。文 21 行，滿行 21 字，正書。首題：魏故征北將軍相州刺史元君之墓誌銘。

圖版著錄：

《漢魏南北朝墓誌集釋》圖版八九，《新編》3/3/383。

《北京圖書館藏中國歷代石刻拓本匯編》5 冊 100 頁。

《中國金石集萃》8 函 7 輯編號 66。

《洛陽出土北魏墓誌選編》圖版一五七，371 頁。

《漢魏六朝碑刻校注》6 冊 202 頁。

《中國國家博物館館藏文物研究叢書·墓誌卷》17 頁。

錄文著錄：

《洛陽出土北魏墓誌選編》建義一六，133 頁。

《漢魏南北朝墓誌彙編》236—237 頁。

《漢魏六朝碑刻校注》6 冊 203 頁。

《全北魏東魏西魏文補遺》277—278 頁。

《中國國家博物館館藏文物研究叢書·墓誌卷》16 頁。

碑目題跋著錄：

《石刻題跋索引》143 頁右，《新編》1/30/22481。

《古誌新目初編》1/8b，《新編》2/18/13695 下。

《漢魏南北朝墓誌集釋》3/20b，《新編》3/3/74。

《國立北平圖書館藏碑目》8a，《新編》3/36/252 下。

《松翁未焚稿》21a-b，《新編》3/38/333 上。

《墓誌徵存目錄》卷 1，《羅振玉學術論著集》第五集，570 頁。

《洛陽出土石刻時地記》北魏建義 009，36 頁。

《歷代墓誌銘拓片目錄》22 頁。

《六朝墓誌檢要》（修訂本）105 頁。

《漢魏六朝碑刻校注·總目提要》編號 1663。

《北朝隋代墓誌所在總合目錄》編號 435。

《北京大學圖書館藏歷代墓誌拓片目錄》編號 00335。

論文：

羅新：《中國國家博物館藏北魏元則、元宥墓誌疏解》，《中國歷史文物》2007 年 2 期。

備考：或作"武泰元年（527）七月"，但孝莊帝繼位後，武泰元年四月改元"建義"，故當為"建義元年七月"。

建義 019

元略墓誌

建義元年（528）四月十三日薨於洛陽之北邙，葬於洛城之西陵，建義元年七月十八日建。1919 年洛陽城北安駕溝村北半里處出土，曾歸固始許元、武進陶湘收藏，今存遼寧省博物館。誌高 65.2、廣 67.4 釐米。文正書，34 行，滿行 33 字。蓋篆書，3 行 9 字。蓋題：魏侍中司空元君墓誌。首題：魏故侍中驃騎大將軍儀同三司尚書令徐州刺史太保東平王元君墓誌銘。

圖版著錄：

《漢魏南北朝墓誌集釋》圖版一三九，《新編》3/3/439。

《北京圖書館藏中國歷代石刻拓本匯編》5 冊 101 頁。

《中國金石集萃》8 函 7 輯編號 70。

《洛陽出土北魏墓誌選編》圖版一六〇，374 頁。

《漢魏六朝碑刻校注》6 冊 205 頁。

《遼寧省博物館藏碑誌精粹》74 頁。

錄文著錄：

《芒洛冢墓遺文四編》1/30a – 32a，《新編》1/19/14163 下—14164 下。

《滿洲金石志別錄》卷上/28b – 30b，《新編》1/23/17411 下—17412 下。

《誌石文錄》卷上/33b – 35a，《新編》2/19/13758 上—13759 上。

《洛陽出土北魏墓誌選編》建義一九，135—136 頁。
《漢魏南北朝墓誌彙編》237—239 頁。
《漢魏六朝碑刻校注》6 冊 206—207 頁。
《遼寧省博物館藏碑誌精粹》260 頁。
《全北魏東魏西魏文補遺》278—279 頁。

碑目題跋著錄：

《滿洲金石志別錄》卷上/30b－31a，《新編》1/23/17412 下—17413 上。

《石刻題跋索引》143 頁右，《新編》1/30/22481。

《石刻名彙》2/13b，《新編》2/2/1031 上。

《崇雅堂碑錄補》1/8a，《新編》2/6/4554 下。

《古誌新目初編》1/9a，《新編》2/18/13696 上。

《蒿里遺文目錄》2（3）/2a，《新編》2/20/14977 下。

《夢碧簃石言》5/14b，《新編》3/2/219 下。

《漢魏南北朝墓誌集釋》4/29b，《新編》3/3/92。

《國立北平圖書館藏碑目》8b，《新編》3/36/252 下。

《循園古冢遺文跋尾》4/2a－b，《新編》3/38/30 下。

《元氏誌錄》2b、6b，《新編》3/38/47 下、49 下。

《墓誌徵存目錄》卷 1，《羅振玉學術論著集》第五集，571 頁。

《洛陽出土石刻時地記》北魏建義 016，37 頁。

《歷代墓誌銘拓片目錄》22 頁。

《六朝墓誌檢要》（修訂本）109—110 頁。

《漢魏六朝碑刻校注·總目提要》編號 1666。

《北朝隋代墓誌所在總合目錄》編號 436。

《遼寧省博物館藏碑誌精粹》75 頁。

淑德大學《中國石刻拓本目錄》"墓誌"編號 160。

《北京大學圖書館藏歷代墓誌拓片目錄》編號 00336。

備考：元略，《魏書》卷一九下、《北史》卷一八有傳，附《南安王元楨傳》。

建義 020

元湛（字珍興）墓誌

建義元年（528）四月十三日薨，以其年月在夷則十八日葬於邙山，建義元年七月十八日造。宋靈烏文。1931 年（一說 1929 年）洛陽城北安駕溝村北出土，于右任舊藏，今藏西安碑林博物館。誌高、寬均 59 釐米。文正書，29 行，滿行 28 字。首題：魏故使持節征東將軍儀同三司都督青州諸軍事青州刺史元使君墓誌銘。

圖版著錄：

《漢魏南北朝墓誌集釋》圖版一五二，《新編》3/3/453。

《北京圖書館藏中國歷代石刻拓本匯編》5 冊 102 頁。

《鴛鴦七誌齋藏石》圖 106。

《中國金石集萃》7 函 7 輯編號 63。

《西安碑林全集》63/675－680。

《洛陽出土北魏墓誌選編》圖版一五八，372 頁。

《漢魏六朝碑刻校注》6 冊 209 頁。

錄文著錄：

《洛陽出土北魏墓誌選編》建義一七，133—134 頁。

《漢魏南北朝墓誌彙編》239—240 頁。

《漢魏六朝碑刻校注》6 冊 210 頁。

《全北魏東魏西魏文補遺》38—39 頁。

碑目題跋著錄：

《石刻題跋索引》143 頁右，《新編》1/30/22481。

《古誌新目初編》1/9a，《新編》2/18/13696 上。

《漢魏南北朝墓誌集釋》4/32b，《新編》3/3/98。

《國立北平圖書館藏碑目》8b，《新編》3/36/252 下。

《墓誌徵存目錄》卷 1，《羅振玉學術論著集》第五集，571 頁。

《洛陽出土石刻時地記》北魏建義 017，37 頁。

《六朝墓誌檢要》（修訂本）109 頁。

《碑帖鑒定》180 頁。

《漢魏六朝碑刻校注・總目提要》編號 1665。

《北朝隋代墓誌所在綜合目錄》編號 437。

論文：

劉軍：《貴族化視角下的北魏元湛墓誌考釋》，《淮陰師範學院學報》2015 年第 4 期。

備考：元湛，《魏書》卷一九下附《章武王太洛傳》。

建義 021

元歆墓誌

建義元年（528）四月十三日薨於位，其年七月十八日葬於竟陵之東。1921 年洛陽城北安駕溝村北半里處出土，于右任舊藏，今存西安碑林博物館。誌高、寬均 66 釐米。文正書，22 行，滿行 28 字。首題：魏故使持節中軍將軍征東大將軍散騎常侍瀛州刺史元君墓誌銘。

圖版著錄：

《漢魏南北朝墓誌集釋》圖版一四一，《新編》3/3/441。

《北京圖書館藏中國歷代石刻拓本匯編》5 冊 103 頁。

《鴛鴦七誌齋藏石》圖 105。

《西安碑林全集》63/669－674。

《洛陽出土北魏墓誌選編》圖版一五九，373 頁。

《漢魏六朝碑刻校注》6 冊 212 頁。

錄文著錄：

《芒洛冢墓遺文四編》1/32a－33a，《新編》1/19/14164 下—14165 上。

《洛陽出土北魏墓誌選編》建義一八，134—135 頁。

《漢魏南北朝墓誌彙編》240—241 頁。

《漢魏六朝碑刻校注》6 冊 213 頁。

《全北魏東魏西魏文補遺》280 頁。

碑目題跋著錄：

《石刻題跋索引》143 頁右，《新編》1/30/22481。

《石刻名彙》2/13b，《新編》2/2/1031 上。

《崇雅堂碑錄補》1/8a，《新編》2/6/4554 下。

《古誌新目初編》1/9a,《新編》2/18/13696 上。

《蒿里遺文目錄》2（3）/2a,《新編》2/20/14977 下。

《夢碧簃石言》5/14b,《新編》3/2/219 下。

《漢魏南北朝墓誌集釋》4/29b–30a,《新編》3/3/92–93。

《國立北平圖書館藏碑目》8b,《新編》3/36/252 下。

《循園古冢遺文跋尾》4/1b–2a,《新編》3/38/30 上—下。

《元氏誌錄》2b、6b,《新編》3/38/47 下、49 下。

《墓誌徵存目錄》卷1,《羅振玉學術論著集》第五集,571 頁。

《丙寅稿》,《羅振玉學術論著集》第十集（上）140 頁。

《洛陽出土石刻時地記》北魏建義018,38 頁。

《歷代墓誌銘拓片目錄》22 頁。

《六朝墓誌檢要》（修訂本）110 頁。

《漢魏六朝碑刻校注·總目提要》編號1664。

淑德大學《中國石刻拓本目錄》"墓誌"編號159。

《北朝隋代墓誌所在總合目錄》編號438。

《北京大學圖書館藏歷代墓誌拓片目錄》編號00337。

備考：元廞,字義興,《魏書》卷一九下有傳,附《南安王楨傳》。

建義022

王誦墓誌

建義元年（528）四月十三日薨於洛陽,七月廿七日附葬芒阜之隈。王衍撰序,李獎撰銘。1921年洛陽城北廿里,北陳莊村東北大塚內出土,石曾歸江西九江李氏收藏。誌高65、廣64釐米。文正書,33行,滿行33字。首題：魏故使持節侍中司空尚書左僕射驃騎大將軍徐州刺史王公墓誌銘。

圖版著錄：

《漢魏南北朝墓誌集釋》圖版二六五,《新編》3/3/606。

《北京圖書館藏中國歷代石刻拓本匯編》5冊104頁。

《中國金石集萃》8函8輯編號71。

《洛陽出土北魏墓誌選編》圖版一六一,375頁。

《漢魏六朝碑刻校注》6冊215頁。
錄文著錄：
《芒洛冢墓遺文四編》1/33a－35a，《新編》1/19/14165上—14166上。
《誌石文錄》卷上/35b－36b，《新編》2/19/13759上—下。
《魯迅輯校石刻手稿·墓誌》上冊194—198頁。
《洛陽出土北魏墓誌選編》建義二〇，136—137頁。
《漢魏南北朝墓誌彙編》241—243頁。
《漢魏六朝碑刻校注》6冊216—217頁。
《全北魏東魏西魏文補遺》39—40頁。
碑目題跋著錄：
《集古求真續編》2/7a，《新編》1/11/8724上。
《石刻題跋索引》144頁左，《新編》1/30/22482。
《石刻名彙》2/13b，《新編》2/2/1031上。
《崇雅堂碑錄補》1/8a，《新編》2/6/4554下。
《古誌新目初編》1/9a，《新編》2/18/13696上。
《蒿里遺文目錄》2（1）/2b，《新編》2/20/14944下。
《漢魏南北朝墓誌集釋》6/56b－57a，《新編》3/3/146－147。
《國立北平圖書館藏碑目》8b，《新編》3/36/252下。
《循園古冢遺文跋尾》4/2b－3a，《新編》3/38/30下—31上。
《元氏誌錄》8a，《新編》3/38/50下。
《墓誌徵存目錄》卷1，《羅振玉學術論著集》第五集，571頁。
《洛陽出土石刻時地記》北魏建義019，38頁。
《歷代墓誌銘拓片目錄》22頁。
《碑帖敘錄》27頁。
《六朝墓誌檢要》（修訂本）110頁。
《漢魏六朝碑刻校注·總目提要》編號1667。
《北朝隋代墓誌所在總合目錄》編號439。
《北京大學圖書館藏歷代墓誌拓片目錄》編號00338。
備考：王誦，《魏書》卷六三、《北史》卷四二有傳，附《王肅傳》。

建義 023

王馥墓誌

建義元年（528）六月廿五日卒於洛陽之第，七月廿九日葬於芒山。河南洛陽出土，石存河北正定墨香閣。誌長、寬均 46 釐米。文正書，22 行，滿行 22 字。首題：魏故冠軍將軍左中郎將王君墓誌銘。

著錄：

《邙洛碑誌三百種》24 頁。（圖）

《洛陽新獲七朝墓誌》26 頁。（圖）

《北京大學圖書館新藏金石拓本菁華 1996—2012》95 頁。（圖）

《新出土墓誌精粹》（北朝卷）上冊 52—59 頁。（圖）

《墨香閣藏北朝墓誌》24—25 頁。（圖、文）

《新見北朝墓誌集釋》63—66 頁。（圖、文、跋）

《全北魏東魏西魏文補遺》281 頁。（文）

《漢魏六朝碑刻校注·總目提要》編號 1676。（目）

《北朝隋代墓誌所在総合目錄》編號 440。（目）

《北京大學圖書館藏歷代墓誌拓片目錄》編號 00339。（目）

論文：

曲柄睿：《王馥墓誌所見北魏宦官制度考辨》，《魯東大學學報》2014 年第 2 期。

建義 024

元毓墓誌并蓋

建義元年（528）四月十三日薨於雒陽，建義元年七月卅日葬於西陵之兆。1915 年洛陽城北徐家溝村北出土，一說民國初年洛陽城北安駕溝村北出土，曾歸紹興周氏。誌高、廣 55 釐米。文正書，21 行，滿行 21 字。蓋篆書，3 行，行 3 字。蓋題：魏故宣恭趙王墓誌銘。首題：魏故使持節衛大將軍儀同三司冀州刺史趙郡宣恭王墓誌銘。

圖版著錄：

《漢魏南北朝墓誌集釋》圖版一七三，《新編》3/3/478–479。

《北京圖書館藏中國歷代石刻拓本匯編》5 冊 106、206 頁。

《漢魏六朝碑刻校注》6 冊 220 頁。
錄文著錄：
《芒洛冢墓遺文續編》卷上/3b－4a，《新編》1/19/14058 上—下。
《誌石文錄》卷上/36b－37b，《新編》2/19/13759 下—13760 上。
《魯迅輯校石刻手稿·墓誌》上冊 199—201 頁。
《洛陽出土北魏墓誌選編》建義二二，138 頁。
《漢魏南北朝墓誌彙編》244—245 頁。
《漢魏六朝碑刻校注》6 冊 221 頁。
《全北魏東魏西魏文補遺》282、410 頁。
碑目題跋著錄：
《續補寰宇訪碑錄》3/11b，《新編》1/27/20320 上。
《石刻題跋索引》144 頁左，《新編》1/30/22482。
《石刻名彙》2/14a，《新編》2/2/1031 下。
《崇雅堂碑錄補》1/8b，《新編》2/6/4554 下。
《古誌新目初編》1/9a，《新編》2/18/13696 上。
《蒿里遺文目錄》2（3）/2a，《新編》2/20/14977 下。
《夢碧簃石言》5/14b，《新編》3/2/219 下。
《漢魏南北朝墓誌集釋》4/36a，《新編》3/3/105。附《九鐘精舍金石跋尾乙編》。
《循園古冢遺文跋尾》4/3a－b，《新編》3/38/31 上。
《元氏誌錄》2b、7b，《新編》3/38/47 下、50 上。
《雪堂金石文字跋尾》2/29b－30a，《新編》3/38/302 上—下。
《墓誌徵存目錄》卷 1，《羅振玉學術論著集》第五集，571 頁。
《洛陽出土石刻時地記》北魏建義 020，38 頁。
《歷代墓誌銘拓片目錄》23 頁。
《六朝墓誌檢要》（修訂本）111 頁。
《漢魏六朝碑刻校注·總目提要》編號 1669。
《北朝隋代墓誌所在総合目錄》編號 442。
《北京大學圖書館藏歷代墓誌拓片目錄》編號 00341。
備考：元毓，《魏書》卷二一上有傳，附《元諡傳》。

建義 025

元昉墓誌

建義元年（528）四月十三日薨於洛陽，七月卅日葬於西陵之兆。1928 年洛陽城北安駕溝村北出土，今石藏河南開封市博物館。誌高 53.3、廣 54.5 釐米。文 18 行，滿行 20 字，正書。首題：魏故使持節撫軍將軍光州刺史元懿公墓誌銘。

圖版著錄：

《漢魏南北朝墓誌集釋》圖版一七四，《新編》3/3/480。

《北京圖書館藏中國歷代石刻拓本匯編》5 冊 105 頁。

《中國金石集萃》8 函 8 輯編號 72。

《洛陽出土北魏墓誌選編》圖版一六二，376 頁。

《漢魏六朝碑刻校注》6 冊 218 頁。

錄文著錄：

《洛陽出土北魏墓誌選編》建義二一，137—138 頁。

《漢魏南北朝墓誌彙編》243—244 頁。

《漢魏六朝碑刻校注》6 冊 219 頁。

《全北魏東魏西魏文補遺》281—282 頁。

碑目題跋著錄：

《石刻題跋索引》143 頁右，《新編》1/30/22481。

《古誌新目初編》1/9a，《新編》2/18/13696 上。

《漢魏南北朝墓誌集釋》4/36a，《新編》3/3/105。

《國立北平圖書館藏碑目》8b，《新編》3/36/252 下。

《蒿里遺文目錄續編·元魏宗室妃主誌存》11b，《新編》3/37/542 上。

《元氏誌錄補遺》3a，《新編》3/38/56 上。

《墓誌徵存目錄》卷 1，《羅振玉學術論著集》第五集，571 頁。

《洛陽出土石刻時地記》北魏建義 021，38 頁。

《歷代墓誌銘拓片目錄》22 頁。

《六朝墓誌檢要》（修訂本）110—111 頁。

《漢魏六朝碑刻校注·總目提要》編號 1668。

淑德大學《中國石刻拓本目錄》"墓誌"編號 161。

《北朝隋代墓誌所在總合目錄》編號 441。

《北京大學圖書館藏歷代墓誌拓片目錄》編號 00340。

建義 026

元鑒妃吐谷渾氏墓誌

又名：武昌王妃墓誌、吐谷渾氏墓誌。建義元年（528）七月三日薨於崇讓里第，建義元年八月十一日葬於王陵。1921 年洛陽城北前海資村北出土，于右任舊藏，今存西安碑林博物館。誌高 50、寬 48 釐米。文正書，17 行，行 17 至 22 字不等。首題：魏故武昌王妃吐谷渾氏墓誌銘。

圖版著錄：

《漢魏南北朝墓誌集釋》圖版七一，《新編》3/3/362。

《北京圖書館藏中國歷代石刻拓本匯編》5 冊 107 頁。

《鴛鴦七誌齋藏石》圖 107。

《中國金石集萃》7 函 7 輯編號 64。

《西安碑林全集》63/681－687。

《洛陽出土北魏墓誌選編》圖版一六三，377 頁。

《漢魏六朝碑刻校注》6 冊 222 頁。

錄文著錄：

《芒洛冢墓遺文四編》1/35a－36a，《新編》1/19/14166 上—下。

《洛陽出土北魏墓誌選編》建義二三，138—139 頁。

《漢魏南北朝墓誌彙編》245 頁。

《漢魏六朝碑刻校注》6 冊 223 頁。

《全北魏東魏西魏文補遺》283 頁。

碑目題跋著錄：

《石刻題跋索引》144 頁左，《新編》1/30/22482。

《石刻名彙》2/14a，《新編》2/2/1031 下。

《崇雅堂碑錄補》1/8b，《新編》2/6/4554 下。

《古誌新目初編》1/9a，《新編》2/18/13696 上。

《蒿里遺文目錄》2（3）/4a，《新編》2/20/14978 下。

《夢碧簃石言》5/14b，《新編》3/2/219 下。

《漢魏南北朝墓誌集釋》3/17a，《新編》3/3/67。

《國立北平圖書館藏碑目》9a，《新編》3/36/253 上。

《循園古冢遺文跋尾》4/3b-4a，《新編》3/38/31 上—下。

《元氏誌錄》2b、10b，《新編》3/38/47 下、51 下。

《墓誌徵存目錄》卷 1，《羅振玉學術論著集》第五集，572 頁。

《洛陽出土石刻時地記》北魏建義 022，38 頁。

《歷代墓誌銘拓片目錄》23 頁。

《六朝墓誌檢要》（修訂本）111 頁。

《漢魏六朝碑刻校注·總目提要》編號 1670。

趙振華：《近代洛陽復刻偽造墓誌述略》引郭玉堂《偽造石刻錄》，《洛陽銘刻文獻研究》773 頁。（偽刻）

淑德大學《中國石刻拓本目錄》"墓誌" 編號 162。

《北朝隋代墓誌所在総合目錄》編號 443。

《北京大學圖書館藏歷代墓誌拓片目錄》編號 00342。

論文：

景亞鸝：《研讀碑林藏"吐谷渾"氏墓誌二例》，《陝西歷史博物館館刊》第 14 輯，2007 年。

備考：郭玉堂《偽造石刻錄》云其偽造，因未見原書，諸書又以其為真品，故暫附此以備參考。

建義 027

元子正墓誌并蓋

建義元年（528）四月十三日薨於河陰，其年八月廿四日葬於山陵。1931 年洛陽城西北十餘里東陡溝村大平塚內出土，石藏河南新安千唐誌齋博物館。誌高 81、寬 80 釐米。文正書，28 行，滿行 29 字。蓋篆書，3 行，行 3 字。首題：魏故始平王墓誌銘。蓋題：魏故始平王之墓誌銘。

圖版著錄：

《漢魏南北朝墓誌集釋》圖版一八九，《新編》3/3/495。（誌）

《北京圖書館藏中國歷代石刻拓本匯編》5 冊 108 頁。（誌）

《中國金石集萃》8 函 8 輯編號 73。（誌）

《洛陽出土北魏墓誌選編》圖版一六四，378 頁。

《漢魏六朝碑刻校注》6 冊 225 頁。

錄文著錄：

《洛陽出土北魏墓誌選編》建義二四，139—140 頁。

《漢魏南北朝墓誌彙編》245—247 頁。

《漢魏六朝碑刻校注》6 冊 226 頁。

《全北魏東魏西魏文補遺》283—284 頁。

碑目題跋著錄：

《石刻題跋索引》144 頁左，《新編》1/30/22482。

《漢魏南北朝墓誌集釋》上冊 4/38a，《新編》3/3/109。

《國立北平圖書館藏碑目》9a，《新編》3/36/253 上。

《墓誌徵存目錄》卷 1，《羅振玉學術論著集》第五集，572 頁。

《洛陽出土石刻時地記》北魏建義 023，38—39 頁。

《歷代墓誌銘拓片目錄》23 頁。

《六朝墓誌檢要》（修訂本）111 頁。

《漢魏六朝碑刻校注·總目提要》編號 1671。

《北朝隋代墓誌所在總合目錄》編號 444。

《北京大學圖書館藏歷代墓誌拓片目錄》編號 00344。

備考：元子正，《魏書》卷二一下有傳。

建義 028

元顯（字進）墓誌

建義元年（528）四月十三日薨於京師，八月廿四日葬於北芒。據云近年出土於河南省孟津縣。誌高 55、寬 56 釐米。文 20 行，滿行 20 字，正書。首題：魏故鎮遠將□□軍將軍元君墓誌。

圖版著錄：

《秦晉豫新出墓誌蒐佚續編》1 冊 71 頁。

碑目著錄：

《北京大學圖書館藏歷代墓誌拓片目錄》編號 00343。

建義 029

廣平侯楊濟墓誌

武泰元年（528）四月十三日卒於行陣，其年（建義元年，528）八月廿五日卜窆於洛水之南。河南洛陽出土，洛陽張書良藏石。誌高 47.7、寬 48、厚 8 釐米。文正書，24 行，滿行 24 字。首題：魏故龍驤將軍肆州刺史廣平侯楊使君墓誌銘并序。

著錄：

《邙洛碑誌三百種》25 頁。（圖）

《漢魏六朝碑刻校注》6 冊 228—229 頁。（圖、文）

《洛陽新獲墓誌續編》8 頁（圖）、312—313 頁（文、跋）。

《全北魏東魏西魏文補遺》284—285 頁。（文）

《漢魏六朝碑刻校注·總目提要》編號 1672。（目）

《北朝隋代墓誌所在總合目錄》編號 445。（目）

建義 030

元周安墓誌

建義元年（528）卒於河陰兵亂，建義元年九月七日遷葬於長陵之東。1925 年洛陽城北南陳莊村東出土，于右任舊藏，今藏西安碑林博物館。誌高、寬均 59 釐米。文正書，22 行，滿行 22 字。首題：故使持節衛大將軍儀同三司定州刺史俊儀縣開國男墓誌銘。

圖版著錄：

《漢魏南北朝墓誌集釋》圖版一二一，《新編》3/3/420。

《北京圖書館藏中國歷代石刻拓本匯編》5 冊 109 頁。

《鴛鴦七誌齋藏石》圖 108。

《中國金石集萃》7 函 7 輯編號 65。

《西安碑林全集》64/688－698。

《洛陽出土北魏墓誌選編》圖版一六五，379 頁。

《漢魏六朝碑刻校注》6 冊 233 頁。

錄文著錄：

《洛陽出土北魏墓誌選編》建義二五，140 頁。
《漢魏南北朝墓誌彙編》247—248 頁。
《漢魏六朝碑刻校注》6 冊 234 頁。
《全北魏東魏西魏文補遺》286 頁。

碑目題跋著錄：
《石刻題跋索引》144 頁左，《新編》1/30/22482。
《石刻名彙》2/14a，《新編》2/2/1031 下。
《崇雅堂碑錄補》1/8b，《新編》2/6/4554 下。
《古誌新目初編》1/9b，《新編》2/18/13696 上。
《蒿里遺文目錄補遺》10b，《新編》2/20/15000 下。
《漢魏南北朝墓誌集釋》4/26b，《新編》3/3/86。
《國立北平圖書館藏碑目》9a，《新編》3/36/253 上。
《元氏誌錄補遺》3a，《新編》3/38/56 上。
《墓誌徵存目錄》卷 1，《羅振玉學術論著集》第五集，572 頁。
《丙寅稿》，《羅振玉學術論著集》第十集（上）141 頁。
《洛陽出土石刻時地記》北魏建義 024，39 頁。
《歷代墓誌銘拓片目錄》23 頁。
《六朝墓誌檢要》（修訂本）112 頁。
《漢魏六朝碑刻校注·總目提要》編號 1674。
淑德大學《中國石刻拓本目錄》"墓誌"編號 163。
《北朝隋代墓誌所在總合目錄》編號 446。
《北京大學圖書館藏歷代墓誌拓片目錄》編號 00345。

論文：
許衛國：《北魏〈元周安墓誌〉簡析》，《東方藝術》2007 年第 20 期。

建義 031

劉安囘墓銘

建義元年（528）九月十日。1985—1995 年在河南省三門峽市西北部發掘出土。磚長 20、寬 16、厚 6 釐米。文 3 行，前 2 行行 6 字，末行 1

字，正書。

論文：

三門峽市文物考古研究所：《河南三門峽市北朝和隋代墓葬清理簡報》，《華夏考古》2009 年第 4 期。（圖 9—2、文）

建義 032

楊鈞墓誌并蓋

正光五年（524）八月廿九日卒於懷朔鎮，建義元年（528）九月卅日歸葬於華山之下。陝西華陰出土，石藏河南新安千唐誌齋博物館。誌拓本長、寬均 72 釐米；蓋拓本長 94、寬 93.5 釐米。誌文 39 行，滿行 39 字，正書。蓋篆書，3 行，行 3 字。首題：魏故使持節侍中司空公都督都督雍州諸軍事車騎大將軍雍州刺史臨貞縣開國伯楊公墓誌銘；蓋題：魏故司空楊公墓誌銘。

圖版著錄：

《秦晉豫新出墓誌蒐佚續編》1 冊 72 頁。（誌）

《北京大學圖書館新藏金石拓本菁華 1996—2012》96 頁。

錄文著錄：

《全唐文補遺・千唐誌齋新藏專輯》440—441 頁。

碑目著錄：

《北京大學圖書館藏歷代墓誌拓片目錄》編號 00346。

《北朝隋代墓誌所在總合目錄》編號 447。

論文：

堀井裕之：《〈北魏・楊鈞墓誌〉の訳注と考察》，《駿台史學》第 144 號，2012 年。

郭偉濤：《論北魏楊播、楊鈞家族祖先譜系的構建——兼及隋唐弘農楊氏相關問題》，《中華文史論叢》2017 年第 4 期。

備考：楊鈞，《魏書》卷五八有傳。

建義 033

鮑泌墓銘磚

又作：鮑泌墓磚。建義元年（528）。磚高 24、寬 15.5 釐米。文正書，2 行，行存 3 或 6 字。
著錄：
《中國古代磚刻銘文集》上、下冊編號 0970。（圖、文）
《雪堂專錄·專誌徵存》5b，《羅雪堂先生全集》五編 3 冊 1274 頁。（文）
《石刻名彙》12/205b，《新編》2/2/1130 下。（目）
《蒿里遺文目錄》3 上/3a，《新編》2/20/14982 上。（目）
《北朝隋代墓誌所在總合目錄》編號 448。（目）
《北京大學圖書館藏歷代墓誌拓片目錄》編號 00347。（目）

建義 034

天柱大將軍爾（尒）朱榮碑

建義元年（528）。舊在潞城縣，記錄在上黨擒葛榮一事。
碑目題跋著錄：
（光緒）《山西通志·金石記二》90/19a-b，《新編》3/30/341 上。
（光緒）《潞城縣志·金石記》3/2a，《新編》3/31/153 下。
《太平寰宇記碑錄》編號 83，《北山金石錄》上冊 277 頁。（節文）
備考：爾（尒）朱榮，《魏書》卷七四、《北史》卷四八有傳。

永　安

永安 001

王導墓誌

武泰元年（528）四月在河陰為亂兵所害，永安元年（528）十月廿二日刊石。據云出土於河南省鞏義市。誌長、寬均 62 釐米。文 33 行，滿行 33 字，隸書。首題：魏故持節安東將軍南兗州刺史王君墓誌銘。
著錄：
《秦晉豫新出墓誌蒐佚續編》1 冊 73 頁。（圖）
《墨香閣藏北朝墓誌》26—27 頁。（圖、文）

永安 002

陳隆墓誌并蓋

於河陰為濫兵所害，以永安元年（528）十月廿五日葬於舊塋。誌長、高均 66 釐米；誌蓋底長、高均 67 釐米，頂長 55.5、高 54.5 釐米。誌文 18 行，滿行 21 字，隸兼正書。蓋篆書，3 行，行 3 字，蓋題：驃騎將軍廣州刺史銘。首題：陳使君之墓誌。

著錄：

《北朝藝術研究院藏品圖錄·墓誌》87—89 頁。（圖、文）

永安 003

襄州刺史唐耀墓誌

建義元年（528）四月十三日薨於洛陽，永安元年（528）十一月二日葬于河陰縣西原鄉斜坂里。1920 年（一說 1929 年）洛陽城東北馬溝村內出土，于右任舊藏，今藏西安碑林博物館。誌高 41、寬 40 釐米。文正書，21 行，滿行 23 字。首題：魏故持節左將軍襄州刺史鄒縣男唐使君墓誌銘。

圖版著錄：

《漢魏南北朝墓誌集釋》圖版二六七，《新編》3/3/608。

《北京圖書館藏中國歷代石刻拓本匯編》5 冊 111 頁。

《鴛鴦七誌齋藏石》圖 109。

《西安碑林全集》64/699–702。

《洛陽出土北魏墓誌選編》圖版一六六，380 頁。

《漢魏六朝碑刻校注》6 冊 235 頁。

錄文著錄：

《芒洛冢墓遺文四編》1/36a–b，《新編》1/19/14166 下。

《誌石文錄》卷上/37b–38a，《新編》2/19/13760 上—下。

《洛陽出土北魏墓誌選編》永安一，140 頁。

《漢魏南北朝墓誌彙編》248—249 頁。

《漢魏六朝碑刻校注》6 冊 236 頁。

《全北魏東魏西魏文補遺》286—287 頁。

碑目題跋著錄：

《石刻題跋索引》144 頁左，《新編》1/30/22482。

《石刻名彙》2/14a，《新編》2/2/1031 下。

《崇雅堂碑錄補》1/8b，《新編》2/6/4554 下。

《古誌新目初編》1/9b，《新編》2/18/13696 上。

《定庵題跋》62a，《新編》2/19/14316 下。

《蒿里遺文目錄》2（1）/2b，《新編》2/20/14944 下。

《漢魏南北朝墓誌集釋》6/57a，《新編》3/3/147。

《國立北平圖書館藏碑目》9a，《新編》3/36/253 上。

《墓誌徵存目錄》卷 1，《羅振玉學術論著集》第五集，572 頁。

《洛陽出土石刻時地記》北魏永安 001，39 頁。

《歷代墓誌銘拓片目錄》23 頁。

《六朝墓誌檢要》（修訂本）113 頁。

《漢魏六朝碑刻校注·總目提要》編號 1677。

淑德大學《中國石刻拓本目錄》"墓誌" 編號 165。

《北朝隋代墓誌所在總合目錄》編號 449。

《北京大學圖書館藏歷代墓誌拓片目錄》編號 00348。

永安 004

元昂墓誌并蓋

卒於河梁之西，永安元年（528）十一月八日葬於陽平王墓次。據誌出土於河南省孟津縣。石藏河北正定墨香閣。誌長、寬均 48 釐米。文 23 行，滿行 25 字，正書。蓋 4 行，行 3 字，篆書。首題：魏故持節平東將軍光州刺史元公墓誌銘。蓋題：魏故光州刺史元公墓誌銘記。

著錄：

《文化安豐》140 頁。（誌圖）

《洛陽新獲七朝墓誌》27 頁。（誌圖）

《秦晉豫新出墓誌蒐佚續編》1 冊 74—75 頁。（圖）

《金石拓本題跋集萃》48 頁。（圖）

《墨香閣藏北朝墓誌》28—29 頁。（誌圖、文）

《北朝隋代墓誌所在總合目錄》編號454。（目）

《北京大學圖書館藏歷代墓誌拓片目錄》編號00350。（目）

論文：

胡海帆：《〈元昂墓誌〉及北魏陽平王嗣息之探析》，《中國國家博物館館刊》2011年第9期。

備考：元昂，事見《北史》卷七《高洋本紀》。

永安005

源延伯墓誌

又名：源侯墓誌。孝昌三年（527）十二月廿七日卒於冀州行陣之中，永安元年（528）十一月八日葬。源子恭撰。2003年冬河南省孟津縣出土，存洛陽民間。誌長59、寬58.5釐米。文27行，滿行27字，正書。首題：魏故使持節都督涼州諸軍事平北將軍涼州刺史浮陽縣開國伯源侯墓誌銘。

圖版著錄：

《洛陽新見墓誌》8頁。

《洛陽新獲七朝墓誌》28頁。

《秦晉豫新出墓誌蒐佚》1冊31頁。

《龍門區系石刻文萃》424頁。

碑目著錄：

《漢魏六朝碑刻校注·總目提要》編號1687。

《北朝隋代墓誌所在總合目錄》編號453。

論文：

趙君平：《北魏〈源延伯墓誌〉瑣談》，《青少年書法》（青年版）2010年第8期。

宮大中：《新發現的北魏源延伯墓誌銘》，《中原文史》2011年第2期。

楊慶興：《新見〈源延伯墓誌〉》，《中國書法》2016年第6期。

張馨：《北魏〈源延伯墓誌〉商補——兼述北魏末夏州的軍事地位》，《文物春秋》2017年第1期。（文）

備考：源延伯，《魏書》卷四一有傳。

永安 006

源模墓誌

孝昌二年（526）七月十三日卒，永安元年（528）十一月八日葬於北芒南崗。2005年春河南省孟津縣出土，旋歸洛陽李氏。誌長50.5、寬51釐米。文20行，滿行21字，正書。首題：魏故尚書郎中源君墓誌銘。

圖版著錄：

《洛陽新獲七朝墓誌》29頁。

《秦晉豫新出墓誌蒐佚》1冊32頁。

碑目著錄：

《北朝隋代墓誌所在総合目錄》編號452。

論文：

宮萬瑜：《邙洛近年出土馮聿、源模、張懋三方北魏墓誌略考》，《中原文物》2012年第5期。

李建平、尚磊明：《邙洛近年新出北魏馮聿、源模、張懋墓誌商補》，《中原文物》2013年第5期。

何山：《馮聿、源模、張懋三種北魏墓誌誌文釋錄瑣議》，《保定學院學報》2013年第6期。

舒韶雄、雷金瑾：《洛陽新出三方北魏墓誌文字校補》，《河南科技大學學報》2014年第1期。

章紅梅：《新出三方北魏墓誌釋文補正》，《北方文物》2016年第1期。

殷憲：《〈源模墓誌〉所及北魏源氏的幾個相關問題》，《北魏平城書跡研究》，第454—471頁；原載於《第七屆中國書法史論國際研討會論文集》，2009年。

永安 007

元欽墓誌

建義元年（528）四月十三日遇害於北芒之陰，永安元年（528）十一月八日遷葬於西陵之阿。1916年河南洛陽城北張羊（楊）村北一里處出土，江蘇武進陶湘舊藏，今存遼寧省博物館。誌高 82、寬 85 釐米。文正書，37 行，滿行 35 字。首題：大魏故侍中特進驃騎大將軍尚書左僕射司州牧司空公鉅平縣開國侯元君之神銘。

圖版著錄：

《漢魏南北朝墓誌集釋》圖版一〇二，《新編》3/3/399。

《北京圖書館藏中國歷代石刻拓本匯編》5 冊 112 頁。

《六朝墓誌菁英二編》，《新編》4/3/212 下左—215 下右。

《中國金石集萃》7 函 7 輯編號 66。

《洛陽出土北魏墓誌選編》圖版一六八，382 頁。

《北魏皇家墓誌二十品》編號 17。

《漢魏六朝碑刻校注》6 冊 238 頁。

《遼寧省博物館藏碑誌精粹》76 頁。

錄文著錄：

《芒洛冢墓遺文三編》12a – 14b，《新編》1/19/14113 下—14114 下。

《滿洲金石志別錄》卷上/31a – 33a，《新編》1/23/17413 上—17414 上。

《誌石文錄》卷上/38a – 39b，《新編》2/19/13760 下—13761 上。

《魯迅輯校石刻手稿・墓誌》上冊 202—207 頁。

《洛陽出土北魏墓誌選編》永安三，142—143 頁。

《漢魏南北朝墓誌彙編》249—251 頁。

《漢魏六朝碑刻校注》6 冊 239—240 頁。

《遼寧省博物館藏碑誌精粹》260 頁。

《全北魏東魏西魏文補遺》287—289 頁。

碑目題跋著錄：

《滿洲金石志別錄》卷上/33a – b，《新編》1/23/17414 上。

《續補寰宇訪碑錄》3/11b，《新編》1/27/20320 上。

《石刻題跋索引》144 頁左，《新編》1/30/22482。

《石刻名彙》2/14a，《新編》2/2/1031 下。

《崇雅堂碑錄》1/19a，《新編》2/6/4493 上。

《古誌新目初編》1/9b，《新編》2/18/13696 上。

《蒿里遺文目錄》2（3）/2a，《新編》2/20/14977 下。

《夢碧簃石言》5/14b，《新編》3/2/219 下。

《漢魏南北朝墓誌集釋》4/23b–24a，《新編》3/3/80–81。附《九鐘精舍金石跋尾乙編》。

《國立北平圖書館藏碑目》9a，《新編》3/36/253 上。

《循園古冢遺文跋尾》4/4a–b，《新編》3/38/31 下。

《元氏誌錄》2b、6a，《新編》3/38/47 下、49 下。

《碑帖跋》72 頁，《新編》3/38/220、4/7/432 下。

《墓誌徵存目錄》卷1，《羅振玉學術論著集》第五集，572 頁。

《洛陽出土石刻時地記》北魏永安002，39 頁。

《歷代墓誌銘拓片目錄》23 頁。

《增補校碑隨筆》（修訂本）220 頁。

《六朝墓誌檢要》（修訂本）113 頁。

《遼寧省博物館藏碑誌精粹》77 頁。

《漢魏六朝碑刻校注·總目提要》編號1678。

淑德大學《中國石刻拓本目錄》"墓誌"編號166。

《北朝隋代墓誌所在總合目錄》編號451。

《北京大學圖書館藏歷代墓誌拓片目錄》編號00349。

論文：

趙寶榮：《略談北魏皇室〈元欽墓誌〉》，《中國書法》2009 年第2 期。

備考：元欽，《魏書》卷一九上、《北史》卷一七有傳，附《陽平王新成傳》。

永安008

齊州刺史元誕業墓誌

卒於北芒行所，以永安元年（528）十一月八日葬。河南洛陽出土。原誌高54 釐米，寬56 釐米。文正書，22 行，滿行23 字。首題：大魏故平東將軍齊州刺史元君之神銘。

著錄：

《洛陽出土歷代墓誌輯繩》52 頁。（圖）

《洛陽出土北魏墓誌選編》永安二，141—142 頁；圖版一六七，381 頁。（圖、文）

《漢魏六朝碑刻校注》6 冊 242—243 頁。（圖、文）

《全北魏東魏西魏文補遺》289 頁。（文）

《漢魏六朝碑刻校注·總目提要》編號 1679。（目）

《北朝隋代墓誌所在總合目錄》編號 450。（目）

永安 009

王真保墓誌

卒於京師，大趙神平二年（528）十一月十三日。1972 年 3 月甘肅省張家川縣木河鄉平王村出土，存甘肅省博物館。一誌二石，高、寬均 56.8 釐米。文正書，各 20 行，行 20 字。《六朝墓誌檢要》（修訂本）考證，大趙神平二年即北魏"永安元年"。首題：王司徒墓誌。

著錄：

《漢魏六朝碑刻校注》6 冊 287—290 頁。（圖、文）

《漢魏南北朝墓誌彙編》272—273 頁。（文）

《全北魏東魏西魏文補遺》302—303 頁。（文）

《碑帖鑒定》180 頁。（跋）

《六朝墓誌檢要》（修訂本）113—114 頁。（目）

《漢魏六朝碑刻校注·總目提要》編號 2514。（目）

《北朝隋代墓誌所在總合目錄》編號 478。（目）

論文：

秦明智、任步雲：《甘肅張家川發現"大趙神平二年"墓》，《文物》1975 年第 6 期。

周偉洲：《甘肅張家川出土北魏〈王真保墓誌〉試析》，《四川大學學報》1978 年第 3 期。

陳仲安：《王真保墓誌考釋》，《魏晉南北朝隋唐史資料》第 1 輯，1979 年。

馬明達：《北魏王真保墓誌考略》，《（甘肅）社會科學》1979 年第 3

期。

馬明達：《北魏〈王真保墓誌〉補釋》，《西北民族研究》1986年第1期。

［日］梶山智史：《大趙神平二年〈王真保墓誌〉について—十六國北朝時期における"匈奴"の一側面—》，《駿台史學》119，2003年8月。

永安010

元道隆墓誌

建義元年（528）四月十三日卒於北邙行次，永安元年（528）十一月十八日葬於北邙之西陵。2004年河南省洛陽市孟津縣朝陽村出土，洛陽第二文物工作隊藏石。誌高46.8、寬47.5、厚6.5釐米。文正書，22行，滿行22字。首題：大魏故輔國將軍南秦州刺史元君之神銘。

著錄：

《北魏皇家墓誌二十品》編號18。（圖）

《邙洛碑誌三百種》27頁。（圖）

《洛陽新獲七朝墓誌》30頁。（圖）

《漢魏六朝碑刻校注》6冊244—245頁。（圖、文）

《洛陽新獲墓誌續編》9頁（圖）、313頁（文、跋）。

《全北魏東魏西魏文補遺》290頁。（文）

《漢魏六朝碑刻校注·總目提要》編號1680。（目）

《北朝隋代墓誌所在總合目錄》編號455。（目）

永安011

元子永墓誌

武泰元年（528）四月十三日薨於京師，永安元年（528）十一月廿日葬於大陵之右。1926年（一說1936年）洛陽城北北陳莊村西南嶺出土，于右任舊藏，今石藏西安碑林博物館。誌高、寬均44釐米。文正書，20行，滿行22字。首題：魏故鎮軍將軍豫州刺史元使君墓誌。

圖版著錄：

《漢魏南北朝墓誌集釋》圖版一六七，《新編》3/3/472。

《北京圖書館藏中國歷代石刻拓本匯編》5 冊 113 頁。
《鴛鴦七誌齋藏石》圖 110。
《西安碑林全集》63/604－610。
《洛陽出土北魏墓誌選編》圖版一七〇，384 頁。
《漢魏六朝碑刻校注》6 冊 250 頁。
錄文著錄：
《洛陽出土北魏墓誌選編》永安六，144 頁。
《漢魏南北朝墓誌彙編》252—253 頁。
《漢魏六朝碑刻校注》6 冊 251 頁。
《全北魏東魏西魏文補遺》291—292 頁。
碑目題跋著錄：
《石刻題跋索引》144 頁右，《新編》1/30/22482。
《古誌新目初編》1/8b，《新編》2/18/13695 下。
《漢魏南北朝墓誌集釋》4/35a，《新編》3/3/103。
《國立北平圖書館藏碑目》8a，《新編》3/36/252 下。
《蒿里遺文目錄續編·元魏宗室妃主誌存》11b，《新編》3/37/542 上。
《元氏誌錄補遺》3a，《新編》3/38/56 上。
《墓誌徵存目錄》卷 1，《羅振玉學術論著集》第五集，570 頁。
《丙寅稿》，《羅振玉學術論著集》第十集（上）139 頁。
《洛陽出土石刻時地記》北魏永安 003，39 頁。
《歷代墓誌銘拓片目錄》24 頁。
《六朝墓誌檢要》（修訂本）106 頁。
《漢魏六朝碑刻校注·總目提要》編號 1681。
《北朝隋代墓誌所在總合目錄》編號 458。
《北京大學圖書館藏歷代墓誌拓片目錄》編號 00351。

備考：北魏武泰元年（528）四月改元"建義"，建義元年（528）九月改元"永安"，故"十一月廿日"年號當為"永安"。

永安 012

元禮之墓誌

建義元年（528）四月十三日薨於京師，永安元年（528）十一月廿日葬於荒山之西嶺。1926 年洛陽城北北陳莊村西南嶺出土，于右任舊藏，今石藏西安碑林博物館。誌高、寬均 44 釐米。文正書，19 行，滿行 19 字。首題：魏故安東將軍光州刺史元使君墓誌。

圖版著錄：

《漢魏南北朝墓誌集釋》圖版一六八，《新編》3/3/473。

《北京圖書館藏中國歷代石刻拓本匯編》5 冊 115 頁。

《鴛鴦七誌齋藏石》圖 111。

《西安碑林全集》64/703－706。

《漢魏六朝碑刻校注》6 冊 248 頁。

錄文著錄：

《洛陽出土北魏墓誌選編》永安四，143 頁。

《漢魏南北朝墓誌彙編》252 頁。

《漢魏六朝碑刻校注》6 冊 249 頁。

《全北魏東魏西魏文補遺》291 頁。

碑目題跋著錄：

《石刻題跋索引》144 頁右，《新編》1/30/22482。

《古誌新目初編》1/9b，《新編》2/18/13696 上。

《漢魏南北朝墓誌集釋》4/35a，《新編》3/3/103。

《國立北平圖書館藏碑目》9a，《新編》3/36/253 上。

《元氏誌錄補遺》3a，《新編》3/38/56 上。

《墓誌徵存目錄》卷 1，《羅振玉學術論著集》第五集，572 頁。

《洛陽出土石刻時地記》北魏永安 004，39 頁。

《歷代墓誌銘拓片目錄》24 頁。

《六朝墓誌檢要》（修訂本）114 頁。

《漢魏六朝碑刻校注·總目提要》編號 1682。

《北朝隋代墓誌所在總合目錄》編號 457。

永安 013

元景略妻蘭將墓誌并蓋

又名：元彥妻蘭夫人墓誌。建義元年（528）九月廿一日終於第，永安元年（528）十一月廿日葬於西陵。1917年河南省洛陽城北南陳莊村西北出土，曾歸江蘇武進陶氏、上虞羅氏，今存遼寧省博物館。誌高45.1、寬46.6釐米。文正書，17行，滿行22字。蓋篆書，3行，行3字。蓋題：魏故蘭夫人之墓誌銘。首題：魏元氏故蘭夫人墓誌銘。

圖版著錄：

《漢魏南北朝墓誌集釋》圖版一九九，《新編》3/3/508－509。

《六朝墓誌菁英二編》，《新編》4/3/215下左—216下右。

《北京圖書館藏中國歷代石刻拓本匯編》5冊114頁。（誌）

《洛陽出土北魏墓誌選編》圖版一六九，383頁。（誌）

《漢魏六朝碑刻校注》6冊246頁。

《遼寧省博物館藏碑誌精粹》78頁。（誌）

錄文著錄：

《芒洛冢墓遺文三編》14b－15a，《新編》1/19/14114下—14115上。

《滿洲金石志別錄》卷上/33b－34a，《新編》1/23/17414上—下。

《誌石文錄》卷上/40a，《新編》2/19/13761下。

《魯迅輯校石刻手稿·墓誌》上冊208—209頁。

《洛陽出土北魏墓誌選編》永安五，143—144頁。

《漢魏南北朝墓誌彙編》251頁。

《漢魏六朝碑刻校注》6冊247頁。

《遼寧省博物館藏碑誌精粹》78頁。

《全北魏東魏西魏文補遺》290—291頁。

碑目題跋著錄：

《滿洲金石志別錄》卷上/34a－b，《新編》1/23/17414下。

《石刻題跋索引》144頁右，《新編》1/30/22482。

《石刻名彙》2/14a，《新編》2/2/1031下。

《崇雅堂碑錄》1/19a，《新編》2/6/4493上。

《古誌新目初編》1/9b，《新編》2/18/13696上。

《蒿里遺文目錄》2（3）/4a，《新編》2/20/14978下。

《夢碧簃石言》5/14b，《新編》3/2/219下。

《漢魏南北朝墓誌集釋》4/40a，《新編》3/3/113。

《國立北平圖書館藏碑目》9a，《新編》3/36/253 上。
《循園古冢遺文跋尾》4/4b–5a，《新編》3/38/31 下—32 上。
《元氏誌錄》2b、10a–b，《新編》3/38/47 下、51 下。
《碑帖跋》64 頁，《新編》3/38/212、4/7/430 下。
《墓誌徵存目錄》卷 1，《羅振玉學術論著集》第五集，572 頁。
《洛陽出土石刻時地記》北魏永安 005，39—40 頁。
《歷代墓誌銘拓片目錄》24 頁。
《六朝墓誌檢要》（修訂本）114 頁。
《遼寧省博物館藏碑誌精粹》79 頁。
《漢魏六朝碑刻校注·總目提要》編號 1683。
淑德大學《中國石刻拓本目錄》"墓誌"編號 167。
《北朝隋代墓誌所在總合目錄》編號 456。
《北京大學圖書館藏歷代墓誌拓片目錄》編號 00352。

永安 014

元颺墓誌

建義元年（528）四月卒於河梁之南，永安元年（528）十一月葬。河南洛陽出土，藏洛陽周氏。誌高 43、寬 43、厚 10 釐米。蓋高 43.8、寬 44、厚 3.5—4.5 釐米。文 20 行，滿行 20 字，正書。未見拓本。

碑目著錄：

《漢魏六朝碑刻校注·總目提要》編號 1684。
《北朝隋代墓誌所在總合目錄》編號 459。

論文：

劉衛東、臧瑞平：《兩方北魏墓誌的發現》，《中國文物報》2005 年 10 月 19 日。（節文）

永安 015

李略墓誌并蓋

建義元年（528）四月十三日卒於官，永安元年（528）十二月十三日葬於芒皋之陽。2000 年 9 月河南省偃師市首陽山鎮寨後村出土，石藏偃師商城博物館。誌拓本長 51、寬 50.5 釐米；蓋拓本長 44、寬 43.5 釐米。文正書，19 行，滿行 21 字。蓋篆書，3 行 9 字。首題：魏故使持節龍驤將軍襄州刺史李君墓誌；蓋題：魏故李使君之墓誌銘。

圖版著錄：

《北京大學圖書館新藏金石拓本菁華 1996—2012》97 頁。

《偃師碑誌精選》編號 11。

碑目著錄：

《漢魏六朝碑刻校注·總目提要》編號 1686。

《北朝隋代墓誌所在總合目錄》編號 460。

《北京大學圖書館藏歷代墓誌拓片目錄》編號 00353。

永安 016

楊兒墓誌

永安二年（529）二月九日卒於洛陽，權葬於洛南小宋村東。2006 年春河南省偃師市諸葛鎮出土，存民間。誌長 24.5、寬 25 釐米。文 13 行，滿行 14 字，正書。首題：魏故太原太守平南將軍懷州刺史息厲威將軍穎川郡承楊君墓銘。

著錄：

《秦晉豫新出墓誌蒐佚》1 冊 33 頁。（圖）

《新出土墓誌精粹》（北朝卷）上冊 50—51 頁。（圖）

《新見北朝墓誌集釋》67—69 頁。（圖、文、跋）

《北朝隋代墓誌所在總合目錄》編號 461。（目）

《北京大學圖書館藏歷代墓誌拓片目錄》編號 00354。（目）

永安 017

慕容纂（字承伯）墓誌

永安二年（529）二月十四日。2003 年河南省偃師市首陽山鎮出土，石存偃師商城博物館。高、寬均 55、厚 13 釐米。文正書兼隸意，20 行，滿行 23 字。首題：魏故使持節安北將軍恒州刺史墓誌銘。

著錄：

《漢魏六朝碑刻校注》6 冊 255—256 頁。（圖、文）

《漢魏六朝碑刻校注·總目提要》編號 1689。（目）

《北朝隋代墓誌所在總合目錄》編號462。（目）
《北京大學圖書館藏歷代墓誌拓片目錄》編號00355。（目）
論文：

陶鈞：《北魏〈慕容纂墓誌〉考釋》，《東方藝術》2006年第8期。

趙振華、郭洪濤：《偃師新出北魏〈慕容纂墓誌〉及其書藝》，《洛陽古代銘刻文獻研究》，第276—279頁。

永安018

王翊墓誌

永安元年（528）十二月廿日終於位，以二年（529）二月廿七日葬於洛陽西鄉里。1926年河南洛陽城東北馬溝村出土，于右任舊藏，今存西安碑林博物館。誌高、寬46釐米。文正書，30行，滿行30字。首題：魏故散騎常侍鎮南將軍金紫光祿大夫領國子祭酒濟州刺史王使君墓誌。

圖版著錄：

《漢魏南北朝墓誌集釋》圖版二七〇，《新編》3/3/611。

《北京圖書館藏中國歷代石刻拓本匯編》5冊117頁。

《鴛鴦七誌齋藏石》圖112。

《中國金石集萃》7函7輯編號67。

《西安碑林全集》64/711–713。

《漢魏六朝碑刻校注》6冊258頁。

錄文著錄：

《洛陽出土北魏墓誌選編》永安七，145頁。

《漢魏南北朝墓誌彙編》253—254頁。

《漢魏六朝碑刻校注》6冊259頁。

《全北魏東魏西魏文補遺》292—293頁。

碑目題跋著錄：

《石刻題跋索引》144頁右，《新編》1/30/22482。

《古誌新目初編》1/9b，《新編》2/18/13696上。

《漢魏南北朝墓誌集釋》6/57b，《新編》3/3/148。

《國立北平圖書館藏碑目》9a，《新編》3/36/253上。

《墓誌徵存目錄》卷1,《羅振玉學術論著集》第五集,572 頁。
《洛陽出土石刻時地記》北魏永安 006,40 頁。
《歷代墓誌銘拓片目錄》24 頁。
《六朝墓誌檢要》(修訂本)114—115 頁。
《漢魏六朝碑刻校注·總目提要》編號 1690。
《北朝隋代墓誌所在總合目錄》編號 463。
《北京大學圖書館藏歷代墓誌拓片目錄》編號 00356。
備考:王翊,《魏書》卷六三、《北史》卷四二有傳,附《王肅傳》。

永安 019

青州刺史元遵(字道明)墓誌

又名:元遶墓誌、元遁墓誌、元道明墓誌。薨於河陰,永安二年(529)三月九日。1920 年洛陽城北前海資村東南出土,浙江鄞縣馬衡舊藏,今存北京故宮博物院。誌高 47.8、寬 49 釐米。文正書,24 行,滿行 24 字。首題:魏故使持節征東將軍青州刺史元君墓誌。

圖版著錄:
《漢魏南北朝墓誌集釋》圖版七二,《新編》3/3/363。
《北京圖書館藏中國歷代石刻拓本匯編》5 冊 119 頁。
《洛陽出土北魏墓誌選編》圖版一七二,386 頁。
《漢魏六朝碑刻校注》6 冊 261 頁。
《故宮博物院藏歷代墓誌彙編》1 冊 73 頁。

錄文著錄:
《芒洛冢墓遺文四編補遺》11a–12a,《新編》1/19/14313 上—下。
《洛陽出土北魏墓誌選編》永安九,146—147 頁。
《漢魏南北朝墓誌彙編》255 頁。
《漢魏六朝碑刻校注》6 冊 262 頁。
《故宮博物院藏歷代墓誌彙編》1 冊 72 頁。
《全北魏東魏西魏文補遺》294—295 頁。

碑目題跋著錄:
《石刻題跋索引》144 頁右,《新編》1/30/22482。

《石刻名彙》2/14b，《新編》2/2/1031下。
《崇雅堂碑錄》1/19a，《新編》2/5/4493上。
《古誌新目初編》1/11a，《新編》2/18/13697上。
《蒿里遺文目錄》2（3）/2b，《新編》2/20/14977下。
《夢碧簃石言》5/14b，《新編》3/2/219下。
《漢魏南北朝墓誌集釋》3/17a，《新編》3/3/67。
《國立北平圖書館藏碑目》9a，《新編》3/36/253上。
《元氏誌錄補遺》3b，《新編》3/38/56上。
《墓誌徵存目錄》卷1，《羅振玉學術論著集》第五集，572頁。
《松翁近稿》，《羅振玉學術論著集》第十集（上）63—64頁。
《洛陽出土石刻時地記》北魏永安008，40頁。
《歷代墓誌銘拓片目錄》24頁。
《六朝墓誌檢要》（修訂本）115頁。
《漢魏六朝碑刻校注·總目提要》編號1691。
《北朝隋代墓誌所在總合目錄》編號464。
《北京大學圖書館藏歷代墓誌拓片目錄》編號00357。

備考：元䢕，《魏書》卷一六有傳，附《河南王曜傳》，史傳作"元馗"。

永安020

元維墓誌

建義元年（528）四月十三日卒於非命，永安二年（529）三月九日。1920年洛陽城北後海資村東出土，誌石曾歸天津徐世昌，今存北京故宮博物院。誌高、寬50.5釐米。文正書，24行，滿行24字。首題：魏故安西將軍涼州刺史元君之墓誌。

圖版著錄：
《漢魏南北朝墓誌集釋》圖版八〇，《新編》3/3/374。
《北京圖書館藏中國歷代石刻拓本匯編》5冊118頁。
《中國金石集萃》8函8輯編號74。
《洛陽出土北魏墓誌選編》圖版一七一，385頁。

《漢魏六朝碑刻校注》6 冊 264 頁。
《故宮博物院藏歷代墓誌彙編》1 冊 71 頁。
錄文著錄：
《芒洛冢墓遺文四編》1/36b–38a，《新編》1/19/14166 下—14167 下。
《誌石文錄續編》6a–7a，《新編》2/19/13779 下—13780 上。
《洛陽出土北魏墓誌選編》永安八，146 頁。
《漢魏南北朝墓誌彙編》256—257 頁。
《漢魏六朝碑刻校注》6 冊 265 頁。
《故宮博物院藏歷代墓誌彙編》1 冊 70 頁。
《全北魏東魏西魏文補遺》293—294 頁。
碑目題跋著錄：
《石刻題跋索引》144 頁右，《新編》1/30/22482。
《石刻名彙》2/14a，《新編》2/2/1031 下。
《崇雅堂碑錄補》1/8b，《新編》2/6/4554 下。
《古誌新目初編》1/9b，《新編》2/18/13696 上。
《蒿里遺文目錄》2（3）/2b，《新編》2/20/14977 下。
《夢碧簃石言》5/14b，《新編》3/2/219 下。
《漢魏南北朝墓誌集釋》3/19a，《新編》3/3/71。
《國立北平圖書館藏碑目》9a，《新編》3/36/253 上。
《循園古冢遺文跋尾》4/5a–b，《新編》3/38/32 上。
《元氏誌錄》2b、5b，《新編》3/38/47 下、49 上。
《墓誌徵存目錄》卷 1，《羅振玉學術論著集》第五集，572 頁。
《洛陽出土石刻時地記》北魏永安 007，40 頁。
《歷代墓誌銘拓片目錄》24 頁。
《六朝墓誌檢要》（修訂本）115 頁。
《漢魏六朝碑刻校注·總目提要》編號 1692。
淑德大學《中國石刻拓本目錄》"墓誌"編號 168。
《北朝隋代墓誌所在總合目錄》編號 465。
《北京大學圖書館藏歷代墓誌拓片目錄》編號 00358。

永安 021

苟景墓誌并蓋

又作"苟景墓誌"。永安元年（528）十月十六日薨於并州之晉陽，永安二年（529）四月三日遷葬於洛陽城西四十五里，當穀城之北。1928 年洛陽城西北十五里東陡溝村西南角出土，于右任舊藏，現藏西安碑林博物館。誌高 68、寬 74 釐米；蓋底四邊長 65 釐米。文正書，27 行，滿行 26 字。蓋篆書，3 行，滿行 3 字。首題：魏故使持節衛大將軍儀同三司冀州刺史博野縣開國公苟君之墓誌銘；蓋題：魏故儀同苟使君墓銘。

圖版著錄：

《漢魏南北朝墓誌集釋》圖版二七一，《新編》3/3/612－613。

《北京圖書館藏中國歷代石刻拓本匯編》5 冊 121—122 頁。

《鴛鴦七誌齋藏石》圖 113。

《西安碑林全集》64/714－728。

《洛陽出土北魏墓誌選編》圖版一七三，387 頁。

《漢魏六朝碑刻校注》6 冊 267 頁。

《龍門區系石刻文萃》26 頁。（誌）

錄文著錄：

《洛陽出土北魏墓誌選編》永安一〇，147—148 頁。

《漢魏南北朝墓誌彙編》257—258 頁。

《漢魏六朝碑刻校注》6 冊 268 頁。

《全北魏東魏西魏文補遺》295—296 頁。

碑目題跋著錄：

《石刻題跋索引》144 頁右，《新編》1/30/22482。

《漢魏南北朝墓誌集釋》6/57b，《新編》3/3/148。

《國立北平圖書館藏碑目》9a，《新編》3/36/253 上。

《墓誌徵存目錄》卷 1，《羅振玉學術論著集》第五集，572 頁。

《洛陽出土石刻時地記》北魏永安 009，40 頁。

《歷代墓誌銘拓片目錄》24 頁。

《碑帖鑒定》180 頁。

《六朝墓誌檢要》（修訂本）115、130 頁。

《漢魏六朝碑刻校注·總目提要》編號 1693。

淑德大學《中國石刻拓本目錄》"墓誌"編號 170。

《北朝隋代墓誌所在總合目錄》編號 466。

《北京大學圖書館藏歷代墓誌拓片目錄》編號 00359。

論文：

施安昌：《北魏苟景墓誌及紋飾考》，《故宮博物院院刊》1988 年第 2 期。

備考：笱景，《魏書》作"苟景，字景蠻"，卷四四附《苟頹傳》；墓誌為"字景蠻"。

永安 022

元端妻馮氏墓誌

永安二年（529）閏月十五日薨於第，以八月十一日葬於京城西北□里北芒之南。1929 年洛陽東北後溝村東二里處出土。誌高 39.7、寬 40 釐米。文 18 行，滿行 18 字，正書。首題：魏故車騎將軍司空公元故夫人馮墓誌。

圖版著錄：

《漢魏南北朝墓誌集釋》圖版一八〇，《新編》3/3/486。

《北京圖書館藏中國歷代石刻拓本匯編》5 冊 123 頁。

《漢魏六朝碑刻校注》6 冊 270 頁。

錄文著錄：

《洛陽出土北魏墓誌選編》永安一一，148 頁。

《漢魏南北朝墓誌彙編》258—259 頁。

《漢魏六朝碑刻校注》6 冊 271 頁。

《全北魏東魏西魏文補遺》296 頁。

碑目題跋著錄：

《石刻題跋索引》144 頁右，《新編》1/30/22482。

《古誌新目初編》1/9b，《新編》2/18/13696 上。

《漢魏南北朝墓誌集釋》4/36b，《新編》3/3/106。

《墓誌徵存目錄》卷1，《羅振玉學術論著集》第五集，572頁。

《洛陽出土石刻時地記》北魏永安010，40頁。

《六朝墓誌檢要》（修訂本）115—116頁。

《漢魏六朝碑刻校注·總目提要》編號1694。

《北朝隋代墓誌所在総合目録》編號467。

永安023

元繼墓誌并蓋

永安元年（528）薨於位，二年（529）八月十二日葬於洛陽之西山。王衍、馮元興等撰。1927年洛陽東北大楊樹村出土，于右任舊藏，今石藏西安碑林博物館。誌高62、寬68釐米；蓋高63、寬69釐米。文正書，31行，滿行30字。蓋篆書，3行，滿行3字。蓋題：魏故大丞相江陽王銘；首題：大魏丞相江陽王墓誌銘。

圖版著錄：

《漢魏南北朝墓誌集釋》圖版七六，《新編》3/3/368–369。

《北京圖書館藏中國歷代石刻拓本匯編》5冊124頁。（誌）

《鴛鴦七誌齋藏石》圖114。

《中國金石集萃》7函7輯編號68。（誌）

《西安碑林全集》64/729–740。

《洛陽出土北魏墓誌選編》圖版一七四，388頁。（誌）

《漢魏六朝碑刻校注》6冊272頁。

錄文著錄：

《洛陽出土北魏墓誌選編》永安一二，148—149頁。

《漢魏南北朝墓誌彙編》259—260頁。

《漢魏六朝碑刻校注》6冊273—274頁。

《全北魏東魏西魏文補遺》296—298頁。

碑目題跋著錄：

《石刻題跋索引》144頁右，《新編》1/30/22482。

《古誌新目初編》1/10a，《新編》2/18/13696下。

《漢魏南北朝墓誌集釋》3/18a－b，《新編》3/3/69－70。
《國立北平圖書館藏碑目》9b，《新編》3/36/253 上。
《元氏誌錄補遺》3b，《新編》3/38/56 上。
《墓誌徵存目錄》卷1，《羅振玉學術論著集》第五集，572 頁。
《丁戊稿》，《羅振玉學術論著集》第十集（上）224—225 頁。
《洛陽出土石刻時地記》北魏永安011，40 頁。
《歷代墓誌銘拓片目錄》24 頁。
《六朝墓誌檢要》（修訂本）116 頁。
《漢魏六朝碑刻校注·總目提要》編號1695。
《北朝隋代墓誌所在總合目錄》編號468。
《北京大學圖書館藏歷代墓誌拓片目錄》編號00360。
論文：
李陽：《北魏〈元繼墓誌〉考釋》，《碑林集刊》第2輯，1994年。
備考：元繼，《魏書》卷一六、《北史》卷一六有傳，附《京兆王黎傳》。

永安024

山徽墓誌

永安二年（529）三月八日終於洛陽篤恭里，永安二年十一月七日遷葬於叔父安東將軍相州刺史之塋。1929年洛陽東北後營村西北，營莊村正東出土，于右任舊藏，今石藏西安碑林博物館。誌高、寬均51釐米。文正書，24行，滿行24字。首題：魏故諫議大夫建城侯山君之墓銘。

圖版著錄：
《漢魏南北朝墓誌集釋》圖版二七二，《新編》3/3/614。
《北京圖書館藏中國歷代石刻拓本匯編》5 冊125 頁。
《鴛鴦七誌齋藏石》圖118。
《中國金石集萃》8 函8 輯編號76。
《西安碑林全集》64/777－780。
《漢魏六朝碑刻校注》6 冊278 頁。
錄文著錄：

《洛陽出土北魏墓誌選編》永安一四，150—151頁。
《漢魏南北朝墓誌彙編》262—263頁。
《漢魏六朝碑刻校注》6冊279頁。
《全北魏東魏西魏文補遺》299—300頁。

碑目題跋著錄：
《石刻題跋索引》144頁右，《新編》1/30/22482。
《古誌新目初編》1/10a，《新編》2/18/13696下。
《漢魏南北朝墓誌集釋》6/57b，《新編》3/3/148。
《國立北平圖書館藏碑目》9b，《新編》3/36/253上。
《蒿里遺文目錄續編·墓誌徵存》3a，《新編》3/37/538上。
《墓誌徵存目錄》卷1，《羅振玉學術論著集》第五集，573頁。
《洛陽出土石刻時地記》北魏永安013，41頁。
《歷代墓誌銘拓片目錄》24頁。
《六朝墓誌檢要》（修訂本）116頁。
《漢魏六朝碑刻校注·總目提要》編號1696。
《北朝隋代墓誌所在総合目錄》編號470。
《北京大學圖書館藏歷代墓誌拓片目錄》00361。

永安025

邢巒繼夫人元純陀墓誌

又名：元純陀墓誌。永安元年（528）十月十三日薨於熒陽郡解別館，永安二年（529）十一月七日葬於洛陽城西北一十五里芒山西南別名馬鞍小山之朝陽。據葬地推測，應在洛陽城東北馬溝村北地一帶出土。于右任舊藏，今石存西安碑林博物館。誌高、寬均57釐米。文正書，29行，滿行30字。首題：魏故車騎大將軍平舒文定邢公繼夫人大覺寺比丘元尼墓誌銘并序。

圖版著錄：
《漢魏南北朝墓誌集釋》圖版一三一，《新編》3/3/431。
《北京圖書館藏中國歷代石刻拓本匯編》5冊126頁。
《鴛鴦七誌齋藏石》圖115。

《中國金石集萃》8 函 8 輯編號 75。

《西安碑林全集》64/741－750。

《漢魏六朝碑刻校注》6 冊 275 頁。

錄文著錄：

《洛陽出土北魏墓誌選編》永安一三，149—150 頁。

《漢魏南北朝墓誌彙編》261—262 頁。

《漢魏六朝碑刻校注》6 冊 276—277 頁。

《全北魏東魏西魏文補遺》298—299 頁。

碑目題跋著錄：

《石刻題跋索引》144 頁右，《新編》1/30/22482。

《古誌新目初編》1/10a，《新編》2/18/13696 下。

《漢魏南北朝墓誌集釋》4/28a，《新編》3/3/89。

《蒿里遺文目錄續編補遺・元魏宗室妃主誌存》2a，《新編》3/37/545 下。

《墓誌徵存目錄》卷1，《羅振玉學術論著集》第五集，573 頁。

《洛陽出土石刻時地記》北魏永安 014，41 頁。

《六朝墓誌檢要》（修訂本）116 頁。

《漢魏六朝碑刻校注・總目提要》編號 1699。

淑德大學《中國石刻拓本目錄》"墓誌"編號 171。

《北朝隋代墓誌所在總合目錄》編號 469。

《北京大學圖書館藏歷代墓誌拓片目錄》編號 00362。

備考：邢巒，《魏書》卷六五、《北史》卷四三有傳。

永安 026

尒朱紹墓誌

或作"爾朱紹"。永安二年（529）六月廿三日薨於位，永安二年十一月七日遷於司空公之塋。1928 年河南洛陽城北卅里，十里頭村南出土，于右任舊藏，現存西安碑林博物館。誌高 64、寬 75 釐米。文正書，29 行，滿行 26 字。首題：魏故使持節侍中驃騎大將軍司徒公都督冀州諸軍事冀州刺史趙郡開國公尒朱公之墓誌銘。

圖版著錄：

《漢魏南北朝墓誌集釋》圖版二七三，《新編》3/3/615。

《北京圖書館藏中國歷代石刻拓本匯編》5 冊 127 頁。

《鴛鴦七誌齋藏石》圖 116。

《西安碑林全集》64/751－762。

《洛陽出土北魏墓誌選編》圖版一七五，389 頁。

《漢魏六朝碑刻校注》6 冊 281 頁。

錄文著錄：

《洛陽出土北魏墓誌選編》永安一五，151—152 頁。

《漢魏南北朝墓誌彙編》263—264 頁。

《漢魏六朝碑刻校注》6 冊 282 頁。

《全北魏東魏西魏文補遺》300—301 頁。

碑目題跋著錄：

《石刻題跋索引》144 頁右，《新編》1/30/22482。

《古誌新目初編》1/10a，《新編》2/18/13696 下。

《漢魏南北朝墓誌集釋》6/57b，《新編》3/3/148。

《國立北平圖書館藏碑目》9a，《新編》3/36/253 上。

《松翁未焚稿》20a－21a，《新編》3/38/332 下—333 上。

《墓誌徵存目錄》卷 1，《羅振玉學術論著集》第五集，573 頁。

《洛陽出土石刻時地記》北魏永安 015，41 頁。

《六朝墓誌檢要》（修訂本）117 頁。

《漢魏六朝碑刻校注·總目提要》編號 1697。

《北朝隋代墓誌所在綜合目錄》編號 471。

《北京大學圖書館藏歷代墓誌拓片目錄》編號 00363。

論文：

田中華：《尒朱紹·尒朱襲墓誌研究》，《碑林集刊》第 2 輯，1994 年。

王靜：《尒朱氏墓誌所見隋唐帝國形成中尒朱家族浮沉》，碩士論文，南京大學，2014 年。

備考：尒朱紹，史書作"字世承"，《魏書》卷七五、《北史》卷四八有傳，附《尒朱彥伯傳》。

永安 027

尒朱襲墓誌并蓋

或作"爾朱襲"。永安二年（529）六月廿三日薨於京師，永安二年十一月七日遷葬於司空公之塋。1928 年洛陽城東北卅里，張凹村東北十里頭村南地出土，于右任舊藏，今石存西安碑林博物館。誌高 63.5、寬 70 釐米。盝頂蓋，蓋底邊長 65、寬 55 釐米。文正書，28 行，滿行 26 字。蓋篆書，3 行，行 3 字。首題：魏故使持節車騎大將軍儀同三司都督定州諸軍事定州刺史萬年縣開國伯尒朱君之墓誌銘；蓋題：魏故儀同尒朱君墓誌。

圖版著錄：

《漢魏南北朝墓誌集釋》圖版二七四，《新編》3/3/616－617。

《北京圖書館藏中國歷代石刻拓本匯編》5 冊 128—129 頁。

《鴛鴦七誌齋藏石》圖 117。

《西安碑林全集》64/763－776。

《洛陽出土北魏墓誌選編》圖版一七六，390 頁。（誌）

《漢魏六朝碑刻校注》6 冊 284 頁。

錄文著錄：

《洛陽出土北魏墓誌選編》永安一六，152 頁。

《漢魏南北朝墓誌彙編》264—266 頁。

《漢魏六朝碑刻校注》6 冊 285 頁。

《全北魏東魏西魏文補遺》301—302 頁。

碑目題跋著錄：

《石刻題跋索引》144 頁右，《新編》1/30/22482。

《古誌新目初編》1/10a，《新編》2/18/13696 下。

《漢魏南北朝墓誌集釋》6/57b－58a，《新編》3/3/148－149。

《國立北平圖書館藏碑目》9b，《新編》3/36/253 上。

《墓誌徵存目錄》卷 1，《羅振玉學術論著集》第五集，573 頁。

《洛陽出土石刻時地記》北魏永安 016，41 頁。

《歷代墓誌銘拓片目錄》24 頁。

《碑帖敘錄》214 頁。

《六朝墓誌檢要》（修訂本）117 頁。

《漢魏六朝碑刻校注·總目提要》編號 1698。

淑德大學《中國石刻拓本目錄》"墓誌"編號 169。

《北朝隋代墓誌所在總合目錄》編號 472。

《北京大學圖書館藏歷代墓誌拓片目錄》編號 00364。

論文：

田中華：《尒朱紹·尒朱襲墓誌研究》，《碑林集刊》第 2 輯，1994 年。

王靜：《尒朱氏墓誌所見隋唐帝國形成中尒朱家族浮沉》，碩士論文，南京大學，2014 年。

備考：《石刻題跋索引》將"尒朱襲"誤作"尒朱璽"。

永安 028

張懋墓誌

永安二年（529）七月六日卒於洛陽之中練里，其年十一月八日葬於金谷之左四里。邙洛出土。誌高、寬均 47 釐米。文 26 行，滿行 25 字，正書。首題：魏故輕車將軍汝南折陽二郡太守張府君墓誌銘。

碑目著錄：

《北朝隋代墓誌所在總合目錄》編號 473。

論文：

宫萬瑜：《邙洛近年出土馮聿、源模、張懋三方北魏墓誌略考》，《中原文物》2012 年第 5 期。（圖、文）

李建平、尚磊：《邙洛近年新出北魏馮聿、源模、張懋墓誌商補》，《中原文物》2013 年第 5 期。

何山：《馮聿、源模、張懋三種北魏墓誌誌文釋錄瑣議》，《保定學院學報》2013 年第 6 期。

舒韶雄、雷金瑾：《洛陽新出三方北魏墓誌文字校補》，《河南科技大學學報》2014 年第 1 期。

章紅梅：《新出三方北魏墓誌釋文補正》，《北方文物》2016 年第 1 期。

永安 029

張瓚墓誌并蓋

永安二年（529）十一月十五日葬於苟琭壘東南三里。誌長 20、高 24 釐米；誌蓋底長 20、高 23.5 釐米；頂長 15、高 17.5 釐米。文 8 行，滿行 8 字，正書；蓋文字殘泐較甚，殘存一"孝"字，正書。

著錄：

《北朝藝術研究院藏品圖錄·墓誌》90—91 頁。（圖、文）

永安 030

華州刺史丘哲墓誌

武泰元年（528）正月廿一日薨於家，（永安二年，529）十一月十九日葬在城西十五里北芒之南。1927 年洛陽城北馬溝村東出土，于右任舊藏，今石存西安碑林博物館。誌高、寬均 45 釐米。文正書，19 行，滿行 19 字。首題：魏故使持節征虜將軍華州諸軍事華州刺史丘公之墓誌。

圖版著錄：

《漢魏南北朝墓誌集釋》圖版二六八，《新編》3/3/609。

《北京圖書館藏中國歷代石刻拓本匯編》5 冊 132 頁。

《鴛鴦七誌齋藏石》圖 119。

《中國金石集萃》8 函 7 輯編號 67。

《西安碑林全集》64/707 – 710。

《漢魏六朝碑刻校注》6 冊 296 頁。

錄文著錄：

《洛陽出土北魏墓誌選編》武泰五，120 頁。

《漢魏南北朝墓誌彙編》267 頁。

《漢魏六朝碑刻校注》6 冊 297 頁。

《全北魏東魏西魏文補遺》304 頁。

碑目題跋著錄：

《石刻題跋索引》145 頁左，《新編》1/30/22483。

《古誌新目初編》1/8b，《新編》2/18/13695 下。

《漢魏南北朝墓誌集釋》6/57a，《新編》3/3/147。

《國立北平圖書館藏碑目》8a，《新編》3/36/252 下。

《蒿里遺文目錄續編·墓誌徵存》3a，《新編》3/37/538 上。

《墓誌徵存目錄》卷 1，《羅振玉學術論著集》第五集，570 頁。

《洛陽出土石刻時地記》北魏永安 012，40—41 頁。

《歷代墓誌銘拓片目錄》23 頁。

《六朝墓誌檢要》（修訂本）105—106 頁。

《漢魏六朝碑刻校注·總目提要》編號 1702。

《北朝隋代墓誌所在總合目錄》編號 475。

《北京大學圖書館藏歷代墓誌拓片目錄》編號 00366。

備考：此誌諸書著錄多誤作武泰元年葬，趙萬里《漢魏南北朝墓誌集釋》云：上脫"永安二年"四字，暫從。

永安 031

元恩墓誌并蓋

永安二年（529）七月三日終於崇仁鄉嘉平里第，十一月十九日葬於長陵之左。1921 年洛陽城北安駕溝村出土，曾歸三原于右任。誌高、寬均 43.9 釐米。文正書，22 行，滿行 22 字。蓋有圖無文。首題：魏故員外散騎侍郎元君墓誌銘。

圖版著錄：

《漢魏南北朝墓誌集釋》圖版九一，《新編》3/3/385 - 386。

《北京圖書館藏中國歷代石刻拓本匯編》5 冊 131 頁。（誌）

《洛陽出土北魏墓誌選編》圖版一七七，391 頁。（誌）

《漢魏六朝碑刻校注》6 冊 293 頁。

錄文著錄：

《芒洛冢墓遺文四編》1/38a - b，《新編》1/19/14167 下。

《誌石文錄》卷上/40b - 41a，《新編》2/19/13761 下—13762 上。

《洛陽出土北魏墓誌選編》永安一七，153 頁。

《漢魏南北朝墓誌彙編》266—267 頁。

《漢魏六朝碑刻校注》6 冊 294 頁。

《全北魏東魏西魏文補遺》302 頁。

碑目題跋著錄：

《石刻題跋索引》144 頁右—145 頁左，《新編》1/30/22482 – 22483。

《石刻名彙》2/14b，《新編》2/2/1031 下。

《崇雅堂碑錄》1/19a，《新編》2/6/4493 上。

《古誌新目初編》1/10a，《新編》2/18/13696 下。

《蒿里遺文目錄》2（3）/2b，《新編》2/20/14977 下。

《夢碧簃石言》5/14b，《新編》3/2/219 下。

《漢魏南北朝墓誌集釋》3/20b，《新編》3/3/74。

《國立北平圖書館藏碑目》9b，《新編》3/36/253 上。

《循園古冢遺文跋尾》4/5b，《新編》3/38/32 上。

《元氏誌錄》3a、6a，《新編》3/38/48 上、49 下。

《碑帖跋》70 頁，《新編》3/38/218、4/7/432 上。

《墓誌徵存目錄》卷 1，《羅振玉學術論著集》第五集，573 頁。

《洛陽出土石刻時地記》北魏永安 017，41 頁。

《歷代墓誌銘拓片目錄》24 頁。

《六朝墓誌檢要》（修訂本）117 頁。

《漢魏六朝碑刻校注·總目提要》編號 1701。

淑德大學《中國石刻拓本目錄》"墓誌"編號 172—173。

《北朝隋代墓誌所在總合目錄》編號 474。

《北京大學圖書館藏歷代墓誌拓片目錄》編號 00365。

永安 032

韋敬元長女韋鮮玉磚誌

永安二年（529）十二月十四日葬。2007 年 12 月陝西省西安市長安區韋曲鎮杜陵西路與長興路交匯處東南隅出土。磚長 37、寬 18、厚 5 至 6 釐米。文 4 行，行字不等，共計 37 字，正書。首題：雍州主簿韋敬元長女鮮玉之墓。

論文：

段毅：《北朝兩方韋氏墓誌釋解》，《碑林集刊》第 21 輯，2015 年。（圖、文）

永安 033
趙暄墓誌

永安二年（529）四月廿日卒於京師，其年十二月廿四日葬於北邙之西原。1998 年 12 月河南省洛陽市孟津縣平樂村西北千餘米處出土，先歸平樂郭氏，旋歸洛陽古代藝術館。誌高·寬均 63、厚 7 釐米。文 33 行，滿行 34 字，正書。首題：魏故平遠將軍左中郎將趙君墓誌銘。

圖版著錄：

《河洛墓刻拾零》上冊 35 頁。

碑目著錄：

《北朝隋代墓誌所在總合目錄》編號 476。

論文：

趙振華：《〈趙暄墓誌〉與都洛北魏朝廷的道教政治因素》，《河南科技大學學報》2004 年第 3 期；又收入《洛陽古代銘刻文獻研究》，第 280—287 頁。

永安 034
穆彦墓誌并蓋

又名：穆世略墓誌。永安二年（529）六月廿三日暴薨於兗州，即年十二月廿六日葬於芒山。1928 年洛陽城東北白鹿莊村南營莊村北出土，于右任舊藏，今石藏西安碑林博物館。誌高 43、寬 45 釐米；蓋高 30、寬 32 釐米。文正書，23 行，滿行 23 字。蓋篆書，3 行共 8 字。首題：魏兗州故長史穆君墓誌銘；蓋題：魏故穆君之墓誌銘。

圖版著錄：

《漢魏南北朝墓誌集釋》圖版二七五，《新編》3/3/618－619。

《北京圖書館藏中國歷代石刻拓本匯編》5 冊 133—134 頁。

《鴛鴦七誌齋藏石》圖 120。

《西安碑林全集》64/781－784、65/910－911。

《洛陽出土北魏墓誌選編》圖版一七八，392 頁。（誌）

《漢魏六朝碑刻校注》6 冊 299 頁。

錄文著錄：

《洛陽出土北魏墓誌選編》永安一八，153—154 頁。

《漢魏南北朝墓誌彙編》267—268 頁。

《漢魏六朝碑刻校注》6 冊 300 頁。

《全北魏東魏西魏文補遺》304—305 頁。

碑目題跋著錄：

《石刻題跋索引》145 頁左，《新編》1/30/22483。

《崇雅堂碑錄》1/19a，《新編》2/6/4493 上。

《古誌新目初編》1/10a，《新編》2/18/13696 下。

《漢魏南北朝墓誌集釋》6/58a，《新編》3/3/149。

《國立北平圖書館藏碑目》9b，《新編》3/36/253 上。

《蒿里遺文目錄續編・墓誌徵存》3a，《新編》3/37/538 上。

《墓誌徵存目錄》卷 1，《羅振玉學術論著集》第五集，573 頁。

《洛陽出土石刻時地記》北魏永安 018，41—42 頁。

《歷代墓誌銘拓片目錄》25 頁。

《六朝墓誌檢要》（修訂本）117—118 頁。

《漢魏六朝碑刻校注・總目提要》編號 1703。

《北朝隋代墓誌所在總合目錄》編號 477。

《北京大學圖書館藏歷代墓誌拓片目錄》編號 00367。

永安 035

蔣□棺蓋文

又名：四耶耶骨石棺題記。永安二年（529）十一月。2002 年 12 月訪得，據云於山西省大同市西南約 10 公里魏辛莊出土，文墨書於石棺蓋。高 40、寬 28 釐米。墨書 6 行，行 5 至 10 字不等，正書。

著錄：

《漢魏六朝碑刻校注》6 冊 302—303 頁。（圖、文）

《漢魏六朝碑刻校注・總目提要》編號 1704。（目）

論文：

殷憲：《近年所見北魏書跡二則：〈北魏石棺墨書"四耶耶骨"〉、〈太和十四年屈突隆業墓磚〉考略》，《書法叢刊》2005 年第 3 期；又見《北魏平城書跡研究》，第 361—365 頁。

郝軍軍：《"蔣四耶耶"石棺的年代及相關問題研究》，《文物》2016 年第 11 期。

何山：《〈四耶耶骨棺蓋墨書墨記〉新考》，《重慶第二師範學院學報》2016 年第 4 期。

永安 036

寇霄墓誌

遇桀賊於路，殞於湯陰，以永安三年（530）二月朔日（初一）葬於洛陽城西廿五里高祖墓次。1925 年河南洛陽城東北攔駕溝村北，楊凹村南地出土，于右任舊藏，今石存西安碑林博物館。誌高、寬均 50 釐米。文正書，19 行，滿行 19 字。首題：魏故先生寇君墓誌。

圖版著錄：

《漢魏南北朝墓誌集釋》圖版二七七，《新編》3/3/622。

《北京圖書館藏中國歷代石刻拓本匯編》5 冊 137 頁。

《鴛鴦七誌齋藏石》圖 122。

《西安碑林全集》64/791–794。

《洛陽出土北魏墓誌選編》圖版一七九，393 頁。

《漢魏六朝碑刻校注》6 冊 310 頁。

錄文著錄：

《洛陽出土北魏墓誌選編》永安二一，155—156 頁。

《漢魏南北朝墓誌彙編》268—269 頁。

《漢魏六朝碑刻校注》6 冊 311 頁。

《全北魏東魏西魏文補遺》41 頁。

碑目題跋著錄：

《石刻題跋索引》145 頁左，《新編》1/30/22483。

《古誌新目初編》1/10a，《新編》2/18/13696 下。

《漢魏南北朝墓誌集釋》6/58a–b，《新編》3/3/149–150。

《國立北平圖書館藏碑目》9b,《新編》3/36/253 上。

《洛陽出土石刻時地記》北魏永安 021，42 頁。

《六朝墓誌檢要》（修訂本）118 頁。

《漢魏六朝碑刻校注·總目提要》編號 1708。

《北朝隋代墓誌所在總合目錄》編號 479。

《北京大學圖書館藏歷代墓誌拓片目錄》編號 00369。

永安 037

元液墓誌

建義元年（528）四月十四日薨於洛陽孝第之里，永安三年（530）二月十三日遷葬於長陵之東崗。1929 年洛陽城北瓦店村西張楊村東北出土，于右任舊藏，今石藏西安碑林博物館。誌高 62、寬 73 釐米。文正書，36 行，滿行 31 字。首題：魏故使持節鎮東將軍冀州刺史長平縣開國男元公墓誌銘。

圖版著錄：

《漢魏南北朝墓誌集釋》圖版一一一,《新編》3/3/408。

《北京圖書館藏中國歷代石刻拓本匯編》5 冊 136 頁。

《鴛鴦七誌齋藏石》圖 121。

《中國金石集萃》7 函 7 輯編號 69。

《西安碑林全集》64/785－790。

《漢魏六朝碑刻校注》6 冊 304 頁。

錄文著錄：

《洛陽出土北魏墓誌選編》永安一九，154—155 頁。

《漢魏南北朝墓誌彙編》269—271 頁。

《漢魏六朝碑刻校注》6 冊 305—306 頁。

《全北魏東魏西魏文補遺》305—306 頁。

碑目題跋著錄：

《石刻題跋索引》145 頁左,《新編》1/30/22483。

《古誌新目初編》1/10a,《新編》2/18/13696 下。

《漢魏南北朝墓誌集釋》4/25a,《新編》3/3/83。

《國立北平圖書館藏碑目》9b，《新編》3/36/253 上。

《蒿里遺文目錄續編補遺·元魏宗室妃主誌存》1b，《新編》3/37/545 上。

《元氏誌錄補遺》3b，《新編》3/38/56 上。

《墓誌徵存目錄》卷1，《羅振玉學術論著集》第五集，573 頁。

《洛陽出土石刻時地記》北魏永安 019，42 頁。

《歷代墓誌銘拓片目錄》25 頁。

《六朝墓誌檢要》（修訂本）118 頁。

《漢魏六朝碑刻校注·總目提要》編號 1706。

《北朝隋代墓誌所在總合目錄》編號 480。

《北京大學圖書館藏歷代墓誌拓片目錄》編號 00368。

永安 038

元祉墓誌

永安二年（529）十一月二十一日卒，永安三年（530）二月十四日葬於洛陽溽澗之西。近年由洛陽文物考古研究院發掘出土。蓋盝頂，方形，邊長 80 釐米。誌方形，邊長 80 釐米。志文正書，41 行，滿行 42 字。蓋篆書，4 行，行 4 字。蓋題：魏故侍中太保司徒公平原武昭王墓銘。首題：魏故使持節侍中太保司徒公都督冀定滄瀛四州諸軍事驃騎大將軍冀州刺史平原武昭王墓銘。

論文：

李欽善：《洛陽新出北魏〈元祉墓誌〉》，《中國書法》2013 年第 12 期。（圖、文）

洛陽市文物考古研究院：《洛陽北魏元祉墓發掘簡報》，《洛陽考古》2017 年第 3 期。（圖、文）

吳業恒：《北魏元祉墓誌考釋》，《洛陽考古》2018 年第 1 期。（圖、文）

備考：元祉，事見《魏書》卷一〇、《北史》卷五《孝莊本紀》；《魏書》卷一九中、《北史》卷一八《元順傳》

永安 039

元夫人陸孟暉墓誌

永安三年（530）二月十五日終於善正鄉嘉平里第。1926 年洛陽城北北陳莊村出土。誌高 24.8、寬 30.3 釐米。文 15 行，滿行 13 字，正書。首題：魏故大宗明皇帝之玄孫使持節安東將軍營幽二州刺史元懿公之元子妻陸夫人孟暉墓誌銘。

圖版著錄：

《漢魏南北朝墓誌集釋》圖版九三，《新編》3/3/388。

《漢魏六朝碑刻校注》6 冊 308 頁。

錄文著錄：

《洛陽出土北魏墓誌選編》永安二〇，155 頁。

《漢魏南北朝墓誌彙編》271—272 頁。

《漢魏六朝碑刻校注》6 冊 309 頁。

《全北魏東魏西魏文補遺》306—307 頁。

碑目題跋著錄：

《石刻題跋索引》145 頁左，《新編》1/30/22483。

《漢魏南北朝墓誌集釋》3/21a，《新編》3/3/75。

《洛陽出土石刻時地記》北魏永安 020，42 頁。

《漢魏六朝碑刻校注·總目提要》編號 1707。

《北朝隋代墓誌所在總合目錄》編號 481。

永安 040

□子明墓誌

永安三年（530）七月廿一日。

碑目著錄：

淑德大學《中國石刻拓本目錄》"墓誌"編號 174。

永安 041

王舒磚誌

永安三年（530）九月十一日葬於北芒之陽。河南洛陽出土，浙江吳興徐森玉舊藏。誌高、寬均 37 釐米。文正書，7 行，滿行 8 字。首題：魏故王君墓誌銘。

圖版著錄：

《漢魏南北朝墓誌集釋》圖版五八七，《新編》3/4/344。

《中國磚銘》圖版上冊 695 頁上。
《漢魏六朝碑刻校注》6 冊 312 頁。
《中國古代磚刻銘文集》上冊編號 0971。

錄文著錄：
《洛陽出土北魏墓誌選編》永安二二，156 頁。
《漢魏南北朝墓誌彙編》272 頁。
《漢魏六朝碑刻校注》6 冊 313 頁。
《中國古代磚刻銘文集》下冊編號 0971。
《全北魏東魏西魏文補遺》307 頁。

碑目題跋著錄：
《石刻題跋索引》145 頁左，《新編》1/30/22483。
《石刻名彙》2/14b，《新編》2/2/1031 下。
《崇雅堂碑錄補》1/8b，《新編》2/6/4554 下。
《古誌新目初編》1/10a，《新編》2/18/13696 下。
《蒿里遺文目錄》3 上/3a，《新編》2/20/14982 上。
《漢魏南北朝墓誌集釋》11/115a，《新編》3/3/263。
《循園古冢遺文跋尾》4/5b–6a，《新編》3/38/32 上—下。
《六朝墓誌檢要》（修訂本）118 頁。
《漢魏六朝碑刻校注·總目提要》編號 1709。
《北朝隋代墓誌所在綜合目錄》編號 482。
《北京大學圖書館藏歷代墓誌拓片目錄》編號 00370。

永安 042

東郡太守沈起磚銘

永安四年（531）四月廿二日。端方舊藏。磚高 26、寬 12.5 釐米。文 3 行，行 12 至 14 字不等，正書。

圖版著錄：
《中國古代磚刻銘文集》上冊編號 0972。

錄文著錄：
《匋齋藏石記》7/15a，《新編》1/11/8049 上。

《雪堂專錄·專誌徵存》5b－6a，《羅雪堂先生全集》五編 3 冊 1274—1275 頁。

《中國古代磚刻銘文集》下冊編號 0972。

《全北魏東魏西魏文補遺》309 頁。

碑目題跋著錄：

《匋齋藏石記》7/15a－b，《新編》1/11/8049 上。

《石刻題跋索引》145 頁左，《新編》1/30/22483。

《石刻名彙》12/205b，《新編》2/2/1130 下。

《蒿里遺文目錄》3 上/3a，《新編》2/20/14982 上。

《六朝墓誌檢要》（修訂本）119 頁。

《漢魏六朝碑刻校注·總目提要》編號 1723。

《北朝隋代墓誌所在總合目錄》編號 484。

《北京大學圖書館藏歷代墓誌拓片目錄》編號 00372。

建　明

建明 001

緱靜墓誌并蓋

永安三年（530）十月十五日卒於洛陽景平里，建明二年（531）二月廿日葬於故邑緱氏之原。2009 年秋河南偃師市出土，存洛陽民間。蓋長、寬均 52.5 釐米；誌長 50、寬 49.5 釐米。文 25 行，滿行 25 字，正書。蓋 4 行，行 3 字，篆書。蓋題：魏故冠軍將軍緱靜墓誌銘記。首題：維大魏建明二年歲次辛亥二月辛丑朔廿日緱中散之墓誌銘。

著錄：

《洛陽新見墓誌》9 頁。（圖）

《洛陽新獲七朝墓誌》31 頁。（圖）

《秦晉豫新出墓誌蒐佚》1 冊 34—35 頁。（圖）

《新見北朝墓誌集釋》74—77 頁。（圖、文、跋）

《北朝隋代墓誌所在總合目錄》編號 485。（目）

《北京大學圖書館藏歷代墓誌拓片目錄》編號 00373。（目）

普 泰

普泰 001
長孫盛墓誌并蓋

卒於洛陽之安武里第，普泰元年（531）三月二日與夫人合葬於河南之北芒。據誌出土於河南省孟津縣。散落在洛陽民間。誌高 55、寬 56 釐米。蓋高、寬均 47.5 釐米。文 25 行，滿行 25 字，正書。蓋 4 行，行 4 字，篆書。首題：魏故左將軍散騎常侍長孫公之墓誌銘。蓋題：魏故左將軍散騎常侍長孫公之墓誌銘。

圖版著錄：
《洛陽新見墓誌》10 頁。（誌）
《洛陽新獲七朝墓誌》32 頁。（誌）
《龍門區系石刻文萃》425 頁。
《秦晉豫新出墓誌蒐佚續編》1 冊 76—77 頁。
碑目著錄：
《漢魏六朝碑刻校注·總目提要》編號 1721。
《北朝隋代墓誌所在綜合目錄》編號 487。
論文：
陳財經：《讀北魏〈長孫盛墓誌〉》，《碑林集刊》第 18 輯，2012 年。
備考：長孫盛，《魏書》卷二六《長孫翰傳》有載。

普泰 002
長孫子梵墓誌并蓋

永安三年（530）五月十七日卒於駱谷之中，普泰元年（531）三月二日葬。2001 年河南省洛陽市孟津縣出土。誌高 56、寬 55.5 釐米。蓋高、寬均 48 釐米。文 23 行，滿行 23 字，正書。蓋 4 行，行 4 字，篆書。蓋題：魏故假節征虜將軍益州都督長孫君銘。首題：魏故假節征虜將軍益州都督長孫君墓誌銘。

圖版著錄：
《邙洛碑誌三百種》28—29 頁。

錄文著錄：

《全北魏東魏西魏文補遺》307—308 頁。

碑目著錄：

《漢魏六朝碑刻校注·總目提要》編號 1712。

《北朝隋代墓誌所在總合目錄》編號 486。

普泰 003

羅宗妻陸頍藜墓誌

永安三年（530）八月十五日卒於洛陽脩民里，普泰元年（531）三月三日合葬。誌高、寬均 51 釐米。文 22 行，滿行 24 字，正書。首題：魏故輔國將軍洛州刺史趙郡公羅宗之夫人故陸氏墓誌銘。

圖版著錄：

《河洛墓刻拾零》上冊 36 頁。

《洛陽新獲七朝墓誌》33 頁。

《龍門區系石刻文萃》426 頁。

碑目著錄：

《北朝隋代墓誌所在總合目錄》編號 488。

論文：

凌文超：《北魏〈羅宗夫婦墓誌〉考釋》，《出土文獻研究》第九輯，2010 年。

普泰 004

元誨墓誌并蓋

永安三年（530）十二月三日薨，普泰元年（531）三月廿七日葬於西郊。1915 年（一說 1920 年）河南洛陽城北張羊（楊）村出土，鄞縣馬叔平、江蘇武進陶蘭泉舊藏，今誌藏遼寧省博物館，蓋藏西安碑林博物館。誌高、寬均 71.5 釐米；蓋高、寬均 64 釐米。誌文正書，26 行，滿行 27 字。蓋篆書 3 行，行 3 字。蓋題：魏故司徒范陽王墓銘。

圖版著錄：

《漢魏南北朝墓誌集釋》圖版一九五，《新編》3/3/503－504。

《北京圖書館藏中國歷代石刻拓本匯編》5 冊 145 頁。（誌）

《鴛鴦七誌齋藏石》圖144。（蓋）
《西安碑林全集》65/908－909。（蓋）
《洛陽出土北魏墓誌選編》圖版一八〇，394頁。（誌）
《遼寧省博物館藏碑誌精粹》80頁。（誌）
《漢魏六朝碑刻校注》6冊318頁。
錄文著錄：
《芒洛冢墓遺文四編》1/38b－40a，《新編》1/19/14167下—14168下。
《滿洲金石志別錄》卷上/34b－35b，《新編》1/23/17414下—17415上。
《洛陽出土北魏墓誌選編》普泰一，156—157頁。
《漢魏南北朝墓誌彙編》273—275頁。
《漢魏六朝碑刻校注》6冊319頁。
《遼寧省博物館藏碑誌精粹》261頁。
《全北魏東魏西魏文補遺》308—309頁。
碑目題跋著錄：
《石刻題跋索引》145頁左，《新編》1/30/22483。
《石刻名彙》2/14b，《新編》2/2/1031下。
《崇雅堂碑錄補》1/8b，《新編》2/6/4554下。
《古誌新目初編》1/10b、12a，《新編》2/18/13696下、13697下。
《蒿里遺文目錄》2（3）/2b，《新編》2/20/14977下。
《夢碧簃石言》5/14b，《新編》3/2/219下。
《漢魏南北朝墓誌集釋》4/39b，《新編》3/3/112。
《國立北平圖書館藏碑目》9b，《新編》3/36/253上。
《循園古冢遺文跋尾》4/6a－7a，《新編》3/38/32下—33上。
《元氏誌錄》3a、7b，《新編》3/38/48上、50上。
《墓誌徵存目錄》卷1，《羅振玉學術論著集》第五集，573頁。
《松翁近稿》，《羅振玉學術論著集》第十集（上）64—65頁。
《洛陽出土石刻時地記》北魏普泰001，42頁。
《歷代墓誌銘拓片目錄》25頁。
《六朝墓誌檢要》（修訂本）119、129頁。

《漢魏六朝碑刻校注·總目提要》編號 1711。

淑德大學《中國石刻拓本目錄》"墓誌"編號 175。

《北朝隋代墓誌所在總合目錄》編號 489。

《遼寧省博物館藏碑誌精粹》81 頁。

《北京大學圖書館藏歷代墓誌拓片目錄》編號 00374。

普泰 005

赫連悅墓誌

普泰元年（531）五月十八日薨於郡，普泰元年七月十四日葬於梓澤舊塋。1936 年洛陽城西北王村出土，石藏西安碑林博物館。誌高 68.5、寬 67 釐米。文正書，30 行，滿行 30 字。首題：魏故使持節鎮北將軍都督建兗華三州諸軍事華州刺史畧平縣開國伯赫連公墓誌銘。

圖版著錄：

《漢魏南北朝墓誌集釋》圖版五八八，《新編》3/4/345。

《北京圖書館藏中國歷代石刻拓本匯編》5 冊 146 頁。

《中國金石集萃》8 函 8 輯編號 77。

《西安碑林全集》64/795 - 800。

《洛陽出土北魏墓誌選編》圖版一八一，395 頁。

《漢魏六朝碑刻校注》6 冊 321 頁。

錄文著錄：

《洛陽出土北魏墓誌選編》普泰二，157—158 頁。

《漢魏南北朝墓誌彙編》275—276 頁。

《漢魏六朝碑刻校注》6 冊 322 頁。

《全北魏東魏西魏文補遺》309—310 頁。

碑目題跋著錄：

《石刻題跋索引》145 頁左，《新編》1/30/22483。

《漢魏南北朝墓誌集釋》11/115a，《新編》3/3/263。

《國立北平圖書館藏碑目》9b，《新編》3/36/253 上。

《洛陽出土石刻時地記》北魏普泰 002，42 頁。

《六朝墓誌檢要》（修訂本）119 頁。

《漢魏六朝碑刻校注·總目提要》編號1713。

《北朝隋代墓誌所在綜合目錄》編號490。

《北京大學圖書館藏歷代墓誌拓片目錄》編號00375。

普泰006

元天穆墓誌并蓋

又名：武昭王天穆墓誌。永安三年（530）九月二十五日遇禍暴薨於明光殿，以普泰元年（531）八月十一日遷葬於京城西北二十里。1926年洛陽東北營莊村出土，于右任舊藏，今石藏西安碑林博物館。誌高、寬均82釐米。文正書，35行，滿行36字。蓋篆書，4行，滿行4字。蓋佚。首題：魏故使持節侍中太宰丞相柱國大將軍假黃鉞都督十州諸軍事雍州刺史武昭王墓誌；蓋題：黃鉞柱國大將軍丞相太宰武昭王墓誌。

圖版著錄：

《漢魏南北朝墓誌集釋》圖版四六，《新編》3/3/330–331。

《北京圖書館藏中國歷代石刻拓本匯編》5冊147—148頁。

《鴛鴦七誌齋藏石》圖124。（誌）

《西安碑林全集》64/801–816。（誌）

《洛陽出土北魏墓誌選編》圖版一八二，396頁。（誌）

《漢魏六朝碑刻校注》6冊324頁。（誌）

錄文著錄：

《洛陽出土北魏墓誌選編》普泰四，159—160頁。

《漢魏南北朝墓誌彙編》276—279頁。

《漢魏六朝碑刻校注》6冊325—326頁。

《全北魏東魏西魏文補遺》310—312頁。

碑目題跋著錄：

《石刻題跋索引》145頁左，《新編》1/30/22483。

《石刻名彙》第一編"誌銘類補遺"1b，《新編》2/2/1136上。

《古誌新目初編》1/10b，《新編》2/18/13696下。

《蒿里遺文目錄補遺》10b，《新編》2/20/15000下。

《漢魏南北朝墓誌集釋》3/10b–11a，《新編》3/3/54–55。

《國立北平圖書館藏碑目》9b，《新編》3/36/253 上。

《元氏誌錄補遺》3b，《新編》3/38/56 上。

《墓誌徵存目錄》卷 1，《羅振玉學術論著集》第五集，573 頁。

《丙寅稿》，《羅振玉學術論著集》第十集（上）141—143 頁。

《洛陽出土石刻時地記》北魏普泰 003，42—43 頁。

《歷代墓誌銘拓片目錄》25 頁。

《碑帖敘錄》16 頁。

《六朝墓誌檢要》（修訂本）119 頁。

《漢魏六朝碑刻校注・總目提要》編號 1714。

《北朝隋代墓誌所在總合目錄》編號 491。

《北京大學圖書館藏歷代墓誌拓片目錄》編號 00376。

論文：

趙蘭香：《北魏〈元天穆墓誌〉考釋》，《中國歷史文物》2010 年第 5 期。

備考：元天穆，《魏書》卷一四、《北史》卷一五有傳，附《高涼王孤傳》。

普泰 007

元弼（字思輔）墓誌

永安二年（529）七月廿一日卒於孝義里宅，普泰元年（531）八月十一日遷葬於蒼山之陽。1926 年洛陽城北安駕溝村出土，于右任舊藏，今石藏西安碑林博物館。誌高 47、寬 46 釐米。文正書，25 行，滿行 27 字。

圖版著錄：

《漢魏南北朝墓誌集釋》圖版九〇，《新編》3/3/384。

《北京圖書館藏中國歷代石刻拓本匯編》5 冊 149 頁。

《鴛鴦七誌齋藏石》圖 123。

《中國金石集萃》8 函 8 輯編號 78。

《西安碑林全集》65/817－822。

《漢魏六朝碑刻校注》6 冊 328 頁。

錄文著錄：

《洛陽出土北魏墓誌選編》普泰三，158—159 頁。

《漢魏南北朝墓誌彙編》279—280 頁。

《漢魏六朝碑刻校注》6 冊 329 頁。

《全北魏東魏西魏文補遺》312—313 頁。

碑目題跋著錄：

《石刻題跋索引》145 頁左，《新編》1/30/22483。

《古誌新目初編》1/10b，《新編》2/18/13696 下。

《漢魏南北朝墓誌集釋》3/20b，《新編》3/3/74。

《國立北平圖書館藏碑目》9b，《新編》3/36/253 上。

《蒿里遺文目錄續編補遺·元魏宗室妃主誌存》2a，《新編》3/37/545 下。

《墓誌徵存目錄》卷 1，《羅振玉學術論著集》第五集，573 頁。

《洛陽出土石刻時地記》北魏普泰 004，43 頁。

《歷代墓誌銘拓片目錄》25 頁。

《六朝墓誌檢要》（修訂本）120 頁。

《漢魏六朝碑刻校注·總目提要》編號 1715。

《北朝隋代墓誌所在總合目錄》編號 492。

《北京大學圖書館藏歷代墓誌拓片目錄》編號 00377。

普泰 008

張玄（字黑女）墓誌

又名：張黑女墓誌、張元墓誌。太和十七年（493）薨於蒲坂城建中鄉孝義里，普泰元年（531）十月一日葬於蒲坂城東原之上。出土時地不詳，原石佚，有複刻本四，原拓本曾藏湖南道州何氏，民國年間歸無錫秦氏，今藏上海博物館。拓本高 30、寬 82 釐米。文正書，剪裱本。首題：魏故南陽張府君墓誌。

圖版著錄：

《漢魏南北朝墓誌集釋》圖版二七八，《新編》3/3/623。

《北京圖書館藏中國歷代石刻拓本匯編》5 冊 151 頁。

《漢魏六朝碑刻校注》6 冊 333 頁。

錄文著錄：

《八瓊室金石補正》16/14a–15a，《新編》1/6/4241 下—4242 上。

《十二硯齋金石過眼錄》6/16a–17a，《新編》1/10/7844 下—7845 上。

《古誌石華》2/17a–b，《新編》2/2/1171 上。

《漢魏南北朝墓誌彙編》280—281 頁。

《漢魏六朝碑刻校注》6 冊 334 頁。

《全北魏東魏西魏文補遺》313 頁。

碑目題跋著錄：

《八瓊室金石補正》16/16b–17a，《新編》1/6/4242 下—4243 上。

《十二硯齋金石過眼錄》6/17a–18a，《新編》1/10/7845 上—下。

《集古求真》1/17a，《新編》1/11/8486 上。

《補寰宇訪碑錄》2/5a，《新編》1/27/20208 上。

《補寰宇訪碑錄校勘記》1/6a–b，《新編》1/27/20288 下。

《續補寰宇訪碑錄》3/11b，《新編》1/27/20320 上。

《金石彙目分編》11/32b，《新編》1/28/21243 下。

《石刻題跋索引》145 頁左—右，《新編》1/30/22483。

《石刻名彙》2/14b，《新編》2/2/1031 下。

《古誌石華》2/18a–19a，《新編》2/2/1171 下—1172 上。

《望堂金石初集》，《新編》2/4/2778 上。

《崇雅堂碑錄》1/19b，《新編》2/6/4493 上。

《語石》2/9b、4/2b、4/12a、10/4a，《新編》2/16/11880 上、11918 下、11923 下、12021 下。

《漢魏南北朝墓誌集釋》6/58b，《新編》3/3/150。附《月齋文集》四、《獨笑齋金石考略》三。

（民國）《棗陽縣志·金石志》32/3a，《新編》3/13/472 下。

（光緒）《山西通志·金石記二》90/19b，《新編》3/30/341 上。

《石目》，《新編》3/36/73 上。

《國立北平圖書館藏碑目》9b，《新編》3/36/253 上。

《古誌彙目》1/7b，《新編》3/37/18。

《金石萃編補目》1/4a，《新編》3/37/485下。

《東洲草堂金石跋》4/6b–8b，《新編》3/38/100下—101下。

《歷代墓誌銘拓片目錄》25頁。

《善本碑帖錄》2/76–77。

《碑帖鑒定》180—181頁。

《碑帖敘錄》172頁。

《增補校碑隨筆》（修訂本）221頁。

《六朝墓誌檢要》（修訂本）120頁。

《漢魏六朝碑刻校注·總目提要》編號1717。

淑德大學《中國石刻拓本目錄》"墓誌"編號176。

《北朝隋代墓誌所在綜合目錄》編號493。

《北京大學圖書館藏歷代墓誌拓片目錄》編號00378。

論文：

劉東平、段志凌：《〈張玄墓誌〉史料輯釋與書法藝術特點》，《碑林集刊》第11輯，2005年。

［日］伊藤茲：《碑法帖存疑·"張黑女墓誌弁正"への疑問》，《紀念西安碑林九百二十周年華誕國際學術研討會論文集》，第447—451頁。

普泰009

賈瑾墓誌

又名：賈瑾暨子晶墓誌。普泰元年（531）十月十三日。光緒十七年（1891）於山東長山縣出土。長白端方舊藏，現藏北京大學考古文博學院。誌高89、寬57釐米。文24行，滿行30字。額2行，行3字。并正書。額題：賈散騎之墓誌。

圖版著錄：

《漢魏南北朝墓誌集釋》圖版二七九，《新編》3/3/624。

《北京圖書館藏中國歷代石刻拓本匯編》5冊152頁。

《漢魏六朝碑刻校注》6冊336頁。

《山東石刻分類全集·歷代墓誌》35頁。

錄文著錄：

《匋齋藏石記》7/15b－17a，《新編》1/11/8049 上—8050 上。

《魯迅輯校石刻手稿·墓誌》上冊 210—213 頁。

《漢魏南北朝墓誌彙編》281－282。

《漢魏六朝碑刻校注》6 冊 337 頁。

《全北魏東魏西魏文補遺》313—314 頁。

《山東石刻分類全集·歷代墓誌》34 頁。

碑目題跋著錄：

《匋齋藏石記》7/18b－20a，《新編》1/11/8050 下—8051 下。

《藝風堂金石文字目》18/2a，《新編》1/26/19814 下。

《續補寰宇訪碑錄》3/11b，《新編》1/27/20320 上。

《石刻題跋索引》145 頁右，《新編》1/30/22483。

《石刻名彙》2/14b，《新編》2/2/1031 下。

《崇雅堂碑錄補》1/8b，《新編》2/6/4554 下。

（宣統）《山東通志·藝文志》卷 152，《新編》2/12/9382 上。

《定庵題跋》42b，《新編》2/19/14306 下。

《寰宇貞石圖目錄》卷下/4b，《新編》2/20/14679 上。

《蒿里遺文目錄》2（1）/2b，《新編》2/20/14944 下。

《漢魏南北朝墓誌集釋》6/59a，《新編》3/3/151。

《國立北平圖書館藏碑目》9b，《新編》3/36/253 上。

《古誌彙目》1/7b，《新編》3/37/18。

《石交錄》3/15b，《新編》4/6/470 上。

《壬癸金石跋》30a－31a，《新編》4/7/273 上—下。

《墓誌徵存目錄》卷 1，《羅振玉學術論著集》第五集，573 頁。

《歷代墓誌銘拓片目錄》25 頁。

《碑帖鑒定》180 頁。

《增補校碑隨筆》（修訂本）220—221 頁。

《六朝墓誌檢要》（修訂本）120—121 頁。

《齊魯碑刻墓誌研究》"附表" 365 頁。

《漢魏六朝碑刻校注·總目提要》編號 1718。

淑德大學《中國石刻拓本目錄》"墓誌"編號 177。

《北朝隋代墓誌所在総合目錄》編號 494。

《北京大學圖書館藏歷代墓誌拓片目錄》編號 00379。

普泰 010
趙廣者墓誌并蓋

普泰元年（531）四月十八日卒於洛陽金墉城德宮里，普泰元年十月十三日葬於北芒之畿。據誌出土於河南省孟津縣，散落在洛陽民間。誌高、寬均 66 釐米。蓋上邊長 55.3、下邊長 66.8、厚 12.3 釐米。誌文 23 行，滿行 23 字，正書。蓋四周環刻，正書，蓋題：魏故相州刺史趙使君遷窆北芒之墓誌。首題：魏相州刺史故趙君墓誌。

圖版著錄：

《洛陽新見墓誌》11 頁。（誌）

《洛陽新獲七朝墓誌》34 頁。（誌）

《秦晉豫新出墓誌蒐佚續編》1 冊 78 頁。（誌）

碑目著錄：

《漢魏六朝碑刻校注·總目提要》編號 1722。

《北朝隋代墓誌所在総合目錄》編號 495、1162。

論文：

洛陽市文物考古研究院：《洛陽孟津朱倉北魏墓》，《文物》2012 年第 12 期。（蓋圖）

備考：2009 年洛陽市第二文物工作隊在孟津縣平樂鎮朱倉村西部、北部的貯藏遺址和朱倉東段出土了一方北魏時期的墓誌蓋，該墓墓誌遺失，蓋四周環刻。結合《趙廣者墓誌》的形制、首題、出土地等推測，其當是趙廣者墓誌蓋，故附此。

普泰 011
穆紹墓誌

普泰元年（531）九月十三日薨於洛陽修政鄉文華里，以十月廿四日遷葬於京城西北廿里。1922 年洛陽城東北白鹿莊村東南出土，石曾藏北京大學文科研究所。誌高、廣 77.3 釐米、側寬 10 釐米。文 34 行，滿行

35字，正書。首題：侍中尚書令太保使持節都督冀相殷三州諸軍事大將軍冀州刺史司空穆公墓誌銘。

　　圖版著錄：
　　《漢魏南北朝墓誌集釋》圖版二八〇，《新編》3/3/625。
　　《北京圖書館藏中國歷代石刻拓本匯編》5冊153頁。
　　《中國金石集萃》8函8輯編號79。
　　《洛陽出土北魏墓誌選編》圖版一八三，397頁。
　　《漢魏六朝碑刻校注》6冊339頁。
　　錄文著錄：
　　《洛陽出土北魏墓誌選編》普泰五，160—161頁。
　　《漢魏南北朝墓誌彙編》282—284頁。
　　《漢魏六朝碑刻校注》6冊340—341頁。
　　《全北魏東魏西魏文補遺》315—316頁。
　　碑目題跋著錄：
　　《石刻題跋索引》145頁右，《新編》1/30/22483。
　　《石刻名彙》2/14b，《新編》2/2/1031下。
　　《崇雅堂碑錄補》1/8b，《新編》2/6/4554下。
　　《古誌新目初編》1/10b，《新編》2/18/13696下。
　　《蒿里遺文目錄》2（1）/3a，《新編》2/20/14945上。
　　《漢魏南北朝墓誌集釋》6/59b，《新編》3/3/152。
　　《國立北平圖書館藏碑目》10a，《新編》3/36/253下。
　　《松翁近稿》，《羅振玉學術論著集》第十集（上）68—74頁。
　　《墓誌徵存目錄》卷1，《羅振玉學術論著集》第五集，573頁。
　　《洛陽出土石刻時地記》北魏普泰005，43頁。
　　《歷代墓誌銘拓片目錄》25頁。
　　《六朝墓誌檢要》（修訂本）121頁。
　　《漢魏六朝碑刻校注・總目提要》編號1719。
　　《北朝隋代墓誌所在總合目錄》編號496。
　　《北京大學圖書館藏歷代墓誌拓片目錄》編號00380。
　　備考：穆紹，《魏書》卷二七、《北史》卷二〇有傳。

普泰 012

呂仁墓誌

永安二年（529）五月八日卒於洛陽承華之里舍，普泰二年（532）正月十九日遷葬於河陽城北嶺山之下。1987 年洛陽市文物工作隊在洛陽市吉利區出土。誌高 47 釐米，寬 46.5 釐米。文 27 行，滿行 27 字，正書偶雜篆書。首題：魏故寧遠將軍呂君之有墓誌銘。

圖版著錄：

《洛陽出土歷代墓誌輯繩》53 頁。

錄文著錄：

《洛陽出土北魏墓誌選編》僞刻四四，208—209 頁。

碑目著錄：

《北朝隋代墓誌所在總合目錄》編號 497。

論文：

洛陽市文物工作隊：《河南洛陽市吉利區兩座北魏墓的發掘》，《考古》2011 年第 9 期。

張蕾：《讀北魏呂達、呂仁墓誌》，《淮陰師範學院學報》2012 年第 5 期。

備考：《洛陽出土北魏墓誌選編》判定該墓誌偽刻，然此墓誌有考古發掘報告，當為真品。

普泰 013

楊機夫人梁氏墓誌

普泰二年（532）二月十三日。2005 年 4 月徵集，出土於河南省洛陽城西南三十里宜陽縣豐李鎮馬窰村三道嶺楊機墓，石今存洛陽博物館。誌高 45、寬 44.9、厚 8.2 釐米。文正書，8 行，滿行 7 字。

著錄：

《漢魏六朝碑刻校注》6 冊 345—346 頁。（圖、文）

《漢魏六朝碑刻校注·總目提要》編號 1724。（目）

《北朝隋代墓誌所在總合目錄》編號 498。（目）

論文：

洛陽博物館：《洛陽北魏楊機墓出土文物》，《文物》2007 年第 11 期。

備考：楊機，《魏書》卷七七、《北史》卷五〇有傳。

普泰 014
　　□道仁墓銘磚

普泰二年（532）閏□□十八日。1985—1995 年在河南省三門峽市西北部發掘出土。磚殘長 23、寬 16、厚 5 釐米。文殘存 3 行，行字不等，正書。

論文：

三門峽市文物考古研究所：《河南三門峽市北朝和隋代墓葬清理簡報》，《華夏考古》2009 年第 4 期。（圖 9—3、文）

普泰 015
　　侯忻墓誌

普泰二年（532）二月廿五日卒於延壽里，以閏月廿一日權殯芒所。出土時間、地點不詳。首題：魏故平北將軍燕州刺史侯君墓誌銘。未見拓本。

著錄：

《全北魏東魏西魏文補遺》317—318 頁。（文）

《新出魏晉南北朝墓誌疏證》（修訂本）128—129 頁。（文、跋）

《北朝隋代墓誌所在總合目錄》編號 499。（目）

論文：

周錚：《北魏侯忻墓誌考釋》，《北朝研究》1997 年第 3 期。

普泰 016
　　中山盧奴劉懿磚誌

普泰二年（532）三月十五日。日本太田氏舊藏。正書。

碑目題跋著錄：

《石刻名彙》12/205b，《新編》2/2/1130 下。

《蒿里遺文目錄》3 上/2a，《新編》2/20/14981 下。

《海外貞珉錄》3b，《新編》4/1/244 上。

普泰 017

韓震墓誌并陰

孝昌二年（526）十月十三日卒於晉陽，以普泰二年（532）三月廿日葬於成周之西。韓光撰。1926 年河南洛陽城北遊王莊村出土，于右任舊藏，今石存西安碑林博物館。誌高 53、寬 54 釐米。誌兩面刻字，均正書；陽 20 行，滿行 27 字；陰 20 行，滿行 22 字。首題：魏故使持節都督恒州諸軍事前將軍恒州刺史韓使君墓誌銘；陰首題：普泰二年歲次壬子三月乙丑朔廿日甲申韓使君墓銘。

圖版著錄：

《漢魏南北朝墓誌集釋》圖版二八一，《新編》3/3/626－627。

《北京圖書館藏中國歷代石刻拓本匯編》5 冊 157—158 頁。

《鴛鴦七誌齋藏石》圖 125。

《西安碑林全集》65/823－828。

《洛陽出土北魏墓誌選編》圖版一八四，398—399 頁。

《漢魏六朝碑刻校注》6 冊 347—348 頁。

錄文著錄：

《洛陽出土北魏墓誌選編》普泰六，161—162 頁。

《漢魏南北朝墓誌彙編》284—286 頁。

《漢魏六朝碑刻校注》6 冊 349—350 頁。

《全北魏東魏西魏文補遺》316—317 頁。

碑目題跋著錄：

《石刻題跋索引》145 頁右，《新編》1/30/22483。

《石刻名彙》第一編誌銘類續補 1b，《新編》2/2/1138 下。

《古誌新目初編》1/10b，《新編》2/18/13696 下。

《蒿里遺文目錄補遺》1a，《新編》2/20/14996 上。

《漢魏南北朝墓誌集釋》6/59b，《新編》3/3/152。

《國立北平圖書館藏碑目》10a，《新編》3/36/253 下。

《蒿里遺文目錄續編補遺·墓誌徵存》1a，《新編》3/37/545 上。

《墓誌徵存目錄》卷 1，《羅振玉學術論著集》第五集，573 頁。

《洛陽出土石刻時地記》北魏普泰006，43頁。

《歷代墓誌銘拓片目錄》25頁。

《六朝墓誌檢要》（修訂本）121頁。

《漢魏六朝碑刻校注·總目提要》編號1725。

《北朝隋代墓誌所在總合目錄》編號500。

《北京大學圖書館藏歷代墓誌拓片目錄》編號00381。

太　昌

太昌001

高伯禮妻元氏墓誌

太昌元年（532）五月三日葬。河南洛陽出土。拓片高、寬均42釐米。文正書，13行，滿行16字。首題：魏故太昌元年歲次玄枵五月甲午朔三日丙申冀州東渤海郡平東將軍中散大夫高伯禮妻元之墓誌。

碑目著錄：

《北京大學圖書館藏歷代墓誌拓片目錄》編號00382。

太昌002

張洛墓銘

太昌元年（532）六月廿一日。1985—1995年在河南省三門峽市西北部發掘出土。磚長18、寬16、厚6釐米。文3行，首行9字，次行2字，末行1字，正書。

論文：

三門峽市文物考古研究所：《河南三門峽市北朝和隋代墓葬清理簡報》，《華夏考古》2009年第4期。（圖11—1、文）

太昌003

元延明墓誌

梁中大通二年（530）三月十日薨於建康，北魏太昌元年（532）七月廿八日葬於洛城西廿里奇坑南源。1919年洛陽城北小梁村西北出土，河南洛陽縣署舊藏，今石藏河南博物院。誌高86、寬106釐米。文正書，49行，滿行40字。首題：魏故侍中太保特進使持節都督雍華岐三州諸軍事大將軍雍州刺史安豐王諡曰文宣元王墓誌銘。

圖版著錄：

《漢魏南北朝墓誌集釋》圖版一六九，《新編》3/3/474。

《北京圖書館藏中國歷代石刻拓本匯編》5 冊 166 頁。

《中國金石集萃》7 函 7 輯編號 70。

《洛陽出土北魏墓誌選編》圖版一八五，400 頁。

《北魏皇家墓誌二十品》編號 19。

《漢魏六朝碑刻校注》6 冊 372 頁。

《中國北朝石刻拓片精品集》89—95 頁。

錄文著錄：

《芒洛冢墓遺文四編》1/40b – 44a，《新編》1/19/14168 下—14170 下。

《誌石文錄》卷上/42b – 45a，《新編》2/19/13762 下—13764 上。

《洛陽出土北魏墓誌選編》太昌一，162—164 頁。

《漢魏南北朝墓誌彙編》286—290 頁。

《漢魏六朝碑刻校注》6 冊 373—374 頁。

《全北魏東魏西魏文補遺》318—320 頁。

碑目題跋著錄：

《石刻題跋索引》145 頁右，《新編》1/30/22483。

《石刻名彙》2/14b，《新編》2/2/1031 下。

《崇雅堂碑錄》1/19b，《新編》2/6/4493 上。

《古誌新目初編》1/10b，《新編》2/18/13696 下。

《蒿里遺文目錄》2（3）/2b，《新編》2/20/14977 下。

《夢碧簃石言》5/14b，《新編》3/2/219 下。

《漢魏南北朝墓誌集釋》4/35a – b，《新編》3/3/103 – 104。

《國立北平圖書館藏碑目》10a，《新編》3/36/253 下。

《循園古冢遺文跋尾》4/7a – 8a，《新編》3/38/33 上—下。

《元氏誌錄》3a、7a，《新編》3/38/48 上、50 上。

《墓誌徵存目錄》卷 1，《羅振玉學術論著集》第五集，573 頁。

《洛陽出土石刻時地記》北魏太昌 001，43 頁。

《歷代墓誌銘拓片目錄》25—26 頁。

《六朝墓誌檢要》（修訂本）121—122 頁。

《漢魏六朝碑刻校注·總目提要》編號 1734。

淑德大學《中國石刻拓本目錄》"墓誌"編號 178。

《北朝隋代墓誌所在総合目錄》編號 501。

《北京大學圖書館藏歷代墓誌拓片目錄》編號 00383。

論文：

董剛：《北魏元延明墓誌考釋》，《史學史研究》2016 年第 3 期。

備考：元延明，《魏書》卷二〇、《北史》卷一九有傳。

太昌 004

元顥墓誌

永安三年（530）七月廿一日薨於潁川臨潁縣，太昌元年（532）八月廿三日葬於舊塋。1920 年洛陽城北南陳莊西，後海資村北，平塚東第三塚內出土，石後毀於火，殘存數段，存西安碑林博物館。誌高 64、寬 69 釐米。文正書，33 行，滿行 32 字。首題：魏故北海王墓誌銘。

圖版著錄：

《漢魏南北朝墓誌集釋》圖版一八二，《新編》3/3/488。

《北京圖書館藏中國歷代石刻拓本匯編》5 冊 168 頁。

《洛陽出土北魏墓誌選編》圖版一八七，402 頁。

《漢魏六朝碑刻校注》6 冊 380 頁。

錄文著錄：

《芒洛冢墓遺文四編》1/44a–46a，《新編》1/19/14170 下—14171 下。

《誌石文錄》卷上/45a–46b，《新編》2/19/13764 上—下。

《洛陽出土北魏墓誌選編》太昌三，165—166 頁。

《漢魏南北朝墓誌彙編》291—293 頁。

《漢魏六朝碑刻校注》6 冊 381—382 頁。

《全北魏東魏西魏文補遺》322—323 頁。

碑目題跋著錄：

《石刻題跋索引》145 頁右，《新編》1/30/22483。

《石刻名彙》2/14b，《新編》2/2/1031 下。

《崇雅堂碑錄補》1/9a,《新編》2/6/4555 上。

《古誌新目初編》1/10b,《新編》2/18/13696 下。

《蒿里遺文目錄》2（3）/2b,《新編》2/20/14977 下。

《漢魏南北朝墓誌集釋》4/37a,《新編》3/3/107。

《國立北平圖書館藏碑目》10a,《新編》3/36/253 下。

《循園古冢遺文跋尾》4/8a–b,《新編》3/38/33 下。

《元氏誌錄》3a、7a,《新編》3/38/48 上、50 上。

《石交錄》3/13b–14b,《新編》4/6/469 上—下。

《墓誌徵存目錄》卷1,《羅振玉學術論著集》第五集,573 頁。

《洛陽出土石刻時地記》北魏太昌002,43 頁。

《歷代墓誌銘拓片目錄》26 頁。

《增補校碑隨筆》（修訂本）222 頁。

《六朝墓誌檢要》（修訂本）122 頁。

《漢魏六朝碑刻校注·總目提要》編號1735。

《北朝隋代墓誌所在総合目錄》編號503。

《北京大學圖書館藏歷代墓誌拓片目錄》編號00385。

備考：元顥,《魏書》卷二一上、《北史》卷一九有傳,附《北海王詳傳》。

太昌 005

元頊墓誌

永安三年（530）七月廿七日薨於位,太昌元年（532）八月廿三日葬於山陵。1920年洛陽城北南陳莊村西,後海資村北,平塚東第三塚內出土,于右任舊藏,今石藏西安碑林博物館。誌高61、寬71.5釐米。文正書,32行,滿行28字。首題：魏故使持節侍中太尉公尚書令驃騎大將軍都督雍華岐三州諸軍事雍州刺史東海王墓誌銘。

圖版著錄：

《漢魏南北朝墓誌集釋》圖版一八四,《新編》3/3/490。

《北京圖書館藏中國歷代石刻拓本匯編》5冊167頁。

《鴛鴦七誌齋藏石》圖126。

《西安碑林全集》65/829－836。

《洛陽出土北魏墓誌選編》圖版一八六，401頁。

《漢魏六朝碑刻校注》6冊377頁。

錄文著錄：

《芒洛冢墓遺文四編》1/46a－47b，《新編》1/19/14171下—14172上。

《誌石文錄》卷上/46b－47b，《新編》2/19/13764下—13765上。

《洛陽出土北魏墓誌選編》太昌二，164—165頁。

《漢魏南北朝墓誌彙編》290—291頁。

《漢魏六朝碑刻校注》6冊378—379頁。

《全北魏東魏西魏文補遺》320—321頁。

碑目題跋著錄：

《石刻題跋索引》145頁右，《新編》1/30/22483。

《石刻名彙》2/15a，《新編》2/2/1032上。

《崇雅堂碑錄補》1/9a，《新編》2/6/4555上。

《古誌新目初編》1/10b，《新編》2/18/13696下。

《蒿里遺文目錄》2（3）/2b，《新編》2/20/14977下。

《夢碧簃石言》5/15a，《新編》3/2/220上。

《漢魏南北朝墓誌集釋》4/37a－b，《新編》3/3/107－108。

《國立北平圖書館藏碑目》10a，《新編》3/36/253下。

《循園古冢遺文跋尾》4/8b－9a，《新編》3/38/33下—34上。

《元氏誌錄》3a、7a，《新編》3/38/48上、50上。

《墓誌徵存目錄》卷1，《羅振玉學術論著集》第五集，574頁。

《洛陽出土石刻時地記》北魏太昌003，43—44頁。

《歷代墓誌銘拓片目錄》26頁。

《碑帖鑒定》181頁。

《六朝墓誌檢要》（修訂本）122頁。

《漢魏六朝碑刻校注·總目提要》編號1736。

淑德大學《中國石刻拓本目錄》"墓誌"編號179。

《北朝隋代墓誌所在總合目錄》編號502。

《北京大學圖書館藏歷代墓誌拓片目錄》編號00384。

備考：元頊，《魏書》卷二一上、《北史》卷一九有傳，附《北海王詳傳》。

太昌 006

李彰墓誌

太昌元年（532）九月廿九日葬於石人亭大道北。清末洛陽城東北四十里，省莊村南三里處出土，江蘇太倉陸氏舊藏。誌高 34、廣 33.6 釐米。文正書，11 行，滿行 12 字。

圖版著錄：

《漢魏南北朝墓誌集釋》圖版二八二，《新編》3/3/628。

《中國金石集萃》7 函 8 輯編號 71。

《洛陽出土北魏墓誌選編》圖版一八八，403 頁。

《漢魏六朝碑刻校注》6 冊 384 頁。

錄文著錄：

《芒洛冢墓遺文》卷上/11b－12a，《新編》1/19/13985 上—下。

《洛陽出土北魏墓誌選編》太昌四，166 頁。

《漢魏南北朝墓誌彙編》293 頁。

《漢魏六朝碑刻校注》6 冊 385 頁。

《全北魏東魏西魏文補遺》323 頁。

碑目題跋著錄：

《石刻題跋索引》145 頁右—146 頁左，《新編》1/30/22483－22484。

《石刻名彙》2/15a，《新編》2/2/1032 上。

《崇雅堂碑錄補》1/9a，《新編》2/6/4555 上。

《蒿里遺文目錄》2（1）/3a，《新編》2/20/14945 上。

《漢魏南北朝墓誌集釋》6/59b，《新編》3/3/152。附《九鐘精舍金石跋尾乙編》。

《古誌彙目》1/7b，《新編》3/37/18。

《循園古冢遺文跋尾》4/9b－10a，《新編》3/38/34 上—下。

《雪堂金石文字跋尾》2/31a－b，《新編》3/38/303 上。

《墓誌徵存目錄》卷 1，《羅振玉學術論著集》第五集，574 頁。

《洛陽出土石刻時地記》北魏太昌 004，44 頁。

《增補校碑隨筆》（修訂本）222 頁。

《六朝墓誌檢要》（修訂本）122—123 頁。

《碑帖鑒定》181 頁。

《漢魏六朝碑刻校注·總目提要》編號 1737。

《北朝隋代墓誌所在總合目錄》編號 504。

備考：李彰，其事附《北史》卷一〇〇《李信則傳》。《墓誌徵存目錄》誤作"李新墓誌"。

太昌 007

于祚妻和醜仁墓誌

太昌元年（532）九月廿一日薨於穀陽里，以其年十月廿四日葬於西陵之舊塋。1926 年河南洛陽城東北伯樂凹村出土，于右任舊藏，今石存西安碑林博物館。誌高、寬均 50 釐米。文正書，20 行，滿行 22 字。首題：魏故平州刺史鉅鏕郡開國公于君妻和夫人之墓誌銘。

圖版著錄：

《漢魏南北朝墓誌集釋》圖版二八三，《新編》3/3/629。

《北京圖書館藏中國歷代石刻拓本匯編》5 冊 169 頁。

《鴛鴦七誌齋藏石》圖 127。

《中國金石集萃》8 函 8 輯編號 80。

《西安碑林全集》65/837－843。

《洛陽出土北魏墓誌選編》圖版一八九，404 頁。

《漢魏六朝碑刻校注》6 冊 386 頁。

錄文著錄：

《洛陽出土北魏墓誌選編》太昌五，166—167 頁。

《漢魏南北朝墓誌彙編》293—294 頁。

《漢魏六朝碑刻校注》6 冊 387 頁。

《全北魏東魏西魏文補遺》323—324 頁。

碑目題跋著錄：

《石刻題跋索引》146 頁左，《新編》1/30/22484。

《古誌新目初編》1/11a,《新編》2/18/13697 上。

《漢魏南北朝墓誌集釋》6/59b-60a,《新編》3/3/152-153。

《國立北平圖書館藏碑目》10a,《新編》3/36/253 下。

《蒿里遺文目錄續編·墓誌徵存》3a,《新編》3/37/538 上。

《墓誌徵存目錄》卷 1,《羅振玉學術論著集》第五集,574 頁。

《洛陽出土石刻時地記》北魏太昌 005,44 頁。

《歷代墓誌銘拓片目錄》26 頁。

《碑帖鑒定》181 頁。

《六朝墓誌檢要》(修訂本) 123 頁。

《漢魏六朝碑刻校注·總目提要》編號 1738。

《北朝隋代墓誌所在總合目錄》編號 505。

《北京大學圖書館藏歷代墓誌拓片目錄》編號 00386。

太昌 008

長孫季墓誌并蓋

太昌元年(532)十一月十八日葬。長孫慶撰。2000 年冬河南洛陽出土。誌高 71、寬 70 釐米。文正書,25 行,滿行 26 字。蓋正書,3 行,行 2 字。首題:魏故安州刺史長孫使君墓誌銘。蓋題:長孫使君墓誌。

著錄:

《邙洛碑誌三百種》30 頁。(誌圖)

《洛陽新見墓誌》12 頁。(圖)

《漢魏六朝碑刻校注》6 冊 391—392 頁。(誌圖、文)

《洛陽新獲墓誌續編》10 頁(誌圖)、313—314 頁(文、跋)。

《全北魏東魏西魏文補遺》42—43 頁。(文)

《漢魏六朝碑刻校注·總目提要》編號 1735。(目)

《北朝隋代墓誌所在總合目錄》編號 506。(目)

論文:

張志高:《北魏安州刺史長孫季墓誌》,《東方藝術》2013 年第 24 期。

太昌 009

宋虎墓誌

建明元年（530）二月廿六日終於安義里，太昌元年（532）十一月十八日葬於周城東北首陽之麓。誌高 49、寬 48 釐米。文正書，17 行，滿行 19 字。首題：魏故中堅將軍桑乾太守宋府君墓誌銘。

圖版著錄：

《北京圖書館藏中國歷代石刻拓本匯編》5 冊 170 頁。

《漢魏六朝碑刻校注》6 冊 389 頁。

錄文著錄：

《漢魏南北朝墓誌彙編》294—295 頁。

《漢魏六朝碑刻校注》6 冊 390 頁。

《全北魏東魏西魏文補遺》324 頁。

碑目題跋著錄：

《墓誌徵存目錄》卷 1，《羅振玉學術論著集》第五集，574 頁。

《六朝墓誌檢要》（修訂本）123 頁。

《漢魏六朝碑刻校注·總目提要》編號 1739。

《北朝隋代墓誌所在總合目錄》編號 507。

太昌 010

楊子諲墓誌

普泰元年（531）六月廿九日遇害於習仙里，以太昌元年（532）十一月十九日歸葬於華陰兗州敬侯之神塋。2003 年陝西省華陰市五方村出土，石藏西安交通大學博物館。誌長 27、寬 26 釐米。文 13 行，滿行 13 字，正書。首題：魏故尚書金部郎中楊君墓誌銘。

論文：

陳旭鵬、楊鎖強：《北魏末期弘農華陰楊氏家族六方墓誌》，《中國書法》2017 年第 6 期。（圖、文）

太昌 011

楊子諧墓誌

普泰元年（531）六月廿九日遇害於習仙里，以太昌元年（532）十一月十九日歸葬於華陰兗州敬侯之神塋。2003 年陝西省華陰市五方村出土，石藏西安交通大學博物館。誌長 26、寬 26 釐米。文 13 行，滿行 13 字，正書。首題：魏故尚書虞曹郎中楊君墓誌銘。

論文：

陳旭鵬、楊鎖強：《北魏末期弘農華陰楊氏家族六方墓誌》，《中國書法》2017 年第 6 期。（圖、文）

太昌 012

楊廣墓誌

普泰元年（531）六月廿九日遇害於習仙里，以太昌元年（532）十一月十九日歸葬於華陰大丞相之神塋。2003 年陝西省華陰市五方村出土，石藏西安交通大學博物館。誌長 32、寬 23 釐米。文 15 行，滿行 11 字，正書。首題：魏故琅琊太守楊君墓誌銘。

論文：

陳旭鵬、楊鎖強：《北魏末期弘農華陰楊氏家族六方墓誌》，《中國書法》2017 年第 6 期。（圖、文）

太昌 013

楊地伯墓誌

普泰元年（531）六月廿九日遇害於習仙里，以太昌元年（532）十一月十九日歸葬於華陰大丞相之神塋。2003 年陝西省華陰市五方村出土，石藏西安交通大學博物館。誌長 24、寬 23 釐米。文 12 行，滿行 11 字，正書。首題：魏故尚書殿中郎中楊君銘。

論文：

陳旭鵬、楊鎖強：《北魏末期弘農華陰楊氏家族六方墓誌》，《中國書法》2017 年第 6 期。（圖、文）

太昌 014

楊孝楨墓誌

普泰元年（531）六月廿九日遇害於習仙里，以太昌元年（532）十一月十九日歸葬於華陰司空公之神塋。2003 年陝西省華陰市五方村出土，石藏西安交通大學博物館。誌長 24、寬 24 釐米。文 12 行，滿行 12 字，正書。首題：魏故尚書左民郎中楊君墓銘。

論文：

陳旭鵬、楊鎖強：《北魏末期弘農華陰楊氏家族六方墓誌》，《中國書法》2017 年第 6 期。（圖、文）

太昌 015
楊嚴墓誌

普泰元年（531）六月廿九日遇害於曲城，以太昌元年（532）十一月十九日葬於兗州德君之神塋。2003 年陝西省華陰市五方村出土，石藏西安交通大學博物館。誌長 24、寬 24 釐米。文 11 行，滿行 11 字，正書。首題：魏故汝南太守楊君墓誌銘。

論文：

陳旭鵬、楊鎖強：《北魏末期弘農華陰楊氏家族六方墓誌》，《中國書法》2017 年第 6 期。（圖、文）

太昌 016
楊孝邕墓誌

普泰二年（532）三月一日遇害於洛陽行路，太昌元年（532）十一月十九日葬。2006 年，陝西華陰出土，存民間。拓片高 53、寬 52.5 釐米。文正書，20 行，滿行 20 字。首題：魏故輔國將軍東梁州刺史楊君墓誌銘。

圖版著錄：

《秦晉豫新出墓誌蒐佚》1 冊 36 頁。

《北京大學圖書館新藏金石拓本菁華 1996—2012》99 頁。

碑目著錄：

《北京大學圖書館藏歷代墓誌拓片目錄》編號 00399。

備考：楊孝邕，《魏書》卷五八有傳、《北史》卷四一附《楊昱傳》。

太昌 017
楊侃墓誌

普泰元年（531）六月廿八日遇害於長安，太昌元年（532）十一月十九日歸於華陰雍州使君莊公之神塋。1986 年出土於陝西省華陰縣五方村。拓片高、寬均 50 釐米。文正書，21 行，滿行 26 字。首題：魏故車騎大將軍開府儀同三司秦州刺史楊君墓誌銘。

著錄：

《華山碑石》15 頁（圖）、239—240 頁（文）。

《漢魏六朝碑刻校注》7 冊 16—17 頁。（圖、文）

《全北魏東魏西魏文補遺》326 頁。（文）

《新出魏晉南北朝墓誌疏證》（修訂本）139—141 頁。（文、跋）

《北朝隋代墓誌所在總合目錄》編號 508。（目）

《北京大學圖書館藏歷代墓誌拓片目錄》編號 00392。（目）

備考：楊侃，《魏書》卷五八、《北史》卷四一有傳，附《楊播傳》。

太昌 018

楊遁墓誌

普泰元年（531）七月四日遇害於洛陽依仁里，以太昌元年（532）十一月十九日歸窆於太傅之神塋。1985 年出土於華陰縣五方村。誌高 57、寬 50 釐米。文正書，26 行，滿行 26 字。首題：魏故車騎大將軍儀同三司幽州刺史楊君墓誌銘。

著錄：

《華山碑石》14 頁（圖）、238—239 頁（文）。

《漢魏六朝碑刻校注》7 冊 19—20 頁。（圖、文）

《全北魏東魏西魏文補遺》329 頁。（文）

《新出魏晉南北朝墓誌疏證》（修訂本）148—149 頁。（文、跋）

《漢魏六朝碑刻校注·總目提要》編號 1742。（目）

《北朝隋代墓誌所在總合目錄》編號 511。（目）

《北京大學圖書館藏歷代墓誌拓片目錄》編號 00394。（目）

備考：楊遁，《魏書》卷五八、《北史》卷四一有傳，附《楊播傳》。

太昌 019

楊津墓誌

普泰元年（531）七月四日薨於洛陽依仁里，以太昌元年（532）十一月十九日葬於華陰之舊塋。2002 年出土於陝西省華陰市五方村，現藏華陰華岳廟文管所。誌高、寬均 69 釐米。文 34 行，滿行 30 字，正書。首題：魏故太傅大將軍司空公雍州刺史楊公墓誌銘。

圖版著錄：

《秦晉豫新出墓誌蒐佚續編》1 冊 80 頁。

碑目著錄：

《北朝隋代墓誌所在總合目錄》編號 519。

《北京大學圖書館藏歷代墓誌拓片目錄》編號 00395。

論文：

王慶衛、王煊：《新見北魏〈楊津墓誌〉考》，《碑林集刊》第 14 輯，2008 年。

備考：楊津，《魏書》卷五八、《北史》卷四一有傳。

太昌 020

楊仲宣墓誌

普泰元年（531）七月四日遇害於洛陽依仁里，以太昌元年（532）十一月十九日歸窆於華陰太尉公之神塋。1993 年出土於陝西省華陰縣五方村，石存陝西省考古研究所。誌高、寬均 45 釐米。文正書，21 行，滿行 21 字。首題：魏故尚書右僕射青州刺史楊君墓誌銘。

著錄：

《華山碑石》17 頁（圖）、241 頁（文）。

《漢魏六朝碑刻校注》7 冊 12—13 頁。（圖、文）

《全北魏東魏西魏文補遺》328—329 頁。（文）

《新出魏晉南北朝墓誌疏證》（修訂本）146—147 頁。（文、跋）

《漢魏六朝碑刻校注·總目提要》編號 1745。（目）

《北朝隋代墓誌所在總合目錄》編號 512。（目）

備考：楊仲宣，《魏書》卷五八、《北史》卷四一有傳，附《楊播傳》。

太昌 021

楊順墓誌

普泰元年（531）七月四日遇害於洛陽依仁里，以太昌元年（532）

十一月十九日歸窆於華陰之舊塋。1993 年出土於陝西省華陰縣五方村，石今存華山西嶽廟。誌高 52、寬 51 釐米。文正書，19 行，滿行 26 字。首題：魏故太尉公錄尚書事相州刺史楊公墓誌銘。

著錄：

《華山碑石》16 頁（圖）、240—241 頁（文）。

《漢魏六朝碑刻校注》7 冊 10—11 頁。（圖、文）

《全北魏東魏西魏文補遺》327—328 頁。（文）

《新出魏晉南北朝墓誌疏證》（修訂本）144—145 頁。（文、跋）

《北京大學圖書館藏歷代墓誌拓片目錄》編號 00393。（目）

《漢魏六朝碑刻校注·總目提要》編號 1746。（目）

《北朝隋代墓誌所在綜合目錄》編號 510。（目）

備考：楊順，《魏書》卷五八附《楊椿傳》、《北史》卷四一附《楊昱傳》。

太昌 022
楊昱墓誌

普泰元年（531）六月廿九日薨於習仙里第，以太昌元年（532）十一月十九日歸窆於華陰丞相之神塋。1993 年出土於陝西省華陰縣五方村，石存陝西省考古研究所。誌高、寬均 55 釐米。文正書，24 行，滿行 27 字。首題：魏故驃騎大將軍司空公定州刺史楊公墓誌銘。

著錄：

《華山碑石》18 頁（圖）、241—242 頁（文）。

《漢魏六朝碑刻校注》7 冊 7—8 頁。（圖、文）

《全北魏東魏西魏文補遺》326—327 頁。（文）

《新出魏晉南北朝墓誌疏證》（修訂本）142—143 頁。（文、跋）

《漢魏六朝碑刻校注·總目提要》編號 1747。（目）

《北朝隋代墓誌所在綜合目錄》編號 509。（目）

備考：楊昱，《魏書》卷五八、《北史》卷四一有傳。

太昌 023
楊㓜才墓誌

普泰元年（531）七月四日遇害於洛陽依仁里，以太昌元年（532）

十一月十九日葬。陝西省華陰縣出土。拓片高、寬均24釐米。文正書，12行，滿行12字。首題：魏故尚書主客郎中楊君墓銘。

著錄：

《漢魏六朝碑刻校注》7冊26—27頁。（圖、文）

《漢魏六朝碑刻校注·總目提要》編號1752。（目）

《北朝隋代墓誌所在總合目錄》編號522。（目）

太昌024

楊叔貞墓誌

普泰元年（531）七月四日遇害於洛陽依仁里，太昌元年（532）十一月十九日歸窆於華陰儀同公之神塋。陝西省華陰縣出土。拓片高24、寬32釐米。文正書，12行，滿行12字。首題：魏故蘭陵太守楊君墓誌銘。

著錄：

《漢魏六朝碑刻校注》7冊24—25頁。（圖、文）

《漢魏六朝碑刻校注·總目提要》編號1754。（目）

《北朝隋代墓誌所在總合目錄》編號521。（目）

太昌025

楊遵智墓誌

普泰二年（532）四月一日遇害於晉陽，以太昌元年（532）十一月十九日歸窆於太傅之神塋。陝西省華陰縣出土。拓片高45、寬43.3釐米。文正書，20行，滿行21字。首題：魏故驃騎將軍兗州刺史楊君墓誌銘。

著錄：

《漢魏六朝碑刻校注》7冊22—23頁。（圖、文）

《漢魏六朝碑刻校注·總目提要》編號1755。（目）

《北朝隋代墓誌所在總合目錄》編號520。（目）

太昌026

楊椿墓誌

普泰元年（531）六月廿九日薨於鄉第，以太昌元年（532）十一月十九日歸葬於華陰舊塋。2001年出土於陝西省華陰縣五方村，現藏華陰縣華嶽廟文管所。誌高、寬均52.5釐米。文27行，滿行27字，字體楷隸之間。首題：魏故大丞相太師司徒冀州刺史楊公墓誌銘。

圖版著錄：

《秦晉豫新出墓誌蒐佚續編》1 冊 81 頁。

碑目著錄：

《北京大學圖書館藏歷代墓誌拓片目錄》編號 00396。

《北朝隋代墓誌所在總合目錄》編號 523。

論文：

王慶衛：《新見北魏〈楊椿墓誌〉考》，《出土文獻研究》第 8 輯，2007 年。

備考：楊椿，《魏書》卷五八、《北史》卷四一有傳。

太昌 027

楊彥（字仲彥）墓誌

孝昌三年（527）二月卅日遘疾薨於洛陽□仁里，以太昌元年（532）十一月十九日歸窆於大丞相之神塋。據云近年出土於陝西省華陰市。誌高、寬均 63 釐米。文 23 行，滿行 23 字，正書。首題：魏故使持節征虜將軍兗州使君敬侯楊君墓誌銘。

圖版著錄：

《秦晉豫新出墓誌蒐佚續編》1 冊 82 頁。

太昌 028

楊逸墓誌

普泰元年（531）七月十三日薨於州治，以太昌元年（532）十一月十九日歸葬太傅之神塋。2002 年出土於陝西省華陰五方村，今存華陰華嶽廟文管所。誌高、寬均 51.5 釐米。文 25 行，滿行 25 字，正書。首題：魏故尚書僕射衛將軍豫州刺史楊君墓誌銘。

圖版著錄：

《秦晉豫新出墓誌蒐佚續編》1 冊 83 頁。

碑目著錄：

《北朝隋代墓誌所在總合目錄》編號 525。

《北京大學圖書館藏歷代墓誌拓片目錄》編號 00397。

備考：楊逸，《魏書》卷五八、《北史》卷四一有傳。

太昌 029
楊仲禮墓誌

普泰元年（531）七月四日遇害於洛陽依仁里，太昌元年（532）十一月十九日歸葬儀同之神塋。據云 2003 年出土於陝西省華陰市。誌高、寬均 50.5 釐米。文 12 行，滿行 25 字，正書。首題：魏故趙郡太守楊君墓誌銘。

圖版著錄：
《秦晉豫新出墓誌蒐佚續編》1 冊 84 頁。
碑目著錄：
《北朝隋代墓誌所在總合目錄》編號 526。

太昌 030
楊墳墓誌

太昌元年（532）十一月十九日葬。陝西華陰出土。拓片高 24、廣 24.5 釐米。文正書，12 行，滿行 12 字。首題：魏故尚書儀曹郎中楊君墓銘。

碑目著錄：
《北京大學圖書館藏歷代墓誌拓片目錄》編號 00398。

太昌 031
秘書郎元躍墓誌

北魏太昌元年（532）十一月十九日。1936 年洛陽城北四十里陳凹村西北出土。

碑目著錄：
《洛陽出土石刻時地記》北魏太昌 006，44 頁。
《六朝墓誌檢要》（修訂本）123 頁。
《漢魏六朝碑刻校注·總目提要》編號 1740。
《北朝隋代墓誌所在總合目錄》編號 513。

太昌 032
元襲墓誌

永安二年（529）六月廿一日終於第，以太昌元年（532）十一月十九日陪葬長陵。1927 年河南洛陽城北安駕溝村出土，于右任舊藏，今石存西安碑林博物館。誌高 50、寬 52 釐米。文正書，26 行，滿行 28 字。

圖版著錄：

《漢魏南北朝墓誌集釋》圖版一一二，《新編》3/3/409。

《北京圖書館藏中國歷代石刻拓本匯編》5 冊 175 頁。

《鴛鴦七誌齋藏石》圖 129。

《西安碑林全集》65/848－850。

《洛陽出土北魏墓誌選編》圖版一九三，408 頁。

《漢魏六朝碑刻校注》6 冊 394 頁。

錄文著錄：

《洛陽出土北魏墓誌選編》太昌九，170 頁。

《漢魏南北朝墓誌彙編》295—296 頁。

《漢魏六朝碑刻校注》6 冊 395 頁。

《全北魏東魏西魏文補遺》325 頁。

碑目題跋著錄：

《石刻題跋索引》146 頁左，《新編》1/30/22484。

《古誌新目初編》1/11a，《新編》2/18/13697 上。

《漢魏南北朝墓誌集釋》4/25a－b，《新編》3/3/83－84。

《國立北平圖書館藏碑目》10a，《新編》3/36/253 下。

《蒿里遺文目錄續編·元魏宗室妃主誌存》12a，《新編》3/37/542 下。

《元氏誌錄補遺》3b，《新編》3/38/56 上。

《墓誌徵存目錄》卷 1，《羅振玉學術論著集》第五集，574 頁。

《洛陽出土石刻時地記》北魏太昌 011，45 頁。

《歷代墓誌銘拓片目錄》26 頁。

《六朝墓誌檢要》（修訂本）124 頁。

《漢魏六朝碑刻校注·總目提要》編號 1751 頁。

《北朝隋代墓誌所在總合目錄》編號 514。

《北京大學圖書館藏歷代墓誌拓片目錄》編號 00391。

備考：元襲，事見《魏書》卷七四《尒朱榮傳》，《北史》卷三六

《薛孝通傳》、《薛憕傳》。

太昌033

元文墓誌

薨於第，太昌元年（532）十一月十九日遷葬於西陵。1920 年洛陽城北後海資村北，南陳莊村西平塚東南出土，曾歸江蘇武進陶蘭泉和吳興徐森玉收藏，今存遼寧省博物館。誌高 53、寬 52.5 釐米。文正書，17 行，滿行 19 字。首題：魏故車騎大將軍儀同三司林慮哀王誌銘。

圖版著錄：

《漢魏南北朝墓誌集釋》圖版一八八，《新編》3/3/494。

《北京圖書館藏中國歷代石刻拓本匯編》5 冊 171 頁。

《中國金石集萃》8 函 9 輯編號 81。

《洛陽出土北魏墓誌選編》圖版一九二，407 頁。

《漢魏六朝碑刻校注》6 冊 397 頁。

《遼寧省博物館藏碑誌精粹》84 頁。

錄文著錄：

《芒洛冢墓遺文四編》1/40a－b，《新編》1/19/14168 下。

《滿洲金石志別錄》卷上/36a－b，《新編》1/23/17415 下。

《誌石文錄》卷上/48a，《新編》2/19/13765 下。

《魯迅輯校石刻手稿·墓誌》上冊 225—226 頁。

《洛陽出土北魏墓誌選編》太昌八，169—170 頁。

《漢魏南北朝墓誌彙編》296—297 頁。

《漢魏六朝碑刻校注》6 冊 398 頁。

《遼寧省博物館藏碑誌精粹》84 頁。

《全北魏東魏西魏文補遺》330 頁。

碑目題跋著錄：

《石刻題跋索引》146 頁左，《新編》1/30/22484。

《石刻名彙》2/15a，《新編》2/2/1032 上。

《崇雅堂碑錄》1/19b，《新編》2/6/4493 上。

《古誌新目初編》1/11a，《新編》2/18/13697 上。

《蒿里遺文目錄》2（3）/2b，《新編》2/20/14977 下。
《夢碧簃石言》5/15a，《新編》3/2/220 上。
《漢魏南北朝墓誌集釋》4/38a，《新編》3/3/109。
《國立北平圖書館藏碑目》10a，《新編》3/36/253 下。
《循園古冢遺文跋尾》4/10b，《新編》3/38/34 下。
《元氏誌錄》3a，《新編》3/38/48 上。
《雪堂金石文字跋尾》2/30b，《新編》3/38/302 下。
《墓誌徵存目錄》卷1，《羅振玉學術論著集》第五集，574 頁。
《洛陽出土石刻時地記》北魏太昌008，44 頁。
《歷代墓誌銘拓片目錄》26 頁。
《六朝墓誌檢要》（修訂本）123 頁。
《遼寧省博物館藏碑誌精粹》85 頁。
《漢魏六朝碑刻校注·總目提要》編號1753。
淑德大學《中國石刻拓本目錄》"墓誌"編號180。
《北朝隋代墓誌所在總合目錄》編號515。
《北京大學圖書館藏歷代墓誌拓片目錄》編號00388。

太昌 034

元禹墓誌

普泰元年（531）四月廿日薨於樂平郡治所，太昌元年（532）十一月十九日遷葬西陵。據云出土於河南省孟津縣。誌高、寬均51.5釐米。文26行，滿行27字，正書。首題：魏故驃騎大將軍儀同三司甄城縣開國伯青州刺史元公墓誌銘。

圖版著錄：
《秦晉豫新出墓誌蒐佚續編》1 冊 79 頁。

太昌 035

元恭墓誌

永安三年（530）卒，太昌元年（532）十一月十九日遷葬於山陵谷山。1920 年（一說1933 年）洛陽城北南陳莊村西北一里，後海資村北出土，曾歸武進陶蘭泉、吳興徐森玉，今石藏河南省新安縣千唐誌齋博物館。誌高、寬均73釐米。文正書，32行，滿行33字。首題：魏故使持節假車騎將軍都督晉建南汾三州諸軍事鎮西將軍晉州刺史大都督節度諸軍事兼尚書左僕射西北道大行臺平陽縣開國子元君墓誌。

圖版著錄：

《漢魏南北朝墓誌集釋》圖版一四七，《新編》3/3/447。

《北京圖書館藏中國歷代石刻拓本匯編》5冊172頁。

《洛陽出土北魏墓誌選編》圖版一九一，406頁。

《北魏皇家墓誌二十品》編號20。

《漢魏六朝碑刻校注》6冊399頁。

錄文著錄：

《洛陽出土北魏墓誌選編》太昌七，168—169頁。

《漢魏南北朝墓誌彙編》297—299頁。

《漢魏六朝碑刻校注》6冊400頁。

《全北魏東魏西魏文補遺》330—331頁。

碑目題跋著錄：

《石刻題跋索引》146頁左，《新編》1/30/22484。

《漢魏南北朝墓誌集釋》4/31a－b，《新編》3/3/95－96。

《國立北平圖書館藏碑目》10a，《新編》3/36/253下。

《墓誌徵存目錄》卷1，《羅振玉學術論著集》第五集，574頁。

《洛陽出土石刻時地記》北魏太昌010，44—45頁。

《歷代墓誌銘拓片目錄》26頁。

《六朝墓誌檢要》（修訂本）124頁。

《漢魏六朝碑刻校注·總目提要》編號1750。

《北朝隋代墓誌所在總合目錄》編號516。

《北京大學圖書館藏歷代墓誌拓片目錄》編號00387。

備考：元恭，字顯恭，《魏書》卷一九下附《城陽王長壽傳》。

太昌 036

徐州刺史元馗（字孝道）墓誌

普泰元年（531）六月廿九日卒於華陰，以太昌元年（532）十一月十九日葬。1927年洛陽城北後海資村出土，于右任舊藏，今石存西安碑林博物館。誌高43.5、寬44.5釐米。文正書，16行，滿行18字。首題：魏故司空府參軍事元君墓誌銘。

圖版著錄：

《漢魏南北朝墓誌集釋》圖版一一九，《新編》3/3/418。

《北京圖書館藏中國歷代石刻拓本匯編》5冊173頁。

《鴛鴦七誌齋藏石》圖128。

《中國金石集萃》8函9輯編號82。

《西安碑林全集》65/844－847。

《漢魏六朝碑刻校注》7冊5頁。

錄文著錄：

《洛陽出土北魏墓誌選編》太昌一〇，170—171頁。

《漢魏南北朝墓誌彙編》301頁。

《漢魏六朝碑刻校注》7冊6頁。

《全北魏東魏西魏文補遺》333頁。

碑目題跋著錄：

《石刻題跋索引》146頁左，《新編》1/30/22484。

《古誌新目初編》1/11a，《新編》2/18/13697上。

《漢魏南北朝墓誌集釋》4/26b，《新編》3/3/86。

《國立北平圖書館藏碑目》10a，《新編》3/36/253下。

《嵩里遺文目錄續編補遺》2a，《新編》3/37/545下。

《墓誌徵存目錄》卷1，《羅振玉學術論著集》第五集，574頁。

《洛陽出土石刻時地記》北魏太昌009，44頁。

《歷代墓誌銘拓片目錄》26頁。

《六朝墓誌檢要》（修訂本）124—125頁。

《漢魏六朝碑刻校注·總目提要》編號1748。

《北朝隋代墓誌所在綜合目錄》編號518。

《北京大學圖書館藏歷代墓誌拓片目錄》編號00389。

太昌 037

元澂墓誌

永安三年（530）十二月五日薨於洛陽之南原，太昌元年（532）十一月十九日葬於洛陽之穀山。1918 年洛陽城北後海資村北平塚西第四塚內出土，石曾歸江蘇武進陶蘭泉，今存遼寧省博物館。誌高 56、寬 58 釐米。文正書，31 行，滿行 32 字。首題：魏故使持節侍中太保大司馬錄尚書事司州牧城陽王墓誌銘。

圖版著錄：

《漢魏南北朝墓誌集釋》圖版一四五，《新編》3/3/445。

《北京圖書館藏中國歷代石刻拓本匯編》5 冊 174 頁。

《中國金石集萃》7 函 8 輯編號 72。

《洛陽出土北魏墓誌選編》圖版一九〇，405 頁。

《漢魏六朝碑刻校注》7 冊 1 頁。

《遼寧省博物館藏碑誌精粹》82 頁。

錄文著錄：

《芒洛冢墓遺文四編》1/47b–49b，《新編》1/19/14172 上—14173 上。

《滿洲金石志別錄》卷上/37a–39a，《新編》1/23/17416 上—17417 上。

《誌石文錄》卷上/48b–49b，《新編》2/19/13765 下—13766 上。

《魯迅輯校石刻手稿·墓誌》上冊 220—224 頁。

《洛陽出土北魏墓誌選編》太昌六，167—168 頁。

《漢魏南北朝墓誌彙編》299—301 頁。

《漢魏六朝碑刻校注》7 冊 2—3 頁。

《遼寧省博物館藏碑誌精粹》261 頁。

《全北魏東魏西魏文補遺》332—333 頁。

碑目題跋著錄：

《石刻題跋索引》146 頁左，《新編》1/30/22484。

《石刻名彙》2/15a，《新編》2/2/1032 上。

《崇雅堂碑錄》1/19b，《新編》2/6/4493 上。

《古誌新目初編》1/11a，《新編》2/18/13697 上。

《蒿里遺文目錄》2（3）/2b，《新編》2/20/14977 下。

《夢碧簃石言》5/15a，《新編》3/2/220 上。

《漢魏南北朝墓誌集釋》4/30b，《新編》3/3/94。

《國立北平圖書館藏碑目》10a，《新編》3/36/253 下。

《循園古冢遺文跋尾》4/10a–b，《新編》3/38/34 下。

《元氏誌錄》3a、6b、8b、9a、10a，《新編》3/38/48 上、49 下、50 下、51 上・下。

《雪堂金石文字跋尾》2/31a，《新編》3/38/303 上。

《墓誌徵存目錄》卷1，《羅振玉學術論著集》第五集，574 頁。

《洛陽出土石刻時地記》北魏太昌007，44 頁。

《歷代墓誌銘拓片目錄》26 頁。

《六朝墓誌檢要》（修訂本）124 頁。

《遼寧省博物館藏碑誌精粹》83 頁。

《漢魏六朝碑刻校注・總目題要》編號1749。

淑德大學《中國石刻拓本目錄》"墓誌"編號181。

《北朝隋代墓誌所在總合目錄》編號517。

《北京大學圖書館藏歷代墓誌拓片目錄》編號00390。

備考：元徽，《魏書》卷一九下、《北史》卷一八有傳，附《城陽王長壽傳》。

太昌038

張太和墓誌并蓋

太昌元年（532）六月九日卒於洛京，其年十一月十九日葬於北芒。2000 年河南省洛陽市北邙山出土，旋歸劉氏，又歸孫氏。誌高、寬均 44 釐米；蓋高、寬均 41 釐米。文 20 行，滿行 22 字，正書。蓋 3 行，行 3 字，正書。蓋題：故脩武侯張君墓誌銘。首題：魏故驍驤將軍太中大夫脩武侯張太和之墓誌。

圖版著錄：

《河洛墓刻拾零》上冊37—38 頁。

碑目著錄：

《北朝隋代墓誌所在総合目錄》編號 527。

太昌 039
王溫墓誌

普泰二年（532）二月廿六日卒於昭明里宅，太昌元年（532）十一月廿五日葬於岐坑之西原。1989 年出土於河南省孟津縣朝陽鄉石溝村西地，石存洛陽。誌高 60、寬 58.5 釐米。文正書，28 行，滿行 28 字。首題：魏故使持節撫軍將軍瀛州刺史王簡公墓誌銘。

著錄：

《洛陽出土歷代墓誌輯繩》54 頁。（圖）

《漢魏六朝碑刻校注》7 冊 28—29 頁。（圖、文）

《洛陽出土北魏墓誌選編》太昌一一，171—172 頁。（文）

《全北魏東魏西魏文補遺》333—334 頁。（文）

《新出魏晉南北朝墓誌疏證》（修訂本）130—132 頁。（文、跋）

《漢魏六朝碑刻校注·總目提要》編號 1756。（目）

《北朝隋代墓誌所在総合目錄》編號 528。（目）

論文：

洛陽市文物工作隊：《洛陽孟津北陳村北魏壁畫墓》，《文物》1995 年第 8 期。

張乃翥：《北魏王溫墓誌紀史鉤沉》，《中原文物》1994 年第 4 期。

太昌 040
趙郡太守李林墓誌

建義元年（528）十二月八日終於房子縣宅，太昌元年（532）十二月十四日葬。1949 年後河北省高邑縣出土，現藏正定縣文物保管所。蓋兩面，一面無文字，一面為誌文後段。誌、蓋均高 42、寬 42、厚 10 釐米。文正書，16 行，滿行 16 字；蓋 10 行，滿行 16 字。首題：魏故趙郡太守李君墓誌銘。

著錄：

《新中國出土墓誌·河北〔壹〕》上冊 6 頁（圖）、下冊 3 頁（文）。

《漢魏六朝碑刻校注》7 冊 34—35 頁。（圖、文）

《全北魏東魏西魏文補遺》335 頁。（文）

《河北金石輯錄》431 頁。（目）

《漢魏六朝碑刻校注·總目提要》編號 1757。（目）

《北朝隋代墓誌所在總合目錄》編號 529。（目）

太昌 041

鄭胡磚誌

太昌元年（532）十二月。20 世紀 60 年代出土於河南省開封市朱仙鎮老譚家寨村北，20 世紀 80 年代文物普查時徵集。磚高 36、寬 17.7、厚 8.8 釐米。文正書，兩面刻，正面 2 行，行 6 至 8 字；背面 12 行，行 4 至 8 字不等。

著錄：

《漢魏六朝碑刻校注》7 冊 31—33 頁。（圖、文）

《中國古代磚刻銘文集》上、下冊編號 0973。（圖。文）

《全北魏東魏西魏文補遺》335—336 頁。（文）

《新出魏晉南北朝墓誌疏證》（修訂本）133—136 頁。（文、跋）

《漢魏六朝碑刻校注·總目提要》編號 1758。（目）

《北朝隋代墓誌所在總合目錄》編號 530。（目）

論文：

丘剛：《啟（開）封故城遺址的初步勘探與試掘》，《中原文物》1994 年第 2 期。

郭世軍、劉心健：《開封發現北魏鄭胡墓誌磚》，《文物》1998 年第 11 期。

太昌 042

范陽王元誨碑

孝武帝太昌元年（532）十二月。

碑目題跋著錄：

《金石錄》2/9b、21/7b，《新編》1/12/8810 上、8926 上。（節文）

《通志·金石略》卷上/32b，《新編》1/24/18035 上。

《石刻題跋索引》34 頁左,《新編》1/30/22372。

《佩文齋書畫譜·金石》62/10a 下,《新編》3/2/56 上。

《六藝之一錄》59/21a,《新編》4/5/93 上。

備考:《通志·金石略》誤作"後魏鎮陽誨碑"。

太昌 043

楊暐墓誌

建義元年(528)四月十三日薨於河陰,太昌元年(532)遷葬於華陰之舊塋。1989 年陝西省華陰縣五方鄉楊氏塋墓出土,石藏西安碑林博物館。誌高、寬均 45 釐米。文正書,27 行,滿行 27 字。首題:魏故使持節都督雍州諸軍事衛將軍儀同三司雍州刺史楊公墓誌。

著錄:

《陝西碑石精華》14 頁。(圖)

《華山碑石》13 頁(圖)、237—238 頁(文)。

《漢魏六朝碑刻校注》7 冊 39—40 頁。(圖、文)

《西安碑林博物館新藏墓誌彙編》上冊 15—17 頁。(圖、文)

《新出魏晉南北朝墓誌疏證》(修訂本)137—138 頁。(文、跋)

《全北魏東魏西魏文補遺》336—337 頁。(文)

《漢魏六朝碑刻校注·總目提要》編號 1760。(目)

《北朝隋代墓誌所在總合目錄》編號 532。(目)

《北京大學圖書館藏歷代墓誌拓片目錄》編號 00400。(目)

備考:楊暐,《魏書》卷五八附《楊逸傳》、《北史》卷四一有傳。

太昌 044

侍中廣平穆王(元懷?)碑

太昌元年(532)。俗云"陵家碑"或"陵家碑";在河南府洛陽縣。

碑目題跋著錄:

《通志·金石略》卷上/29b、30b,《新編》1/24/18033 下、18034 上。

《金石彙目分編》9(3)/66a,《新編》1/28/21023 下。

《墨華通考》卷 7,《新編》2/6/4372 上。

《佩文齋書畫譜·金石》62/10a 下,《新編》3/2/56 上。

《河朔訪古記》卷下/13a,《新編》3/25/185 上。

(乾隆)《河南府志·金石志》108/10a,《新編》3/28/119 下。

《六藝之一錄》59/21a,《新編》4/5/93 上。

備考：按《元懷墓誌》，懷廣平王，卒後追贈侍中，與碑主身份相符，疑即元懷。元懷，《魏書》卷二二、《北史》卷一九有傳。

太昌 045

賈金寶墓誌

太昌元年（532）九月二十日。7 行，行 10 字，正書。誌散落在洛陽民間。

碑目著錄：

《漢魏六朝碑刻校注·總目提要》編號 1761。

王鶴松、王國毓：《北魏墓誌二十四品》，《書法》2003 年第 6 期。

永　興

永興 001

長孫士亮妻宋靈妃墓誌并蓋、側

永興二年（533）正月十四日終於洛陽永和里第，粵其月廿日葬於洛陽城西廿里，漢原陵南七里，魏長陵東南十里，馬鞍山之陽。長孫士亮撰。1936 年洛陽城東北十五里西呂家廟村北數十步處出土。誌高 49.2、寬 48.5、厚 8.7 釐米；蓋高、寬均 42 釐米。文正書，26 行，滿行 26 字，側 1 行。蓋 3 行，行 4 字，篆書。首題：侍中太傅錄尚書事馮翊郡開國公第四子散騎常侍征東將軍金紫光祿大夫西華縣開國侯長孫士亮妻廣平郡君宋氏墓誌；蓋題：魏故廣平郡君長孫氏宋墓誌。

圖版著錄：

《漢魏南北朝墓誌集釋》圖版五八九,《新編》3/4/346－347。

《北京圖書館藏中國歷代石刻拓本匯編》5 冊 177—178 頁。

《洛陽出土北魏墓誌選編》圖版一九四,409 頁。（誌）

《漢魏六朝碑刻校注》7 冊 42 頁。

錄文著錄：

《洛陽出土北魏墓誌選編》永興一，172—173 頁。
《漢魏南北朝墓誌彙編》301—303 頁。
《漢魏六朝碑刻校注》7 冊 43 頁。
《全北魏東魏西魏文補遺》43—44 頁。
碑目題跋著錄：
《石刻題跋索引》146 頁左，《新編》1/30/22484。
《漢魏南北朝墓誌集釋》11/115a－b，《新編》3/3/263－264。
《國立北平圖書館藏碑目》10a，《新編》3/36/253 下。
《墓誌徵存目錄》卷 1，《羅振玉學術論著集》第五集，574 頁。
《洛陽出土石刻時地記》北魏永熙 001，45 頁。
《六朝墓誌檢要》（修訂本）125 頁。
《漢魏六朝碑刻校注·總目提要》編號 1762。
《北朝隋代墓誌所在総合目錄》編號 534。
備考："永興"無二年，暫附此。

永　熙

永熙 001

李祐墓誌

永熙元年（532）六月。河南洛陽出土。正書。
碑目著錄：
《石刻名彙》2/15a，《新編》2/2/1032 上。
《崇雅堂碑錄補》1/9a，《新編》2/6/4555 上。
備考：李祐，《魏書》卷三六、《北史》卷三三有傳，是否誌主，因無錄文，待考。

永熙 002

韋輝和墓誌

神龜年間遘疾終於雍宅，永熙二年（533）孟陬之月（正月）廿六日葬於京兆郡山北縣高望鄉吉遷里之北原。2001 年在陝西省西安市長安區韋曲北塬上 M4 出土。誌長 62.5、寬 52.5、厚 12 釐米。文正書，29 行，滿行 30 字。首題：魏故員外散騎侍郎韋君墓誌銘。

碑目著錄：

《北朝隋代墓誌所在總合目錄》編號 533。

論文：

西安市文物保護考古所：《西安南郊北魏北周墓發掘簡報》，《文物》2009 年第 5 期。（圖）

張曉麗、張婷、羅曉燕：《西安出土北魏〈韋輝和墓誌〉和〈韋乾墓誌〉研讀》，《文博》2016 年第 3 期。（文）

備考：《北朝隋代墓誌所在總合目錄》誤作"韋耀和"。

永熙 003

元肅墓誌

永熙二年（533）二月廿六日葬於西陵。1926 年洛陽城北安駕溝出土，于右任舊藏，今石存西安碑林博物館。誌高、寬均 53 釐米。文正書，23 行，滿行 23 字。首題：魏故使持節侍中司徒公魯郡王墓銘。

圖版著錄：

《漢魏南北朝墓誌集釋》圖版一四二，《新編》3/3/442。

《北京圖書館藏中國歷代石刻拓本匯編》5 冊 183 頁。

《鴛鴦七誌齋藏石》圖 131。

《西安碑林全集》65/853–858。

《漢魏六朝碑刻校注》7 冊 45 頁。

錄文著錄：

《洛陽出土北魏墓誌選編》永熙一，173 頁。

《漢魏南北朝墓誌彙編》303—304 頁。

《漢魏六朝碑刻校注》7 冊 46 頁。

《全北魏東魏西魏文補遺》337 頁。

碑目題跋著錄：

《石刻題跋索引》146 頁左，《新編》1/30/22484。

《古誌新目初編》1/11a，《新編》2/18/13697 上。

《漢魏南北朝墓誌集釋》4/30a，《新編》3/3/93。

《國立北平圖書館藏碑目》10a，《新編》3/36/253 下。

《洛陽出土石刻時地記》北魏永熙 002，45 頁。

《歷代墓誌銘拓片目錄》27 頁。

《六朝墓誌檢要》（修訂本）125 頁。

《漢魏六朝碑刻校注・總目提要》編號 1763。

《北朝隋代墓誌所在総合目錄》編號 535。

《北京大學圖書館藏歷代墓誌拓片目錄》編號 00401。

備考：元肅，《魏書》卷一九下、《北史》卷一八有傳，附《南安王楨傳》。

永熙 004

乞伏寶墓誌

太昌元年（532）十一月薨，永熙二年（533）三月廿一日葬於北芒之西嶺。1928 年洛陽城東北白鹿莊村南，營莊村北出土，于右任舊藏，今石藏西安碑林博物館。誌高、寬均 62 釐米。文正書，30 行，滿行 30 字。首題：魏故使持節都督河涼二州諸軍事衛大將軍河州刺史寧國伯乞伏君墓誌。

圖版著錄：

《漢魏南北朝墓誌集釋》圖版二八四，《新編》3/3/630。

《北京圖書館藏中國歷代石刻拓本匯編》5 冊 185 頁。

《鴛鴦七誌齋藏石》圖 132。

《西安碑林全集》65/859 – 864。

《洛陽出土北魏墓誌選編》圖版一九五，410 頁。

《漢魏六朝碑刻校注》7 冊 50 頁。

錄文著錄：

《洛陽出土北魏墓誌選編》永熙二，173—174 頁。

《漢魏南北朝墓誌彙編》304—305 頁。

《漢魏六朝碑刻校注》7 冊 51—52 頁。

《全北魏東魏西魏文補遺》338—339 頁。

碑目題跋著錄：

《石刻題跋索引》146頁左，《新編》1/30/22484。

《崇雅堂碑錄》1/20a，《新編》2/6/4493下。

《古誌新目初編》1/11a，《新編》2/18/13697上。

《漢魏南北朝墓誌集釋》6/60a，《新編》3/3/153。

《國立北平圖書館藏碑目》10b，《新編》3/36/253下。

《蒿里遺文目錄續編·墓誌徵存》3a，《新編》3/37/538上。

《墓誌徵存目錄》卷1，《羅振玉學術論著集》第五集，574頁。

《洛陽出土石刻時地記》北魏永熙003，45頁。

《歷代墓誌銘拓片目錄》27頁。

《六朝墓誌檢要》（修訂本）126頁。

《漢魏六朝碑刻校注·總目提要》編號1765。

《北朝隋代墓誌所在總合目錄》編號536。

《北京大學圖書館藏歷代墓誌拓片目錄》編號00402。

備考：乞伏寶，《魏書》卷八六、《北史》卷八四有傳，作"乞伏保"。

永熙005

高樹生墓誌

永熙二年（533）四月二十七日葬於嵩岳之北原。河南出土，現藏洛陽師範學院。高81、寬79釐米。文正書，31行，滿行32字。首題：魏故使持節侍中太師假黃鉞錄尚書事都督冀相滄瀛殷定六州中外諸軍事大將軍冀州刺史勃海高王墓誌銘。

圖版著錄：

《秦晉豫新出墓誌蒐佚續編》1冊85頁。

《北京大學圖書館新藏金石拓本菁華1996—2012》100頁。

碑目著錄：

《北朝隋代墓誌所在總合目錄》編號537。

《北京大學圖書館藏歷代墓誌拓片目錄》編號00403。

論文：

王連龍：《北魏高樹生及妻韓期姬墓誌考》，《文物》2014年第2期。

張耐冬、禪馨：《魏孝武朝高歡議遷鄴事新考——基於高樹生夫婦墓誌所載葬地的分析》，《國學學刊》2017年第1期。

備考：高樹生，《魏書》卷三二有傳。

永熙006
高樹生妻韓期姬墓誌

永熙二年（533）四月廿七日遷葬於成周之東南，嵩岳之北原。河南出土，現藏洛陽師範學院。誌高、寬均73釐米。文正書，26行，滿行25字。首題：魏故使持節侍中太師假黃鉞錄尚書事都督冀相滄瀛殷定六州中外諸軍事冀州刺史勃海高王妻韓太妃銘。

圖版著錄：

《秦晉豫新出墓誌蒐佚續編》1冊86頁。

《北京大學圖書館新藏金石拓本菁華1996—2012》101頁。

碑目著錄：

《北京大學圖書館藏歷代墓誌拓片目錄》編號00404。

《北朝隋代墓誌所在總合目錄》編號538。

論文：

王連龍：《北魏高樹生及妻韓期姬墓誌考》，《文物》2014年第2期。

張耐冬、禪馨：《魏孝武朝高歡議遷鄴事新考——基於高樹生夫婦墓誌所載葬地的分析》，《國學學刊》2017年第1期。

備考：韓期姬，其事見《魏書》卷三二《高樹生傳》，《北齊書》卷一、《北史》卷六《高歡本紀》。

永熙007
鄭平城妻李暉儀墓誌

永熙二年（533）三月十二日卒於洛陽之脩文里舍，以其年五月廿二日附葬祔於熒陽之敖山之陽。魏收撰銘。2002年河南滎陽出土，鄭州李氏友石齋藏石。誌高74、寬72釐米。文正書，29行，滿行33字。首題：魏故假節督南青州諸軍事征虜將軍南青州刺史鄭使君夫人李氏墓誌銘。

圖版著錄：

《漢魏六朝碑刻校注》7冊55頁。

《河洛墓刻拾零》上冊 39 頁。
《中國北朝石刻拓片精品集》96 頁。
《北京大學圖書館新藏金石拓本菁華 1996—2012》102 頁。
錄文著錄：
《漢魏六朝碑刻校注》7 冊 56 頁。
《全北魏東魏西魏文補遺》339—340 頁。
碑目題跋著錄：
《漢魏六朝碑刻校注·總目提要》編號 1767。
《北朝隋代墓誌所在總合目錄》編號 539。
《北京大學圖書館藏歷代墓誌拓片目錄》編號 00405。
論文：
羅新：《跋北魏鄭平城妻李暉儀墓誌》，《中國歷史文物》2005 年第 6 期。
徐沖：《北魏鄭平城妻李暉儀墓誌補釋》，《紀念西安碑林九百二十周年華誕國際學術研討會論文集》，第 386—396 頁。
備考：鄭平城，《魏書》卷五六、《北史》卷三五附《鄭幼儒傳》。

永熙 008

張寧墓誌并蓋

永熙二年（533）五月廿七日薨於上京脩睦之里，八月廿八日葬於孝明皇帝陵西南二里，馬村西北亦二里。1932 年河南洛陽城東北太倉村西北，西山嶺頭村南出土，于右任舊藏，今石存西安碑林博物館。誌高、寬均 46 釐米；蓋高 39、寬 40 釐米。文正書，25 行，滿行 25 字。蓋篆書，3 行，滿行 3 字。首題：大魏永熙二年歲次癸丑八月丁巳朔廿八日甲申故持節督南岐州諸軍事前將軍南岐州刺史張君之墓誌；蓋題：魏故岐州刺史張君銘。

圖版著錄：
《漢魏南北朝墓誌集釋》圖版二八五，《新編》3/3/631－632。
《北京圖書館藏中國歷代石刻拓本匯編》5 冊 186—187 頁。
《鴛鴦七誌齋藏石》圖 133。

《中國金石集萃》7函8輯編號73。（誌）

《西安碑林全集》65/865－871。

《漢魏六朝碑刻校注》7冊58頁。

錄文著錄：

《洛陽出土北魏墓誌選編》永熙三，174—175頁。

《漢魏南北朝墓誌彙編》305—306頁。

《漢魏六朝碑刻校注》7冊59頁。

《全北魏東魏西魏文補遺》340—341頁。

碑目題跋：

《石刻題跋索引》146頁左，《新編》1/30/22484。

《古誌新目初編》1/11b，《新編》2/18/13697上。

《漢魏南北朝墓誌集釋》6/60a，《新編》3/3/153。

《國立北平圖書館藏碑目》10b，《新編》3/36/253下。

《蒿里遺文目錄續編補遺·墓誌徵存》1a，《新編》3/37/545上。

《墓誌徵存目錄》卷1，《羅振玉學術論著集》第五集，574頁。

《洛陽出土石刻時地記》北魏永熙004，45頁。

《歷代墓誌銘拓片目錄》27頁。

《六朝墓誌檢要》（修訂本）126頁。

《漢魏六朝碑刻校注·總目提要》編號1768。

《北朝隋代墓誌所在總合目錄》編號540。

《北京大學圖書館藏歷代墓誌拓片目錄》編號00406。

永熙009

元鑽遠墓誌

永熙二年（533）二月廿七日終於位，其年十一月廿五日陪葬長陵之東崗。1920年洛陽城北南陳莊村南出土，石曾歸陽湖董氏、江蘇武進陶蘭泉，今存遼寧省博物館。誌高61.5、寬62釐米。文正書，30行，滿行31字。首題：魏故使持節都督齊州諸軍事平南將軍齊州刺史廣川縣開國侯元使君墓誌銘。

圖版著錄：

《漢魏南北朝墓誌集釋》圖版一一四,《新編》3/3/411。
《北京圖書館藏中國歷代石刻拓本匯編》5 冊 190 頁。
《中國金石集萃》7 函 8 輯編號 74。
《洛陽出土北魏墓誌選編》圖版一九六,411 頁。
《遼寧省博物館藏碑誌精粹》86 頁。
《漢魏六朝碑刻校注》7 冊 71 頁。

錄文著錄:

《芒洛冢墓遺文四編》1/49b – 51b,《新編》1/19/14173 上—14174 上。
《滿洲金石志別錄》卷上/39b – 41b,《新編》1/23/17417 上—17418 上。
《誌石文錄》卷上/49b – 50a,《新編》2/19/13766 上—13767 上。
《洛陽出土北魏墓誌選編》永熙四,175—176 頁。
《漢魏南北朝墓誌彙編》309—310 頁。
《漢魏六朝碑刻校注》7 冊 72—73 頁。
《遼寧省博物館藏碑誌精粹》262 頁。
《全北魏東魏西魏文補遺》44—45 頁。

碑目題跋著錄:

《滿洲金石志別錄》卷上/41b,《新編》1/23/17418 上。
《石刻題跋索引》146 頁左—右,《新編》1/30/22484。
《石刻名彙》2/15a,《新編》2/2/1032 上。
《崇雅堂碑錄》1/20a,《新編》2/6/4493 下。
《古誌新目初編》1/11b,《新編》2/18/13697 上。
《蒿里遺文目錄》2(3)/2b,《新編》2/20/14977 下。
《夢碧簃石言》5/15a,《新編》3/2/220 上。
《漢魏南北朝墓誌集釋》4/25b,《新編》3/3/84。
《國立北平圖書館藏碑目》10b,《新編》3/36/253 下。
《循園古冢遺文跋尾》4/10b – 11b,《新編》3/38/34 下—35 上。
《元氏誌錄》3a、6b,《新編》3/38/48 上、49 下。
《墓誌徵存目錄》卷 1,《羅振玉學術論著集》第五集,574 頁。
《洛陽出土石刻時地記》北魏永熙 006,46 頁。

《歷代墓誌銘拓片目錄》27 頁。

《六朝墓誌檢要》（修訂本）127 頁。

《漢魏六朝碑刻校注·總目提要》編號 1771。

淑德大學《中國石刻拓本目錄》"墓誌"編號 182。

《北朝隋代墓誌所在總合目錄》編號 544。

《遼寧省博物館藏碑誌精粹》87 頁。

《北京大學圖書館藏歷代墓誌拓片目錄》編號 00407。

備考：《古誌新目初編》誤作元鑽達。

永熙 010

元爽墓誌

永熙二年（533）二月二十五日終於京師，以其年十一月二十五日葬於洛城西十五里穀水北。1928 年洛陽城東十三里董家村北出土，于右任舊藏，今石存西安碑林博物館。誌高、寬均 82 釐米。文正書，26 行，滿行 26 字。首題：魏故使持節都督涇岐秦三州諸軍事衛大將軍秦州刺史尚書左僕射元公墓誌銘。

圖版著錄：

《漢魏南北朝墓誌集釋》圖版七九，《新編》3/3/373。

《北京圖書館藏中國歷代石刻拓本匯編》5 冊 189 頁。

《鴛鴦七誌齋藏石》圖 134。

《西安碑林全集》65/872－886。

《漢魏六朝碑刻校注》7 冊 68 頁。

錄文著錄：

《洛陽出土北魏墓誌選編》永熙五，176—177 頁。

《漢魏南北朝墓誌彙編》307—308 頁。

《漢魏六朝碑刻校注》7 冊 69 頁。

《全北魏東魏西魏文補遺》342—343 頁。

碑目題跋著錄：

《石刻題跋索引》146 頁左，《新編》1/30/22484。

《漢魏南北朝墓誌集釋》3/19a，《新編》3/3/71。

《國立北平圖書館藏碑目》10b，《新編》3/36/253 下。

《六朝墓誌檢要》（修訂本）126—127 頁。

《洛陽出土石刻時地記》北魏永熙 005，45—46 頁。

《漢魏六朝碑刻校注・總目提要》編號 1773。

淑德大學《中國石刻拓本目錄》"墓誌"編號 183。

《北朝隋代墓誌所在綜合目錄》編號 543。

論文：

馬琳：《北魏元爽墓誌考釋》，《史志學刊》2015 年第 3 期。

馬琳：《北魏元爽墓誌試探》，《安陽師範學院學報》2016 年第 3 期。

備考：元爽，《魏書》卷一六、《北史》卷一六有傳，附《京兆王元黎傳》。

永熙 011

石育暨妻戴氏墓誌并蓋

永熙二年（533）三月七日卒於河陰延沽里第，以其年十一月廿五日與夫人戴氏合葬洛城西北邙山南崗。1923 年洛陽城東北左家坡北出土。誌高、寬均 48.5 釐米。文正書，23 行，滿行 23 字，正書。首題：魏故使持節都督滄州諸軍事滄州刺史石使君戴夫人墓誌銘；蓋篆書，4 行，行 3 字。蓋題：魏故滄州刺史石使君墓誌銘。

圖版著錄：

《漢魏南北朝墓誌集釋》圖版二八六，《新編》3/3/633－634。

《洛陽出土北魏墓誌選編》圖版一九七，412 頁。（誌）

《漢魏六朝碑刻校注》7 冊 65 頁。（誌）

錄文著錄：

《芒洛冢墓遺文四編補遺》12b－13a，《新編》1/19/14313 下—14314 上。

《洛陽出土北魏墓誌選編》永熙六，177 頁。

《漢魏南北朝墓誌彙編》306—307 頁。

《漢魏六朝碑刻校注》7 冊 66 頁。

《全北魏東魏西魏文補遺》341—342 頁。

碑目題跋著錄：

《石刻題跋索引》146 頁右，《新編》1/30/22484。

《石刻名彙》2/15a，《新編》2/2/1032 上。

《崇雅堂碑錄補》1/9a，《新編》2/6/4555 上。

《蒿里遺文目錄》2（1）/3a，《新編》2/20/14945 上。

《漢魏南北朝墓誌集釋》6/60a，《新編》3/3/153。

《墓誌徵存目錄》卷 1，《羅振玉學術論著集》第五集，574 頁。

《洛陽出土石刻時地記》北魏永熙 007，46 頁。

《六朝墓誌檢要》（修訂本）126 頁。

《漢魏六朝碑刻校注·總目提要》編號 1772。

《北朝隋代墓誌所在總合目錄》編號 542。

《北京大學圖書館藏歷代墓誌拓片目錄》編號 00408。

論文：

李獻奇：《北魏六方墓誌考釋》，《畫像磚石刻墓誌研究》，第 218—219 頁。

備考：《石刻名彙》《崇雅堂碑錄補》誤作"石使君夫人戴育墓誌"。

永熙 012

王悅暨妻郭氏墓誌

正光五年（524）八月五日卒於京師，以其年葬於洛城西北，永熙二年（533）夫人薨逝後，改葬，合葬於芒山南嶺，定陵西崗。1927 年洛陽城東北西山嶺頭村東南地出土，曾歸三原于右任，今存西安碑林博物館。誌高、寬均 66 釐米。文 25 行，滿行 25 字，正書。蓋有圖無文。首題：魏故使持節平西將軍秦洛二州刺史王使君郭夫人墓誌銘。

圖版著錄：

《漢魏南北朝墓誌集釋》圖版二八七，《新編》3/3/635-636。

《北京圖書館藏中國歷代石刻拓本匯編》5 冊 191 頁。

《鴛鴦七誌齋藏石》圖 135。

《西安碑林全集》65/887-892。

《漢魏六朝碑刻校注》7 冊 74 頁。

錄文著錄：

《洛陽出土北魏墓誌選編》永熙七，177—178 頁。

《漢魏南北朝墓誌彙編》310—311 頁。

《漢魏六朝碑刻校注》7 冊 75 頁。

《全北魏東魏西魏文補遺》343 頁。

碑目題跋著錄：

《石刻題跋索引》146 頁右，《新編》1/30/22484。

《古誌新目初編》1/11b，《新編》2/18/13697 上。

《漢魏南北朝墓誌集釋》6/60a–b，《新編》3/3/153–154。

《國立北平圖書館藏碑目》10b，《新編》3/36/253 下。

《蒿里遺文目錄續編補遺・墓誌徵存》1b，《新編》3/37/545 上。

《墓誌徵存目錄》卷 1，《羅振玉學術論著集》第五集，574 頁。

《洛陽出土石刻時地記》北魏永熙 008，46 頁。

《歷代墓誌銘拓片目錄》27 頁。

《六朝墓誌檢要》（修訂本）127 頁。

《漢魏六朝碑刻校注・總目提要》編號 1774。

《北朝隋代墓誌所在總合目錄》編號 545。

《北京大學圖書館藏歷代墓誌拓片目錄》編號 00409。

永熙 013

斛斯正碑

永熙二年（533）立。

碑目題跋著錄：

《集古錄目》3/9a，《新編》1/24/17960 上。

《寶刻叢編》20/18b，《新編》1/24/18381 下。

《石刻題跋索引》34 頁左，《新編》1/30/22372。

《六藝之一錄》59/23a，《新編》4/5/94 上。

永熙 014

王君墓誌

永熙二年（533）。山東諸城王氏舊藏。正書。

碑目題跋著錄：

《石刻名彙》2/15a，《新編》2/2/1032 上。

《崇雅堂碑錄補》1/9a，《新編》2/6/4555 上。

《古誌新目初編》1/11b，《新編》2/18/13697 上。

《蒿里遺文目錄》2（1）/3a，《新編》2/20/14945 上。

《夢碧簃石言》5/9b 引《周句鑼齋藏石目》，《新編》3/2/217 上。

《墓誌徵存目錄》卷1，《羅振玉學術論著集》第五集，575 頁。

《歷代墓誌銘拓片目錄》27 頁。

《六朝墓誌檢要》（修訂本）127 頁。

永熙 015
辛璞墓誌

正光五年（524）十一月廿四日卒於家，永熙三年（534）正月十二日歸葬於樂遊之南原。據云出土於陝西省西安市。誌高、寬均 53 釐米。文 30 行，滿行 30 字，正書。首題：魏故持節征虜將軍華州刺史辛使君墓誌銘。

圖版著錄：

《秦晉豫新出墓誌蒐佚續編》1 冊 87 頁。

碑目著錄：

《北京大學圖書館藏歷代墓誌拓片目錄》編號 00410。

永熙 016
長孫遐妻王元墓誌

永熙三年（534）正月五日卒於京師，正月十四日葬於芒北。據誌出土於河南洛陽北邙山。誌高、寬均 44 釐米。文 19 行，滿行 19 字，隸書。

圖版著錄：

《秦晉豫新出墓誌蒐佚續編》1 冊 88 頁。

永熙 017
尉州墓誌

正光五年（524）十月卒於恒州北二百里涼城郡，永熙三年（534）正月廿六日葬於中山行唐之祕村。誌長 33、高 17.5 釐米。文 13 行，滿行 7 字，正書。首題：魏故常山尉府君之誌。

著錄：

《北朝藝術研究院藏品圖錄·墓誌》92 頁。（圖、文）

永熙 018

韋乾墓誌

永熙二年（533）六月四日卒，三年（534）正月廿六日葬。2001 年在陝西省西安市長安區韋曲北塬上 M5 出土。誌長 48.5、寬 42、厚 12 釐米。文正書，22 行，滿行 25 字。

碑目著錄：

《北朝隋代墓誌所在總合目錄》編號 548。

論文：

西安市文物保護考古所：《西安南郊北魏北周墓發掘簡報》，《文物》2009 年第 5 期。（圖）

張曉麗、張婷、羅曉燕：《西安出土北魏〈韋輝和墓誌〉和〈韋乾墓誌〉研讀》，《文博》2016 年第 3 期。（文）

永熙 019

尉陵墓誌

正光五年（524）二月廿日卒於家，永熙三年（534）正月廿六日遷葬於常山郡行唐縣之秘村。2001 年河北省曲陽縣產德鄉鋪上村出土，現存河北省曲陽縣文物管理所。誌高 58.5、寬 58.2、厚 14 釐米。文 25 行，滿行 25 字，正書。首題：魏故儀同三司定州刺史尉公墓誌銘。

著錄：

《保定出土墓誌選註》4—7 頁。（圖、文、跋）

《漢魏六朝碑刻校注·總目提要》編號 1776。（目）

《北朝隋代墓誌所在總合目錄》編號 546。（目）

備考：尉陵，史書無傳，然其子尉景的傳記見《北齊書》卷一五。

永熙 020

尉陵妻賀示迴墓誌

中興元年（531）十月十日卒於家，以永熙三年（534）正月廿六日葬於常山郡行唐縣之秘村。2001 年河北省曲陽縣產德鄉鋪上村出土，現存河北省曲陽縣文物管理所。誌高 57、寬 51.2、厚 18 釐米。文 20 行，滿行 23 字，正書。首題：魏故武邑郡君尉氏賀夫人墓誌銘。

著錄：

《保定出土墓誌選註》11—14 頁。（圖、文、跋）

《北朝隋代墓誌所在總合目錄》編號 547。（目）

永熙 021

賀拔岳碑

永熙三年（534）正月立。在西安府咸陽縣。

碑目題跋著錄：

《金石錄》2/10a、21/7b－8a，《新編》1/12/8810 下、8926 上—下。

《集古錄目》3/9a，《新編》1/24/17960 上。

《通志·金石略》卷上/32b，《新編》1/24/18035 上。

《寶刻叢編》8/42a，《新編》1/24/18238 下。

《金石彙目分編》12（1）/76a，《新編》1/28/21314 下。

《石刻題跋索引》34 頁左，《新編》1/30/22372。

《佩文齋書畫譜·金石》62/10a 下，《新編》3/2/56 上。

《六藝之一錄》59/21b，《新編》4/5/93 上。

備考：賀拔岳，《魏書》卷八〇、《周書》卷一四、《北史》卷四九有傳。

永熙 022

僧令法師墓誌并蓋

又名：昭玄沙門大統令法師墓誌、杜法師墓誌、昭玄法師墓誌。永熙三年（534）二月三日葬於芒山之陽。1929 年洛陽城東北盤龍塚村西出土，曾歸三原于右任，今存西安碑林博物館。誌高 52、寬 51.5 釐米；蓋高、寬均 47 釐米。蓋正書，4 行，行 4 字。誌文正書，21 行，滿行 22 字。首題：魏故昭玄沙門大統僧令法師墓誌銘；蓋題：大魏故昭玄沙門大統令法師之墓誌銘。

圖版著錄：

《漢魏南北朝墓誌集釋》圖版二八八，《新編》3/3/637－638。

《鴛鴦七誌齋藏石》圖 136。

《西安碑林全集》65/893－899。

《漢魏六朝碑刻校注》7 冊 77 頁。

錄文著錄：

《洛陽出土北魏墓誌選編》永熙八，178—179 頁。

《漢魏南北朝墓誌彙編》311－312。

《漢魏六朝碑刻校注》7 冊 78 頁。

《全北魏東魏西魏文補遺》344 頁。

碑目題跋著錄：

《石刻題跋索引》146 頁右，《新編》1/30/22484。

《古誌新目初編》1/11b，《新編》2/18/13697 上。

《漢魏南北朝墓誌集釋》6/60b，《新編》3/3/154。

《墓誌徵存目錄》卷 1，《羅振玉學術論著集》第五集，575 頁。

《六朝墓誌檢要》（修訂本）127—128 頁。

《洛陽出土石刻時地記》北魏永熙 009，46 頁。

《漢魏六朝碑刻校注·總目提要》編號 1777。

淑德大學《中國石刻拓本目錄》"墓誌"編號 184。

《北朝隋代墓誌所在總合目錄》編號 549。

《北京大學圖書館藏歷代墓誌拓片目錄》編號 00411。

論文：

塚本善隆：《魏故昭玄沙門大統僧令法師墓誌銘》，岩井博士古稀記念事業會編：《岩井博士古稀記念論集》1963 年。

永熙 023

李仲胤妻邢僧蘭墓誌并蓋

太昌元年（532）十一月十六日卒於陳留封丘縣先賢里，以永熙三年（534）二月七日葬於趙郡。2010 年在河北省贊皇縣西高村南約 2000 米的崗坡臺地上出土。蓋長 54.8、寬 54.5、厚 5.5 釐米。盝頂頂面長 45.6、寬 44.5 釐米。誌長 55.3、寬 54.5、厚 7 釐米。蓋 3 行，行 3 字，篆書。

文 27 行，滿行 28 字，正書。蓋題：魏故李光州邢夫人銘。首題：魏故尚書左丞鎮遠將軍光州刺史李使君夫人邢墓誌。

　　碑目著錄：

《北朝隋代墓誌所在總合目錄》編號 555。

　　論文：

中國社會科學院考古研究所河北工作隊：《河北贊皇縣北魏李仲胤夫婦墓發掘簡報》，《考古》2015 年第 8 期。（圖）

　　備考：李仲胤，《魏書》卷四九附《李宣茂傳》。

永熙 024

李翼妻崔澈華墓誌

孝昌三年（527）七月十七日卒於洛陽東安里，永熙三年（534）二月七日還葬於永寧剛（崗）。2009—2010 年在河北省贊皇縣西高村發掘出土。誌長 62.5、寬 59.5、厚 10.5—11 釐米。文 29 行，滿行 28 字，正書。首題：魏故平北將軍散騎常侍使持節都督定州諸軍事定州刺史李翼妻崔氏墓誌銘。

　　碑目著錄：

《北朝隋代墓誌所在總合目錄》編號 551。

　　論文：

中國社會科學院河北考古研究所河北工作隊：《河北贊皇縣北魏李翼夫婦墓》，《考古》2015 年第 12 期。（圖）

　　備考：李翼，《魏書》卷四九附《李宣茂傳》。

永熙 025

傅豎眼墓誌并蓋

永熙三年（534）二月。1970 年出土於山東省淄博市淄川區二里鄉石門村，現存山東省淄博市博物館。誌長 105、寬 73、厚 19 釐米。蓋長 105、寬 73、厚 22 釐米。文正書，正面 37 行，左側 7 行，滿行 29 字。蓋 3 行，滿行 10 字，正書。蓋題：大魏永熙三年歲次甲寅二月甲寅朔十日庚申營訖。

　　著錄：

《山東石刻分類全集·歷代墓誌》36—37 頁。（誌圖、文）

《全北魏東魏西魏文補遺》344—345 頁。（文）

《齊魯碑刻墓誌研究》297—301、365 頁。（跋、目）

《漢魏六朝碑刻校注·總目提要》編號 1807。（目）

《北朝隋代墓誌所在總合目錄》編號 550。（目）

論文：

張光明：《山東淄博市發現北魏傅豎眼墓誌》，《考古》1987 年第 2 期。（圖）

備考：傅豎眼，《魏書》卷七〇、《北史》卷四五有傳。

永熙 026

長孫子澤墓誌

永熙二年（533）十月十七日卒於官，永熙三年（534）三月二十七日附葬於北芒之舊塋。1925 年（一說 1927 年）洛陽城東北東山嶺頭村出土。高、寬均 54 釐米。文正書，20 行，滿行 20 字。首題：魏故使持節都督雍州諸軍事車騎將軍雍州刺史江陵縣開國男長孫使君墓誌銘。

圖版著錄：

《北京圖書館藏中國歷代石刻拓本匯編》5 冊 195 頁。

《漢魏六朝碑刻校注》7 冊 80 頁。

錄文著錄：

《洛陽出土北魏墓誌選編》永熙九，179 頁。

《漢魏南北朝墓誌彙編》312—313 頁。

《漢魏六朝碑刻校注》7 冊 81 頁。

《全北魏東魏西魏文補遺》345 頁。

碑目題跋著錄：

《古誌新目初編》1/11b，《新編》2/18/13697 上。

《墓誌徵存目錄》卷 1，《羅振玉學術論著集》第五集，575 頁。

《洛陽出土石刻時地記》北魏永熙 010，46 頁。

《六朝墓誌檢要》（修訂本）128 頁。

《漢魏六朝碑刻校注·總目提要》編號 1778。

《北朝隋代墓誌所在總合目錄》編號 552。

永熙 027

李盛墓誌

永熙三年（534）四月廿九日卒於家，葬在舍東北五百步，永熙三年十月廿二日造。1988 年秋河北省行唐縣南橋鄉故郡村西窯場出土，現存行唐縣南橋鄉故郡村村民傅俊敏家。誌高 50、寬 48、厚 8 釐米。文正書，10 行，行 17 至 26 字不等，正書。

著錄：

《新中國出土墓誌·河北〔壹〕》上冊 7 頁（圖）、下冊 3—4 頁（文）。

《漢魏六朝碑刻校注》7 冊 89—90 頁。（圖、文）

《全北魏東魏西魏文補遺》346 頁。（文）

《漢魏六朝碑刻校注·總目提要》編號 1782。（目）

《北朝隋代墓誌所在綜合目錄》編號 553。（目）

永熙 028

李翼墓誌

卒於河陰，永熙三年（534）。2009—2010 年在河北省贊皇縣西高村發掘出土。盝頂蓋，蓋頂面長 55、寬 52.5 釐米，蓋身長 62.5、寬 59、厚 8 釐米。蓋字跡漫漶不清，推測為記述墓主人家系情況。誌石二方，長 61、寬 59.4、厚 10—19 釐米。文共 26 行，滿行 27 字，正書。首題：魏故平北將軍散騎常侍使持節都督定州諸軍事定州刺史李翼墓誌銘。

碑目著錄：

《北朝隋代墓誌所在綜合目錄》編號 556。

論文：

中國社會科學院河北考古研究所河北工作隊：《河北贊皇縣北魏李翼夫婦墓》，《考古》2015 年第 12 期。（圖）

備考：李翼，《魏書》卷四九附《璨子宣茂傳》，史載："建義初，遇害河陰。"發掘報告推測李翼夫婦墓為遷葬墓，故埋葬時間應與其妻崔徽華的時間相同，即永熙三年。

北魏無年號

無年號 001

劉賢墓誌并陰及側

北魏（386—534）。1963 年出土於遼寧省朝陽城北西上台村，今存遼寧省博物館。碑形墓誌。通高 103、寬 30.4 釐米。碑文隸書，陽面、陰面各 6 行，兩側各 3 行，滿行 11 字。額題：劉戍主之墓誌。

著錄：

《漢魏六朝碑刻校注》7 冊 91—93 頁。（圖、文）

《遼寧省博物館藏碑誌精粹》46—47 頁。（圖、文、跋）

《漢魏南北朝墓誌彙編》502 頁。（文）

《全北魏東魏西魏文補遺》408—409 頁。（文）

《漢魏六朝碑刻校注·總目提要》編號 1783。（目）

《北朝隋代墓誌所在綜合目錄》編號 1170。（目）

論文：

曹汛：《北魏劉賢墓誌》，《考古》1984 年第 7 期。

鄭君雷：《劉賢墓誌的若干問題》，《博物館研究》1998 年第 3 期。

王力春：《遼寧出土〈劉賢墓誌〉入窆年代獻疑》，《蘭臺世界》2012 年第 18 期。

傅仁義：《北魏最早的墓誌—劉賢墓誌》，載於《東北古文化》，第 203—205 頁。

無年號 002

元樹墓誌

北魏（386—534）。溫子昇撰。

錄文著錄：

《藝文類聚》卷 46，上冊 837 頁。

《全後魏文》51/11a – b，《全文》4 冊 3768 上。

《溫侍讀集》22a – b，《漢魏六朝百三名家集》5 冊 320 上。

碑目題跋著錄：

《漢魏六朝墓銘纂例》4/6a,《新編》3/40/461 下。

《漢魏六朝碑刻校注·總目提要》編號 1793。

《北朝隋代墓誌所在總合目錄》編號 1159。

備考：元樹,《魏書》卷二一上、《北史》卷一九、《梁書》卷三九有傳。

無年號 003

司徒祖塋墓銘

北魏（386—534）。溫子昇撰。

錄文著錄：

《藝文類聚》卷 46,上冊 837 頁。

《全後魏文》51/11b,《全文》4 冊 3768 上。

《溫侍讀集》22b–23a,《漢魏六朝百三名家集》5 冊 320 上—下。

碑目題跋著錄：

《漢魏六朝墓銘纂例》4/6a,《新編》3/40/461 下。

《漢魏六朝碑刻校注·總目提要》編號 1794。

《北朝隋代墓誌所在總合目錄》編號 1160。

無年號 004

元瑗墓誌

北魏（386—534）。1926 年（或作 1916 年）河南洛陽城北後海資村出土,于右任鴛鴦七誌齋藏石,今石存西安碑林博物館。誌高、寬均 49 釐米。文正書,3 行,行 12 至 20 字不等。首題：魏故平北將軍殷州刺史元君之墓誌銘。

圖版著錄：

《漢魏南北朝墓誌集釋》圖版一一三,《新編》3/3/410。

《北京圖書館藏中國歷代石刻拓本匯編》5 冊 204 頁。

《鴛鴦七誌齋藏石》圖 138。

《西安碑林全集》65/902–903。

《漢魏六朝碑刻校注》7 冊 97 頁。

錄文著錄：

《漢魏南北朝墓誌彙編》505 頁。

《洛陽出土北魏墓誌選編》無年月二，181 頁。

《漢魏六朝碑刻校注》7 冊 98 頁。

《全北魏東魏西魏文補遺》409 頁。

碑目題跋著錄：

《石刻題跋索引》146 頁右，《新編》1/30/22484。

《古誌新目初編》1/11b，《新編》2/18/13697 上。

《漢魏南北朝墓誌集釋》4/25b，《新編》3/3/84。

《國立北平圖書館藏碑目》10b，《新編》3/36/253 下。

《蒿里遺文目錄續編補遺・元魏宗室妃主誌存》2a，《新編》3/37/545 下。

《元氏誌錄補遺》3b，《新編》3/38/56 上。

《墓誌徵存目錄》卷 1，《羅振玉學術論著集》第五集，575 頁。

《洛陽出土石刻時地記》北魏殘誌 001，46—47 頁。

《歷代墓誌銘拓片目錄》27 頁。

《六朝墓誌檢要》（修訂本）129 頁。

《漢魏六朝碑刻校注・總目提要》編號 1797。

《北朝隋代墓誌所在總合目錄》編號 1152。

《北京大學圖書館藏歷代墓誌拓片目錄》編號 00412。

無年號 005

元獻墓誌蓋

又名：濟南王墓誌蓋、濟南王元獻記。北魏（386—534），或作東魏（534—550），暫從北魏。1921 年洛陽城北張楊村北半坡出土。拓片長 46、寬 45 釐米。蓋 3 行，行 3 字，篆書。蓋題：魏故濟南王元獻銘記。

圖版著錄：

《漢魏南北朝墓誌集釋》圖版一二三，《新編》3/3/423。

《北京圖書館藏中國歷代石刻拓本匯編》6 冊 182 頁。

錄文著錄：

《芒洛冢墓遺文三編》17b，《新編》1/19/14116 上。

《漢魏南北朝墓誌彙編》505 頁。
《全北魏東魏西魏文補遺》411、414 頁。
碑目題跋著錄：
《石刻題跋索引》146 頁右，《新編》1/30/22484。
《石刻名彙》2/15b、18a，《新編》2/2/1032 上、1033 下。
《崇雅堂碑錄補》1/9a，《新編》2/6/4555 上。
《古誌新目初編》1/12a，《新編》2/18/13697 下。
《蒿里遺文目錄》2（3）/2b，《新編》2/20/14977 下。
《漢魏南北朝墓誌集釋》4/27a，《新編》3/3/87。
《墓誌徵存目錄》卷1，《羅振玉學術論著集》第五集，575 頁。
《洛陽出土石刻時地記》北魏殘誌 002，47 頁。
《六朝墓誌檢要》（修訂本）128—129 頁。
《北京大學圖書館藏歷代墓誌拓片目錄》編號 00413。
備考：濟南王元獻，《魏書》卷一九上、《北史》卷一七有傳，附《元匡傳》。

無年號 006

□□殘誌

又稱：殘墓誌、安語魂軀等字殘墓誌，首行存"流"字。北魏（386—534）。洛陽北安駕溝村出土，曾歸會稽顧燮光。誌高 33.5、寬 18.3 釐米。文 4 行，行存 10、11 字不等，正書。

圖版著錄：
《漢魏南北朝墓誌集釋》圖版五九四，《新編》3/4/352。
錄文著錄：
《芒洛冢墓遺文四編》1/52b，《新編》1/19/14174 下。
《魯迅輯校石刻手稿‧墓誌》上冊 240 頁。
《漢魏南北朝墓誌彙編》509 頁。
《全北魏東魏西魏文補遺》413 頁。
碑目著錄：
《石刻題跋索引》149 頁右，《新編》1/30/22487。

《古誌新目初編》1/12a，《新編》2/18/13697 下。

《蒿里遺文目錄》2（1）/3a，《新編》2/20/14945 上。

《漢魏南北朝墓誌集釋》11/116b，《新編》3/3/266。

《墓誌徵存目錄》卷 1，《羅振玉學術論著集》第五集，575 頁。

《洛陽出土石刻時地記》北魏殘誌 003，47 頁。

《歷代墓誌銘拓片目錄》27 頁。

《六朝墓誌檢要》（修訂本）130 頁。

《北朝隋代墓誌所在總合目錄》編號 1157。

《北京大學圖書館藏歷代墓誌拓片目錄》編號 00414。

無年號 007

無名氏夫人殘墓誌

北魏（386—534），某年某月十五日遷葬河南郡河南縣千金鄉邙山之北原。河南洛陽出土，于右任舊藏，現存西安碑林博物館。誌殘高 43.5、寬 22 釐米。文正書，僅存 8 行，滿行 16 字。

著錄：

《鴛鴦七誌齋藏石》圖 139。（圖）

《漢魏六朝碑刻校注》7 冊 114—115 頁。（圖、文）

《漢魏六朝碑刻校注·總目提要》編號 1798。（目）

《北朝隋代墓誌所在總合目錄》編號 1155。（目）

無年號 008

無名氏殘墓誌

北魏（386—534）。河南洛陽出土，于右任舊藏，今石存西安碑林博物館。誌殘高 72、寬 36 釐米。文行楷，存 12 行，滿行 23 字。

圖版著錄：

《鴛鴦七誌齋藏石》圖 140。

無年號 009

惠猛法師墓誌

北魏（386—534）。清同治元年（1862）洛陽城東北卅里，翟泉鎮北寨溝出土，年月泐，曾歸長白端方。誌高 68.2、寬 69.3 釐米。

文21行，滿行20字，正書。首題：魏故照玄沙門都維那法師惠猛之墓誌銘。

　　圖版著錄：
《漢魏南北朝墓誌集釋》圖版三〇七，《新編》3/3/661。
《北京圖書館藏中國歷代石刻拓本匯編》3冊116頁。
　　錄文著錄：
《匋齋藏石記》9/21b–22b，《新編》1/11/8073上—下。
《芒洛冢墓遺文補遺》3a–b，《新編》1/19/14043上。
《古誌石華》2/1a–2a，《新編》2/2/1163上—下。
《魯迅輯校石刻手稿·墓誌》上冊234—235頁。
《漢魏南北朝墓誌彙編》506頁。
《全北魏東魏西魏文補遺》411頁。
　　碑目題跋著錄：
《匋齋藏石記》9/23b–24a，《新編》1/11/8074上—下。
《授堂金石文字續跋》2/5b–6a，《新編》1/25/19178上—下。
《藝風堂金石文字目》18/2a，《新編》1/26/19814下。
《唐風樓金石文字跋尾》，《新編》1/26/19841下—19842上。
《寰宇訪碑錄》2/9b，《新編》1/26/19865上。
《寰宇訪碑錄校勘記》2/5a，《新編》1/27/20111上。
《石刻題跋索引》132頁右，《新編》1/30/22470。
《石刻名彙》2/11a，《新編》2/2/1030上。
《古誌石華》2/2a，《新編》2/2/1163下。
《崇雅堂碑錄補》1/7a，《新編》2/6/4554上。
《古墨齋金石跋》2/12a–13a，《新編》2/19/14087下—14088上。
《竹崦盦金石目錄》14a，《新編》2/20/14553下。
《蒿里遺文目錄》5/1a，《新編》2/20/14991上。
《漢魏南北朝墓誌集釋》6/67b，《新編》3/3/168。
《兩浙金石別錄》卷上/11a，《新編》3/10/458下。
《古誌彙目》1/5a、7b，《新編》3/37/13、18。
《竹崦盦金石目錄》1/19a–b，《新編》3/37/349上。

《金石萃編補目》1/4a，《新編》3/37/485 下。
《碑帖跋》77 頁，《新編》3/38/225、4/7/434 上。
《雪堂金石文字跋尾》2/20a－b，《新編》3/38/297 下。
《墓誌徵存目錄》卷 1，《羅振玉學術論著集》第五集，575 頁。
《六朝墓誌檢要》（修訂本）128 頁。
《洛陽出土石刻時地記》北魏殘誌 006，47 頁。
《碑帖鑒定》182 頁。
《北朝隋代墓誌所在總合目錄》編號 86。
《北京大學圖書館藏歷代墓誌拓片目錄》編號 00419。

備考：《魏書》卷一一四《釋老志》中有"惠猛"之名，云其是"世宗以來至武定末"的知名沙門，則其時代為北魏至西魏時期。《北京圖書館藏中國歷代石刻拓本匯編》載：北魏正始年間（504—508）葬，《崇雅堂碑錄補》作"正光二年十二月"，不知何據？諸書著錄時間不盡一致，暫附"北魏"。另《古誌彙目》所載"僧思猛墓誌"，《寰宇訪碑錄校勘記》著錄為"僧孟猛墓誌"，從著錄時間來看，皆當是"惠猛"之誤。

無年號 010

河內宜陽二郡太守魏僧勖墓誌

又名：僧勖墓記。北魏（386—534）。曾歸天津姚貴昉、定海方若。誌高 17.5、寬 20 釐米。文 4 行，滿行 3 字，正書。

圖版著錄：
《漢魏南北朝墓誌集釋》圖版三〇八，《新編》3/3/662。
錄文著錄：
《魯迅輯校石刻手稿·墓誌》上冊 241 頁。
《漢魏南北朝墓誌彙編》505 頁。
《全北魏東魏西魏文補遺》409 頁。
碑目題跋著錄：
《石刻題跋索引》149 頁右，《新編》1/30/22487。
《石刻名彙》2/20b，《新編》2/2/1034 下。

《崇雅堂碑錄補》1/11b,《新編》2/6/4556 上。
《古誌新目初編》1/14a,《新編》2/18/13698 下。
《蒿里遺文目錄》2（1）/4a,《新編》2/20/14945 下。
《漢魏南北朝墓誌集釋》6/67b,《新編》3/3/168。
《墓誌徵存目錄》卷1,《羅振玉學術論著集》第五集，578 頁。
《六朝墓誌檢要》（修訂本）129 頁。
《漢魏六朝碑刻校注·總目提要》編號1800。
《北朝隋代墓誌所在綜合目錄》編號1163。
《北京大學圖書館藏歷代墓誌拓片目錄》編號00425。

備考：《崇雅堂碑錄補》《石刻名彙》《古誌新目初編》皆作北齊時期；《蒿里遺文目錄》則作東魏時期，暫從北魏。

無年號 011

京兆康王妃殘墓誌

北魏（386—534）。1911 年（一說 1921 年）洛陽城北南陳莊村，南門內東寨墻根塚內出土，吳興徐森玉舊藏。

錄文著錄：

《芒洛冢墓遺文四編補遺》13b – 14a,《新編》1/19/14314 上—下。
《全北魏東魏西魏文補遺》414—415 頁。

碑目題跋著錄：

《蒿里遺文目錄》2（1）/3a,《新編》2/20/14945 上。
《墓誌徵存目錄》卷1,《羅振玉學術論著集》第五集，575 頁。
《洛陽出土石刻時地記》北魏殘誌007，47 頁。
《歷代墓誌銘拓片目錄》27 頁。
《六朝墓誌檢要》（修訂本）129 頁。
《漢魏六朝碑刻校注·總目提要》編號1799。
《北朝隋代墓誌所在綜合目錄》編號1153。

無年號 012

田鸞墓記磚

北魏（386—534），或作北朝魏（386—556）。拓片高 31、寬 14 釐

米。文正書，3 行，行 3 至 4 字不等。

著錄：

《北京圖書館藏中國歷代石刻拓本匯編》6 冊 187 頁。（圖）

《中國古代磚刻銘文集》上、下冊編號 1060。（圖、文）

《漢魏南北朝墓誌彙編》505 頁。（文）

《全北魏東魏西魏文補遺》410 頁。（文）

《北京大學圖書館藏歷代墓誌拓片目錄》編號 00526。（目）

《北朝隋代墓誌所在總合目錄》編號 1171。（目）

無年號 013

大鴻臚卿鄭胤伯碑

北魏（386—534）。

碑目題跋著錄：

《金石錄》2/7b、21/3b–4a，《新編》1/12/8809 上、8924 上—下。

《通志·金石略》卷上/31a，《新編》1/24/18034 下。

《寶刻叢編》20/18b，《新編》1/24/18381 下。

《石刻題跋索引》32 頁右，《新編》1/30/22370。

《佩文齋書畫譜·金石》62/11a 上，《新編》3/2/56 下。

《六藝之一錄》59/15b，《新編》4/5/90 上。

備考：鄭胤伯，《魏書》卷五六附《鄭嚴祖傳》、《北史》卷三五附《鄭述祖傳》。

無年號 014

孝文帝元宏廟碑

北魏（386—534）。彰德府安陽縣，一說汾州府永寧州，一說朔平府右玉縣。

碑目題跋著錄：

《中州金石考》4/2a，《新編》1/18/13692 下。

《金石彙目分編》9（2）/10b、11/70b，《新編》1/28/20958 下、21262 下。

《天下金石志》5/5，《新編》2/2/825 上。

《中州金石目錄》2/10a，《新編》2/20/14696 下。

《山左碑目》2/9b，《新編》2/20/14843 上。

（光緒）《山西通志·金石記二》90/19a，《新編》3/30/341 上。

《山右訪碑記》2a，《新編》3/30/566 下。

《金石備攷·彰德府》，《新編》4/1/57 上。

備考：孝文帝元宏，《魏書》卷七上·下、《北史》卷三有本紀。

無年號 015

魏□□□□殘碑

北魏（386—534）。1933 年洛陽城東北馬溝村明代人墓中出土，石分為兩段，前段刻"才冠冕北士高"等字，後段刻"事居不藉朱竿之""平原鎮大□有□足一跡""遷車騎將軍"等字，共 240 餘字。

碑目著錄：

《洛陽出土石刻時地記》北魏殘誌 005，47 頁。

無年號 016

魏□□殘碑

北魏（386—534）。1912 年洛陽城東北營莊村出土，存該村司蘭沼家。

碑目著錄：

《洛陽出土石刻時地記》北魏殘誌 009，47 頁。

無年號 017

護軍將軍高顯碑銘二

北魏（386—534）。一碑常景撰，一碑邢巒撰。在景州。兩方碑文皆佚。

碑目題跋著錄：

《金石彙目分編》3（2）/4a，《新編》1/27/20694 下。

《諸史碑銘錄目·魏書金石》，《新編》3/37/327 下。

《全後魏文》32/7b，43/6a，《全文》4 冊 3675 上、3730 下。

備考：高顯，《魏書》卷八三下、《北史》卷八〇附《高肇傳》。據《魏書·常景傳》，高顯有四碑，僅常景所撰碑文刊石。

無年號 018

陽平太守孟珍妻焦氏墓銘甎

北魏（386—534），一作東魏（534—550），暫從北魏。浭陽端方舊藏，又歸南皮張仁蠡，後歸北京大學文科研究所，1952 年後藏故宮博物院。甎高 28、寬 13.6、厚 5.8 釐米。文正書，2 行，行 4 至 5 字。

圖版著錄：

《中國磚銘》圖版下冊 970 頁。

《中國古代磚刻銘文集》上冊編號 0985。

錄文著錄：

《匋齋藏甎記》卷下/20a，《新編》1/11/8455 下。

《雪堂專錄·專誌徵存》7b，《羅雪堂先生全集》五編 3 冊 1278 頁。

《中國古代磚刻銘文集》下冊編號 0985。

《全北魏東魏西魏文補遺》415 頁。

碑目題跋著錄：

《匋齋藏甎記》卷下/20a，《新編》1/11/8455 下。

《石刻名彙》12/206b，《新編》2/2/1131 上。

《蒿里遺文目錄》3 上/4a，《新編》2/20/14982 下。

《北朝隋代墓誌所在總合目錄》編號 1186。

《北京大學圖書館藏歷代墓誌拓片目錄》編號 00423。

無年號 019

黃丙午墓記磚

政通三年三月，政通年號無考，暫附北魏（386—534）。《中國古代磚刻銘文集》云，"政通"年號為杜撰。高 22.5、寬 17.5 釐米。文正書，3 行，可辨者 2 行，行存 4 或 6 字。

著錄：

《中國古代磚刻銘文集》上、下冊編號 1074。（圖、文）

《匋齋藏甎記》卷下/20a – 21a，《新編》1/11/8455 下—8456 上。（文、跋）

《北京大學圖書館藏歷代墓誌拓片目錄》編號 00718。（目）

無年號 020

鎮東將軍劉乾碑

北魏（386—534），一說東魏（534—550），暫附北魏。

碑目題跋著錄：

《金石錄》3/1a、22/2b，《新編》1/12/8812 上、8928 下。

《通志·金石略》卷上/32b，《新編》1/24/18035 上。

《寶刻叢編》20/20b，《新編》1/24/18382 下。

《石刻題跋索引》35 頁右，《新編》1/30/22373。

《佩文齋書畫譜·金石》62/10b 上，《新編》3/2/56 上。

《六藝之一錄》59/24a，《新編》4/5/94 下。

備考：《北齊書》卷一九《劉貴傳》載劉貴之父劉乾，然因未見碑文，是否是碑主，待考。

無年號 021

跋陀大師碑

北魏（386—534）。河南府登封縣。

碑目題跋著錄：

《中州金石考》7/5b，《新編》1/18/13721 上。

《金石彙目分編》9（4）/41a，《新編》1/28/21056 上。

《天下金石志》5/11，《新編》2/2/828 上。

《中州金石目錄》2/7b，《新編》2/20/14695 上。

（乾隆）《河南府志·金石志》110/10a，《新編》3/28/138 下。

（乾隆）《登封縣志·金石錄》31/14b，《新編》3/29/631 下。

《金石備攷·河南府》，《新編》4/1/61 下。

無年號 022

杜景達墓記

魏□□九年十一月三日刻，暫附北魏（386—534）。長安段氏舊藏。拓片長 36、寬 17 釐米。文正書，字數不齊，3 行，共 16 字。

圖版著錄：

《北京圖書館藏中國歷代石刻拓本匯編》6 冊 190 頁。

錄文著錄：

《陝西金石志》6/16b，《新編》1/22/16437 下。

《全北魏東魏西魏文補遺》410 頁。

題跋著錄：

(民國)《咸寧長安兩縣續志·金石考上》12/5a，《新編》3/31/517 上。

無年號 023

司徒斛律斯公碑

北魏（386—534）。

碑目題跋著錄：

《通志·金石略》卷上/30a，《新編》1/24/18034 上。

《佩文齋書畫譜·金石》62/10b 下，《新編》3/2/56 上。

《六藝之一錄》59/25a，《新編》4/5/95 上。

無年號 024

景王（元崇？）碑

北魏（386—534）。河南府洛陽縣。

碑目題跋著錄：

《通志·金石略》卷上/30b，《新編》1/24/18034 上。

《金石彙目分編》9（3）/66b，《新編》1/28/21023 下。

《佩文齋書畫譜·金石》62/11a 上，《新編》3/2/56 下。

《河朔訪古記》卷下/13a，《新編》3/25/185 上。

備考：《魏書》卷一五、《北史》卷一五載景王元崇，可能為碑主。

無年號 025

北魏末帝元脩碑

北魏（386—534）。在河南府洛陽縣。

碑目題跋著錄：

《通志·金石略》卷上/30b，《新編》1/24/18034 上。

《金石彙目分編》9（3）/66b，《新編》1/28/21023 下。

《墨華通考》卷7，《新編》2/6/4372 上。

《佩文齋書畫譜・金石》62/10b 下,《新編》3/2/56 上。

《河朔訪古記》卷下/13a,《新編》3/25/185 上。

(乾隆)《河南府志・金石志》108/10b,《新編》3/28/119 下。

備考：後魏末帝元脩,《魏書》卷一一、《北史》卷五有本紀。

無年號 026

鄭道昭碑

又名：鄭文公碑。北魏（386—534）。在萊州雲峰山。

碑目題跋著錄：

《寶刻叢編》1/40a,《新編》1/24/18099 下。

《石刻題跋索引》33 頁左,《新編》1/30/22371。

《語石》2/8b,《新編》2/16/11879 下。

備考：鄭道昭,《魏書》卷五六、《北史》卷三五有傳。

無年號 027

癭陶令劉爾頭墓碑

北魏（386—534）。在趙州寧晉縣。

碑目題跋著錄：

《金石彙目分編》3（2）/43a,《新編》1/27/20714 上。

(光緒)《畿輔通志・金石十五》152/32b–33a,《新編》2/11/8659 下—8660 上。

備考：劉爾頭,《魏書》卷八三上、《北史》卷二〇有傳,附《劉羅辰傳》。

無年號 028

盧伯珣德政碑

北魏（386—534）。在深州。據《州志》,在縣治東十五步。

碑目著錄：

《金石彙目分編》3（2）/43b,《新編》1/27/20714 上。

無年號 029

洛陽令楊機清德碑

北魏（386—534）。在河南府洛陽縣。

碑目題跋著錄：

《金石彙目分編》9（3）/66b，《新編》1/28/21023 下。

（乾隆）《河南府志・金石志》108/10b，《新編》3/28/119 下。

備考：楊機，《魏書》卷七七、《北史》卷五〇有傳。

無年號 030

齊州刺史韓麒麟碑

北魏（386—534）。濟南府歷城縣。

碑目題跋著錄：

《金石彙目分編》10（1）/9a，《新編》1/28/21105 上。

《濟南金石志》2/3b，《新編》2/13/9799 上。

《佩文齋書畫譜・金石》62/9a 上，《新編》3/2/55 下。

（乾隆）《歷城縣志・金石考一》23/4a – b，《新編》3/25/338 下。

《六藝之一錄》59/25b，《新編》4/5/95 上。

備考：韓麒麟，《魏書》卷六〇、《北史》卷四〇有傳。

無年號 031

齊州刺史元子華德政碑

又名：拓跋子華頌德碑。北魏（386—534）。在濟南府歷城縣。

碑目題跋著錄：

《金石彙目分編》10（1）/9a，《新編》1/28/21105 上。

《濟南金石志》2/4a，《新編》2/13/9799 下。

（乾隆）《歷城縣志・金石考一》23/4b – 5b，《新編》3/25/338 下—339 上。

《諸史碑銘錄目・元魏》5a，《新編》3/37/323 上。

備考：元子華，《魏書》卷一四、《北史》卷一五有傳。

無年號 032

沇州刺史劉岱碑

北魏（386—534）。在山東臨邑漯陰城南。

碑目題跋著錄：

《金石彙目分編》10（1）/21b，《新編》1/28/21111 上。

《濟南金石志》4/17a,《新編》2/13/9893 上。

《山左碑目》1/14a,《新編》2/20/14824 上。

(道光)《臨邑縣志·金石志中》14/1a,《新編》3/26/545 下。

《水經注碑錄》卷一編號 17,《北山金石錄》上冊 35 頁。

備考：劉岱,《後漢書》卷九、卷三一《陸康傳》等諸處有載,因未見錄文,是否碑主,待考。

無年號 033

濟陰太守魏悅頌德碑

北魏（386—534）。高間撰。曹州府定陶縣。

錄文著錄：

《全後魏文》30/10a,《全文》4 冊 3666 下。

碑目題跋著錄：

《金石彙目分編》10（3）/10b,《新編》1/28/21183 下。

《諸史碑銘錄目·魏書金石》,《新編》3/37/329 上。

備考：魏悅,《北史》卷五六附《魏收傳》。

無年號 034

北魏范始興碑

北魏（386—534）。任彥昇撰。在青州府博興縣。

碑目著錄：

《金石彙目分編》10（3）/37a,《新編》1/28/21197 上。

《山左碑目》4/15b,《新編》2/20/14871 上。

無年號 035

北魏燕國公王文謨母張氏隧道石

北魏（386—534）。明崇禎年間出土,在汾州府武鄉縣。

碑目著錄：

《金石彙目分編》11/72a,《新編》1/28/21263 下。

無年號 036

贈秦州刺史馮翊哀公寇修之碑

北魏（386—534）。在西安府長安縣咸寧縣。

碑目題跋著錄：

《金石彙目分編》12（1）/21b，《新編》1/28/21287 上。

《諸史碑銘錄目·魏書金石》，《新編》3/37/326 上。

備考：寇修之，事見《魏書》卷四二、《北史》卷二七《寇讚傳》。

無年號 037

燕宣王馮朗廟碑

北魏（386—534）。西安府長安縣咸寧縣。

碑目題跋著錄：

《金石彙目分編》12（1）/22a，《新編》1/28/21287 下。

《諸史碑銘錄目·魏書金石》，《新編》3/37/328 上。

備考：馮朗，事見《魏書》卷八三上、《北史》卷八〇《馮熙傳》等處。

無年號 038

涇州刺史安定侯抱嶷碑銘

又名：抱老壽祖父碑。北魏（386—534）。在涇州。

碑目題跋著錄：

《金石彙目分編》13/6a，《新編》1/28/21375 下。

《諸史碑銘錄目·魏書金石》，《新編》3/37/330 上—下。

備考：抱嶷，《魏書》卷九四、《北史》卷九二有傳。

無年號 039

太中大夫贈秦州刺史諡靖公抱睹生碑銘

又名：抱老壽祖父碑。北魏（386—534）。在涇州。

碑目題跋著錄：

《金石彙目分編》13/6a，《新編》1/28/21375 下。

《諸史碑銘錄目·魏書金石》，《新編》3/37/330 上—下。

備考：抱睹生，宦官抱嶷之父，其事見《魏書》卷九四、《北史》卷九二《抱嶷傳》。

無年號 040

酈炎并妻碑

北魏（386—534）。在山東長山縣長白山東。

碑目著錄：

《天下金石志》3/1，《新編》2/2/814 上。

無年號 041

魏武州山耿氏三冢誌

北魏（386—534）。在大同府。

碑目題跋著錄：

《天下金石志》4/4，《新編》2/2/821 下。

《佩文齋書畫譜・金石》62/2b 上，《新編》3/2/52 上。

《金石備攷・大同府》，《新編》4/1/53 上。

《六藝之一錄》56/8a，《新編》4/5/39 下。

備考：冢誌未云是三國魏、北魏還是東・西魏，暫附北魏。

無年號 042

同樂郡侯爨雲碑

北魏（386—534）。在雲南陸涼州。

碑目題跋著錄：

《天下金石志》14/2，《新編》2/2/869 上。

《金石備攷・曲靖府》，《新編》4/1/84 下。

無年號 043

宮品一墓誌

北魏（386—534）。陝西三原于右任舊藏。正書。

碑目著錄：

《石刻名彙》2/15b，《新編》2/2/1032 上。

《古誌新目初編》1/11b，《新編》2/18/13697 上。

無年號 044

邢勖墓誌

北魏（386—534）。在河北任邱邢村。正書。

碑目題跋著錄：

《石刻名彙》2/15b，《新編》2/2/1032 上。

《崇雅堂碑錄補》1/9a，《新編》2/6/4555 上。

（光緒）《畿輔通志·金石六》143/33b，《新編》2/11/8360 上。

無年號 045
中郎崔纂墓誌

北魏（386—534）。在山東博興，一說在河北博野縣王母村。正書。佚。

碑目題跋著錄：

《石刻名彙》2/15b，《新編》2/2/1032 上。

（光緒）《畿輔通志·金石五》142/27b，《新編》2/11/8317 上。

（道光）《保定府志·藝文錄》46/4b，《新編》3/23/242 下。

備考：崔纂，《魏書》卷五七、《北史》卷三二有傳，因未見錄文，是否誌主，待考。

無年號 046
光祿崔約墓誌

北魏（386—534）。在山東博興，一說在河北保定博野縣。正書。佚。

碑目題跋著錄：

《石刻名彙》2/15b，《新編》2/2/1032 上。

（光緒）《畿輔通志·金石五》142/27b，《新編》2/11/8317 上。

無年號 047
刺史崔續墓誌

北魏（386—534）。在山東博興，一說在河北保定博野縣王母村，

碑目題跋著錄：

《石刻名彙》2/15b，《新編》2/2/1032 上。

（光緒）《畿輔通志·金石五》142/27b-28a，《新編》2/11/8317 上—下。

（道光）《保定府志·藝文錄》46/4b，《新編》3/23/242 下。

備考：崔續，《唐書·宰相世系表》有其名，字叔則。

無年號 048
長史崔重和墓誌

北魏（386—534）。在山東博興，一說在河北保定博野縣王母村。

碑目題跋著錄：

《石刻名彙》2/15b，《新編》2/2/1032 上。

（光緒）《畿輔通志·金石五》142/28a，《新編》2/11/8317 下。

（道光）《保定府志·藝文錄》46/4b，《新編》3/23/242 下。

無年號 049

長史崔含墓誌

北魏（386—534）。在山東博興，一說在河北省博野縣。

碑目題跋著錄：

《石刻名彙》2/15b，《新編》2/2/1032 上。

（光緒）《畿輔通志·金石五》142/28a，《新編》2/11/8317 下。

無年號 050

裴僧仁墓記磚

北魏（386—534）。近代在河南安陽漳瀕出土，紹興范壽銘舊藏。磚高 34、寬 16 釐米。文正書，1 行 4 字。

著錄：

《中國古代磚刻銘文集》上、下冊編號 0986。（圖、文）

《循園金石文字跋尾》卷上/9a，《新編》2/20/14470 上。（跋）

《北朝隋代墓誌所在總合目錄》編號 1187。（目）

《北京大學圖書館藏歷代墓誌拓片目錄》編號 00424。（目）

無年號 051

後魏曇雲禪師行狀殘碑

北魏（386—534）。在陽曲縣。

碑目著錄：

《古林金石表》10b，《新編》2/20/14898 下。

無年號 052

文帝皇后封氏墓銘

北魏（386—534）。

題跋著錄：

《諸史碑銘錄目·元魏》4a，《新編》3/37/322 下。

備考：封皇后，《魏書》卷一三、《北史》卷一三有傳。

無年號 053

涂州刺史元壽興墓誌銘

又名：臨刑自作墓誌銘。北魏（386—534）。元景撰。

錄文著錄：

《全後魏文》15/7a，《全文》4 冊 3588 上。

《諸史碑銘錄目·元魏》5b–6a，《新編》3/37/323 上—下。

備考：元景，字壽興，《魏書》卷一五、《北史》卷一五有傳。

無年號 054

鉅鹿太守魏昌男呂顯德政頌

北魏（386—534）。

錄文著錄：

《全後魏文》56/6b，《全文》4 冊 3795 下。（節文）

《諸史碑銘錄目·魏書金石》，《新編》3/37/326 下。（節文）

備考：呂顯，《魏書》卷五一、《北史》卷三七附《呂羅漢傳》。

無年號 055

侍中征東大將軍太宰遼西獻王常澄廟碑

北魏（386—534）。

題跋著錄：

《諸史碑銘錄目·魏書金石》，《新編》3/37/328 上。

備考：常澄，其事見《魏書》卷八三上、《北史》卷八〇《常英傳》。

無年號 056

秦太上君李穆夫人墓闕碑表

北魏（386—534）。

題跋著錄：

《諸史碑銘錄目·魏書金石》，《新編》3/37/328 下—329 上。

無年號 057

昭皇太后郭氏碑文

北魏（386—534）。陳奇撰。

碑目題跋著錄：

《全後魏文》29/5b，《全文》4 冊 3659 上。

《諸史碑銘錄目·魏書金石》，《新編》3/37/329 上。

備考：碑文佚失。據《魏書》卷八四《陳奇傳》，"昭皇太后" 乃 "郭后"。

無年號 058

任城國太妃孟氏碑

北魏（386—534）。

題跋著錄：

《諸史碑銘錄目·魏書金石》，《新編》3/37/329 上—下。

無年號 059

吳悉達之父吳□墓銘

北魏（386—534）。

題跋著錄：

《諸史碑銘錄目·魏書金石》，《新編》3/37/329 下。

備考：吳悉達，《魏書》卷八六有傳。

無年號 060

定州刺史趙惠安碑銘

北魏（386—534）。

碑目題跋著錄：

《諸史碑銘錄目·魏書金石》，《新編》3/37/330 上。

備考：趙惠安，其子趙脩，《魏書》卷九三有傳。

無年號 061

楊穆（字長和）墓誌

被害於家，北魏（386—534）。1993 年出土於陝西省華陰縣五方村，今存陝西省華山西嶽廟。誌高 33、寬 30 釐米。文隸書，11 行，滿行 10 字。

著錄：

《華山碑石》20 頁（圖）、243—244 頁（文）。

《漢魏六朝碑刻校注》7 冊 14—15 頁。（圖、文）

《全北魏東魏西魏文補遺》334—335 頁。（文）

《新出魏晉南北朝墓誌疏證》（修訂本）150—151 頁。（文、跋）

《漢魏六朝碑刻校注·總目提要》編號 1744。（目）

《北朝隋代墓誌所在綜合目錄》編號 1154。（目）

《北京大學圖書館藏歷代墓誌拓片目錄》編號 00426。（目）

無年號 062

封隆之妻祖氏墓誌蓋

北魏（386—534）。1948 年河北景縣十八亂塚出土，石存中國國家博物館。蓋邊長 60.3 釐米。蓋 3 行，行 3 字，篆書。蓋題：魏故郡君祖氏墓誌銘。

著錄：

《北京圖書館藏中國歷代石刻拓本匯編》6 冊 193 頁。（圖）

《中國國家博物館館藏文物研究叢書·墓誌卷》18—19 頁。（圖）

《全北魏東魏西魏文補遺》410 頁。（文）

《河北金石輯錄》433 頁。（目）

論文：

張季：《河北景縣封氏墓群調查記》，《考古通訊》1957 年第 3 期。

周錚：《河北景縣封氏墓群叢考》，《文物春秋》1992 年第 2 期。

備考：祖氏，事見《北齊書》卷二一、《北史》卷二四《封隆之傳》。

無年號 063

後魏刺史崔蔵、李平、封隆之三碑

北魏（386—534）。在冀州信都縣。

碑目著錄：

《太平寰宇記碑錄》編號114,《北山金石錄》上冊285頁。

備考：李平,《魏書》卷六五、《北史》卷四三有傳。封隆之,《魏書》卷三二、《北齊書》卷二一、《北史》卷二四有傳。

無年號 064

處士王英殘墓誌

癸亥朔廿一日,施蟄存考證為北魏（386—534）。文6行,行2至4字不等。

題跋著錄：

《北山集古錄》卷三"殘石題跋",《北山金石錄》上冊427頁。（節文）

無年號 065

韓無忌磚銘

北魏（386—534）。1998年夏洛陽市東郊白馬寺鎮大楊樹村北磚廠出土,磚藏洛陽董氏。磚高35.5、寬17.5、厚4.5釐米。文2行,行2至4字,正書。

著錄：

《邙洛碑誌三百種》33頁。（圖）

《中國古代磚刻銘文集》上、下冊編號0978。（圖、文）

《北朝隋代墓誌所在總合目錄》編號1179。（目）

論文：

王木鐸：《洛陽新獲磚誌說略》,《中國書法》2001年第4期。

無年號 066

輔保達墓記磚

北魏（386—534）。磚高32.5、寬16.5、厚6釐米。文正書兼隸書,面2行,行2字；左側1行4字,右側1行1字。

著錄：

《中國古代磚刻銘文集》上、下冊編號0969。（圖、文）

《北朝隋代墓誌所在總合目錄》編號1176。（目）

《北京大學圖書館藏歷代墓誌拓片目錄》編號00417。（目）

無年號 067

定州中山郡□□妻墓記磚

北魏（386—534）。磚高 30、寬 15 釐米。文正書，2 行，行 6 或 8 字。

著錄：

《中國古代磚刻銘文集》上、下冊編號 0977。（圖、文）

《北朝隋代墓誌所在總合目錄》編號 1178。（目）

《北京大學圖書館藏歷代墓誌拓片目錄》編號 00416。（目）

無年號 068

矯軍妻王氏墓記磚

北魏（386—534）。尺寸不詳。文正書，3 行，行 4 字。

著錄：

《中國磚銘》圖版下冊 956 頁。（圖）

《中國古代磚刻銘文集》上、下冊編號 0979。（圖、文）

《北朝隋代墓誌所在總合目錄》編號 1180。（目）

無年號 069

來僧護夫妻墓記磚

北魏（386—534）。尺寸不詳。文正書，2 行，行存 2 至 8 字。

著錄：

《中國磚銘》圖版下冊 960 頁左下。（圖）

《中國古代磚刻銘文集》上、下冊編號 0980。（圖、文）

《北朝隋代墓誌所在總合目錄》編號 1181。（目）

無年號 070

李榮妻郎山暉墓記磚

北魏（386—534）。尺寸不詳。文正書，2 行，行 4 或 8 字。

著錄：

《中國磚銘》圖版下冊 964 頁右下。（圖）

《中國古代磚刻銘文集》上、下冊編號 0981。（圖、文）

《北朝隋代墓誌所在總合目錄》編號 1182（目）

無年號 071

劉夫生女墓記磚

北魏（386—534）。磚高 33、寬 16 釐米。文正書，2 行，行 4 字。《蒿里遺文目錄》作"劉武妻"，且置於晉代，暫從北魏。《中國磚銘》作"劉此生女"，《北朝隋代墓誌所在總合目錄》作"劉平生女"。

著錄：

《中國磚銘》圖版下冊 958 頁。（圖）

《中國古代磚刻銘文集》上、下冊編號 0982。（圖、文）

《蒿里遺文目錄》3 上/2a，《新編》2/20/14981 下。（目）

《北朝隋代墓誌所在總合目錄》編號 1183。（目）

《北京大學圖書館藏歷代墓誌拓片目錄》編號 00421。（目）

無年號 072

劉平頭妻傅雙之磚誌

北魏（386—534）。尺寸不詳。文正書，2 行，行 5 字。《蒿里遺文目錄補遺》置於晉代，暫從北魏。

著錄：

《中國磚銘》圖版下冊 971 頁左。（圖）

《中國古代磚刻銘文集》上、下冊編號 0983。（圖、文）

《蒿里遺文目錄補遺》11a，《新編》2/20/15001 上。（目）

《北朝隋代墓誌所在總合目錄》編號 1184。（目）

無年號 073

北地太守劉譚剛墓記磚

北魏（386—534），一說東魏（534—550），暫從北魏。天津姚貴昉舊藏。磚長 28.5、寬 17 釐米。文正書，2 行，行 5 至 6 字。

著錄：

《廣倉專錄》，《新編》4/10/760。（圖）

《中國磚銘》圖版下冊 964 頁左。（圖）

《中國古代磚刻銘文集》上、下冊編號 0984。（圖、文）

《俟堂專文雜集》145 頁（圖）、目錄編號 159（目）。
《蒿里遺文目錄》3 上/4a，《新編》2/20/14982 下。（目）
《北朝隋代墓誌所在總合目錄》編號 1185。（目）

無年號 074

宿光明塚記磚

北魏（386—534）。1995 年山西大同西南金屬鎂廠工地出土，現藏大同市博物館。磚高 31、寬 16、厚 6 釐米。文正書，1 行 4 字。

著錄：

《中國古代磚刻銘文集》上、下冊編號 0987。（圖、文）

《北朝隋代墓誌所在總合目錄》編號 1188。（目）

論文：

殷憲：《大同魏碑述略》，《書法叢刊》1999 年第 1 期。

殷憲：《北魏平城磚瓦文》，《北魏平城書跡研究》，第 265—266 頁。

無年號 075

王羌仁塚記磚

北魏（386—534）。1997 年山西大同東南智家堡出土。磚高 31、寬 16、厚 6 釐米。文正書，1 行 4 字。

著錄：

《中國古代磚刻銘文集》上、下冊編號 0988。（圖、文）

《北朝隋代墓誌所在總合目錄》編號 1189。（目）

論文：

殷憲：《大同魏碑述略》，《書法叢刊》1999 年第 1 期。

殷憲：《北魏平城磚瓦文》，《北魏平城書跡研究》，第 265—266 頁。

無年號 076

王禮斑妻輿氏墓磚

北魏（386—534）。據云大同城東南十里左右智家堡沙場棄土中發現。磚長 28、寬 13.3、厚 4.5—5 釐米。文正書，1 行 5 字。

論文：

殷憲：《從北魏王禮斑妻輿磚、王斑殘磚說到太和遼東政治圈》，《中

華文史論叢》2006 年第 4 期；又載於《北魏平城書跡研究》，第 238—260 頁。（圖、文）

無年號 077
建安王妻樂鄉君墓記磚

北魏（386—534）。2012 年 8 月 10 日殷憲於大同市坊間發現，據云從大同市城東某建築工地撿得。二磚，一長 14.5、寬 5 釐米；一長 16、寬 5 釐米。一磚 1 行 4 字，"建安王妻"；一磚 1 行 3 字，"樂鄉君"；均正書。

論文：

殷憲：《建安王妻樂鄉君墓磚考略》，《北魏平城書跡研究》，第 278—287 頁。（圖、文）

殷憲：《北魏建安王妻樂鄉君墓磚》，《中國國家博物館館刊》2016 年第 2 期。（圖、文）

無年號 078
丹陽王墓記磚

北魏（386—534）。1993 年在山西省朔州懷仁縣城北 4 公里處的丹陽王墓出土。文隸書，1 行 5 字，"丹陽王墓塼"。

題跋著錄：

《新見北朝墓誌集釋》206—211 頁。

論文：

懷仁縣文物管理所：《山西懷仁北魏丹陽王墓及花紋磚》，《文物》2010 年第 5 期。（圖、文）

王銀田：《丹陽王墓主考》，《文物》2010 年第 5 期。

倪潤安：《懷仁丹陽王墓補考》，《考古與文物》2012 年第 1 期。

殷憲：《北魏平城磚瓦文》、《磚瓦文考釋》，皆載於《北魏平城書跡研究》，第 271—272、302—303 頁。（圖、文）

無年號 079
晏崇妻墓記磚

北魏（386—534），一作東魏（534—550），暫從北魏。山東□□李氏舊藏。磚高一尺一寸一分，廣五寸四分。文正書，2 行，行 4 字；側 1 字。

著錄：

《中國磚銘》圖版下冊 961 頁左。（圖）

《中國古代磚刻銘文集》上、下冊編號 0989。（圖、文）

《雪堂專錄·專誌徵存》7b，《羅雪堂先生全集》五編 3 冊 1278 頁。（文）

《石刻名彙》12/206b，《新編》2/2/1131 上。（目）

《蒿里遺文目錄》3 上/4a，《新編》2/20/14982 下。（目）

《北朝隋代墓誌所在總合目錄》編號 1190。（目）

無年號 080

趙國墓銘磚

北魏（386—534）。尺寸不詳。文正書，1 行 5 字。

著錄：

《中國磚銘》圖版下冊 955 頁右。（圖）

《中國古代磚刻銘文集》上、下冊編號 0992。（圖、文）

《洛陽出土石刻時地記》附錄 006，72 頁。（目）

《北朝隋代墓誌所在總合目錄》編號 1191。（目）

備考：《洛陽出土石刻時地記》著錄的"晉趙國孫磚"，僅云"洛陽東北馬溝村出土"，餘不詳，時代置於"晉"（265—420），疑其即《趙國墓銘磚》，故附此。《中國古代磚刻銘文集》作"北魏"，暫從。

無年號 081

丁異生女墓記磚

北魏（386—534）。河南出土。拓片高 28、寬 14 釐米。文隸書，1 行 4 字。

碑目著錄：

《北京大學圖書館藏歷代墓誌拓片目錄》編號 00415。

無年號 082
郎元鑒妻張氏墓記磚

北魏（386—534）。河北出土。拓片高 32、寬 5.5 釐米。文正書，3 行，行 5 字。

碑目著錄：

《北京大學圖書館藏歷代墓誌拓片目錄》編號 00420。

無年號 083
太尉韓公墓誌銘

北魏（386—534）。邢劭撰。

錄文著錄：

《藝文類聚》卷 46，上冊 822—823 頁。

《全後魏文》43/6b，《全文》4 冊 3730 下。

《邢特進集》23a－24b，《漢魏六朝百三名家集》5 冊 341 上。

碑目題跋著錄：

《漢魏六朝墓銘纂例》4/9b，《新編》3/40/463 上。

無年號 084
劉振墓記磚

北魏（386—534）。河南出土。拓片高 36、廣 17.5 釐米。隸書，1 行 4 字。

碑目著錄：

《北京大學圖書館藏歷代墓誌拓片目錄》編號 00422。

無年號 085
常山公主碑

北魏（386—534）。溫子昇撰。

錄文著錄：

《藝文類聚》卷 16，上冊 306 頁。

《全後魏文》51/8b－9a，《全文》4 冊 3766 下—3767 上。

《溫侍讀集》20a－21a，《漢魏六朝百三名家集》5 冊 319 上—下。

碑目題跋著錄：

《漢魏六朝墓銘纂例》4/6a，《新編》3/40/461 下。

備考：據《魏書》卷四〇《陸定國子昕之傳》，昕之"尚顯祖女常山公主"，則北魏常山公主妻相州刺史陸昕之。

無年號 086
楊文弘墓誌

北魏（386—534）。據楊文弘卒年時間推測，墓誌當刻於南齊建元四年（482）以後。2010 年 8 月 6 號於陝西省略陽縣西十餘里的橫峴河鎮毛壩村潘家灣出土，石藏略陽縣文化館。誌高 33、寬 38 釐米。文 10 行，滿行 11 至 12 字不等。

論文：

蔡副全：《新發現武興國主楊文弘與姜太妃夫婦墓誌考》，《考古與文物》2014 年第 2 期。（圖、文）

張卉：《武興國主楊文弘與姜太妃墓誌補釋》，《中原文物》2016 年第 2 期。

無年號 087
元楨妻常妃墓誌蓋

北魏（386—534）。民國十七年（1928）洛陽城北高溝村東南元楨墓出土。

碑目著錄：

《洛陽出土石刻時地記》北魏殘誌 010，47 頁。

《六朝墓誌檢要》（修訂本）129 頁。

備考：按元楨墓出土，當為元楨妻，妃姓常氏，《洛陽出土石刻時地記》著錄為"元楨女常妃"，應有誤。《六朝墓誌檢要》著錄為"齊郡順王常妃，"此為元簡妻，與元楨妻非一人，故單獨著錄。元楨為南安王，《魏書》卷一九下、《北史》卷一八有傳。

無年號 088
元公墓誌蓋

北魏（386—534）。洛陽出土，于右任舊藏，今石存西安碑林博物館。蓋高 44、寬 46 釐米。篆書，1 行 5 字。蓋題：元公墓誌銘。

圖版著錄：

《鴛鴦七誌齋藏石》圖 142。

《西安碑林全集》65/906 – 907。

碑目著錄：

《歷代墓誌銘拓片目錄》28 頁。

無年號 089
胡君墓誌蓋

北魏（386—534），或作隋，暫從北魏。河南洛陽出土，于右任舊藏，今存西安碑林博物館。蓋高 35、寬 34 釐米。蓋篆書，2 行，行 2 字。蓋題：胡君墓銘。

圖版著錄：

《鴛鴦七誌齋藏石》圖 145。

《西安碑林全集》72/1856 – 1857。

無年號 090
殘墓誌蓋

北魏（386—534）。河南洛陽出土，三原于右任舊藏，今存西安碑林博物館。殘蓋高 50.1、寬 36 釐米。文正書，僅存"墓誌銘"三字。

圖版著錄：

《鴛鴦七誌齋藏石》圖 146。

無年號 091
陳留太守□□殘石

北魏（386—534）。在山東益都。

碑目著錄：

（宣統）《山東通志·藝文志》卷 152，《新編》2/12/9382 上。

無年號 092
河平侯□□祠碑

北魏（386—534）。在河南洛陽縣。

碑目著錄：

《金石彙目分編》9（3）/67a，《新編》1/28/21024 上。

無年號 093

平原太守劉盛燕妻竇氏磚銘

北魏（386—534）。河北衡水出土，武強王英傑藏磚。磚高 28.5、寬 13.5、厚 7 釐米。文 2 行，滿行 6 字，隸書。

著錄：

《衡水出土墓誌》1 頁。（圖、文）

無年號 094

大司馬□□殘石

北魏（386—534）。碑文有"獻文皇帝"，當刻於 477 年後。石高、廣各九寸五分。存 6 行，行存 1 至 6 字，正書。

錄文著錄：

《魯迅輯校石刻手稿·碑銘》中冊 297 頁。

無年號 095

崔令珍妻韓法容磚誌

北魏（386—534）。2011 年在山西省大同市恆安街南側發掘出土，藏大同市考古研究所。磚長 28.5、寬 14.5、厚 4.5 釐米。1 行 7 字，隸書。

論文：

大同市考古研究所：《山西大同恆安街北魏墓（11DHAM13）發掘簡報》，《文物》2015 年第 1 期。（圖、文）

無年號 096

荊州刺史狄君墓誌蓋

北魏（386—534）。河南洛陽出土，于右任舊藏，今存西安碑林博物館。拓片高、寬均 35 釐米。蓋 3 行，行 3 字，篆書。蓋題：荊州刺史狄君墓誌銘。

圖版著錄：

《西安碑林全集》65/900 – 901。

無年號 097

元君墓誌蓋

北魏（386—534）。河南洛陽出土，于右任舊藏，今存西安碑林博物館。拓片高41.5、寬45.5釐米。文3行，行3字，篆書。蓋題：大魏故元君墓誌銘。

圖版著錄：

《西安碑林全集》65/912－913。

無年號 098

代王拓拔猗盧墓碑

北魏（386—534）。柯昌泗得於山西，殘石僅存六大字：代王猗盧之碑。陰刻狩獵圖。

題跋著錄：

《石交錄》2/27a－b，《新編》4/6/459 上。

論文：

周一良：《魏晉南北朝史札記·〈魏書〉札記》"桓帝猗㐌穆帝猗盧碑"條，第 332 頁。

田餘慶：《關於猗盧殘碑及拓本題記二則——兼釋殘碑出土地點之疑》，《拓跋史探》，第 252—264 頁。（圖、文）

曹旅寧：《拓拔猗盧之碑殘石性質的一種推測》，《北朝研究》第 6 輯，2008 年。

備考：拓跋猗盧，《魏書》卷一、《北史》卷一有本紀。

無年號 099

并城（州）刺史王襲碑

北魏（386—534）。

題跋著錄：

《諸史碑銘錄目·魏書金石》，《新編》3/37/330 上。

備考：王襲，《魏書》卷九三附《王叡傳》。

無年號 100

元彧墓誌

又名"臨淮王墓誌銘"。北魏（386—534）。1915 年河南洛陽城北伯樂凹村西北一里處出土，曾歸洛陽金石保存所，今存洛陽古代藝術館。誌高 61.3、寬 60.6 釐米。文正書，35 行，滿行 36 字。首題：魏故使持節侍中太保領太尉公錄尚書事大將軍都督定相二州諸軍事定州刺史臨淮王墓誌銘。

圖版著錄：

《漢魏南北朝墓誌集釋》圖版九四，《新編》3/3/389。

《北京圖書館藏中國歷代石刻拓本匯編》5 冊 140 頁。

《洛陽出土北魏墓誌選編》圖版一九八，413 頁。

《漢魏六朝碑刻校注》6 冊 314 頁。

錄文著錄：

《芒洛冢墓遺文三編》15a–17b，《新編》1/19/14115 上—14116 上。

《誌石文錄》卷上/41a–42b，《新編》2/19/13762 上—下。

《魯迅輯校石刻手稿·墓誌》上冊 227—232 頁。

《洛陽出土北魏墓誌選編》無年月一，179—180 頁。

《漢魏南北朝墓誌彙編》503—505 頁。

《漢魏六朝碑刻校注》6 冊 315—316 頁。

《全北魏東魏西魏文補遺》407—408 頁。

碑目題跋：

《石刻題跋索引》145 頁左，《新編》1/30/22483。

《石刻名彙》2/14a，《新編》2/2/1031 下。

《崇雅堂碑錄》1/17b、19a，《新編》2/6/4492 上、4493 上。

《古誌新目初編》1/9b，《新編》2/18/13696 上。

《蒿里遺文目錄》2（3）/2a，《新編》2/20/14977 下。

《夢碧簃石言》5/14b，《新編》3/2/219 下。

《漢魏南北朝墓誌集釋》3/21a，《新編》3/3/75。

《國立北平圖書館藏碑目》9a，《新編》3/36/253 上。

《元氏誌錄》3a、6a，《新編》3/38/48上、49下。

《雪堂金石文字跋尾》2/30a-b，《新編》3/38/302下。

《墓誌徵存目錄》卷1，《羅振玉學術論著集》第五集，572頁。

《洛陽出土石刻時地記》北魏永安022，42頁。

《歷代墓誌銘拓片目錄》27頁。

《六朝墓誌檢要》（修訂本）112頁。

《漢魏六朝碑刻校注·總目提要》編號1710。

《北朝隋代墓誌所在総合目錄》編號483。

《北京大學圖書館藏歷代墓誌拓片目錄》編號00371。

備考：元彧，《魏書》卷一八、《北史》卷一六有傳，附《臨淮王譚傳》，北魏永安三年（530）十二月三日被害。誌石無年月，暫附北魏。

東　魏

天　平

天平 001

東平太守劉霸碑

天平元年（534）四月。在澶州滑縣。

碑目題跋著錄：

《金石錄》2/10a，《新編》1/12/8810下。

《通志·金石略》卷上/32b，《新編》1/24/18035上。

《寶刻叢編》6/7b，《新編》1/24/18167上。

《金石彙目分編》9（2）/34a，《新編》1/28/20970下。

《石刻題跋索引》34頁右，《新編》1/30/22372。

《墨華通考》1/22b，《新編》2/6/4301下。

（光緒）《畿輔通志·金石十二》149/24b，《新編》2/11/8559下。

《佩文齋書畫譜·金石》62/11a 上，《新編》3/2/56 下。

《六藝之一錄》60/2a，《新編》4/5/98 下。

備考：《墨華通考》所著錄的"東平太守劉伯碑"，時間地點與劉霸碑同，且它書無著錄，疑即劉霸碑，故附此。

天平 002

程哲碑并陰

卒於崇仁鄉孝義里，天平元年（534）十一月三日造。碑原立於山西長子縣袁家漏村，現存山西省博物館。碑通高 143 釐米，碑身高 117、寬 67、厚 23 釐米。文正書，31 行，滿行 45 字。額題小字 4 行，行 5 至 6 字。碑陰造像。首題：假恒農太守程定宗詔假常山太守程文靜前祭酒輕車將軍給事中程海珍假太原太守程蓋世程進程慶仲等造朔州故平北府長史程鉢字洪根故晉陽令程蠡字士璉故高都令程買字市略故贈代郡太守程府君之碑文。

圖版著錄：

《北京圖書館藏中國歷代石刻拓本匯編》6 冊 25—26 頁。

《漢魏六朝碑刻校注》7 冊 125 頁。（碑陽）

錄文著錄：

《山右石刻叢編》1/5a–7b，《新編》1/20/14949 上—14950 上。

（光緒）《長治縣志·金石志》4/2a–5b，《新編》3/31/57 下—59 上。

《魯迅輯校石刻手稿·碑銘》中冊 298—304 頁。

《漢魏六朝碑刻校注》7 冊 126—127 頁。

《全北魏東魏西魏文補遺》63—65 頁。

碑目題跋著錄：

《集古求真》3/11a，《新編》1/11/8507 上。

《山右石刻叢編》1/7b–12a，《新編》1/20/14950 上—14952 下。

《藝風堂金石文字目》2/16a，《新編》1/26/19541 下。

《再續寰宇訪碑錄校勘記》4b，《新編》1/27/20461 下。

《金石彙目分編》11（補遺）/5b，《新編》1/28/21274 上。

《石刻題跋索引》34 頁右，《新編》1/30/22372。

《崇雅堂碑錄》1/21a，《新編》2/6/4494 上。

《語石》2/9b，《新編》2/16/11880 上。

《定庵題跋》41a–41b，《新編》2/19/14306 上。

《寰宇貞石圖目錄》卷下/4b，《新編》2/20/14679 上。

（光緒）《山西通志·金石記十》98/37b–39b，《新編》3/30/554 上—555 上。

（光緒）《長治縣志·金石志》4/5b–8a，《新編》3/31/59 上—60 下。

《再續寰宇訪碑錄》卷上，《羅振玉學術論著集》第五集，436 頁。

《魯迅輯校石刻手稿·碑銘》中冊 304—308 頁。

《增補校碑隨筆》（修訂本）227 頁。

《碑帖鑒定》183 頁。

《碑帖敘錄》183 頁。

《漢魏六朝碑刻校注·總目提要》編號 1810。

淑德大學《中國石刻拓本目錄》"碑碣等刻石" 編號 438。

論文：

周桂香、郭志成：《試論程哲碑及其歷史藝術價值》，《文物季刊》1997 年第 3 期。

天平 003

李光顯墓誌

卒於戰陣，天平元年（534）丙戌朔己酉日歸葬於林慮郡北、漳水之畔。出土時地不詳。誌高 34、寬 33 釐米。文 11 行，滿行 11 字，正書。首題：大魏故車騎將軍李君之墓誌。

著錄：

《稀見古石刻叢刊·東魏李光顯墓誌》15—22 頁。（圖、文）

《北朝隋代墓誌所在總合目錄》編號 558。（目）

天平 004

安東將軍涂府君妻李夫人墓誌

卒於鄴都，天平二年（535）二月十八日葬於鄴城東南援河之東。

2004年8月河北省臨漳縣東南古鄴城舊址附近。誌高、寬均25釐米。文11行，滿行11字，正書。首題：魏安東將軍銀青光祿大夫前石堂太守徐府君故夫人李墓誌銘。

著錄：

《漢魏六朝碑刻校注》7冊130—131頁。（圖、文）

《文化安豐》149頁。（圖）

《漢魏六朝碑刻校注·總目提要》編號1811。（目）

《北朝隋代墓誌所在總合目錄》編號559。（目）

《北京大學圖書館藏歷代墓誌拓片目錄》編號00428。（目）

論文：

許萬順：《新出土袖珍〈魏安東將軍夫人墓誌〉》，《中國書法》2005年第1期。

天平005

相州刺史徐稚碑

《畿輔待訪碑目》作"徐穉碑"。天平二年（535）二月立。廣平府永年縣。

碑目題跋著錄：

《金石錄》2/10a，《新編》1/12/8810下。

《集古錄目》4/1a，《新編》1/24/17961上。

《通志·金石略》卷上/33a，《新編》1/24/18035下。

《寶刻叢編》6/52a，《新編》1/24/18189下。

《金石彙目分編》3（2）/70a，《新編》1/27/20727下。

《石刻題跋索引》34頁右，《新編》1/30/22372。

（光緒）《畿輔通志·金石十一》148/17b，《新編》2/11/8516上。

《京畿金石考》卷下/34a，《新編》2/12/8784下。

《畿輔待訪碑目》卷上/3a，《新編》2/20/14802上。

《佩文齋書畫譜·金石》62/11a上，《新編》3/2/56下。

（光緒）《重修廣平府志·金石略下》36/5a，《新編》3/25/132上。

《六藝之一錄》60/2a，《新編》4/5/98下。

天平 006

楊機墓誌

永熙二年（533）八月五日卒，天平二年（535）三月廿七日遷祔□口之右，飛山之東北，去洛陽七十里。河南洛陽市宜陽縣豐李鎮馬窯村三道嶺楊機墓出土，2005年4月徵集，石藏洛陽博物館。誌高69.5、寬59.5、厚9.4釐米。文正書，30行，滿行27字。首題：魏故使持節都督華州諸軍事華州刺史衛將軍右光祿大夫度支尚書楊君之墓誌銘。

著錄：

《龍門區系石刻文萃》29頁。（圖）

《漢魏六朝碑刻校注》7冊132—133頁。（圖、文）

《漢魏六朝碑刻校注·總目提要》編號1812。（目）

《北朝隋代墓誌所在總合目錄》編號560。（目）

論文：

洛陽博物館：《洛陽北魏楊機墓出土文物》，《文物》2007年第11期。

章紅梅：《〈楊機墓誌〉釋文校正》，《中國歷史文物》2010年第5期。

馮健：《洛陽北魏元邵墓與楊機墓出土墓誌所反映的社會問題淺析》，《洛陽理工學院學報》2012年第5期。

備考：楊機，《魏書》卷七七、《北史》卷五〇有傳。

天平 007

元玕墓誌并蓋

天平二年（535）四月十四日薨於洛陽之正始里，天平二年七月廿八日葬於景陵東山。1917年洛陽城北盤龍塚村西南一里處出土，石曾歸蕭山張氏、江蘇武進陶蘭泉，今存遼寧省博物館。誌高、寬均70.9釐米。蓋3行8字，篆書。文25行，滿行25字，正書。蓋題：魏故元使君之墓銘；首題：魏故平南將軍太中大夫元君墓誌銘。

圖版著錄：

《漢魏南北朝墓誌集釋》圖版七五，《新編》3/3/366–367。

《北京圖書館藏中國歷代石刻拓本匯編》6 冊 30 頁。(誌)

《中國金石集萃》8 函 9 輯編號 84。(誌)

《漢魏六朝碑刻校注》7 冊 141 頁。

《洛陽出土北魏墓誌選編》圖版一九九,414 頁。(誌)

《遼寧省博物館藏碑誌精粹》88 頁。

錄文著錄:

《芒洛冢墓遺文四編》1/51b – 52b,《新編》1/19/14174 上—下。

《滿洲金石志別錄》卷上/41b – 43a,《新編》1/23/17418 上—17419 上。

《誌石文錄》卷上/51a – b,《新編》2/19/13767 上。

《魯迅輯校石刻手稿·墓誌》上冊 246—248 頁。

《洛陽出土北魏墓誌選編》天平一,181—182 頁。

《漢魏南北朝墓誌彙編》315—316 頁。

《漢魏六朝碑刻校注》7 冊 142 頁。

《遼寧省博物館藏碑誌精粹》262 頁。

《全北魏東魏西魏文補遺》347—348 頁。

碑目題跋著錄:

《石刻題跋索引》146 頁右,《新編》1/30/22484。

《石刻名彙》2/16a,《新編》2/2/1032 下。

《崇雅堂碑錄》1/21a,《新編》2/6/4494 上。

《古誌新目初編》1/12a,《新編》2/18/13697 下。

《蒿里遺文目錄》2 (3) /2b,《新編》2/20/14977 下。

《夢碧簃石言》5/15a,《新編》3/2/220 上。

《漢魏南北朝墓誌集釋》3/18a,《新編》3/3/69。

《國立北平圖書館藏碑目》10b,《新編》3/36/253 下。

《循園古冢遺文跋尾》5/1a – b,《新編》3/38/36 上。

《元氏誌錄》3a、5b,《新編》3/38/48 上、49 上。

《雪堂金石文字跋尾》3/1a – b,《新編》3/38/304 上。

《墓誌徵存目錄》卷1,《羅振玉學術論著集》第五集,576 頁。

《松翁近稿》,《羅振玉學術論著集》第十集(上)65 頁。

《洛陽出土石刻時地記》東魏 001，48 頁。
《歷代墓誌銘拓片目錄》28 頁。
《六朝墓誌檢要》（修訂本）132 頁。
《遼寧省博物館藏碑誌精粹》89 頁。
《漢魏六朝碑刻校注・總目提要》編號 1816。
淑德大學《中國石刻拓本目錄》"墓誌" 編號 186—187。
《北朝隋代墓誌所在總合目錄》編號 561。
《北京大學圖書館藏歷代墓誌拓片目錄》編號 00429。

天平 008

司馬昇墓誌

天平二年（535）二月廿一日卒於懷縣，以其年十一月七日葬於溫縣。清乾隆二十年河南省孟縣東北八里葛村出土，曾歸丹徒劉鶚、長白端方、王緒祖收藏，今在日本書道博物館。誌高、寬均 51.5 釐米。文正書，26 行，滿行 21 字。首題：魏故南秦州刺史司馬使君之墓誌銘。

圖版著錄：
《漢魏南北朝墓誌集釋》圖版二八九，《新編》3/3/639。
《北京圖書館藏中國歷代石刻拓本匯編》6 冊 32 頁。
《漢魏六朝碑刻校注》7 冊 146 頁。

錄文著錄：
《金石萃編》30/9a–11a，《新編》1/1/528 上—529 上。
《古誌石華》3/1a–2a，《新編》2/2/1173 上—下。
《宜祿堂收藏金石記》卷 13，《新編》2/5/3435 下—3436 上。
（乾隆）《新修懷慶府志・金石志》27/17b–18b，《新編》3/28/658 上—下。
（乾隆）《孟縣志・金石上》7/15a–16b，《新編》3/29/340 上—下。
《中州冢墓遺文》4b–5b，《新編》3/30/270 下—271 上。
《全後魏文》57/6b–7b，《全文》4 冊 3799 下—3800 上。
《魯迅輯校石刻手稿・墓誌》上冊 249—251 頁。
《漢魏南北朝墓誌彙編》316—317 頁。

《漢魏六朝碑刻校注》7 冊 147 頁。

碑目題跋：

《金石萃編》30/13b – 14a，《新編》1/1/530 上—下。

《集古求真》1/16a – b，《新編》1/11/8485 下。

《授堂金石三跋‧一跋》3/8a – b，《新編》1/25/19103 下。

《平津讀碑記》2/18b – 19a，《新編》1/26/19370 下—19371 上。

《寰宇訪碑錄》2/10a，《新編》1/26/19865 下。

《寰宇訪碑錄刊謬》3a，《新編》1/26/20086 上。

《寰宇訪碑錄校勘記》2/5a – b，《新編》1/27/20111 上。

《金石彙目分編》9（2）/64b，《新編》1/28/20985 下。

《石刻題跋索引》146 頁右—0147 頁左，《新編》1/30/22484 – 22485。

《石刻名彙》2/16a，《新編》2/2/1032 下。

《古誌石華》3/2a – b，《新編》2/2/1173 下。

《平津館金石萃編》4/13b，《新編》2/4/2473 上。

《宜祿堂收藏金石記》卷 13，《新編》2/5/3436 上。

《宜祿堂金石記》2/7b，《新編》2/6/4221 上。

《崇雅堂碑錄》1/21a，《新編》2/6/4494 上。

《河朔訪古隨筆》卷下/9b – 10a，《新編》2/12/8879 上—下。

《河朔金石目》10/1b，《新編》2/12/9008 上。

《平安館藏碑目》，《新編》2/18/13408 上。

《寶鴨齋題跋》卷上/22a，《新編》2/19/14345 下。

《竹崦盦金石目錄》15b，《新編》2/20/14554 上。

《寰宇貞石圖目錄》卷上/6b、卷下/4b，《新編》2/20/14674 上、14679 上。

《中州金石目錄》2/8b，《新編》2/20/14695 下。

《蒿里遺文目錄》2（1）/3b，《新編》2/20/14945 上。

《夢碧簃石言》5/9b 引《周句鑃齋藏石目》，《新編》3/2/217 上。

《漢魏南北朝墓誌集釋》6/60b、61a，《新編》3/3/154、155。附《獨笑齋金石考略》。

（乾隆）《新修懷慶府志‧金石志》27/18b – 19a，《新編》3/28/658

下—659 上。

（乾隆）《孟縣志·金石上》7/16b – 18b，《新編》3/29/340 下—341 下。

（民國）《孟縣志·金石》9/4b，《新編》3/29/450 下。

《河南古物調查表證誤》6b，《新編》3/35/594 下

《石目》，《新編》3/36/73 上。

《中州金石目》2/16a，《新編》3/36/159 下。

《國立北平圖書館藏碑目》10b，《新編》3/36/253 下。

《古誌彙目》1/8a，《新編》3/37/19。

《竹崦盦金石目錄》1/20b，《新編》3/37/349 下。

《碑帖跋》65 頁，《新編》3/38/213、4/7/431 上。

《中國金石學講義·正編》21b，《新編》3/39/160。

《漢魏六朝墓銘纂例》4/6b，《新編》3/40/461 下。

《墓誌徵存目錄》卷 1，《羅振玉學術論著集》第五集，576 頁。

《俑廬日札》，《羅振玉學術論著集》第三集，136 頁。

《歷代墓誌銘拓片目錄》28 頁。

《善本碑帖錄》2/77。

《碑帖鑒定》183—184 頁。

《碑帖敘錄》52 頁。

《增補校碑隨筆》（修訂本）228 頁。

《六朝墓誌檢要》（修訂本）132 頁。

《漢魏六朝碑刻校注·總目提要》編號 1819。

淑德大學《中國石刻拓本目錄》"墓誌" 編號 185。

《北朝隋代墓誌所在總合目錄》編號 562。

《北京大學圖書館藏歷代墓誌拓片目錄》編號 00430。

天平 009

邸珍墓誌

永熙四年，即東魏天平二年（535）七月卒，十一月九日葬於定州城西六十里。誌高 63、寬 70 釐米。文 20 行，行 26 至 38 字，正書。首題：

魏故侍中司空公邸公墓誌銘。

圖版著錄：

《洛陽新獲七朝墓誌》35 頁。

碑目著錄：

《北朝隋代墓誌所在總合目錄》編號 563。

論文：

過超：《北魏邸珍墓誌銘考釋》，《四川職業技術學院學報》2015 年第 1 期。

備考：邸珍，《北齊書》卷四七、《北史》卷八七有傳。據《邸珍碑》，其"東魏天平元年（534）十月二十七日卒於王事"，而此墓誌卻云卒於"東魏天平二年七月"，與碑不同，存疑。

天平 010

趙氏妻姜夫人墓誌并蓋

普泰二年（532）三月十日卒於洛陽城休里，天平二年（535）十一月十七日葬於太行之陽河内府君神塋。1984 年沁陽市文物普查時發現，現藏沁陽市博物館。誌高 43、寬 42、厚 6 釐米。文 18 行，滿行 19 字，正書。蓋正書，2 行，行 5 字，蓋題：魏故趙氏姜夫人墓誌銘。

著錄：

《新中國出土墓誌·河南（壹）》上冊 172 頁（圖）、下冊 162 頁（文）。

《漢魏六朝碑刻校注》7 冊 149—150 頁。（圖、文）

《漢魏南北朝墓誌彙編》317 頁。（文）

《全北魏東魏西魏文補遺》348 頁。（文）

《漢魏六朝碑刻校注·總目提要》編號 1820。（目）

《北朝隋代墓誌所在總合目錄》編號 564。（目）

《北京大學圖書館藏歷代墓誌拓片目錄》編號 00431。（目）

天平 011

張琛墓誌

天平二年（535）。1987 年 12 月出土於滎陽市索河路西段教委家屬樓工地，現存滎陽市文物保護管理所。誌方形，邊長 36 釐米。文 13 行，行 17 至 29 字不等，隸書。首題：魏故皇子侍郎張珍寶墓誌銘。

圖版著錄：

《滎陽文物志》175 頁。（局部）

碑目著錄：

《鄭州文物志》320 頁。

《北朝隋代墓誌所在總合目錄》編號 565。

天平 012

贈殷州刺史趙貴碑

天平二年（535）立。在趙州寧晉縣。

碑目題跋著錄：

《集古錄目》4/1a，《新編》1/24/17961 上。

《寶刻叢編》6/60a，《新編》1/24/18193 下。

《石刻題跋索引》34 頁右，《新編》1/30/22372。

（光緒）《畿輔通志·金石十五》152/33a，《新編》2/11/8660 上。

《京畿金石考》卷下/15a，《新編》2/12/8775 上。

《畿輔待訪碑目》卷上/3a，《新編》2/20/14802 上。

《六藝之一錄》60/2b，《新編》4/5/98 下。

備考：趙貴，《周書》卷一六、《北史》卷五九有傳，因未見碑文，是否碑主，待考。《畿輔待訪碑目》誤作"張貴碑"。

天平 013

王僧墓誌并蓋

天平二年（535）三月十日薨於平陽，天平三年（536）二月十三日葬於饒安。清道光二十二年河北滄州王寺鎮人張鎮廷耕田得之，曾歸滄縣王國均、南皮張權，有重刻本。誌高 50、寬 50、厚約 7 釐米；蓋高、寬均約 50、厚約 8 釐米。文正書，25 行，滿行 25 字。蓋正書，1 行 9 字。首題：維大魏天平三年歲次丙辰二月壬申朔十三日甲申故驃騎將軍諫議大夫贈假節督滄州諸軍事征虜將軍滄州刺史王僧墓誌；蓋題：滄州刺史王僧墓誌銘。

圖版著錄：

《漢魏南北朝墓誌集釋》圖版二九〇，《新編》3/3/640。

（民國）《南皮縣志·故實志上》，《新編》3/23/406。（誌）

《北京圖書館藏中國歷代石刻拓本匯編》6冊35頁。

《中國金石集萃》7函8輯編號75。

《滄州出土墓誌》13頁。

《河北金石輯錄》216頁。（誌）

《漢魏六朝碑刻校注》7冊155頁。

錄文著錄：

《八瓊室金石補正》17/26b–28a，《新編》1/6/4261下—4262下。

《京畿冢墓遺文》卷上/6b–7a，《新編》1/18/13611下—13612下。

（同治）《鹽山縣志·金石志》14/31a–32b，《新編》3/23/340上—下。

《魯迅輯校石刻手稿·墓誌》上冊258—260頁。

《河北金石輯錄》217頁。

《漢魏南北朝墓誌彙編》317—319頁。

《滄州出土墓誌》12頁。

《漢魏六朝碑刻校注》7冊156頁。

《全北魏東魏西魏文補遺》348—349頁。

碑目題跋著錄：

《八瓊室金石補正》17/28a–29a，《新編》1/6/4262下—4263上。

《集古求真》1/18a，《新編》1/11/8486下。

《藝風堂金石文字目》18/2a，《新編》1/26/19814下。

《補寰宇訪碑錄》2/7a，《新編》1/27/20209上。

《補寰宇訪碑錄校勘記》1/6b，《新編》1/27/20288下。

《金石彙目分編》3（2）/5b，《新編》1/27/20695上。

《石刻題跋索引》147頁左，《新編》1/30/22485。

《石刻名彙》2/16a，《新編》2/2/1032下。

《崇雅堂碑錄》1/21b，《新編》2/6/4494上。

（光緒）《畿輔通志·金石六》143/53b–54b，《新編》2/11/8370

上—下。附《滄州志》。

《語石》2/5b、3/11a、4/2b、4/9a、4/10a,《新編》2/16/11878 上、11903 上、11918 下、11922 上・下。

《定庵題跋》36b – 37a,《新編》2/19/14303 下—14304 上。

《畿輔碑目》卷上/2b,《新編》2/20/14779 下。

《蒿里遺文目錄》2（1）/3b,《新編》2/20/14945 上。

《漢魏南北朝墓誌集釋》6/61a – b,《新編》3/3/155 – 156。

（民國）《南皮縣志・故實志上》12/8a – b,《新編》3/23/410 下。

《國立北平圖書館藏碑目》10b,《新編》3/36/253 下。

《古誌彙目》1/8a,《新編》3/37/19。

《循園古冢遺文跋尾》5/1b – 2a,《新編》3/38/36 上—下。

《碑帖跋》45 頁,《新編》3/38/193、4/7/426 上。

《雪堂金石文字跋尾》3/1b – 2a,《新編》3/38/304 上—下。

《雪堂所藏金石文字簿錄》75b – 76a,《新編》4/7/407 上—下。

《讀碑小箋》,《羅振玉學術論著集》第三集,40 頁。

《墓誌徵存目錄》卷1,《羅振玉學術論著集》第五集,576 頁。

《魯迅輯校石刻手稿・墓誌》上冊 263 頁。

《歷代墓誌銘拓片目錄》28 頁。

《碑帖鑒定》184 頁。

《善本碑帖錄》2/77。

《碑帖敘錄》27 頁。

《增補校碑隨筆》（修訂本）228—229 頁。

《六朝墓誌檢要》（修訂本）133 頁。

《河北金石輯錄》217 頁。

《漢魏六朝碑刻校注・總目提要》編號 1823。

淑德大學《中國石刻拓本目錄》"墓誌" 編號 188。

《北朝隋代墓誌所在総合目錄》編號 566。

《北京大學圖書館藏歷代墓誌拓片目錄》編號 00432。

備考：蓋刻字一行，存世拓片多誤作誌側。

天平 014

寇永墓誌并蓋

永安二年（529）九月廿一日卒於家，天平三年（536）二月十四日葬於大墓山。2009 年秋河南省孟津縣朝陽鎮出土，存民間。蓋長、寬均 35.5 釐米；誌長、寬均 39.5 釐米。文 16 行，滿行 17 字，正書。蓋 2 行，行 3 字，正書。蓋題：魏故寇君墓誌。首題：魏故輕車將軍羽林監寇君墓誌。

著錄：

《洛陽新獲七朝墓誌》36 頁。（圖）

《秦晉豫新出墓誌蒐佚》1 冊 37—38 頁。（圖）

《新見北朝墓誌集釋》70—73 頁。（圖、文、跋）

《北朝隋代墓誌所在総合目錄》編號 567。（目）

《北京大學圖書館藏歷代墓誌拓片目錄》編號 00433。（目）

天平 015

高盛墓碑

又名：高盆生碑。天平三年（536）五月廿八日薨於位。清光緒二十五年出土於河北省磁縣，置河北磁縣縣政府內，現存磁縣文物保管所。碑殘高 132、寬 105、厚 27 釐米。文存 33 行，行存 22 至 29 字不等，正書。額篆書，額題：魏侍中黃鉞太師錄尚書事文懿高公碑。

圖版著錄：

《北京圖書館藏中國歷代石刻拓本匯編》6 冊 38 頁。

《漢魏六朝碑刻校注》7 冊 160 頁。

錄文著錄：

《魯迅輯校石刻手稿·碑銘》中冊 321—324 頁。

《漢魏六朝碑刻校注》7 冊 161 頁。

《全北魏東魏西魏文補遺》65—66 頁。

碑目題跋著錄：

《集古求真》3/11a，《新編》1/11/8507 上。

《藝風堂金石文字目》2/35b，《新編》1/26/19551 上。

《唐風樓金石文字跋尾》，《新編》1/26/19842 下。

《石刻題跋索引》35 頁右，《新編》1/30/22373。

《崇雅堂碑錄》1/21b，《新編》2/6/4494 上。

《語石》2/5a–b、10/6a，《新編》2/16/11878 上、12022 下。

《寶鴨齋題跋》卷上/24b，《新編》2/19/14346 下。

《寰宇貞石圖目錄》卷下/3b，《新編》2/20/14678 下。

《蒿里遺文目錄》1 上/4a，《新編》2/20/14939 上。

《夢碧簃石言》4/5b，《新編》3/2/161 上。

《南北響堂寺及其附近石刻目錄·造像記及碑碣目錄》1a，《新編》3/36/337。

《雪堂金石文字跋尾》3/8a–b，《新編》3/38/307 下。

《增補校碑隨筆》（修訂本）230 頁。

《碑帖鑒定》184 頁。

《碑帖敘錄》139 頁。

《善本碑帖錄》2/77。

《河北金石輯錄》45 頁。

《漢魏六朝碑刻校注·總目提要》編號 1825。

淑德大學《中國石刻拓本目錄》"碑碣等刻石"編號 445。

論文：

張子英：《磁州三高碑考》，《華夏考古》1999 年第 4 期。

備考：高盛，《魏書》卷三二、《北史》卷五一有傳。

天平 016

元誕（字子發）墓誌并蓋

天平三年（536）四月廿六日卒於第，八月四日葬鄴縣之西北。1970 年河北磁縣雙廟鄉東小屋村元誕墓出土，現藏磁縣文物保管所。誌高 76、寬 84 釐米；盝頂蓋，蓋拓片高 41、寬 46 釐米。蓋 3 行 9 字，篆書。誌文 35 行，滿行 33 字，正書。首題：魏故使持節侍中太保領司徒公尚書令司州牧文獻王墓誌銘；蓋題：魏故司徒昌樂王墓銘。

著錄：

《新中國出土墓誌·河北〔壹〕》上冊 8 頁（圖）、下冊 4—5 頁（文）。

《漢魏六朝碑刻校注》7 冊 163—165 頁。（圖、文）

《河北金石輯錄》217—219、429 頁。（誌圖、文、跋、目）

《全北魏東魏西魏文補遺》349—351 頁。（文）

《碑帖敘錄》18 頁。（跋）

《漢魏六朝碑刻校注·總目提要》編號 1826。（目）

《北朝隋代墓誌所在綜合目錄》編號 568。（目）

論文：

湯池：《河北磁縣出土魏昌樂王元誕墓誌》，《文物資料叢刊》1977 年第 1 期。

馬忠理：《磁縣北朝墓群—東魏北齊陵墓兆域考》，《文物》1994 年第 11 期。

備考：元誕，《魏書》卷二一上有傳，史傳作"字文發"，墓誌作"字子發"，當以墓誌為準。《河北金石輯錄》誤作"東魏天平三年八月二十六日立"，誌主名諱該書第 429 頁又誤作"元誔墓誌"。

天平 017

孫僧蔭磚誌

天平三年（536）八月八日葬。磚殘高 20、寬 13 釐米。文殘存 3 行，滿行 8 字，正書。

圖版著錄：

《秦晉豫新出墓誌蒐佚續編》1 冊 89 頁。

天平 018

膠州刺史祖淮碑

天平三年（536）十月。在密州，一說在青州府安邱縣，一說在河南開封府。

碑目題跋著錄：

《金石錄》2/10a、21/8a，《新編》1/12/8810 下、8926 下。（節文）

《通志·金石略》卷上/33a，《新編》1/24/18035 下。

《寶刻叢編》1/33a，《新編》1/24/18096 上。
《金石彙目分編》10（3）/48b，《新編》1/28/21202 下。
《石刻題跋索引》34 頁右，《新編》1/30/22372。
《墨華通考》1/5a、卷 7，《新編》2/6/4293 上、4369 下。
（宣統）《山東通志·藝文志》卷 152，《新編》2/12/9392 上。
《佩文齋書畫譜·金石》62/11a 上，《新編》3/2/56 下。
《六藝之一錄》60/2b，《新編》4/5/98 下。

天平 019

孟氏妻元氏墓誌

天平二年（535）六月一日卒於鄴之東南靜違鄉宅，以天平三年（536）十一月廿三日葬於鄴都西門豹祠之西南，去城七有餘里。據云近年出土於河南省安陽市。誌高、寬均 44.5 釐米。文 22 行，滿行 22 字，隸書。首題：魏孟氏命婦元夫人墓誌銘。

圖版著錄：

《秦晉豫新出墓誌蒐佚續編》1 冊 90 頁。

天平 020

泜虜閣李侯碑

天平三年（536）立。在河南開封府陽武縣，一說在中牟縣。

碑目題跋著錄：

《中州金石考》1/11a，《新編》1/18/13674 上。
《通志·金石略》卷上/29b，《新編》1/24/18033 下。
《寶刻叢編》1/22a，《新編》1/24/18090 下。
《金石彙目分編》9（2）/73a，《新編》1/28/20990 上。
《石刻題跋索引》34 頁右，《新編》1/30/22372。
《墨華通考》卷 7，《新編》2/6/4368 下。
《河朔訪古隨筆》卷下/17b，《新編》2/12/8883 上。
《河朔金石待訪目》21b，《新編》2/12/9023 上。
《中州金石目錄》2/9a，《新編》2/20/14696 上。
《佩文齋書畫譜·金石》62/11a 下，《新編》3/2/56 下。

（乾隆）《新修懷慶府志·金石志》27/28b，《新編》3/28/663 下。

（民國）《陽武縣志·金石志》6/38a，《新編》3/29/485。

《六藝之一錄》59/25a、60/10a，《新編》4/5/95 上、102 下。

天平 021

辛匡墓誌

天平四年（537）正月廿二日終於鄴城北，廿五日葬。2007 年河南安陽出土。誌高、寬均 33 釐米，厚 7 釐米。文 9 行，行 9 字，正書。

著錄：

《新見北朝墓誌集釋》84—85 頁。（圖、文、跋）。

《北朝隋代墓誌所在總合目錄》編號 569。（目）

論文：

田熊信之：《新出土北朝刻字資料瞥見——東魏·北齊期の墓誌、墓磚》，《學苑》第 819 號，2009 年，第 85—87 頁。

備考：辛匡，《魏書》卷四五有傳，附《辛祥傳》。

天平 022

王茂墓誌

永安二年（529）七月廿二日卒於龍陽，天平四年（537）正月廿五日葬於洛陽西北廿里。2009 年出土於洛陽西北廿里之邙山。誌高 59、寬 66 釐米。文正書，24 行，滿行 23 字。首題：魏故使持節撫軍將軍幽荊二州刺史王使君墓誌銘。

圖版著錄：

《新出土墓誌精粹》（北朝卷）上冊 88—93 頁。

論文：

谷國偉：《新出土北魏〈王茂墓誌〉》，《書法》2013 年第 11 期。

灝鏞：《新出土北魏〈王茂墓誌〉》，《書法》2014 年第 8 期。

天平 023

濟州刺史崔鶄墓誌

武泰元年（528）四月十四日卒於京師，天平四年（537）二月十九日葬於先君舊兆。1973 年山東省淄博市臨淄區窩托村出土。誌高 56.7、寬 54 釐米。文正書，22 行，滿行 21 字。首題：有魏使持節冠軍將軍濟州刺史崔使君墓誌銘。

著錄：

《漢魏六朝碑刻校注》7 冊 173—174 頁。（圖、文）

《山東石刻分類全集・歷代墓誌》39 頁。（圖、文）

《漢魏南北朝墓誌彙編》320—321 頁。（文）

《全北魏東魏西魏文補遺》351—352 頁。（文）

《齊魯碑刻墓誌研究》228—231、365 頁。（跋、目）

《漢魏六朝碑刻校注・總目提要》編號 1831。（目）

《北朝隋代墓誌所在總合目錄》編號 571。（目）

論文：

山東省文物考古研究所：《臨淄北朝崔氏墓》，《考古學報》1984 年第 2 期。

［日］佐伯真也：《崔鴻一族墓誌銘訳注五種（一）》，《大東文化大學中國學論集》15，1998 年。

天平 024

文山侯崔鴻妻張玉憐墓誌

天平三年（536）正月卒，四年（537）二月合葬於黃山文侯之陵。1973 年山東省淄博市臨淄區窩托村出土。誌高 74.6、寬 41.5 釐米。文正書，30 行，滿行 16 字。

著錄：

《漢魏六朝碑刻校注》7 冊 170—171 頁。（圖、文）

《山東石刻分類全集・歷代墓誌》38 頁。（圖、文）

《漢魏南北朝墓誌彙編》319—320 頁。（文）

《全北魏東魏西魏文補遺》351 頁。（文）

《齊魯碑刻墓誌研究》227—228、365 頁。（跋、目）

《漢魏六朝碑刻校注・總目提要》編號 1830。（目）

《北朝隋代墓誌所在總合目錄》編號 570。（目）

論文：

山東省文物考古研究所：《臨淄北朝崔氏墓》，《考古學報》1984年第2期。

天平 025

王休墓誌并蓋

永安二年（529）五月九日卒於京師，天平四年（537）三月十四日葬於鄴城西豹祠之南二里。2008年冬河南省安陽市出土，存民間。誌長60、高57釐米；誌蓋底長58、高55釐米，頂長52、高49釐米。文32行，滿行32字，正書。蓋4行，行3字，正書。首題：魏故車騎將軍相州刺史祝阿縣開國子王君之墓銘。蓋題：魏故相州刺史太原王先生銘。

著錄：

《秦晉豫新出墓誌蒐佚》1冊39—40頁。（圖）

《北朝藝術研究院藏品圖錄·墓誌》93—95頁。（圖、文）

《北朝隋代墓誌所在總合目錄》編號572。（目）

天平 026

王融墓誌

卒於東郡東燕縣車王里，天平四年（537）三月十四日葬於鄴城西豹祠之南二里。2008年冬河南省安陽市出土，旋歸洛陽單氏。誌高52、寬55釐米。文28行，滿行26字。首題：魏故冠軍將軍并州刺史王君之墓銘。

圖版著錄：

《秦晉豫新出墓誌蒐佚》1冊41頁。

碑目著錄：

《北朝隋代墓誌所在總合目錄》編號573。

天平 027

兗州刺史張經世墓磚

天平四年（537）五月。文正書，3行，行6至8字不等。

圖版著錄：

《中國磚銘》圖版上冊698頁。

天平 028

元鷙妃公孫甄生墓誌

又名：華山王妃公孫氏墓誌。天平四年（537）六月十九日卒於魏郡鄴縣敷教里，以其年七月十六日葬於鄴城之西，武城之北。1913 年河北磁縣北白道村出土，曾歸遼寧教育會、沈陽博物館，今存遼寧省博物館。誌高 55.2、寬 54 釐米。文 21 行，滿行 22 字，正書。首題：魏侍中大司馬華山王妃故公孫氏墓誌銘。

圖版著錄：

《漢魏南北朝墓誌集釋》圖版四三，《新編》3/3/327。

《北京圖書館藏中國歷代石刻拓本匯編》6 冊 41 頁。

《遼寧省博物館藏碑誌精粹》90 頁。

《漢魏六朝碑刻校注》7 冊 176 頁。

錄文著錄：

《滿洲金石志別錄》卷上/43b–44b，《新編》1/23/17419 上—下。

《魯迅輯校石刻手稿·墓誌》上冊 264—266 頁。

《漢魏南北朝墓誌彙編》321 頁。

《漢魏六朝碑刻校注》7 冊 177 頁。

《遼寧省博物館藏碑誌精粹》90 頁。

《全北魏東魏西魏文補遺》352—353 頁。

碑目題跋：

《續補寰宇訪碑錄》4/1a，《新編》1/27/20322 上。

《石刻題跋索引》147 頁左，《新編》1/30/22485。

《石刻名彙》2/16a，《新編》2/2/1032 下。

《崇雅堂碑錄》1/21b，《新編》2/6/4494 上。

《古誌新目初編》1/12a，《新編》2/18/13697 下。

《蒿里遺文目錄》2（3）/4a，《新編》2/20/14978 下。

《夢碧簃石言》5/15a，《新編》3/2/220 上。

《漢魏南北朝墓誌集釋》3/10a–b，《新編》3/3/53–54。

《國立北平圖書館藏碑目》11a，《新編》3/36/254 上。

《循園古冢遺文跋尾》5/2b–3b，《新編》3/38/36 下—37 上。
《元氏誌錄》3a、5b、9a，《新編》3/38/48 上、49 上、51 上。
《中國金石學講義·正編》23a，《新編》3/39/163。
《墓誌徵存目錄》卷 1，《羅振玉學術論著集》第五集，576 頁。
《歷代墓誌銘拓片目錄》29 頁。
《碑帖鑒定》184 頁。
《六朝墓誌檢要》（修訂本）133 頁。
《遼寧省博物館藏碑誌精粹》91 頁。
《漢魏六朝碑刻校注·總目提要》編號 1832。
《北朝隋代墓誌所在總合目錄》編號 574。
《北京大學圖書館藏歷代墓誌拓片目錄》編號 00434。

論文：

馬忠理：《磁縣北朝墓群——東魏北齊陵墓兆域考》，《文物》1994 年第 11 期。

王金科：《鄴城早年出土的幾方墓誌》（一），《文物春秋》1996 年第 1 期。

備考：元鷙，《魏書》卷一四、《北史》卷一五有傳。

天平 029

元祜墓誌

天平四年（537）八月十六日卒，其年閏月廿二日葬於鄴都城西、漳河之北皇宗陵內。2006 至 2007 年於河北磁縣發掘出土。誌高、寬均 71 釐米。文 32 行，滿行 32 字，隸書。未見圖版和完整錄文。

碑目著錄：

《北朝隋代墓誌所在總合目錄》編號 575。

論文：

中國社會科學院考古研究所：《河北磁縣北朝墓群發現東魏皇族元祜墓》，《考古》2007 年第 11 期。（節文）

朱岩石、何利群：《河北磁縣發現東魏皇族元祜墓》，《中國文物報》2007 年 7 月 11 日。

天平 030

慕容鑒墓誌

天平四年（537）閏九月五日卒於京師，以閏九月廿二日葬於豹祠西南。河北省臨漳縣出土。誌高、寬均 49 釐米。文 24 行，滿行 24 字，正書。

著錄：

《文化安豐》152—153 頁。（圖、文）

《墨香閣藏北朝墓誌》30—31 頁。（圖、文）

《金石拓本題跋集萃》49 頁。（圖）

《北朝隋代墓誌所在總合目錄》編號 576。（目）

《北京大學圖書館藏歷代墓誌拓片目錄》編號 00435。（目）

論文：

許萬順：《新發現的東魏慕容鑒墓誌》，《中國書法》2012 年第 5 期。

天平 031

恒州刺史趙紹墓誌

天平二年（535）卒，四年（537）十月五日葬於滎陽京縣中鄉之寧山。2002 年河南滎陽出土，石藏河南新安千唐誌齋博物館。誌高 47、寬 51 釐米。文 21 行，滿行 21 字，正書。首題：唯大魏天平四年歲在丁巳十月壬辰朔五日丙申故使持節都督恒州諸軍事撫軍將軍恒州刺史趙君之墓誌銘。

著錄：

《新中國出土墓誌·河南〔叁〕》（千唐誌齋·壹）上冊 3 頁（圖）、下冊 2 頁（文）。

《全唐文補遺·千唐誌齋新藏專輯》442 頁。（文）

《北朝隋代墓誌所在總合目錄》編號 577。（目）

《北京大學圖書館藏歷代墓誌拓片目錄》編號 00436。（目）

天平 032

高雅墓誌

熙平四年（519）卒於孝義里，天平四年（537）十月六日葬於孝義里。1973 年河北省景縣野林莊出土，河北省文物研究所藏石。誌高 46、寬 47.5、厚 7.5 釐米。文正書，30 行，滿行 29 字；側 3 行，行字不等。

著錄：

《河北金石輯錄》219—220 頁。（圖、文、跋）

《漢魏六朝碑刻校注》7 冊 187—189 頁。（圖、文）

《衡水出土墓誌》10—11 頁。（圖、文）

《漢魏南北朝墓誌彙編》322—323 頁。（文）

《全北魏東魏西魏文補遺》353—354 頁。（文）

《碑帖敘錄》139 頁。（跋）

《漢魏六朝碑刻校注·總目提要》編號 1837。（目）

《北朝隋代墓誌所在總合目錄》編號 578。（目）

論文：

河北省文管處：《河北景縣北魏高氏墓發掘簡報》，《文物》1979 年第 3 期。

備考：高雅，《魏書》卷五七、《北史》卷三一有傳，附《高祐傳》。

天平 033

趙明度墓誌并蓋

天平三年（536）四月廿五日卒於京邑景穆行昭仁里，四年（537）十月十二（或作"五"）日葬於鄴城之西南。2008 年 10 月 13 日發現於河南安陽安豐鄉洪河村東南。誌高、寬均 57.5 釐米，厚 30.9 釐米。文 21 行，滿行 21 字，正書。蓋題：魏博陵趙府君墓誌銘；首題：魏故寧遠將軍太常博士領鼓吹丞博陵太守趙府君明度墓誌銘。

著錄：

《文化安豐》154—155 頁。（誌圖、文）

《安陽墓誌選編》2 頁（圖）、159 頁（文）。

《北朝隋代墓誌所在總合目錄》編號 579。（目）

論文：

河南省文物管理局南水北調文物保護辦公室等：《河南安陽縣東魏趙明度墓》，《考古》2010 年第 10 期。

天平 034

張滿墓誌并蓋

天平四年（537）五月九日薨於州解，其年十一月十二日葬在山陵北。1912 年河北磁縣出土，歸沈陽博物館，今存遼寧省博物館。誌高、寬均 72 釐米。蓋 3 行 9 字，篆書。文 32 行，滿行 33 字，正書。首題：魏故司空公兗州刺史張君墓誌銘；蓋題：魏故司空公張君墓誌。

圖版著錄：

《漢魏南北朝墓誌集釋》圖版二九一，《新編》3/3/641－642。

《北京圖書館藏中國歷代石刻拓本匯編》6 冊 45 頁。（誌）

《中國金石集萃》8 函 9 輯編號 85。（誌）

《漢魏六朝碑刻校注》7 冊 190 頁。

《遼寧省博物館藏碑誌精粹》92 頁。

錄文著錄：

《滿洲金石志別錄》卷上/44b－46b，《新編》1/23/17419 下—17420 下。

《魯迅輯校石刻手稿·墓誌》上冊 267—271 頁。

《漢魏南北朝墓誌彙編》324—325 頁。

《漢魏六朝碑刻校注》7 冊 191—192 頁。

《遼寧省博物館藏碑誌精粹》263 頁。

《全北魏東魏西魏文補遺》354—355 頁。

碑目題跋著錄：

《滿洲金石志別錄》卷上/46b－47a，《新編》1/23/17420 下—17421 上。

《續補寰宇訪碑錄》4/1a，《新編》1/27/20322 上。

《石刻題跋索引》147 頁左，《新編》1/30/22485。

《石刻名彙》2/16a，《新編》2/2/1032 下。

《崇雅堂碑錄》1/21b，《新編》2/6/4494 上。

《蒿里遺文目錄》2（1）/3b，《新編》2/20/14945 上。

《漢魏南北朝墓誌集釋》6/61b，《新編》3/3/156。

《國立北平圖書館藏碑目》11a，《新編》3/36/254 上。

《古誌彙目》1/8a，《新編》3/37/19。

《循園古冢遺文跋尾》5/3b－4a，《新編》3/38/37 上一下。

《碑帖跋》65 頁，《新編》3/38/213、4/7/431 上。

《中國金石學講義·正編》23a，《新編》3/39/163。

《墓誌徵存目錄》卷 1，《羅振玉學術論著集》第五集，576 頁。

《魯迅輯校石刻手稿·墓誌》上冊 271—273 頁。

《歷代墓誌銘拓片目錄》29 頁。

《碑帖鑒定》184 頁。

《增補校碑隨筆》（修訂本）229—230 頁。

《六朝墓誌檢要》（修訂本）133—134 頁。

《遼寧省博物館藏碑誌精粹》93 頁。

《漢魏六朝碑刻校注·總目提要》編號 1838。

淑德大學《中國石刻拓本目錄》"墓誌"編號 189。

《北朝隋代墓誌所在總合目錄》編號 580。

《北京大學圖書館藏歷代墓誌拓片目錄》編號 00437。

論文：

馬衡：《北魏墓誌跋六種：魏張滿墓誌跋》，載於《凡將齋金石叢稿》，第 194—195 頁；又載於《馬衡講金石學》，第 118 頁。

備考：張滿，字華原，《北齊書》卷四六《循吏傳》有傳。

天平 035

朱顯墓誌

卒於鄴都，天平四年（537）十一月廿三日葬於王宮之西，鄴在豹君之祠。誌長 47、高 46.5 釐米。文 23 行，滿行 23 字，正書。

著錄：

《北朝藝術研究院藏品圖錄·墓誌》96—97 頁。（圖、文）

天平 036

鄧恭伯妻崔令姿墓誌并蓋

武泰元年（528）三月卅日卒於第，天平五年（538）正月一日葬於歷城縣榮山鄉石溝里。1965 年 1 月在山東省濟南市東聖佛寺村東出土，石藏濟南市博物館。誌高、寬均 46 釐米。蓋盝頂，厚 10 釐米。蓋 5 行，行 5 字，正書。文 16 行，滿行 15 字，正書。蓋題：大魏征北將軍金紫光祿大夫南陽鄧恭伯夫人崔氏之墓誌銘。

著錄：

《濟南歷代墓誌銘》1—2 頁。（圖、文、跋）

《漢魏六朝碑刻校注》7 冊 196—197 頁。（圖、文）

《山東石刻分類全集・歷代墓誌》40—41 頁。（圖、文）

《漢魏南北朝墓誌彙編》325—326 頁。（文）

《全北魏東魏西魏文補遺》355—356 頁。（文）

《齊魯碑刻墓誌研究》236—238、365 頁。（跋、目）

《六朝墓誌檢要》（修訂本）134 頁。（目）

《碑帖鑒定》184 頁。（目）

《碑帖敘錄》155 頁。（目）

《漢魏六朝碑刻校注・總目提要》編號 1840。（目）

《北朝隋代墓誌所在總合目錄》編號 582。（目）

論文：

王建浩、蔣寶庚：《濟南市東郊發現東魏墓》，《文物》1966 年第 4 期。

昔武正、胡葵花：《濟南出土東魏崔氏墓誌銘考釋》，《濟南職業學院學報》2005 年第 6 期。

天平 037

李玄墓誌并蓋

天平四年（537）三月十五日卒，五年（538）正月一日葬於高邑城之西北七里舊塋之次。1949 年後河北省高邑縣坊柵鄉坊柵村附近出土，1976 年徵集，現藏河北正定縣文物管理局。盝頂蓋，誌、蓋均長 60、寬 60、厚 13 釐米。蓋 3 行 9 字，正書。文 26 行，滿行 26 字，正書。蓋題：魏故司空公李君之銘。

著錄：

《新中國出土墓誌·河北〔壹〕》上冊9頁（圖）、下冊5—6頁（文）。

《漢魏六朝碑刻校注》7冊198—199頁。（圖、文）

《全北魏東魏西魏文補遺》356—357頁。（文）

《河北金石輯錄》431頁。（目）

《漢魏六朝碑刻校注·總目提要》編號1841。（目）

《北朝隋代墓誌所在綜合目錄》編號581。（目）

天平038

游松墓誌并蓋

天平四年（537）九月廿八日卒於第，五年（538）正月十三日葬於易陽苟山之舊塋。2011年6月出土於河北省永年縣龍泉村西，石藏永年縣文物保管所。蓋頂部長70、寬65釐米；底部長80、寬75釐米；厚9釐米。誌長80、寬75、厚13釐米。蓋3行，行3字，篆書。文隸書，33行，滿行35字；左側1行12字。蓋題：魏故儀同游公墓誌銘。首題：魏故使持節散騎常侍都督冀殷二州諸軍事驃騎大將軍儀同三司冀州刺史游公墓銘。

碑目著錄：

《北朝隋代墓誌所在綜合目錄》編號583。

論文：

喬登雲：《魏贈驃騎大將軍冀州刺史游松墓誌銘考釋》，《文物春秋》2012年第6期。（圖、文）

元　象

元象001

于或墓誌

天平三年（536）十一月廿一日卒，元象元年（538）正月十二日葬於鄴城西漳水之西。誌高56.5、寬61.5釐米。文27行，滿行25字，正書。首題：魏故使持節都督冀定瀛三州諸軍事驃騎大將軍儀同三司定州刺史太原郡開國公于君之墓誌銘。

著錄：

《文化安豐》159—160 頁。（圖、文）

《北朝隋代墓誌所在總合目錄》編號 584。（目）

《北京大學圖書館藏歷代墓誌拓片目錄》編號 00438。（目）

元象 002

趙鑒墓誌銘

天平四年（537）四月廿六日卒，元象元年（538）二月七日葬於鄴城西南十五里，漳水之右。2007 年冬河南省安陽市出土，旋歸洛陽張氏。誌高 52.5、寬 55.5 釐米。文 29 行，滿行 29 字，正書兼隸意，偶雜篆書。首題：魏故持節都督秦州諸軍事安西將軍秦州刺史趙君墓誌銘。

圖版著錄：

《秦晉豫新出墓誌蒐佚》1 冊 44 頁。

碑目著錄：

《北朝隋代墓誌所在總合目錄》編號 585。

元象 003

慧光法師墓誌

元象元年（538）三月十四日卒於鄴京大覺寺，十七日遷葬於豹祠之西南。河北省臨漳縣附近出土，一說出土於河南省安陽縣安豐鄉豐樂鎮西門豹祠西南、木廠屯村附近，今存河北正定墨香閣。誌高、寬均 50 釐米。文正書，25 行，滿行 25 字。首題：魏故昭玄沙門大統墓誌銘。

著錄：

《漢魏六朝碑刻校注》7 冊 201—202 頁．（圖、文）

《文化安豐》160—162 頁。（圖、文）

《墨香閣藏北朝墓誌》32—33 頁。（圖、文）

《漢魏六朝碑刻校注·總目提要》編號 1842。（目）

《北朝隋代墓誌所在總合目錄》編號 586。（目）

《北京大學圖書館藏歷代墓誌拓片目錄》編號 00440。（目）

論文：

趙立春：《鄴城地區新發現的慧光法師資料》，《中原文物》2006 年第 1 期。

趙生泉：《東魏〈慧光墓誌〉考》，《文物春秋》2009 年第 5 期。

趙超：《慧光法師墓誌與唐邕刻經》，收入《北朝摩崖刻經研究》（三），第 84—92 頁。

元象 004

漢陽令張保妻墓銘磚

元象元年（538）三月十七日。磚高 32.5、寬 14.5 釐米。文正書，2 行，行 6 或 10 字。

著錄：

《中國古代磚刻銘文集》上、下冊編號 0993。（圖、文）

《蒿里遺文目錄》3 上/5a，《新編》2/20/14983 上。（目）

《北朝隋代墓誌所在總合目錄》編號 587。（目）

《北京大學圖書館藏歷代墓誌拓片目錄》編號 00439。（目）

備考：《蒿里遺文目錄》作"大象元年"，按圖版，當為"元象元年"。

元象 005

淨智塔銘

元象元年（538）四月十一日圓寂於隆慮山摩雲峰下淨室。陝西西安暴子欣舊藏。拓片高 28、寬 43 釐米。文正書，19 行，滿行 13 字。首題：大魏比丘淨智師圓寂塔銘。

著錄：

《北京圖書館藏中國歷代石刻拓本匯編》6 冊 47 頁。（圖）

《漢魏六朝碑刻校注》7 冊 205—206 頁。（圖、文）

《漢魏南北朝墓誌彙編》326 頁。（文）

《全北魏東魏西魏文補遺》357 頁。（文）

《石刻名彙》2/16a，《新編》2/2/1032 下。（目）

《崇雅堂碑錄補》1/9b，《新編》2/6/4555 上。（目）

《漢魏六朝碑刻校注・總目提要》編號 1843。（目）

《北朝隋代墓誌所在總合目錄》編號 588。（目）

元象 006

高慈妻趙夫人墓誌并蓋

天平四年（537）三月廿四日卒，元象元年（538）四月廿一日葬於西門祠西南三里。2007年冬河南省安陽市出土，存洛陽民間。蓋高、寬均30.5釐米；誌高35.5、寬36釐米。文19行，滿行19字，正書。蓋2行，行4字，篆書。蓋題：高君趙夫人墓誌銘。首題：魏故鎮遠將軍步兵校尉高慈妻趙夫人墓誌銘。

著錄：

《秦晉豫新出墓誌蒐佚》1冊45—46頁。（圖）

《新出土墓誌精粹》（北朝卷）下冊22—27頁。（圖）

《文化安豐》150—151頁。（圖、文）

《北朝隋代墓誌所在總合目錄》編號589。（目）

元象 007

安威墓誌

元象元年（538）三月十三日卒，其年八月廿二日葬於鄴城西南十里。誌方形，邊長38釐米。文21行，滿行20字，正書。首題：魏故鎮遠將軍步兵校尉武威太守安君墓誌銘。

著錄：

《文化安豐》162—163頁。（圖、文）

《北朝隋代墓誌所在總合目錄》編號590。（目）

元象 008

高貴墓誌并蓋

延昌四年（515）十一月十二日卒於第，以元象元年（538）九月廿八日葬於磟水之東南三里。誌長75、高71釐米；蓋底長75、高70.5釐米；頂長67.5、高63釐米。蓋3行，行3字，篆書。文29行，滿行28字，正書。蓋題：魏故司空高公墓誌銘。首題：魏故使持節侍中司空公尚書左僕射徐兗豫南青四州諸軍事驃騎大將軍徐州刺史高公墓誌銘。

著錄：

《北朝藝術研究院藏品圖錄·墓誌》98—100頁。（圖、文）

元象 009

高寶墓誌并蓋

元象元年（538）九月廿八日葬於羈水之東南三里。誌長 65.5、高 64.5 釐米；蓋底長 65.5、高 64.5 釐米；頂長 55、高 58 釐米。蓋 3 行，行 3 字，篆書。文 25 行，滿行 28 字，隸書。蓋題：魏故司徒高公墓誌銘。首題：魏故使持節侍中驃騎大將軍司徒公尚書令都督青齊光濟四州諸軍事青州刺史高公墓誌銘。

著錄：

《北朝藝術研究院藏品圖錄·墓誌》101—103 頁。（圖、文）

元象 010

任祥墓誌

元象元年（538）八月三日卒於鄴都，以其年十月廿三日葬於廣平之崇義鄉吉遷里。河北雞澤出土。誌高、寬均 72 釐米。文 28 行，滿行 30 字，正書。首題：魏故使持節侍中太保都督冀定瀛幽安五州諸軍事驃騎大將軍冀州刺史太尉公錄尚事魏郡開國公任公墓誌銘。

著錄：

《金石拓本題跋集萃》50 頁。（圖）

《文化安豐》164—165 頁。（圖、文）

《墨香閣藏北朝墓誌》34—35 頁。（圖、文）

《新見北朝墓誌集釋》86—89 頁。（圖、文、跋）

《北朝隋代墓誌所在總合目錄》編號 591。（目）

備考：任祥，《北史》卷五三有傳。

元象 011

崔混墓誌

元象元年（538）二月五日卒，以其年十一月五日遷葬於本邑黃山之舊塋。1973 年山東省淄博市臨淄區窩托村出土。誌高 53.5、寬 52.5 釐米。文正書，32 行，滿行 32 字。首題：魏故鎮遠將軍秘書郎中崔君墓誌銘。

著錄：

《漢魏六朝碑刻校注》7 冊 213—215 頁。（圖、文）

《山東石刻分類全集·歷代墓誌》42—43 頁。（圖、文）
《漢魏南北朝墓誌彙編》326—328 頁。（文）
《全北魏東魏西魏文補遺》357—358 頁。（文）
《齊魯碑刻墓誌研究》231—234、365 頁。（跋、目）
《漢魏六朝碑刻校注·總目提要》編號 1847。（目）
《北朝隋代墓誌所在總合目錄》編號 592。（目）

論文：

山東省文物考古研究所：《臨淄北朝崔氏墓》，《考古學報》1984 年第 2 期。

［日］佐伯真也：《崔鴻一族墓誌銘訳注五種（二）》，《大東文化大學中國學論集》16，1999 年。

備考：崔混，字子元，《魏書》卷六七、《北史》卷四四有傳，附《崔光傳》。

元象 012

郭挺墓誌

天平三年（536）十一月廿一日卒於家，元象元年（538）十一月十七日葬於鄴城之西南。王景撰。2007 年冬河南省安陽市出土。誌高 45.5、寬 46 釐米。文 25 行，滿行 25 字，正書。首題：魏故使持節都督殷州諸軍事平東將軍殷州刺史郭挺墓誌銘。

著錄：

《文化安豐》166—167 頁。（圖、文）
《秦晉豫新出墓誌蒐佚》1 冊 47 頁。（圖）
《北朝隋代墓誌所在總合目錄》編號 593。（目）
《北京大學圖書館藏歷代墓誌拓片目錄》編號 00441。（目）

元象 013

姬靜墓誌

太昌元年（532）十月九日卒，葬於鄴都西南十五里，元象元年（538）十二月十二日刊。據云近年出土於河南省安陽市。誌高 48.5、寬 47.5、厚 7.5 釐米。文 26 行，滿行 26 字，正書。首題：魏故使持節後將軍都督平州諸軍事平州刺史上蔡縣開國子姬君墓誌銘。

著錄：

《新出土墓誌精粹》（北朝卷）下冊 36—49 頁。（圖）

《秦晉豫新出墓誌蒐佚續編》1 冊 91 頁。（圖）

《文化安豐》141—142 頁。（圖、文）

《北朝隋代墓誌所在總合目錄》編號 594。（目）

元象 014

李憲墓誌

元象元年（538）十二月廿四日合葬。清同治九年河北趙縣出土，移置趙州書院，現藏趙縣文物保管所。誌高 91、寬 93 釐米。文 47 行，滿行 49 字，正書。左下角殘。首題：魏故使持節侍中都督定冀相殷四州諸軍事驃騎大將軍定州刺史尚書令儀同三司文靜李公墓誌銘。

圖版著錄：

《漢魏南北朝墓誌集釋》圖版二九二，《新編》3/3/643。

《北京圖書館藏中國歷代石刻拓本匯編》6 冊 52 頁。

《河北金石輯錄》222 頁。

《漢魏六朝碑刻校注》7 冊 217 頁。

錄文著錄：

《八瓊室金石補正》18/2a–6b，《新編》1/6/4264 下—4266 下。

《京畿冢墓遺文》卷上/8a–11b，《新編》1/18/13612 下—13614 上。

《魯迅輯校石刻手稿·墓誌》上冊 274—283 頁。

《河北金石輯錄》221—223 頁。

《漢魏南北朝墓誌彙編》328—332 頁。

《漢魏六朝碑刻校注》7 冊 218—220 頁。

《全北魏東魏西魏文補遺》359—361 頁。

碑目題跋著錄：

《八瓊室金石補正》18/6b–12a，《新編》1/6/4266 下—4269 下。

《集古求真》1/18b，《新編》1/11/8486 下。

《藝風堂金石文字目》18/2a，《新編》1/26/19814 下。

《再續寰宇訪碑錄校勘記》5a,《新編》1/27/20462 上。

《金石彙目分編》3（補遺）/25a,《新編》1/27/20749 上。

《石刻題跋索引》147 頁左,《新編》1/30/22485。

《石刻名彙》2/16a,《新編》2/2/1032 下。

《崇雅堂碑錄》1/22a,《新編》2/6/4494 下。

（光緒）《畿輔通志・金石十四》151/25a、26b – 36b,《新編》2/11/8627 上—8632 下。

《求是齋碑跋》1/32b – 34a,《新編》2/19/14016 下—14017 下。

《懷岷精舍金石跋尾》1b – 3b,《新編》2/19/14201 上—14202 上。

《寰宇貞石圖目錄》卷上/6b,《新編》2/20/14674 上。

《畿輔碑目》卷上/2a,《新編》2/20/14779 下。

《蒿里遺文目錄》2（1）/3b,《新編》2/20/14945 上。

《漢魏南北朝墓誌集釋》6/61b – 62a、63a,《新編》3/3/156 – 157、159。附《十二硯齋金石過眼續錄》五。

（民國）《柏鄉縣志・金石》9/188a – b,《新編》3/25/331 下。

《石目》,《新編》3/36/73 上。

《國立北平圖書館藏碑目》11a,《新編》3/36/254 上。

《古誌彙目》1/8a,《新編》3/37/19。

《循園古冢遺文跋尾》5/4a – 5a,《新編》3/38/37 下—38 上。

《碑帖跋》65 頁,《新編》3/38/213、4/7/431 上。

《雪堂金石文字跋尾》3/2a – b,《新編》3/38/304 下。

《雪堂所藏金石文字簿錄》76a,《新編》4/7/407 下。

《越縵堂讀書記》下冊 1078—1081 頁。

《讀碑小箋》,《羅振玉學術論著集》第三集,38—39 頁。

《再續寰宇訪碑錄》卷上,《羅振玉學術論著集》第五集,437 頁。

《墓誌徵存目錄》卷 1,《羅振玉學術論著集》第五集,576 頁。

《魯迅輯校石刻手稿・墓誌》上冊 285—310 頁。

《歷代墓誌銘拓片目錄》29 頁。

《增補校碑隨筆》（修訂本）231 頁。

《碑帖鑒定》184—185 頁。

《河北金石輯錄》220—221 頁。
《漢魏六朝碑刻校注·總目提要》編號 1848。
《六朝墓誌檢要》（修訂本）134 頁。
《善本碑帖錄》2/77－78。
《碑帖敘錄》76—77 頁。
《漢魏六朝碑刻校注·總目提要》編號 1848。
淑德大學《中國石刻拓本目錄》"墓誌"編號 190。
《北朝隋代墓誌所在總合目錄》編號 595。
《北京大學圖書館藏歷代墓誌拓片目錄》編號 00442。

論文：

葉其峰：《北魏趙郡李氏的人和事——讀李憲墓誌》，載於《古代銘刻論叢》，第 329—340 頁；又載於《中古墓誌胡漢問題研究》，第 67—81 頁。

楊艷華：《出土墓誌與北朝趙郡李氏家族研究——以東祖李順房支為中心》，《北方文物》2017 年第 4 期。

備考：李憲，《魏書》卷三六、《北史》卷三三有傳。

元象 015

張烈碑

元象元年（538）立。在青州界。

碑目題跋著錄：

《金石錄》2/10a、21/9a－b，《新編》1/12/8810 下、8927 上。
《通志·金石略》卷上/33a，《新編》1/24/18035 下。
《寶刻叢編》1/27b，《新編》1/24/18093 上。
《金石彙目分編》10（3）/33b，《新編》1/28/21195 上。
《石刻題跋索引》34 頁右，《新編》1/30/22372。
《天下金石志》3/10，《新編》2/2/818 下。
（宣統）《山東通志·藝文志》卷 152，《新編》2/12/9382 上。
《佩文齋書畫譜·金石》62/11a 下，《新編》3/2/56 下。
《金石備攷·青州府》，《新編》4/1/49 下。

《六藝之一錄》60/3b,《新編》4/5/99 上。

備考：張烈,《北史》卷四五、《魏書》卷七六有傳。

元象 016

高湛墓誌

《平安館藏碑目》作"齊州刺史高湛碑"。元象元年（538）正月廿四日終於家,元象二年（539）十月十七日遷葬於故鄉司徒公之塋。清乾隆十四年出土於山東德州,曾歸德州封大受、吳縣陶氏。誌高、寬均54.8 釐米。文正書,25 行,滿行 27 字。首題：魏故假節督齊州諸軍事輔國將軍齊州刺史高公墓誌銘。

圖版著錄：

《漢魏南北朝墓誌集釋》圖版二九三,《新編》3/3/644。

《北京圖書館藏中國歷代石刻拓本匯編》6 冊 56 頁。

《中國金石集萃》7 函 8 輯編號 76。

《漢魏六朝碑刻校注》7 冊 233 頁。

《山東石刻分類全集・歷代墓誌》45 頁。

錄文著錄：

《金石萃編》30/15a－17a,《新編》1/1/531 上—532 上。

《山左金石志》9/20b－21b,《新編》1/19/14468 下—14469 上。

《山左冢墓遺文》4a－5a,《新編》1/20/14899 下—14900 上。

《古誌石華》3/3a－4b,《新編》2/2/1174 上—下。

《宜祿堂收藏金石記》卷 13,《新編》2/5/3442 下—3443 上。

《濟南金石志》4/88b－90a,《新編》2/13/9928 下—9929 下。

（民國）《續修歷城縣志・金石考一》31/22b－23b,《新編》3/25/397 下—398 上。

《續古文苑》16/17a－18b,《新編》4/2/246 上—下。

《全後魏文》57/7b－8b,《全文》4 冊 3800 上—下。

《魯迅輯校石刻手稿・墓誌》上冊 311—314 頁。

《漢魏南北朝墓誌彙編》332—333 頁。

《漢魏六朝碑刻校注》7 冊 234 頁。

《山東石刻分類全集·歷代墓誌》44頁。

碑目題跋著錄：

《金石萃編》30/18b－20a，《新編》1/1/532下—533下。

《集古求真》1/18b，《新編》1/11/8486下。

《集古求真補正》1/8b，《新編》1/11/8635下。

《山左金石志》9/22a，《新編》1/19/14469下。

《潛研堂金石文跋尾》3/2a－3b，《新編》1/25/18763下—18764上。

《潛研堂金石文字目錄》1/11a，《新編》1/25/19012上。

《平津讀碑記》2/19b－20b，《新編》1/26/19371上—下。

《藝風堂金石文字目》18/2a，《新編》1/26/19814下。

《寰宇訪碑錄》2/10b，《新編》1/26/19865下。

《寰宇訪碑錄校勘記》2/6a，《新編》1/27/20111下。

《金石彙目分編》10（1）/20a，《新編》1/28/21110下。

《石刻題跋索引》147頁左—右，《新編》1/30/22485。

《石刻名彙》2/16b，《新編》2/2/1032下。

《古誌石華》3/4b－5b，《新編》2/2/1174下—1175上。

《平津館金石萃編》4/14a，《新編》2/4/2473下。

《宜祿堂收藏金石記》卷13，《新編》2/5/3444上。

《宜祿堂金石記》2/7b，《新編》2/6/4221上。

《崇雅堂碑錄》1/22a，《新編》2/6/4494下。

《山左訪碑錄》1/17a，《新編》2/12/9063上。

（宣統）《山東通志·藝文志》卷152，《新編》2/12/9324下。

《濟南金石志》4/90b，《新編》2/13/9929下。附桂未谷跋。

《語石》1/5a、4/2b、9/3b，《新編》2/16/11861上、11918下、12012上。

《平安館藏碑目》，《新編》2/18/13409上。

《懷岷精舍金石跋尾》3b－4a，《新編》2/19/14202上—下。

《定庵題跋》64b－65b，《新編》2/19/14317下—14318上。

《竹崦盦金石目錄》15b，《新編》2/20/14554上。

《寰宇貞石圖目錄》卷上/6b、卷下/4b，《新編》2/20/14674上、

14679 上。

《山左碑目》1/13a，《新編》2/20/14823 下。

《山左南北朝石刻存目》2b，《新編》2/20/14885 下。

《蒿里遺文目錄》2（1）/3b，《新編》2/20/14945 上。

《漢魏南北朝墓誌集釋》6/63a – 64a，《新編》3/3/159 – 161。附《札樸》八、《華延年室題跋》中、《獨笑齋金石考略》四。

（民國）《續修歷城縣志·金石考一》31/24a，《新編》3/25/398 下。

（民國）《德縣志·輿地志·金石》4/43a，《新編》3/26/425 上。

《石目》，《新編》3/36/73 上。

《國立北平圖書館藏碑目》11a，《新編》3/36/254 上。

《古誌彙目》1/8a，《新編》3/37/19。

《竹崦盦金石目錄》1/20b – 21a，《新編》3/37/349 下—350 上。

《有萬憙齋石刻跋》12b – 14b，《新編》3/38/160 下—161 下。

《碑帖跋》73 頁，《新編》3/38/221、4/7/433 上。

《漢魏六朝墓銘纂例》4/6b – 7a，《新編》3/40/461 下—462 上。

《漢魏六朝志墓金石例》2/15a，《新編》3/40/411 上。

《激素飛清閣平碑記》卷 2，《新編》4/1/203 下—204 上。

《雪堂所藏金石文字簿錄》76a，《新編》4/7/407 下。

《墓誌徵存目錄》卷 1，《羅振玉學術論著集》第五集，576 頁。

《越縵堂讀書記》下冊 1081 頁。

《歷代墓誌銘拓片目錄》29 頁。

《碑帖鑒定》185—186 頁。

《善本碑帖錄》2/78。

《碑帖敘錄》139—140 頁。

《增補校碑隨筆》（修訂本）232 頁。

《六朝墓誌檢要》（修訂本）134—135 頁。

《齊魯碑刻墓誌研究》255—258 頁、365 頁。

《漢魏六朝碑刻校注·總目提要》編號 1853。

淑德大學《中國石刻拓本目錄》"墓誌"編號 191。

《北朝隋代墓誌所在總合目錄》編號 596。

《北京大學圖書館藏歷代墓誌拓片目錄》編號00443。

備考：《語石》卷四著錄有一方《張湛墓誌》，與北朝《刁遵誌》、《王僧誌》等齊名，諸家不見著錄，疑其為《高湛墓誌》，故附此。

元象017
公孫略墓誌并蓋

元象二年（539）四月十四日卒於鄴城嵩寧里舍，以二年十月廿九日遷葬於漳水之西，野岡之東。河南安陽出土，曾歸三原于右任，今存西安碑林博物館。誌高、寬均79釐米。文正書，36行，滿行36字。蓋篆書，3行，行3字。首題：魏故使持節侍中都督瀛幽營三州諸軍事驃騎大將軍營州刺史尚書左僕射太尉公清苑縣開國公公孫公墓誌銘。蓋題：魏故太尉公公孫墓誌。

圖版著錄：

《漢魏南北朝墓誌集釋》圖版五九〇，《新編》3/4/348。（誌）

《鴛鴦七誌齋藏石》圖147。

《西安碑林全集》66/920-926。

《漢魏六朝碑刻校注》7冊236頁。

錄文著錄：

《漢魏南北朝墓誌彙編》333—335頁。

《漢魏六朝碑刻校注》7冊237—238頁。

《全北魏東魏西魏文補遺》361—362頁。

碑目題跋著錄：

《石刻題跋索引》147頁右，《新編》1/30/22485。

《漢魏南北朝墓誌集釋》11/115b，《新編》3/3/264。

《六朝墓誌檢要》（修訂本）135頁。

《漢魏六朝碑刻校注·總目提要》編號1854。

《北朝隋代墓誌所在總合目錄》編號597。

備考：公孫略，事見《魏書》卷一一一《前廢帝恭本紀》。

元象018
高翻碑

又名：高孝宣碑、高飛雀碑、北齊臨清王假黃鉞碑。元象二年

（539）刻。清光緒二十年李鴻章移明倫堂，後移教育館，現存磁縣文物保管所。碑通高325、寬121、厚31釐米。文正書，30行，滿行57字。額篆書，4行，行4字。額題：魏侍中黃鉞太尉錄尚書事孝宣高公碑。

圖版著錄：

《北京圖書館藏中國歷代石刻拓本匯編》6冊57頁。

錄文著錄：

《魯迅輯校石刻手稿・碑銘》中冊331—335頁。

《全北魏東魏西魏文補遺》70—71頁。

碑目題跋著錄：

《集古求真》3/11a-b，《新編》1/11/8507上。

《金石錄》2/10a、21/9a，《新編》1/12/8810下、8927上。

《通志・金石略》卷上/33a、34a，《新編》1/24/18035下、18036上。

《寶刻叢編》6/55a-b，《新編》1/24/18191上。

《藝風堂金石文字目》2/35b，《新編》1/26/19551上。

《唐風樓金石文字跋尾》，《新編》1/26/19842下—19843上。

《金石彙目分編》3（2）/77b，《新編》1/27/20731上。

《石刻題跋索引》34頁右，《新編》1/30/22372。

《崇雅堂碑錄》1/22a，《新編》2/6/4494下。

（光緒）《畿輔通志・金石十一》148/59b-61a，《新編》2/11/8537上—8538上。附《州志》。

《京畿金石考》卷下/38a，《新編》2/12/8786上。

《語石》2/5b、10/6a，《新編》2/16/11878上、12022下。

《續校碑隨筆》卷下/5a-b，《新編》2/17/12504上。

《寰宇貞石圖目錄》卷下/5a，《新編》2/20/14679下。

《畿輔碑目》卷上/2a，《新編》2/20/14779下。

《山左碑目》3/15a，《新編》2/20/14863上。

《蒿里遺文目錄》1上/4a，《新編》2/20/14939上。

《佩文齋書畫譜・金石》62/11a下、14a上，《新編》3/2/56下、58上。

《夢碧簃石言》4/5b，《新編》3/2/161上。

（光緒）《重修廣平府志·金石略上》35/8a－9a，《新編》3/25/110下—111上。

《南北響堂寺及其附近石刻目錄》1a－2a，《新編》3/36/337－339。

《碑帖跋》76頁，《新編》3/38/224、4/7/433下。

《雪堂金石文字跋尾》3/2b－3a，《新編》3/38/304下—305上。

《六藝之一錄》60/3a，《新編》4/5/99上。

《增補校碑隨筆》（修訂本）233頁。

《碑帖鑒定》185頁。

《善本碑帖錄》2/78。

《碑帖敘錄》141頁。

《河北金石輯錄》45頁。

《漢魏六朝碑刻校注·總目提要》編號1989。

淑德大學《中國石刻拓本目錄》"碑碣等刻石"編號448。

論文：

馬忠理：《磁縣北朝墓群——東魏北齊陵墓兆域考》，《文物》1994年第11期。

張子英：《磁州三高碑考》，《華夏考古》1999年第4期。

備考：高翻，字飛雀，《魏書》卷三二附《高樹生傳》；《北史》卷五一附《高岳傳》；事又見《北齊書》卷一三《高岳傳》。

興　和

興和001

田盛墓誌并蓋

元象元年（538）十二月廿四日在鄴定里寢疾而卒，興和元年（539）正月十二日葬在鄴都之西南。河南安陽出土，河北正定墨香閣藏。誌高、寬均51釐米。文21行，滿行22字，正書。蓋3行，行3字，篆書。蓋題：魏故田府君墓誌銘記；首題：魏故揚烈將軍始平郡太守田府君之墓誌銘。

著錄：

《文化安豐》167—169 頁。(圖、文)
《墨香閣藏北朝墓誌》36—37 頁。(圖、文)
《北朝隋代墓誌所在總合目錄》編號 598。(目)
《北京大學圖書館藏歷代墓誌拓片目錄》編號 00444。(目)

興和 002

鄭茹墓銘

興和元年(539)十二月五日葬。據云近年出土於河南省安陽市,現藏安陽市博物館。誌高 28.5、寬 32 釐米。文 7 行,滿行 7 字,正書。

圖版著錄:

《秦晉豫新出墓誌蒐佚續編》1 冊 92 頁。

興和 003

劉懿墓誌

又名"劉貴珍墓誌"。興和元年(539)十一月十七日薨於鄴都,二年(540)正月廿四日葬於肆盧鄉孝義里。道光年間在忻州西九原岡出土,曾歸縣人焦丙照、太谷溫氏,原石藏山西省博物院,翻刻石現嵌於山西藝術博物館碑廊。誌高 58、寬 56 釐米。文 32 行,滿行 33 字,正書。首題:魏故使持節侍中驃騎大將軍太保太尉公錄尚書事都督冀定瀛殷并涼汾晉建鄴肆十一州諸軍事冀州刺史鄴肆二州大中正第一酋長敷城縣開國公劉君墓誌銘。

圖版著錄:

《漢魏南北朝墓誌集釋》圖版二九四,《新編》3/3/645。

《北京圖書館藏中國歷代石刻拓本匯編》6 冊 59 頁。

《中國金石集萃》7 函 8 輯編號 77。

《晉陽古刻選·北朝墓誌》"序"9—11 頁,上冊 31—39 頁。

《漢魏六朝碑刻校注》7 冊 240 頁。

錄文著錄:

《八瓊室金石補正》19/1a–3b,《新編》1/6/4280 上—4281 上。

《山右石刻叢編》1/15a–17a,《新編》1/20/14954 上—14955 上。

《山右冢墓遺文》卷上/1a–2b,《新編》1/21/15877 上—下。

《魯迅輯校石刻手稿·墓誌》上冊 320—324 頁。

《漢魏南北朝墓誌彙編》335—337 頁。

《漢魏六朝碑刻校注》7 冊 241—242 頁。

《全北魏東魏西魏文補遺》363—364 頁。

碑目題跋著錄：

《八瓊室金石補正》19/8b - 10a，《新編》1/6/4283 下—4284 下。

《集古求真》3/10b - 11a，《新編》1/11/8506 下—8507 上。

《集古求真補正》1/19a - b，《新編》1/11/8641 上。

《山右石刻叢編》1/17a - 19a，《新編》1/20/14955 上—14956 上。

《藝風堂金石文字目》18/2a，《新編》1/26/19814 下。

《補寰宇訪碑錄》2/7b，《新編》1/27/20209 上。

《補寰宇訪碑錄刊誤》3a，《新編》1/27/20272 上。

《金石彙目分編》9（補遺）/2b、11/17a，《新編》1/28/21082 下、21236 上。

《石刻題跋索引》147 頁右，《新編》1/30/22485。

《石刻名彙》2/16b，《新編》2/2/1032 下。

《古泉山館金石文編殘稿》1/10a - 13b，《新編》2/3/1629 下—1631 上。

《崇雅堂碑錄》1/22b，《新編》2/6/4494 下。

《山右金石錄》"目錄"1a、"跋尾"1a - b、"校語"1a，《新編》2/12/9029 上、9032 上、9038 上、9046 上。

《語石》1/6b、2/9b、4/2b、4/8b、4/10b，《新編》2/16/11861 下、11880 上、11918 下、11921 下、11922 下。

《平安館藏碑目》，《新編》2/18/13409 下。

《寶鴨齋題跋》卷上/22b - 23b，《新編》2/19/14345 下—14346 上。

《寰宇貞石圖目錄》卷上/7a、卷下/4b，《新編》2/20/14674 下、14679 上。

《中州金石目錄》2/10a，《新編》2/20/14696 下。

《蒿里遺文目錄》2（1）/3b，《新編》2/20/14945 上。

《漢魏南北朝墓誌集釋》6/64b - 65a，《新編》3/3/162 - 163。

（光緒）《山西通志・金石記二》90/21b－22b，《新編》3/30/342上—下。

《山右訪碑記》2b，《新編》3/30/566 下。

《石目》，《新編》3/36/73 上。

《國立北平圖書館藏碑目》11a，《新編》3/36/254 上。

《古誌彙目》1/8a，《新編》3/37/19。

《碑帖跋》68—69 頁，《新編》3/38/216－217、4/7/431 下—432 上。

《寫禮廎讀碑記》11b－13a，《新編》3/40/550 上—551 上。

《雪堂所藏金石文字簿錄》76a－b，《新編》4/7/407 下。

《越縵堂讀書記》下冊 1081—1083 頁。

《墓誌徵存目錄》卷 1，《羅振玉學術論著集》第五集，576 頁。

《面城精舍雜文甲編》，《羅振玉學術論著集》第九集，37—38 頁。

《歷代墓誌銘拓片目錄》29 頁。

《碑帖鑒定》186—187 頁。

《善本碑帖錄》2/78－79。

《碑帖敘錄》230 頁。

《增補校碑隨筆》（修訂本）233—234 頁。

《六朝墓誌檢要》（修訂本）135—136 頁。

《漢魏六朝碑刻校注・總目提要》編號 1855。

淑德大學《中國石刻拓本目錄》"墓誌"編號 192。

《北朝隋代墓誌所在総合目錄》編號 599。

《北京大學圖書館藏歷代墓誌拓片目錄》編號 00445。

論文：

高維德：《劉懿墓誌考辨》，《晉陽學刊》1984 年第 2 期。

備考：劉懿字貴珍，《北史》卷五三、《北齊書》卷一九有傳，作"劉貴"，脫"珍"字。

興和 004

尉景妻高婁斤墓誌

天平三年（536）九月七日終於晉陽，以興和二年（540）正月廿四日葬於行唐縣黃□之右。河北行唐出土，一說河北省曲陽縣出土，石藏河北正定墨香閣。誌高 58、寬 74 釐米。文 33 行，滿行 25 字。首題：魏太保尉公妻故常山郡君墓誌銘。

著錄：

《金石拓本題跋集萃》52 頁。（圖）

《新出土墓誌精粹》（北朝卷）下冊 8—19 頁。（圖）

《墨香閣藏北朝墓誌》38—39 頁。（圖、文）

《新見北朝墓誌集釋》78—80 頁。（圖、文、跋）

《北朝隋代墓誌所在總合目錄》編號 600。（目）

論文：

華建光、余宣蓉、韓潔：《〈高婁斤墓誌〉字詞考釋》，《國學學刊》2017 年第 2 期。

興和 005

大將軍等字殘墓記磚

又名：興和二年殘誌。興和二年（540）二月十五日。河北定州出土，石藏河北正定墨香閣。磚高 35、寬 36 釐米。文正書，存 5 行，行存 6 字。

著錄：

《金石拓本題跋集萃》51 頁。（圖）

《墨香閣藏北朝墓誌》40 頁。（圖、文）

《北朝隋代墓誌所在總合目錄》編號 601。（目）

《北京大學圖書館藏歷代墓誌拓片目錄》編號 00446。（目）

論文：

趙生泉、史瑞英：《河北北朝墓誌札記（七則）》，《文物春秋》2006 年第 2 期。

興和 006

段淵墓誌

天平二年（535）三月十七日卒於京師鄉孝義里，興和二年（540）二月廿八日葬於□林之□陽。河南安陽出土。墓誌正方形，邊長 44 釐米。文 20 行，滿行 19 字，正書。首題：魏故鎮東將軍金紫光祿大夫段君墓誌之銘。

圖版著錄：

《文化安豐》169 頁。

《金石拓本題跋集萃》53 頁。

碑目著錄：

《北朝隋代墓誌所在總合目錄》編號 602。

《北京大學圖書館藏歷代墓誌拓片目錄》編號 00447。

興和 007

赫連君妻郭太妃墓誌

興和二年（540）四月十七日葬於鄴城西南。出土時地、形制未詳。文 15 行，滿行 15 字，正書。首題：大魏故恒州岱郡平城縣赫連君故妻郭夫人墓誌銘。

著錄：

《文化安豐》170 頁。（圖、文）

《北朝隋代墓誌所在總合目錄》編號 603。（目）

興和 008

辛琛墓誌

天平三年（536）正月十一日卒於武原，以興和二年（540）五月二日葬於鄴城西南十二里。據云 21 世紀出土於河南省安陽市，石藏河北正定墨香閣。誌高 34、寬 38 釐米。文 12 行，滿行 11 字，正書。

著錄：

《秦晉豫新出墓誌蒐佚續編》1 冊 93 頁。（圖）

《新出土墓誌精粹》（北朝卷）上冊 86—87 頁。（圖）

《文化安豐》171 頁。（圖、文）

《墨香閣藏北朝墓誌》41 頁。（圖、文）

《新見北朝墓誌集釋》81—83 頁。（圖、文、跋）

淑德大學《中國石刻拓本目錄》"墓誌"編號 193。（目）

《北朝隋代墓誌所在總合目錄》編號 604。（目）

《北京大學圖書館藏歷代墓誌拓片目錄》編號00448。(目)

興和009

賈思同碑

興和二年(540)五月。在青州壽光縣。

碑目題跋著錄：

《金石錄》2/10b、21/9b，《新編》1/12/8810下、8927上。

《通志·金石略》卷上/33a，《新編》1/24/18035下。

《寶刻叢編》1/27b，《新編》1/24/18093上。

《金石彙目分編》10(3)/39a，《新編》1/28/21198上。

《石刻題跋索引》34頁右，《新編》1/30/22372。

《天下金石志》3/10，《新編》2/2/818下。

《墨華通考》卷8，《新編》2/6/4395下。

(宣統)《山東通志·藝文志》卷152，《新編》2/12/9382上。

《山左碑目》4/17a，《新編》2/20/14872上。

《佩文齋書畫譜·金石》62/11a下，《新編》3/2/56下。

(民國)《壽光縣志·金石志》13/6b，《新編》3/27/553下。

《金石備攷·青州府》，《新編》4/1/50上。

《六藝之一錄》60/3b，《新編》4/5/99上。

論文：

壽光市博物館：《山東壽光東魏賈思同墓清理簡報》，《中原文物》2016年第5期。

備考：賈思同，《魏書》卷七二、《北史》卷四七有傳。賈思同墓未能出土墓誌和墓碑。

興和010

王立周妻□敬妃墓銘磚

興和二年(540)閏五月九日。磚高25、寬16釐米。文正書，3行，行7或9字。

著錄：

《中國古代磚刻銘文集》上、下冊編號0995。(圖、文)

《北朝隋代墓誌所在總合目錄》編號605。(目)

《北京大學圖書館藏歷代墓誌拓片目錄》編號00449。(目)

興和011

郗蓋族墓記

又名"郗蓋袄墓誌"。興和二年(540)閏(五)月廿一日。山東福山出土,曾歸長白端方、貴州貴築姚華、滿洲溥儒,今存故宮博物院,一說在國家博物館。誌高21.7、寬25.4釐米。文5行,滿行7字,正書。

圖版著錄:

《漢魏南北朝墓誌集釋》圖版二九五,《新編》3/3/646。

《北京圖書館藏中國歷代石刻拓本匯編》6冊60頁。

《漢魏六朝碑刻校注》7冊244頁。

《山東石刻分類全集·歷代墓誌》46頁。

錄文著錄:

《匋齋藏石記》8/7a-b,《新編》1/11/8058上。

《魯迅輯校石刻手稿·墓誌》上冊326頁。

《漢魏南北朝墓誌彙編》337頁。

《漢魏六朝碑刻校注》7冊245頁。

《全北魏東魏西魏文補遺》364頁。

《山東石刻分類全集·歷代墓誌》46頁。

碑目題跋著錄:

《匋齋藏石記》8/7b,《新編》1/11/8058上。

《續補寰宇訪碑錄》4/1b,《新編》1/27/20322上。

《石刻題跋索引》147頁右,《新編》1/30/22485。

《石刻名彙》2/16b,《新編》2/2/1032下。

《崇雅堂碑錄補》1/9b,《新編》2/6/4555上。

(宣統)《山東通志·藝文志》卷152,《新編》2/12/9374上。

《蒿里遺文目錄》2(1)/3b,《新編》2/20/14945上。

《漢魏南北朝墓誌集釋》6/66a,《新編》3/3/165。

《國立北平圖書館藏碑目》11a,《新編》3/36/254上。

《古誌彙目》1/8a，《新編》3/37/19。

《墓誌徵存目錄》卷1，《羅振玉學術論著集》第五集，576頁。

《增補校碑隨筆》（修訂本）235頁。

《六朝墓誌檢要》（修訂本）136頁。

《碑帖鑒定》187頁。

《齊魯碑刻墓誌研究》301—302、365頁。

《漢魏六朝碑刻校注·總目提要》編號1856。

《北朝隋代墓誌所在綜合目錄》編號606。

《北京大學圖書館藏歷代墓誌拓片目錄》編號00450。

興和012

蔡儁斷碑并陰

天平三年（536）七月廿二日薨於州，興和二年（540）八月八日建碑。出土於河北磁縣，端方舊藏。石下半斷缺，殘高約107釐米。碑陽存26行，滿行33字；碑陰1列31行，行9至17字不等；并正書。碑篆額，額題：□□中□□蔡□□碑。

圖版著錄：

《北京圖書館藏中國歷代石刻拓本匯編》6冊63—64頁。

錄文著錄：

《匋齋藏石記》8/8a–11b，《新編》1/11/8058下—8060上。

《魯迅輯校石刻手稿·碑銘》中冊357—365頁。

《全北魏東魏西魏文補遺》71—73頁。

碑目題跋著錄：

《匋齋藏石記》8/12b–15a，《新編》1/11/8060下—8062上。附況周頤《香東漫筆》。

《藝風堂金石文字目》2/26b，《新編》1/26/19546下。

《唐風樓金石文字跋尾》，《新編》1/26/19842上。

《續補寰宇訪碑錄》4/1b，《新編》1/27/20322上。

《金石彙目分編》9（補遺）/2b，《新編》1/28/21082下。

《石刻題跋索引》35頁左，《新編》1/30/22373。

《語石》10/22b,《新編》2/16/12030 下。

《寰宇貞石圖目錄》卷下/4b,《新編》2/20/14679 上。

《雪堂金石文字跋尾》3/3b,《新編》3/38/305 上。

《壬癸金石跋》32a–33b,《新編》4/7/274 上—下。

《增補校碑隨筆》（修訂本）234 頁。

《碑帖鑒定》187 頁。

《碑帖敘錄》211—212 頁。

《河北金石輯錄》325 頁。

《漢魏六朝碑刻校注·總目提要》編號 1857。

淑德大學《中國石刻拓本目錄》"碑碣等刻石" 編號 450。

備考：蔡儁,《北齊書》卷一九、《北史》卷五三有傳。

興和 013

張法會墓誌

興和二年（540）九月十一日。石藏河北正定墨香閣。磚高 30、寬 29 釐米。文 6 行，滿行 10 字。

著錄：

《墨香閣藏北朝墓誌》42—43 頁。（圖、文）

興和 014

王顯慶墓誌

興和二年（540）九月十三日刻。江蘇武進陶蘭泉舊藏。誌高 22.5、寬 29.5 釐米。文 3 行，行 3 至 7 字不等。正書。題：興和二年九月十三日太原王顯慶墓記。

圖版著錄：

《漢魏南北朝墓誌集釋》圖版二九六,《新編》3/3/647。

《北京圖書館藏中國歷代石刻拓本匯編》6 冊 65 頁。

《漢魏六朝碑刻校注》7 冊 246 頁。

錄文著錄：

《滿洲金石志別錄》卷上/47a–b,《新編》1/23/17421 上。

《漢魏南北朝墓誌彙編》337 頁。

《漢魏六朝碑刻校注》7 冊 247 頁。

《全北魏東魏西魏文補遺》364 頁。

碑目題跋著錄：

《滿洲金石志別錄》卷上/47b，《新編》1/23/17421 上。

《石刻題跋索引》147 頁右，《新編》1/30/22485。

《石刻名彙》2/16b，《新編》2/2/1032 下。

《崇雅堂碑錄補》1/9b，《新編》2/6/4555 上。

《蒿里遺文目錄》2（1）/3b，《新編》2/20/14945 上。

《漢魏南北朝墓誌集釋》6/66a，《新編》3/3/165。

《墓誌徵存目錄》卷 1，《羅振玉學術論著集》第五集，576 頁。

《六朝墓誌檢要》（修訂本）136 頁。

淑德大學《中國石刻拓本目錄》"墓誌"編號 194。

《漢魏六朝碑刻校注·總目提要》編號 1858。

《北朝隋代墓誌所在總合目錄》編號 607。

《北京大學圖書館藏歷代墓誌拓片目錄》編號 00451。

興和 015

閻伯昇暨妻元仲英墓誌

興和二年（540）五月卒於館第，十月葬於鄴城西南十八里；夫人元仲英，興和二年二月十五日薨於第，十月廿八日合葬。河南安陽出土，曾歸三原于右任，今存西安碑林博物館。誌高、寬均 63 釐米。文正書，29 行，滿行 29 字。首題：閻儀同墓誌銘；墓誌文中題：魏故儀同三司閻公之夫人樂安郡公主元氏墓誌銘。

圖版著錄：

《漢魏南北朝墓誌集釋》圖版五九一，《新編》3/4/349。

《北京圖書館藏中國歷代石刻拓本匯編》6 冊 68 頁。

《鴛鴦七誌齋藏石》圖 148。

《西安碑林全集》66/931–936。

《漢魏六朝碑刻校注》7 冊 252 頁。

《文化安豐》172 頁。

錄文著錄：

《漢魏南北朝墓誌彙編》337—339 頁。

《漢魏六朝碑刻校注》7 冊 253—254 頁。

《文化安豐》172—173 頁。

《全北魏東魏西魏文補遺》364—366 頁。

碑目題跋著錄：

《石刻題跋索引》148 頁左，《新編》1/30/22486。

《漢魏南北朝墓誌集釋》11/115b，《新編》3/3/264。

《國立北平圖書館藏碑目》11a，《新編》3/36/254 上。

《墓誌徵存目錄》卷1，《羅振玉學術論著集》第五集，576 頁。

《歷代墓誌銘拓片目錄》29 頁。

《六朝墓誌檢要》（修訂本）137 頁。

《漢魏六朝碑刻校注·總目提要》編號 1861。

《北朝隋代墓誌所在綜合目錄》編號 608。

《北京大學圖書館藏歷代墓誌拓片目錄》編號 00452。

論文：

張乃翥：《閭伯昇墓誌所見的北魏柔然》，《河南科技大學學報》2006 年第 3 期。

興和 016

張旱墓誌

又名：張卑墓誌。興和二年（540）十月。正書。

碑目題跋著錄：

《金石錄》2/10b，《新編》1/12/8810 下。

《通志·金石略》卷上/33a，《新編》1/24/18035 下。

《寶刻叢編》20/19b，《新編》1/24/18382 上。

《石刻題跋索引》148 頁左，《新編》1/30/22486。

《石刻名彙》2/16b，《新編》2/2/1032 下。

《佩文齋書畫譜·金石》62/11a 下，《新編》3/2/56 下。

《古誌彙目》1/8b，《新編》3/37/20。

《六藝之一錄》60/4a，《新編》4/5/99 下。

《六朝墓誌檢要》（修訂本）137 頁。

《漢魏六朝碑刻校注·總目提要》編號 1862。

《北朝隋代墓誌所在總合目錄》編號 609。

興和 017

韓逈生墓誌

又名：韓智惠墓誌。終於洛陽，葬於豹寺西南，興和二年（540）十一月十二日記。文 14 行，滿行 15 字，正書。首題：大魏興和二年歲次庚申十一月甲戌朔十二日乙酉襄威將軍涇州新平縣令韓逈生墓誌銘。

圖版著錄：

《文化安豐》174 頁。

碑目著錄：

《北朝隋代墓誌所在總合目錄》編號 610。

興和 018

辛蕃墓誌

又名：仲翼墓誌。太昌元年（532）十二月十日終於家，以興和二年（540）十二月十八日葬於鄴城西南十里西門鄉。河南安陽縣出土。誌高 55、寬 55.5、厚 13 釐米。文 24 行，滿行 24 字，正書。首題：魏故秦州辛使君墓誌。

圖版著錄：

《秦晉豫新出墓誌蒐佚續編》1 冊 96 頁。

碑目著錄：

《北京大學圖書館藏歷代墓誌拓片目錄》編號 00453。

論文：

許萬順：《新發現東魏興和二年〈仲翼墓誌〉》，《中國書法》2011 年第 11 期。

興和 019

連小胡墓銘磚

興和二年（540）十二月廿九日葬。河北出土，石藏河北正定墨香閣。磚高 29、寬 14 釐米。文正書，4 行，行 10 餘字不等。

著錄：

《墨香閣藏北朝墓誌》262 頁。（圖、文）

《北京大學圖書館藏歷代墓誌拓片目錄》編號 00454。（目）

興和 020

敬顯儁碑并陰

又名：禪靜寺刹前銘敬史君碑、禪靜寺敬顯儁碑、敬使君碑。興和二年（540）刻於河南長葛。乾隆三年長葛縣民發現，知縣許蓮峰移存長葛縣陘山書院。碑高 160、寬 85 釐米。文正書，碑陽 26 行，滿行 51 字；陰 9 列，每列 5、6 行至 29 行不等。首題：禪靜寺刹前銘敬史君之碑。

圖版著錄：

《北京圖書館藏中國歷代石刻拓本匯編》6 冊 71—72 頁。

《漢魏六朝碑刻校注》7 冊 259—260 頁。

錄文著錄：

《金石萃編》30/20a–27a，《新編》1/1/533 下—537 上。

《宜祿堂收藏金石記》卷 13，《新編》2/5/3444 下—3445 下。（碑陽）

《金石文鈔》2/37a–41a，《新編》2/7/5122 上—5124 上。（碑陽）

《全後魏文》58/9b–11b，《全文》4 冊 3805 上—3806 上。（碑陽）

《魯迅輯校石刻手稿·碑銘》中冊 373—387 頁。

《漢魏六朝碑刻校注》7 冊 261—263 頁。

《全北魏東魏西魏文補遺》73—74 頁。（碑陰）

碑目題跋著錄：

《金石萃編》30/31b–33b，《新編》1/1/539 上—540 上。

《集古求真》3/12a，《新編》1/11/8507 下。

《中州金石考》2/10b，《新編》1/18/13682 下。

《中州金石記》1/14b–15b，《新編》1/18/13755 下—13756 上。

《潛研堂金石文跋尾》3/3b–5a，《新編》1/25/18764 上—18765 上。

《潛研堂金石文字目錄》1/11b，《新編》1/25/19012 上。

《授堂金石文字續跋》2/1a–b,《新編》1/25/19176 上。
《平津讀碑記》2/20b–21a,《新編》1/26/19371 下—19372 上。
《藝風堂金石文字目》2/26b,《新編》1/26/19546 下。
《寰宇訪碑錄》2/10b,《新編》1/26/19865 下。
《寰宇訪碑錄校勘記》2/6b,《新編》1/27/20111 下。
《金石彙目分編》9（1）/48a,《新編》1/28/20947 下。
《石刻題跋索引》34 頁右—35 頁左,《新編》1/30/22372–22373。
《平津館金石萃編》4/14a,《新編》2/4/2473 下。
《宜祿堂收藏金石記》卷 13,《新編》2/5/3446 下。
《宜祿堂金石記》2/8a–b,《新編》2/6/4221 下。
《崇雅堂碑錄》1/22b,《新編》2/6/4494 下。
《金石文鈔》2/41a–42a,《新編》2/7/5124 上—下。
《關中金石文字存逸考》12/38a,《新編》2/14/10655 下。
《語石》3/7b、8/34a,《新編》2/16/11901 上、12010 下。
《金石萃編校字記》9a,《新編》2/17/12329 上。
《平安館藏碑目》,《新編》2/18/13409 下。
《寰宇貞石圖目錄》卷上/7a、卷下/4b,《新編》2/20/14674 下、14679 上。
《中州金石目錄》2/9b,《新編》2/20/14696 上。
（道光）《許州志·金石》13/1a,《新編》3/28/329 上。
《石墨餘馨續編》,《新編》3/35/347。
《石目》,《新編》3/36/46 下。
《中州金石目》2/5b,《新編》3/36/154 上。
《非見齋審定六朝正書碑目》2a,《新編》3/36/519 下。
《話雨樓碑帖目錄》1/14a,《新編》3/36/553。
《竹崦盦金石目錄》1/21a,《新編》3/37/350 上。
《紅藕齋漢碑彙鈔集跋》,《新編》3/38/577 下。
《碑版廣例》7/23b–24b,《新編》3/40/325 上—下。
《激素飛清閣平碑記》卷 2,《新編》4/1/204 上。
《雪堂所藏金石文字簿錄》76b–78a,《新編》4/7/407 下—408 下。

《面城精舍雜文甲編》,《羅振玉學術論著集》第九集,38 頁。

《魯迅輯校石刻手稿·碑銘》中冊 387—388 頁。附沈青崖跋。

《增補校碑隨筆》(修訂本) 235—236 頁。

《碑帖鑒定》187—188 頁。

《善本碑帖錄》2/79。

《碑帖敘錄》178 頁。

《漢魏六朝碑刻校注·總目提要》編號 1865。

淑德大學《中國石刻拓本目錄》"碑碣等刻石"編號 451—452。

研究:

唐長孺:《跋〈敬史君碑〉》,《魏晉南北朝隋唐史資料》第四輯,1982 年;又載於唐長孺《山居存稿》,武漢大學出版社 2013 年版,第 98—104 頁。

史正浩:《敬史君碑相關問題研究》,《中原文物》2009 年 1 期。

備考:敬顯儁,《北齊書》卷二六、《北史》卷五五有傳。

興和 021

范思彦磚誌

興和三年(541)正月廿九日記。河南安陽出土,或云出自河北獻縣一帶,曾歸紹興范壽銘。磚高 31、寬 33.5 釐米。文 5 行,行 2 至 10 字不等,正書。

圖版著錄:

《漢魏南北朝墓誌集釋》圖版二九七,《新編》3/3/648。

《北京圖書館藏中國歷代石刻拓本匯編》6 冊 73 頁。

《中國金石集萃》8 函 9 輯編號 86。

《中國磚銘》圖版上冊 700 頁。

《漢魏六朝碑刻校注》7 冊 265 頁。

《中國古代磚刻銘文集》上冊編號 0996。

錄文著錄:

《京畿冢墓遺文》卷上/11b,《新編》1/18/13614 上。

《魯迅輯校石刻手稿·墓誌》上冊 328 頁。

《漢魏南北朝墓誌彙編》339 頁。

《漢魏六朝碑刻校注》7 冊 266 頁。

《中國古代磚刻銘文集》下冊編號 0996。

《全北魏東魏西魏文補遺》366 頁。

碑目題跋著錄：

《石刻題跋索引》148 頁左，《新編》1/30/22486。

《石刻名彙》2/16b，《新編》2/2/1032 下。

《崇雅堂碑錄補》1/9b，《新編》2/6/4555 上。

《古誌新目初編》1/12a，《新編》2/18/13697 下。

《蒿里遺文目錄》2（1）/3b，《新編》2/20/14945 上。

《漢魏南北朝墓誌集釋》6/66a，《新編》3/3/165。

《循園古冢遺文跋尾》5/5a－b，《新編》3/38/38 上。

《墓誌徵存目錄》卷 1，《羅振玉學術論著集》第五集，577 頁。

《歷代墓誌銘拓片目錄》29 頁。

《六朝墓誌檢要》（修訂本）137 頁。

《漢魏六朝碑刻校注·總目提要》編號 1866。

《北朝隋代墓誌所在總合目錄》編號 611。

《北京大學圖書館藏歷代墓誌拓片目錄》編號 00455。

興和 022

祖子碩妻元阿耶墓誌

永安二年（529）七月十六日終於西界安城中，興和三年（541）二月十八日葬於范陽逎縣崇仁鄉貞侯里。河北易縣出土。拓片高 44、寬 68 釐米。文正書，33 行，滿行 24 字。首題：□軍將軍靜境大都督散騎常侍方城子祖子碩妻元氏墓銘。

著錄：

《北京圖書館藏中國歷代石刻拓本匯編》6 冊 74 頁。（圖）

《漢魏六朝碑刻校注》7 冊 267—268 頁。（圖、文）

《漢魏南北朝墓誌彙編》339—340 頁。（文）

《全北魏東魏西魏文補遺》366—367 頁。（文）

《河北金石輯錄》433 頁。（目）
《漢魏六朝碑刻校注・總目提要》編號 1867。（目）
《北朝隋代墓誌所在總合目錄》編號 612。（目）

興和 023

高永樂墓誌

興和二年（540）五月九日卒於州，興和三年（541）二月十八日葬於紫陌北。石藏河北正定墨香閣。誌高、寬均 69 釐米。文 30 行，滿行 30 字，隸書。

著錄：

《文化安豐》178 頁。（圖）

《金石拓本題跋集萃》54 頁。（圖）

《墨香閣藏北朝墓誌》46—47 頁。（圖、文）

《北朝隋代墓誌所在總合目錄》編號 613。（目）

興和 024

韓彥墓誌

興和三年（541）三月十三日葬於鄴縣界豹祀西南，韓司空賢之墓右。2006 年秋河南省安陽市出土，旋歸洛陽古玩城程氏。誌高 39.5、寬 38.5 釐米。文 19 行，滿行 19 字，正書。首題：魏故前將軍太中大夫青徐二州別駕河間樂安二郡太守韓君墓誌銘。

著錄：

《秦晉豫新出墓誌蒐佚》1 冊 48 頁。（圖）

《北朝隋代墓誌所在總合目錄》編號 614。（目）

論文：

退之：《北魏韓彥墓誌》，《書法》2016 年第 10 期。

興和 025

胡伯樂玉枕銘記

又作：胡佰樂玉枕銘記。興和三年（541）三月十四日。出土地不詳，《墓誌集釋》疑在鄢陵縣境。誌高 12.2、寬 16.8 釐米。文 5 行，行 1 至 9 字不等，正書。

圖版、錄文著錄：

《漢魏南北朝墓誌集釋》圖版二九八，《新編》3/3/649。（圖）

《漢魏六朝碑刻校注》7冊270—271頁。（圖、文）

《全北魏東魏西魏文補遺》367頁。（文）

碑目題跋著錄：

《石刻題跋索引》148頁左，《新編》1/30/22486。

《石刻名彙》第一編誌銘類續補1b，《新編》2/2/1138下。

《漢魏南北朝墓誌集釋》6/66a，《新編》3/3/165。

《六朝墓誌檢要》（修訂本）137頁。

《碑帖鑒定》188頁。

《漢魏六朝碑刻校注·總目提要》編號1868。

《北朝隋代墓誌所在綜合目錄》編號615。

《北京大學圖書館藏歷代墓誌拓片目錄》編號00456。

備考：《石刻名彙》載有一方"胡□玉枕銘"，正書，武定二年，疑即此石，故附此。

興和026

皇甫仁妻劉景暈磚誌

興和三年（541）五月廿七日。2007年7月河南省洛陽市出土，存民間。磚高、寬均31.5釐米。磚文2行，滿行13字。

圖版著錄：

《秦晉豫新出墓誌蒐佚》1冊49頁。

碑目著錄：

《北朝隋代墓誌所在綜合目錄》編號616。

《北京大學圖書館藏歷代墓誌拓片目錄》編號00457。

興和027

渤海太守張奢碑

興和三年（541）五月立。王長儒書。曾存河北靈壽縣積善寺、靈壽縣招待所院內。《河北金石輯錄》載碑高215、寬90、厚16釐米。文正書，25行，滿行37字。額題：大魏故勃海太守張府君之碑。

錄文著錄：

《八瓊室金石補正》19/12b-15a，《新編》1/6/4285下—4287上。

《常山貞石志》2/17a-19a，《新編》1/18/13192上—13193上。

《魯迅輯校石刻手稿·碑銘》中冊390—394頁。

《全北魏東魏西魏文補遺》75頁。

碑目題跋著錄：

《八瓊室金石補正》19/16a-b，《新編》1/6/4287下。

《常山貞石志》2/19a-20a，《新編》1/18/13193上—下。

《集古錄目》4/1b-2a，《新編》1/24/17961上—下。

《寶刻叢編》20/19b，《新編》1/24/18382上。

《授堂金石文字續跋》2/1b，《新編》1/25/19176上。

《藝風堂金石文字目》2/27a，《新編》1/26/19547上。

《寰宇訪碑錄》2/11a，《新編》1/26/19866上。

《金石彙目分編》3（2）/21b，《新編》1/27/20703上。

《石刻題跋索引》35頁左，《新編》1/30/22373。

《崇雅堂碑錄》1/22b，《新編》2/6/4494下。

（光緒）《畿輔通志·金石八》145/37a-b，《新編》2/11/8432上。

《平安館藏碑目》，《新編》2/18/13409下。

《畿輔碑目》卷上/2b，《新編》2/20/14779下。

《金石萃編補目》1/4b，《新編》3/37/485下。

《六藝之一錄》60/4a，《新編》4/5/99下。

《碑帖鑒定》187頁。

《河北金石輯錄》326頁。

《漢魏六朝碑刻校注·總目提要》編號1869。

淑德大學《中國石刻拓本目錄》"碑碣等刻石"編號453。

興和028

閻肱墓誌

又名：郁久閭肱（或作"肬"）墓誌。正始四年（507）十月十日卒於家館，興和三年（541）七月十二日記。誌高58.5、寬54釐米。文正書，22 行，滿行 22 字。額正書，橫題：夏州閭史君墓誌。

著錄：

《秦晉豫新出墓誌蒐佚續編》1 冊 97 頁。（圖）

《北京大學圖書館新藏金石拓本菁華 1996—2012》106 頁。（圖）

《新見北朝墓誌集釋》16—18 頁。（圖、文、跋）

《北朝隋代墓誌所在總合目錄》編號 617。（目）

《北京大學圖書館藏歷代墓誌拓片目錄》編號 00458。（目）

論文：

王萌：《北魏〈郁久閭肱墓誌〉考釋》，《北方民族考古》第四輯，2017 年，第 367—374 頁。

興和 029

元寶建墓誌

興和三年（541）七月九日薨於位，以八月廿一日祔葬於文宣王陵之右。1922 年河北磁縣講武城鄉出土，曾歸會稽顧燮光、河南圖書館館長何日章，今存河南博物院。誌高、寬均 79 釐米。文 30 行，滿行 30 字，正書。

圖版著錄：

《漢魏南北朝墓誌集釋》圖版一九二，《新編》3/3/499。

《六朝墓誌菁英二編》，《新編》4/3/216 下左—219 上右。

《北京圖書館藏中國歷代石刻拓本匯編》6 冊 76 頁。

《漢魏六朝碑刻校注》7 冊 274 頁。

錄文著錄：

《夢碧簃石言》2/10a – 11b，《新編》3/2/178 下—179 上。

《魯迅輯校石刻手稿·墓誌》上冊 329—332 頁。

《漢魏南北朝墓誌彙編》340—342 頁。

《漢魏六朝碑刻校注》7 冊 275 頁。

《全北魏東魏西魏文補遺》367—368 頁。

碑目題跋著錄：

《石刻題跋索引》148 頁左，《新編》1/30/22486。

《石刻名彙》2/16b，《新編》2/2/1032 下。

《崇雅堂碑錄補》1/9b，《新編》2/6/4555 上。

《古誌新目初編》1/12a，《新編》2/18/13697 下。

《蒿里遺文目錄》2（3）/3a，《新編》2/20/14978 上。

《漢魏南北朝墓誌集釋》4/38b – 39a，《新編》3/3/110 – 111。附《九鐘精舍金石跋尾乙編》。

《夢碧簃石言》2/10a、11b – 14a、5/15a，《新編》3/2/178 下、179 上—180 下、220 上。附吳士鑑、范壽銘等人題跋。

《國立北平圖書館藏碑目》11a，《新編》3/36/254 上。

《循園古冢遺文跋尾》5/5b – 6b，《新編》3/38/38 上—下。

《元氏誌錄》3a、7b、9a·b，《新編》3/38/48 上、50 上、51 上。

《雪堂金石文字跋尾》3/4b – 6a，《新編》3/38/305 下—306 下。

《墓誌徵存目錄》卷 1，《羅振玉學術論著集》第五集，577 頁。

《歷代墓誌銘拓片目錄》29 頁。

《六朝墓誌檢要》（修訂本）137—138 頁。

《漢魏六朝碑刻校注·總目提要》編號 1871。

淑德大學《中國石刻拓本目錄》"墓誌"編號 195。

《北朝隋代墓誌所在總合目錄》編號 618。

《北京大學圖書館藏歷代墓誌拓片目錄》編號 00459。

論文：

馬忠理：《磁縣北朝墓群——東魏北齊陵墓兆域考》，《文物》1994 年第 11 期。

興和 030

張略墓誌

興和元年（539）十一月十七日卒於家，以興和三年（541）八月廿二日葬於豹寺之西。據云 21 世紀出土於河南省安陽市。誌高、寬均 43.5 釐米。文 23 行，滿行 23 字，隸書，雜用篆書。首題：魏故鎮遠將軍光州即墨縣護長廣太守清河張君墓誌。

著錄：

《秦晉豫新出墓誌蒐佚續編》1 冊 98 頁。（圖）

《新出土墓誌精粹》（北朝卷）下冊 50—59 頁。（圖）

《文化安豐》175—176 頁。（圖、文）

《北朝隋代墓誌所在總合目錄》編號 619。（目）

興和 031

元鷙墓誌

又名：元孔雀墓誌。興和三年（541）六月九日薨於京師，十月廿二日葬於鄴縣武城之北原。秘書監常景撰。1912 年河北磁縣南鄉八里塚出土，曾歸遼寧教育會、沈陽博物館，今存遼寧省博物館。誌高、寬均 77.5 釐米。文 35 行，滿行 36 字，正書。首題：魏故假黃鉞侍中尚書令司徒公都督定冀瀛滄四州諸軍事驃騎大將軍冀州刺史華山王墓誌銘。

圖版著錄：

《漢魏南北朝墓誌集釋》圖版四二，《新編》3/3/326。

《北京圖書館藏中國歷代石刻拓本匯編》6 冊 77 頁。

《中國金石集萃》7 函 8 輯編號 78。

《漢魏六朝碑刻校注》7 冊 277 頁。

《遼寧省博物館藏碑誌精粹》94 頁。

錄文著錄：

《滿洲金石志別錄》卷上/47b–50a，《新編》1/23/17421 上—17422 下。

《魯迅輯校石刻手稿·墓誌》上冊 333—338 頁。

《漢魏南北朝墓誌彙編》342—344 頁。

《漢魏六朝碑刻校注》7 冊 278—279 頁。

《全北魏東魏西魏文補遺》23—25 頁。

《遼寧省博物館藏碑誌精粹》263 頁。

碑目題跋著錄：

《續補寰宇訪碑錄》4/1b，《新編》1/27/20322 上。

《石刻題跋索引》148 頁左，《新編》1/30/22486。

《石刻名彙》2/16b,《新編》2/2/1032 下。

《崇雅堂碑錄》1/22b。《新編》2/6/4494 下。

《古誌新目初編》1/12a,《新編》2/18/13697 下。

《蒿里遺文目錄》2（3）/3a,《新編》2/20/14978 上。

《夢碧簃石言》5/15a,《新編》3/2/220 上。

《漢魏南北朝墓誌集釋》3/10a,《新編》3/3/53。

《國立北平圖書館藏碑目》11a,《新編》3/36/254 上。

《循園古冢遺文跋尾》5/6b－7b,《新編》3/38/38 下—39 上。

《元氏誌錄》3a,《新編》3/38/48 上。

《雪堂金石文字跋尾》3/3b－4b,《新編》3/38/305 上—下。

《中國金石學講義・正編》23a,《新編》3/39/163。

《墓誌徵存目錄》卷1,《羅振玉學術論著集》第五集,577 頁。

《歷代墓誌銘拓片目錄》29 頁。

《遼寧省博物館藏碑誌精粹》95 頁。

《六朝墓誌檢要》（修訂本）138 頁。

《漢魏六朝碑刻校注・總目提要》編號 1872。

《北朝隋代墓誌所在綜合目錄》編號 620。

《北京大學圖書館藏歷代墓誌拓片目錄》編號 00460。

論文：

馬衡：《北魏墓誌跋六種：東魏華山王元鷙墓誌銘跋》,載於《凡將齋金石叢稿》,第 195 頁；又載於《馬衡講金石學》第 119 頁。

馬忠理：《磁縣北朝墓群——東魏北齊陵墓兆域考》,《文物》1994 年第 11 期。

備考：元鷙,《魏書》卷一四、《北史》卷一五有傳。《續補寰宇訪碑錄》"元鷙"誤作"允鷙"。

興和 032

封延之墓誌并蓋

興和二年（540）六月廿四日卒於晉陽,興和三年（541）十月廿三日歸葬於廣樂鄉新安里。1948 年 5 月河北景縣安陵區十八亂塚出土,今存中國國家博物館。誌高 69、寬 74 釐米；蓋邊長 57 釐米。文正書，33 行，滿行 35 字。蓋篆書，4 行，行 4 字。首題：魏故侍中司徒尚書左僕射封公墓誌銘。蓋題：魏故侍中司徒尚書左僕射封公墓誌銘。

著錄：

《北京圖書館藏中國歷代石刻拓本匯編》6 冊 78—79 頁。（圖）

《漢魏六朝碑刻校注》7 冊 281—283 頁。（圖、文）

《中國國家博物館館藏文物研究叢書·墓誌卷》20—23 頁。（圖、文）

《衡水出土墓誌》12—13 頁。（圖、文）

《河北金石輯錄》223—224 頁。（蓋圖、文、跋）

《漢魏南北朝墓誌彙編》344—346 頁。（文）

《全北魏東魏西魏文補遺》368—369 頁。（文）

《六朝墓誌檢要》（修訂本）138 頁。（目）

《漢魏六朝碑刻校注·總目提要》編號 1874。（目）

《北朝隋代墓誌所在綜合目錄》編號 621。（目）

論文：

張季：《河北景縣封氏墓群調查記》，《考古通訊》1957 年第 3 期。

趙超：《中國國家博物館藏北朝封氏諸墓誌匯考》，《中國歷史文物》2007 年第 2 期。

備考：封延之，《魏書》卷三二、《北史》卷二四有傳，附《封懿傳》，《北齊書》卷二一附《封隆之傳》。

興和 033

封柔妻畢脩密墓誌

興和三年（541）七月十一日卒於辛安里，其年十月廿三日葬。1956 年 2 月河北省吳橋縣大齊區西宋門鄉小馬廠村西南出土，河北省文物研究所藏石。誌高 44、寬 47、厚 11 釐米。文正書，23 行，滿行 23 字。首題：大魏興和三年歲次辛酉十月己亥朔廿三日辛酉綏遠將軍東安東觀二郡太守封仲靈第三息妻畢墓誌銘。

著錄：

《漢魏六朝碑刻校注》7 冊 285—286 頁。（圖）

《河北金石輯錄》225 頁。(文)
《漢魏南北朝墓誌彙編》346—347 頁。(文)
《全北魏東魏西魏文補遺》370 頁。(文)
《六朝墓誌檢要》(修訂本) 138 頁。(目)
《漢魏六朝碑刻校注·總目提要》編號 1873。(目)
《北朝隋代墓誌所在總合目錄》編號 622。(目)
論文：
趙超：《中國國家博物館藏北朝封氏諸墓誌彙考》，《中國歷史文物》2007 年第 2 期。

興和 034

王法壽妻楊公主銘

興和三年（541）十一月五日。正書。

碑目著錄：

《蒿里遺文目錄》3 上/3a，《新編》2/20/14982 上。

興和 035

司馬僧光墓誌

卒於路途，以興和三年（541）十一月十六日葬於紫陌之北。誌高、寬均 66 釐米。文 30 行，滿行 30 字。

著錄：

《文化安豐》179—180 頁。(圖、文)
《墨香閣藏北朝墓誌》48—49 頁。(圖、文)
《北朝隋代墓誌所在總合目錄》編號 623。(目)

興和 036

明賚墓誌

卒於鄉弟，興和三年（541）十一月十七日葬於徐州史□舊營東十里。1973 年出土於山東省陵縣于集鄉孟廟村，石藏山東省博物館。誌高 60、寬 35、厚 17 釐米。誌文刻於正面及兩側，計 33 行，滿行 28 字，正書。首題：魏故輔國將軍瑯琊太守平原明府君墓誌銘。

著錄：

《山東石刻分類全集·歷代墓誌》47—48 頁。(圖、文)
《齊魯碑刻墓誌研究》302—304 頁、"附表"、365 頁。(跋、目)
《漢魏六朝碑刻校注·總目提要》編號 1885。(目)
《北朝隋代墓誌所在総合目錄》編號 628。(目)

論文：

劉文海：《北朝明賚墓誌釋及其書法》，《中國書法》2018 年第 5 期。
蔡宗憲：《〈魏故輔國將軍瑯琊太守平原明府君墓誌銘〉考釋》，《早期中國史研究》2010 年第二卷第一期，第 179—195 頁。

興和 037

元子邃妻李艷華墓誌

興和三年（541）應鍾之月二日卒於家，於黃鍾之月十七日葬於鄴城之西北十有五里。河北磁縣出土，一說河南安陽出土，曾歸三原于右任，今存西安碑林博物館。誌高、寬均 42 釐米。文正書，20 行，滿行 21 字。首題：魏博陵元公故李夫人墓誌銘。

圖版著錄：

《漢魏南北朝墓誌集釋》圖版五七八，《新編》3/4/335。
《北京圖書館藏中國歷代石刻拓本匯編》6 冊 80 頁。
《鴛鴦七誌齋藏石》圖 149。
《西安碑林全集》66/972 – 977。
《漢魏六朝碑刻校注》7 冊 288 頁。

錄文著錄：

《漢魏南北朝墓誌彙編》347—348 頁。
《漢魏六朝碑刻校注》7 冊 289 頁。
《全北魏東魏西魏文補遺》370—371 頁。

碑目題跋著錄：

《石刻題跋索引》148 頁左，《新編》1/30/22486。
《漢魏南北朝墓誌集釋》11/113b，《新編》3/3/260。
《國立北平圖書館藏碑目》11a，《新編》3/36/254 上。
《墓誌徵存目錄》卷 1，《羅振玉學術論著集》第五集，577 頁。

《歷代墓誌銘拓片目錄》29 頁。

《六朝墓誌檢要》（修訂本）139 頁。

《漢魏六朝碑刻校注·總目提要》編號 1876。

《北朝隋代墓誌所在總合目錄》編號 625。

《北京大學圖書館藏歷代墓誌拓片目錄》編號 00461。

興和 038

司馬興龍墓誌

太和十四年（490）正月八日卒於朔州城內舍，興和三年（541）十一月十七日葬於鄴城西北十五里釜陽城西南五里平岡土山之陽。1953 年河北省磁縣滏陽村簸箕塚出土，石藏河北省文物研究所。誌高、寬均 82 釐米，厚 15 釐米。文隸書，29 行，滿行 31 字。首題：魏故司徒司馬公墓銘。

著錄：

《漢魏六朝碑刻校注》7 冊 290—292 頁。（圖、文）

《漢魏南北朝墓誌彙編》348—350 頁。（文）

《全北魏東魏西魏文補遺》371—372 頁。（文）

《河北金石輯錄》227—228 頁。（文、跋）

《碑帖敘錄》53 頁。（跋）

《漢魏六朝碑刻校注·總目提要》編號 1877。（目）

《北朝隋代墓誌所在總合目錄》編號 627。（目）

論文：

鄭紹宗：《北魏司馬興龍墓誌銘跋》，《文物》1979 年第 9 期。

馬小青：《司馬興龍、司馬遵業墓誌銘考》，《文物春秋》1993 年第 3 期；又收入孫繼民編：《河北新發現石刻題記與隋唐史研究》，第 247—258 頁。

馬忠理：《磁縣北朝墓群——東魏北齊陵墓兆域考》，《文物》1994 年第 11 期。

備考：司馬興龍，事見《北齊書》卷一八《司馬子如傳》。

興和 039

房悅墓誌并蓋

興和三年（541）六月十一日薨於濟州靈縣之本宅，以其年十一月十七日葬於鳴犢溝之東。1972 年春山東省高唐縣城關鄉出土。誌高、寬均 56.5 釐米。文正書，26 行，滿行 26 字。蓋篆書，3 行，行 3 字。蓋題：魏濟州刺史房公之銘。首題：魏故使持節都督濟州諸軍事征東將軍濟州刺史宣成公房使君墓誌銘。

著錄：

《漢魏六朝碑刻校注》7 冊 293—294 頁。（圖、文）

《山東石刻分類全集·歷代墓誌》49—50 頁。（圖、文）

《全北魏東魏西魏文補遺》372—373 頁。（文）

《碑帖敘錄》104 頁。（跋）

《齊魯碑刻墓誌研究》265—266、365 頁。（跋、目）

《漢魏六朝碑刻校注·總目提要》編號 1878。（目）

《北朝隋代墓誌所在總合目錄》編號 624。（目）

論文：

山東省博物館文物組：《山東高唐東魏房悅墓清理紀要》，《文物資料叢刊》1978 年第 2 期。

備考：房悅，《魏書》卷七二、《北史》卷四五有傳，附《房亮傳》。

興和 040

邢晏墓誌

武泰元年（528）二月十三日卒於濟陰郡離狐縣，興和三年（541）十一月十七日葬於武垣縣永貴鄉慈仁里。1972 年河北省河間市南冬村邢氏墓群出土，現存河北省文物研究所。誌高 73、寬 72.5、厚 10 釐米。文 37 行，滿行 37 字，正書。

著錄：

《河北金石輯錄》225—227 頁。（圖、文、跋）

《滄州出土墓誌》14—16 頁。（圖、文）

《漢魏六朝碑刻校注·總目提要》編號 1880。（目）

《北朝隋代墓誌所在総合目録》編號 626。（目）

備考：邢晏，《魏書》卷六五、《北史》卷四三有傳。《滄州出土墓誌》錄為"邢宴"，據圖版當為"邢晏"。

興和 041

李挺墓誌

興和三年（541）六月十七日薨於位，興和三年十二月廿三日葬於鄴城之西南七里豹祠之東南二里半。河南安陽出土，曾歸三原于右任，今存西安碑林博物館。誌高、寬均 58 釐米。文正書，37 行，滿行 37 字。

圖版著錄：

《漢魏南北朝墓誌集釋》圖版五九二，《新編》3/4/350。

《北京圖書館藏中國歷代石刻拓本匯編》6 冊 86 頁。

《鴛鴦七誌齋藏石》圖 150。

《西安碑林全集》66/937－954。

《漢魏六朝碑刻校注》7 冊 303 頁。

錄文著錄：

《漢魏南北朝墓誌彙編》350—352 頁。

《漢魏六朝碑刻校注》7 冊 304—305 頁。

《全北魏東魏西魏文補遺》373—375 頁。

碑目題跋著錄：

《石刻題跋索引》148 頁左，《新編》1/30/22486。

《漢魏南北朝墓誌集釋》11/116a，《新編》3/3/265。

《國立北平圖書館藏碑目》11a，《新編》3/36/254 上。

《墓誌徵存目錄》卷 1，《羅振玉學術論著集》第五集，577 頁。

《歷代墓誌銘拓片目錄》29 頁。

《六朝墓誌檢要》（修訂本）139 頁。

《碑帖敘錄》72 頁。

《漢魏六朝碑刻校注·總目提要》編號 1884。

淑德大學《中國石刻拓本目錄》"墓誌"編號 196。

《北朝隋代墓誌所在総合目録》編號 631。

《北京大學圖書館藏歷代墓誌拓片目錄》編號00462。

備考：李挺，字神㒞，《魏書》卷三九、《北史》卷一〇〇有傳。

興和042

李挺妻元李聰墓誌并蓋

又名：高密公主墓誌。永安三年（530）八月廿一日卒於洛陽都鄉顯德里第，葬於覆舟山之南麓，興和三年（541）十二月廿三日遷葬於鄴西豹祠東南二里半。河南安陽出土，于右任舊藏，今存西安碑林博物館。誌高48、寬47釐米。文正書，20行，滿行22字。蓋篆書，4行，行4字。蓋題：魏故司徒千乘李公命婦高密長公主銘。首題：魏故侍中司徒千乘李公命婦高密長公主墓誌銘。

著錄：

《鴛鴦七誌齋藏石》圖152。（圖）

《西安碑林全集》66/964－971。（圖）

《漢魏六朝碑刻校注》7冊309—310頁。（圖、文）

《文化安豐》181—182頁。（誌圖、文）

《漢魏六朝碑刻校注·總目提要》編號1883。（目）

淑德大學《中國石刻拓本目錄》"墓誌"編號197—198。（目）

《北朝隋代墓誌所在總合目錄》編號630。（目）

興和043

李挺妻劉幼妃墓誌并蓋

正始四年（507）十月十七日卒於彭城都鄉叢亭里第，權葬於鄴西豹祠東南二里半，興和三年（541）合葬。河南安陽出土，于右任舊藏，今存西安碑林博物館。誌高48、寬47釐米。文正書，19行，滿行19字。蓋篆書，4行，行4字。蓋題：魏故司徒千乘李公命婦彭城劉夫人誌。

著錄：

《鴛鴦七誌齋藏石》圖151。（圖）

《西安碑林全集》66/955－963。（圖）

《漢魏六朝碑刻校注》7冊307—308頁。（圖、文）

《漢魏六朝碑刻校注·總目提要》編號1882。（目）

淑德大學《中國石刻拓本目錄》"墓誌"編號 199—200。（目）

《北朝隋代墓誌所在總合目錄》編號 629。（目）

興和 044

中山太守王盛碑

興和三年（541）。在定州曲陽縣東十五里王家屯。文正書，24 行，滿行 46 字。額正書，12 字，額題：大魏故中山太守王府君之碑。未見拓本。

碑目題跋著錄：

《藝風堂金石文字目》2/14b，《新編》1/26/19540 下。

《金石彙目分編》3（補遺）/27b，《新編》1/27/20750 上。

《碑帖鑒定》189 頁。

興和 045

慕容纂（字元仁）墓誌

興和三年（541）九月廿六日卒於鄴都永康里宅，興和四年（542）十一月十一日遷葬豹寺之南、野馬崗之東。河南安陽出土，偃師博物館藏石。拓片誌高、寬均 61.5 釐米，蓋高、寬均 49.5 釐米。文 24 行，滿行 24 字，正書。蓋篆書，3 行，行 3 字，未見拓本。蓋題：魏故光祿卿慕容墓銘。首題：魏故驃騎大將軍左光祿大夫光祿勳卿慕容君墓誌銘。

著錄：

《文化安豐》176—177 頁。（圖、文）

《秦晉豫新出墓誌蒐佚續編》1 冊 102 頁。（圖）

《北朝隋代墓誌所在總合目錄》編號 632。（目）

《北京大學圖書館藏歷代墓誌拓片目錄》編號 00463。（目）

論文：

張彪：《從未中斷的脈絡——〈慕容纂墓誌〉》，《東方藝術》2016 年第 16 期。

興和 046

魏蘭根碑

天平二年（535）卒，興和四年（542）。

碑目題跋著錄：

《金石錄》2/10b、21/9b–10a，《新編》1/12/8810 下、8927 上—下。（節文）

《通志·金石略》卷上/33a，《新編》1/24/18035 下。

《寶刻叢編》20/19b，《新編》1/24/18382 上。

《石刻題跋索引》35 頁左，《新編》1/30/22373。

《石墨考異》卷上，《新編》2/16/11638 下。

《佩文齋書畫譜·金石》62/11b 上，《新編》3/2/56 下。

《六藝之一錄》60/4a，《新編》4/5/99 下。

備考：魏蘭根，《北齊書》卷二三、《北史》卷五六有傳。

武　定

武定 001

王□□墓記磚

武定元年（543）正月十五日。河南出土。拓片高 17、寬 16.5 釐米。文正書，3 行，行 5 字左右。

碑目著錄：

《北京大學圖書館藏歷代墓誌拓片目錄》編號 00464。

武定 002

郭肇墓誌

終於上京建忠里，以武定元年（543）閏正月廿九日葬於鄴城西南十五里。河南安陽市出土。誌高、寬均 49 釐米。文 19 行，滿行 19 字，正書。首題：魏故左將軍太中大夫郭君墓誌銘。

著錄：

《新出土墓誌精粹》（北朝卷）下冊 62—69 頁。（圖）

《秦晉豫新出墓誌蒐佚續編》1 冊 103 頁。（圖）

《新見北朝墓誌集釋》93—95 頁。（圖、文、跋）

《北京大學圖書館藏歷代墓誌拓片目錄》編號 00465。（目）

武定 003

何琛墓誌

武定元年（543）閏正月卒於鄴都，其年二月廿四日葬於城西野馬堈東。河南安陽出土，石藏河北正定墨香閣。誌高、寬均 46 釐米。文 23 行，滿行 23 字，正書。首題：魏故員外散騎常侍前將軍太傅開府掾何君墓誌銘。

著錄：

《文化安豐》182—183 頁。（圖、文）

《墨香閣藏北朝墓誌》50—51 頁。（圖、文）

《北朝隋代墓誌所在總合目錄》編號 633。（目）

《北京大學圖書館藏歷代墓誌拓片目錄》編號 00466。（目）

武定 004

西河王元悰墓誌

興和四年（542）十一月廿日薨，武定元年（543）三月十九日葬於鄴城西北十五里。河北磁縣出土，曾歸紹興周肇祥。誌高、寬均 87.8 釐米。文 32 行，滿行 35 字，隸書。

圖版著錄：

《漢魏南北朝墓誌集釋》圖版一〇四，《新編》3/3/401。

《北京圖書館藏中國歷代石刻拓本匯編》6 冊 92 頁。

《中國金石集萃》7 函 8 輯編號 79。

《漢魏六朝碑刻校注》7 冊 324 頁。

錄文著錄：

《魯迅輯校石刻手稿·墓誌》上冊 339—344 頁。

《漢魏南北朝墓誌彙編》352—354 頁。

《漢魏六朝碑刻校注》7 冊 325—326 頁。

《全北魏東魏西魏文補遺》375—376 頁。

碑目題跋著錄：

《石刻題跋索引》148 頁左，《新編》1/30/22486。

《石刻名彙》2/16b，《新編》2/2/1032 下。

《崇雅堂碑錄補》1/9b,《新編》2/6/4555 上。

《古誌新目初編》1/12b,《新編》2/18/13697 下。

《蒿里遺文目錄》2（3）/3a,《新編》2/20/14978 上。

《夢碧簃石言》5/15a,《新編》3/2/220 上。

《漢魏南北朝墓誌集釋》4/24a,《新編》3/3/81。

《國立北平圖書館藏碑目》11a,《新編》3/36/254 上。

《循園古冢遺文跋尾》5/7b－8a,《新編》3/38/39 上—下。

《元氏誌錄》3a、7a,《新編》3/38/48 上、50 上。

《雪堂金石文字跋尾》3/6a,《新編》3/38/306 下。

《中國金石學講義·正編》23a,《新編》3/39/163。

《墓誌徵存目錄》卷 1,《羅振玉學術論著集》第五集,577 頁。

《漢魏六朝碑刻校注·總目提要》編號 1892。

《歷代墓誌銘拓片目錄》29 頁。

《六朝墓誌檢要》（修訂本）139 頁。

《漢魏六朝碑刻校注·總目提要》編號 1892。

淑德大學《中國石刻拓本目錄》"墓誌"編號 201。

《北朝隋代墓誌所在総合目錄》編號 634。

《北京大學圖書館藏歷代墓誌拓片目錄》編號 00467。

論文：

馬忠理：《磁縣北朝墓群——東魏北齊陵墓兆域考》,《文物》1994 年第 11 期。

備考：元悰,《魏書》卷一九上、《北史》卷一七有傳,附《京兆王子推傳》。

武定 005

崔景播墓誌

興和三年（541）五月七日卒於親賢鄉宜昌里,以武定元年（543）十月三日遷葬。1958 年河北省博野縣同連村出土,現藏博野縣文物保管所。誌高 53.5、寬 53、厚 10 釐米。文 21 行,滿行 20 字,正書。首題：魏故鎮遠將軍崔府君墓誌銘并序。

著錄：

《新中國出土墓誌·河北〔壹〕》上冊 10 頁（圖）、下冊 6 頁（文）。

《漢魏六朝碑刻校注》7 冊 350—351 頁。（圖、文）

《保定出土墓誌選註》17—19 頁。（圖、文）

《全北魏東魏西魏文補遺》376—377 頁。（文）

《漢魏六朝碑刻校注·總目提要》編號 1903。（目）

《北朝隋代墓誌所在總合目錄》編號 635。（目）

論文：

甄家斌：《〈北魏鎮遠將軍崔景播墓誌銘〉簡介》,《中國書法》1993 年第 2 期。

陳懿人、胡月：《東魏〈崔景播墓誌〉初探》,《邢臺學院學報》2016 年第 2 期。

武定 006

堯奮墓誌

武定元年（543）九月十五日卒，十月十六日葬於漳水之陽。近年出土，時地不詳。蓋佚，誌高 62、寬 63 釐米。文正書，30 行，滿行 30 字。首題：魏故使持節都督兗豫梁三州諸軍事驃騎大將軍兗州刺史司空公安夷縣開國伯堯公墓誌銘。

論文：

朱梁梓：《新出〈堯奮墓誌〉〈獨孤華墓誌〉鴛鴦墓誌及其書風探究》,《中國書法》2016 年第 12 期。（圖、文）

武定 007

藺君妻史郎郎墓誌

興和四年（542）十一月廿四日卒於鄴縣咸安行，武定元年（543）十月廿七日葬於鄴城西南豹祠之所。河南安陽出土，石藏河北正定墨香閣。誌高 42、寬 41 釐米。文 19 行，滿行 19 字，正書。首題：魏故史夫人墓誌。

著錄：

《墨香閣藏北朝墓誌》52—53 頁。（圖、文）

《北京大學圖書館藏歷代墓誌拓片目錄》編號00468。（目）

武定008

房蘭和墓誌并蓋

中興元年（531）六月六日卒於家鄉，武定元年（543）十月廿八日。1956年石家莊市和平路華北製藥廠籌建處工地出土，現藏石家莊市文物保管所。誌高34、寬53、厚11釐米；蓋高34、寬34、厚8釐米。蓋2行5字，正書。文23行，滿行14字，正書。蓋題：房蘭和墓記。

著錄：

《新中國出土墓誌·河北〔壹〕》上冊11頁（圖）、下冊7頁（文）。

《漢魏六朝碑刻校注》7冊352—353頁。（圖、文）

《全北魏東魏西魏文補遺》378頁。（文）

《漢魏六朝碑刻校注·總目提要》編號1904。（目）

《北朝隋代墓誌所在総合目錄》編號636。（目）

武定009

王偃墓誌并蓋

武定元年（543）閏月廿一日卒於第，以其年十月廿八日葬於臨齊城東六里。清光緒元年三月山東陵縣出土東門外三里河劉家莊北出土，移置三泉書院，原石為縣官方姓易去，今存者重刻本也。誌高、寬均52釐米。蓋3行，行3字，篆書。文22行，滿行23字，正書。蓋題：魏故勃海郡王君墓銘；首題：魏故勃海太守王府君墓誌銘。

圖版著錄：

《漢魏南北朝墓誌集釋》圖版二九九，《新編》3/3/650–651。

（民國）《陵縣續志·金石》3/55，《新編》3/26/512。（誌）

《北京圖書館藏中國歷代石刻拓本匯編》6冊99頁。（誌）

《中國金石集萃》7函8輯編號80。（誌）

《漢魏六朝碑刻校注》7冊355頁。

《山東石刻分類全集·歷代墓誌》52頁。（誌）

錄文著錄：

《八瓊室金石補正》19/23a–24a，《新編》1/6/4291上—下。

《山左冢墓遺文》5a-6a,《新編》1/20/14900 上一下。

《魯迅輯校石刻手稿·墓誌》上冊 345—347 頁。

《漢魏南北朝墓誌彙編》354—355 頁。

《漢魏六朝碑刻校注》7 冊 356 頁。

《全北魏東魏西魏文補遺》377 頁。

《山東石刻分類全集·歷代墓誌》51 頁。

碑目題跋著錄:

《八瓊室金石補正》19/24b-25b,《新編》1/6/4291 下—4292 上。

《集古求真》1/18a,《新編》1/11/8486 下。

《藝風堂金石文字目》18/2a,《新編》1/26/19814 下。

《再續寰宇訪碑錄校勘記》5a-b,《新編》1/27/20462 上。

《金石彙目分編》10（補遺）/4b,《新編》1/28/21215 下。

《石刻題跋索引》148 頁左—右,《新編》1/30/22486。

《石刻名彙》2/17a,《新編》2/2/1033 上。

《崇雅堂碑錄》1/23a,《新編》2/6/4495 上。

《山左訪碑錄》1/19a,《新編》2/12/9064 上。

（宣統）《山東通志·藝文志》卷 152,《新編》2/12/9324 下。

《求是齋碑跋》1/34a-b,《新編》2/19/14017 下。

《寰宇貞石圖目錄》卷上/7a、卷下/4b,《新編》2/20/14674 下、14679 上。

《山左南北朝石刻存目》3a,《新編》2/20/14886 上。

《蒿里遺文目錄》2（1）/4a,《新編》2/20/14945 下。

《漢魏南北朝墓誌集釋》6/66a-b,《新編》3/3/165-166。附《十二硯齋金石過眼續錄》。

（民國）《陵縣續志·金石》3/54a-b,《新編》3/26/511 上。

《石目》,《新編》3/36/73 上。

《國立北平圖書館藏碑目》11a,《新編》3/36/254 上。

《古誌彙目》1/8b,《新編》3/37/20。

《循園古冢遺文跋尾》5/8a-b,《新編》3/38/39 下。

《雪堂所藏金石文字簿錄》79b,《新編》4/7/409 上。

《越縵堂讀書記》下冊 1083—1084 頁。

《讀碑小箋》,《羅振玉學術論著集》第三集,41 頁。

《再續寰宇訪碑錄》卷上,《羅振玉學術論著集》第五集,437 頁。

《墓誌徵存目錄》卷 1,《羅振玉學術論著集》第五集,577 頁。

《面城精舍雜文乙編》,《羅振玉學術論著集》第九集,81 頁。

《魯迅輯校石刻手稿·墓誌》上冊 347—349 頁。附耿榮昌識、(光緒)《陵縣志》。

《歷代墓誌銘拓片目錄》30 頁。

《碑帖鑒定》189—190 頁。

《善本碑帖錄》2/79。

《碑帖敘錄》26 頁。

《增補校碑隨筆》(修訂本) 238—239 頁。

《六朝墓誌檢要》(修訂本) 139—140 頁。

《齊魯碑刻墓誌研究》306—308、366 頁。

《漢魏六朝碑刻校注·總目提要》編號 1905。

淑德大學《中國石刻拓本目錄》"墓誌"編號 202—203。

《北朝隋代墓誌所在綜合目錄》編號 637。

《北京大學圖書館藏歷代墓誌拓片目錄》編號 00469。

論文:

李玉鳳:《北魏渤海太守王偃墓誌》,《德州考古文集》,第 224—225 頁。

武定 010

尼道洪墓誌

又名:曹道洪墓誌。武定元年(543)十一月一日卒,其月五日葬於都西七里。河北臨漳出土,石藏河北正定墨香閣。誌高 33、寬 35 釐米。文 5 行,滿行 16 字,正書。

著錄:

《墨香閣藏北朝墓誌》54—55 頁。(圖、文)

《北京大學圖書館藏歷代墓誌拓片目錄》編號 00470。(目)

武定 011

趙□□甎

武定元年（543）十一月十六日。正書。

碑目著錄：

《蒿里遺文目錄》3 上/3a，《新編》2/20/14982 上。

武定 012

涂穆之碑

武定元年（543）立。在南陽縣。

碑目題跋著錄：

《中州金石考》8/4a，《新編》1/18/13736 下。

《寶刻叢編》3/30b，《新編》1/24/18128 下。

《金石彙目分編》9（4）/61b，《新編》1/28/21066 上。

《石刻題跋索引》35 頁左，《新編》1/30/22373。

《中州金石目錄》2/9b，《新編》2/20/14696 上。

《六藝之一錄》60/10a，《新編》4/5/102 下。

武定 013

元標墓誌

武定元年（543）。正書。

碑目著錄：

《石刻名彙》2/17a，《新編》2/2/1033 上。

武定 014

河北郡守裴俠清德頌

武定元年（543）卒。在解州平陸縣。

碑目題跋著錄：

《金石彙目分編》11/45b－46a，《新編》1/28/21250 上—下。

《諸史碑銘錄目・周書》，《新編》3/37/334 下。

備考：裴俠，《周書》卷三五、《北史》卷三八有傳。

武定 015

太妃賈尼磚誌

又名：賈太妃磚誌。武定二年（544）正月廿八日卒於鄴城景樂寺。磚高 29、寬 14 釐米。文正書，4 行，行 10 至 13 字不等。

圖版著錄：

《俟堂專文雜集》151 頁。

《中國磚銘》圖版上冊 703 頁。

《漢魏六朝碑刻校注》7 冊 362 頁。

《中國古代磚刻銘文集》上冊編號 0997。

錄文著錄：

《雪堂專錄·專誌徵存》6a－b，《羅雪堂先生全集》五編 3 冊 1275—1276 頁。

《漢魏南北朝墓誌彙編》355 頁。

《漢魏六朝碑刻校注》7 冊 363 頁。

《中國古代磚刻銘文集》下冊編號 0997。

《全北魏東魏西魏文補遺》378 頁。

碑目題跋著錄：

《唐風樓金石文字跋尾》，《新編》1/26/19843 上。

《石刻題跋索引》148 頁右，《新編》1/30/22486。

《石刻名彙》12/206a，《新編》2/2/1131 上。

《蒿里遺文目錄》3 上/3b，《新編》2/20/14982 上。

《雪堂金石文字跋尾》3/6a－b，《新編》3/38/306 下。

《俟堂專文雜集》目錄編號 165。

《六朝墓誌檢要》（修訂本）140 頁。

《漢魏六朝碑刻校注·總目提要》編號 1910。

《北朝隋代墓誌所在總合目錄》編號 638。

武定 016

王外慶銘記

武定二年（544）二月十八日。正書。

碑目著錄：

《蒿里遺文目錄》3 上/3b，《新編》2/20/14982 上。

武定 017

房纂妻元氏墓誌

武定二年（544）二月十四日卒，以二月廿五日葬於豹寺之陽，野馬崗東五里。據云 21 世紀初出土於河南省安陽市。誌高、寬均 30.5 釐米。文 14 行，滿行 14 字，正書。

圖版著錄：

《秦晉豫新出墓誌蒐佚續編》1 冊 104 頁。

武定 018

呂盛墓誌

興和四年（542）十月卒於鄴縣宣平里，武定二年（544）二月葬於野馬之原。河南安陽出土，石藏河北正定墨香閣。誌高 51、寬 52 釐米。文 24 行，滿行 24 字，正書。尾題：後魏濟陰內史呂君之銘。

著錄：

《金石拓本題跋集萃》56 頁。（圖）

《新出土墓誌精粹》（北朝卷）下冊 28—35 頁。（圖）

《文化安豐》184—185 頁。（圖、文）

《墨香閣藏北朝墓誌》56—57 頁。（圖、文）

《北朝隋代墓誌所在總合目錄》編號 639。（目）

《北京大學圖書館藏歷代墓誌拓片目錄》編號 00471。（目）

論文：

叢文俊：《北魏呂盛墓誌跋》，載於《藝術與學術：叢文俊書法題跋研究文集》，第 249 頁。

楊勇：《東魏呂盛墓誌》，《書法》2015 年第 11 期。

武定 019

瀛州刺史李公碑

武定二年（544）二月。

碑目題跋著錄：

《金石錄》2/10b，《新編》1/12/8810 下。
《通志・金石略》卷上/33b，《新編》1/24/18035 下。
《寶刻叢編》20/20a，《新編》1/24/18382 下。
《石刻題跋索引》35 頁左，《新編》1/30/22373。
《佩文齋書畫譜・金石》62/11b 上，《新編》3/2/56 下。
《六藝之一錄》60/4b，《新編》4/5/99 下。

武定 020

樂陵太守劉公碑

武定二年（544）二月。

碑目題跋著錄：

《金石錄》2/10b，《新編》1/12/8810 下。
《通志・金石略》卷上/33b，《新編》1/24/18035 下。
《寶刻叢編》20/20a，《新編》1/24/18382 下。
《石刻題跋索引》35 頁左，《新編》1/30/22373。
《佩文齋書畫譜・金石》62/11b 上，《新編》3/2/56 下。
《六藝之一錄》60/4b，《新編》4/5/99 下。

武定 021

長孫伯年妻陳平整墓誌

武定二年（544）四月廿五日記。河南省安陽縣出土，馬衡舊藏。誌高 23、寬 21.2 釐米。文 5 行，行 8 至 9 字不等。正書。

圖版著錄：

《漢魏南北朝墓誌集釋》圖版三〇〇，《新編》3/3/652。
《北京圖書館藏中國歷代石刻拓本匯編》6 冊 105 頁。
《漢魏六朝碑刻校注》7 冊 370 頁。

錄文著錄：

《漢魏南北朝墓誌彙編》355 頁。
《漢魏六朝碑刻校注》7 冊 371 頁。
《全北魏東魏西魏文補遺》378—379 頁。

碑目題跋著錄：

《石刻題跋索引》148 頁右，《新編》1/30/22486。
《漢魏南北朝墓誌集釋》6/66b，《新編》3/3/166。
《國立北平圖書館藏碑目》11b，《新編》3/36/254 上。
《六朝墓誌檢要》（修訂本）141 頁。
《漢魏六朝碑刻校注·總目提要》編號 1915。
《北朝隋代墓誌所在總合目錄》編號 640。
《北京大學圖書館藏歷代墓誌拓片目錄》編號 00472。

武定 022
謝世榮墓石

武定二年（544）六月二日。石高八寸，廣九寸。文 3 行，行 4 至 6 字不等，正書。

碑目題跋著錄：

《石刻題跋索引》35 頁左，《新編》1/30/22373。
《循園古冢遺文跋尾》5/9a，《新編》3/38/40 上。

武定 023
前高密郡丞楊道顯銘記

武定二年（544）六月五日。正書。

碑目著錄：

《蒿里遺文目錄》3 上/3b，《新編》2/20/14982 上。

武定 024
元湛妃王令媛墓誌并蓋

興和四年（542）十月廿日薨於鄴，以武定二年（544）八月八日合葬於武城之北原。1917 年，河南安陽出土，一說河北磁縣出土，曾歸安陽古物保存所。拓片誌高 41、寬 40.7 釐米，蓋高 34、寬 33 釐米。蓋 3 行，行 3 字，篆書。文 21 行，行 21 字，正書。首題：魏故假黃鉞太傅大司馬廣陽文獻王妃墓誌銘；蓋題：魏故黃鉞廣陽王妃銘。

圖版著錄：

《漢魏南北朝墓誌集釋》圖版九七，《新編》3/3/393–394。

《北京圖書館藏中國歷代石刻拓本匯編》6 冊 107—108 頁。
《中國金石集萃》8 函 9 輯編號 87。（誌）
《漢魏六朝碑刻校注》7 冊 376 頁。
《秦晉豫新出墓誌蒐佚續編》1 冊 105 頁。（誌）
錄文著錄：
《魯迅輯校石刻手稿·墓誌》上冊 356—358 頁。
《漢魏南北朝墓誌彙編》358—359 頁。
《漢魏六朝碑刻校注》7 冊 377 頁。
《全北魏東魏西魏文補遺》380—381 頁。
碑目題跋著錄：
《續補寰宇訪碑錄》4/2b,《新編》1/27/20322 下。
《石刻題跋索引》148 頁右,《新編》1/30/22486。
《石刻名彙》2/17a,《新編》2/2/1033 上。
《崇雅堂碑錄》1/23a,《新編》2/6/4495 上。
《崇雅堂碑錄補》1/9b,《新編》2/6/4555 上。
《河朔訪古新祿》2/1b,《新編》2/12/8894 上。
《河朔金石目》2/1b,《新編》2/12/8960 上。
《古誌新目初編》1/12b,《新編》2/18/13697 下。
《蒿里遺文目錄》2（3）/4a,《新編》2/20/14978 下。
《夢碧簃石言》5/15a,《新編》3/2/220 上。
《漢魏南北朝墓誌集釋》3/21b－22a,《新編》3/3/76－77。附《九鐘精舍金石跋尾乙編》。
《河朔新碑目》上卷/2a,《新編》3/35/556 下。
《河朔新碑目》中卷/4b,《新編》3/35/572 下。
《國立北平圖書館藏碑目》11b,《新編》3/36/254 上。
《循園古冢遺文跋尾》5/9b－10a,《新編》3/38/40 上—下。
《元氏誌錄》3b、8a,《新編》3/38/48 上、50 下。
《碑帖跋》72 頁,《新編》3/38/220、4/7/432 下。
《中國金石學講義·正編》23a,《新編》3/39/163。
《墓誌徵存目錄》卷 1,《羅振玉學術論著集》第五集, 577 頁。

《歷代墓誌銘拓片目錄》30 頁。

《增補校碑隨筆》（修訂本）239 頁。

《六朝墓誌檢要》（修訂本）141 頁。

《漢魏六朝碑刻校注・總目提要》編號 1917 頁。

淑德大學《中國石刻拓本目錄》"墓誌"編號 205。

《北朝隋代墓誌所在總合目錄》編號 642。

《北京大學圖書館藏歷代墓誌拓片目錄》編號 00473。

論文：

王金科：《鄴城早年出土的幾方墓誌》（一），《文物春秋》1996 年第 1 期。

武定 025

淮南傳王元顯墓誌

北魏太和廿四年（500）薨於第，武定二年（544）八月廿日移葬於鄴城之西陵。河北磁縣出土，一說河南安陽出土，曾歸安陽古物保存所。誌高、寬均 59.7 釐米。文 28 行，滿行 30 字，隸書。

圖版著錄：

《漢魏南北朝墓誌集釋》圖版六七，《新編》3/3/358。

《北京圖書館藏中國歷代石刻拓本匯編》6 冊 112 頁。

《漢魏六朝碑刻校注》7 冊 379 頁。

錄文著錄：

《魯迅輯校石刻手稿・墓誌》上冊 359—362 頁。

《漢魏南北朝墓誌彙編》359—360 頁。

《漢魏六朝碑刻校注》7 冊 380 頁。

《全北魏東魏西魏文補遺》381—382 頁。

碑目題跋著錄：

《續補寰宇訪碑錄》4/2a，《新編》1/27/20322 下。

《石刻題跋索引》148 頁右，《新編》1/30/22486。

《石刻名彙》2/17a，《新編》2/2/1033 上。

《崇雅堂碑錄》1/23a，《新編》2/6/4495 上。

《河朔訪古新錄》2/1b,《新編》2/12/8894 上。

《河朔金石目》2/1b,《新編》2/12/8960 上。

《古誌新目初編》1/12b,《新編》2/18/13697 下。

《蒿里遺文目錄》2（3）/3a,《新編》2/20/14978 上。

《夢碧簃石言》5/15a,《新編》3/2/220 上。

《漢魏南北朝墓誌集釋》3/16b,《新編》3/3/66。

《河朔新碑目》上卷/2a、中卷/4a,《新編》3/35/556 下、572 下。

《國立北平圖書館藏碑目》11b,《新編》3/36/254 上。

《循園古冢遺文跋尾》5/10a-b,《新編》3/38/40 下。

《元氏誌錄》3b、5b,《新編》3/38/48 上、49 上。

《碑帖跋》71—72 頁,《新編》3/38/219-220、4/7/432 下。

《中國金石學講義・正編》23a,《新編》3/39/163。

《墓誌徵存目錄》卷 1,《羅振玉學術論著集》第五集,577 頁。

《歷代墓誌銘拓片目錄》30 頁。

《六朝墓誌檢要》（修訂本）141—142 頁。

《漢魏六朝碑刻校注・總目提要》編號 1918。

淑德大學《中國石刻拓本目錄》"墓誌"編號 207。

《北朝隋代墓誌所在総合目錄》編號 643。

《北京大學圖書館藏歷代墓誌拓片目錄》編號 00476。

論文：

馬忠理：《磁縣北朝墓群——東魏北齊陵墓兆域考》,《文物》1994 年第 11 期。

備考：元顯,《魏書》卷一六、《北史》卷一六附《陽平王熙傳》。

武定 026

元均暨妻杜氏墓誌

元均以永安二年（529）六月廿一日薨於洛陽里宅,夫人杜氏以天平二年（535）七月廿日薨,以武定二年（544）八月廿日與公合葬於鄴西。河南安陽出土,一說河北磁縣出土,曾歸安陽金石保存所,後碎裂。誌高 50.5、寬 52.5 釐米。文 25 行,滿行 25 字,正書。

圖版著錄：

《漢魏南北朝墓誌集釋》圖版六八，《新編》3/3/359。

《北京圖書館藏中國歷代石刻拓本匯編》6 冊 111 頁。

《漢魏六朝碑刻校注》7 冊 382 頁。

錄文著錄：

《魯迅輯校石刻手稿·墓誌》上冊 363—365 頁。

《漢魏南北朝墓誌彙編》360—361 頁。

《漢魏六朝碑刻校注》7 冊 383 頁。

《全北魏東魏西魏文補遺》382—383 頁。

碑目題跋著錄：

《續補寰宇訪碑錄》4/2a，《新編》1/27/20322 下。

《石刻題跋索引》148 頁右，《新編》1/30/22486。

《石刻名彙》2/17a，《新編》2/2/1033 上。

《崇雅堂碑錄》1/23a，《新編》2/6/4495 上。

《河朔訪古新錄》2/1b，《新編》2/12/8894 上。

《河朔金石目》2/1b，《新編》2/12/8960 上。

《古誌新目初編》1/12b，《新編》2/18/13697 下。

《蒿里遺文目錄》2（3）/3a，《新編》2/20/14978 上。

《夢碧簃石言》5/15a，《新編》3/2/220 上。

《漢魏南北朝墓誌集釋》3/16b，《新編》3/3/66。

《河朔新碑目》上卷/2b、中卷/4a－b，《新編》3/35/556 下、572 下。

《國立北平圖書館藏碑目》11b，《新編》3/36/254 上。

《循園古冢遺文跋尾》5/10b－11a，《新編》3/38/40 下—41 上。

《元氏誌錄》3b、5b、9b，《新編》3/38/48 上、49 上、51 上。

《中國金石學講義·正編》23a，《新編》3/39/163。

《墓誌徵存目錄》卷 1，《羅振玉學術論著集》第五集，577 頁。

《歷代墓誌銘拓片目錄》31 頁。

《增補校碑隨筆》（修訂本）240 頁。

《六朝墓誌檢要》（修訂本）142 頁。

《漢魏六朝碑刻校注·總目提要》編號1919。

淑德大學《中國石刻拓本目錄》"墓誌"編號206。

《北朝隋代墓誌所在総合目錄》編號644。

《北京大學圖書館藏歷代墓誌拓片目錄》編號00475。

論文：

馬忠理：《磁縣北朝墓群——東魏北齊陵墓兆域考》，《文物》1994年第11期。

備考：元均，《魏書》卷一六有傳，附《元世遵傳》；其事又見《北史》卷一六《元世遵傳》。

武定027

元湛（字士深）墓誌并蓋

以武定二年（544）五月十四日薨於鄴，以其年八月葬於武城之北原。1917年河南安陽出土，一說河北磁縣出土，曾歸安陽古物保存所。誌高71.3、寬71釐米；蓋高、寬均57釐米。蓋4行，行3字，篆書。文36行，滿行37字。正書。首題：魏故使持節假黃鉞侍中太傅大司馬尚書令定州刺史廣陽文獻王銘；蓋題：魏故假黃鉞廣陽文獻王之銘。

圖版著錄：

《漢魏南北朝墓誌集釋》圖版九六，《新編》3/3/391-392。

《北京圖書館藏中國歷代石刻拓本匯編》6冊109—110頁。

《中國金石集萃》8函9輯編號88。（誌）

《漢魏六朝碑刻校注》7冊372頁。

錄文著錄：

《魯迅輯校石刻手稿·墓誌》上冊350—355頁。

《漢魏南北朝墓誌彙編》356—358頁。

《漢魏六朝碑刻校注》7冊373—374頁。

《全北魏東魏西魏文補遺》379—380頁。

碑目題跋著錄：

《續補寰宇訪碑錄》4/2a，《新編》1/27/20322下。

《石刻題跋索引》148 頁右，《新編》1/30/22486。

《石刻名彙》2/17a，《新編》2/2/1033 上。

《崇雅堂碑錄》1/23a，《新編》2/6/4495 上。

《河朔訪古新錄》2/1b，《新編》2/12/8894 上。

《河朔金石目》2/1b，《新編》2/12/8960 上。

《古誌新目初編》1/9a、12b，《新編》2/18/13696 上、13697 下。

《定庵題跋》37a－b，《新編》2/19/14304 上。

《蒿里遺文目錄》2（3）/3a，《新編》2/20/14978 上。

《蒿里遺文目錄補遺》10b，《新編》2/20/15000 下。

《夢碧簃石言》5/15a，《新編》3/2/220 上。

《漢魏南北朝墓誌集釋》3/21a－b，《新編》3/3/75－76。附《九鐘精舍金石跋尾乙編》。

《河朔新碑目》上卷/2a、中卷/4b，《新編》3/35/556 下、572 下。

《國立北平圖書館藏碑目》11b，《新編》3/36/254 上。

《循園古冢遺文跋尾》5/9a－b，《新編》3/38/40 上。

《元氏誌錄》3b、6a、8a、10a，《新編》3/38/48 上、49 下、50 下、51 下。

《中國金石學講義·正編》23a，《新編》3/39/163。

《墓誌徵存目錄》卷 1，《羅振玉學術論著集》第五集，577 頁。

《歷代墓誌銘拓片目錄》30 頁。

《六朝墓誌檢要》（修訂本）141 頁。

《漢魏六朝碑刻校注·總目提要》編號 1916。

淑德大學《中國石刻拓本目錄》"墓誌" 編號 204。

《北朝隋代墓誌所在總合目錄》編號 641。

《北京大學圖書館藏歷代墓誌拓片目錄》編號 00474。

論文：

馬忠理：《磁縣北朝墓群——東魏北齊陵墓兆域考》，《文物》1994 年第 11 期。

備考：元湛，《魏書》卷一八、《北史》卷一六有傳，附《廣陽王建傳》。

武定 028

張氏妻赫連阿妃磚銘

武定二年（544）十月四日刻。羅振玉舊藏。拓片長24、寬15釐米。文正書，3行，行6至10字不等。

著錄：

《北京圖書館藏中國歷代石刻拓本匯編》6冊113頁。（圖）

《中國古代磚刻銘文集》上、下冊編號0998。（圖、文）

《雪堂專錄·專誌徵存》6b，《羅雪堂先生全集》五編3冊1276頁。（文）

《漢魏南北朝墓誌彙編》361頁。（文）

《全北魏東魏西魏文補遺》383頁。（文）

《石刻名彙》12/206a，《新編》2/2/1131上。（目）

《蒿里遺文目錄》3上/3b，《新編》2/20/14982上。（目）

《北朝隋代墓誌所在綜合目錄》編號646。（目）

武定 029

司馬達墓誌

興和二年（540）十月五日卒，武定二年（544）十月四日葬於中義鄉孝敬里。1996年出土於河南省孟州市南莊鎮黃莊村，今存孟州市博物館。誌高、寬均45釐米，厚8釐米。文13行，滿行17字，正書。首題：魏故河內郡功曹行沁水平皋懷縣三令司馬君墓誌銘。

著錄：

《孟州文物》，孟州市《文史資料》第10輯，168—169頁。（文、跋）

《北朝隋代墓誌所在綜合目錄》編號647。（目）

武定 030

侯海墓誌并蓋

武定二年（544）四月卒於第，以其年十月十日葬於漳水之陽。1912年河北磁縣南鄉王家店出土，曾歸瀋陽博物館，今存遼寧省博物館。誌高、寬均54.5釐米；蓋高33、寬31釐米。蓋3行9字，篆書。文21行，滿行22字，正書。首題：魏故伏波將軍諸冶令侯君墓誌銘；蓋題：魏故伏波侯君墓誌銘。

圖版著錄：

《漢魏南北朝墓誌集釋》圖版三〇一，《新編》3/3/653－654。

《北京圖書館藏中國歷代石刻拓本匯編》6冊114—115頁。

《中國金石集萃》7函9輯編號81。（誌）

《遼寧省博物館藏碑誌精粹》96頁。

《漢魏六朝碑刻校注》7冊385頁。

錄文著錄：

《滿洲金石志別錄》卷上/51a－b，《新編》1/23/17423上。

《魯迅輯校石刻手稿·墓誌》上冊366—368頁。

《漢魏南北朝墓誌彙編》361—362頁。

《漢魏六朝碑刻校注》7冊386頁。

《遼寧省博物館藏碑誌精粹》96頁。

《全北魏東魏西魏文補遺》383—384頁。

碑目題跋著錄：

《滿洲金石志別錄》卷上/52a，《新編》1/23/17423下。

《續補寰宇訪碑錄》4/2b，《新編》1/27/20322下。

《石刻題跋索引》148頁右，《新編》1/30/22486。

《石刻名彙》2/17a，《新編》2/2/1033上。

《崇雅堂碑錄》1/23a，《新編》2/6/4495上。

《蒿里遺文目錄》2（1）/4a，《新編》2/20/14945下。

《漢魏南北朝墓誌集釋》6/66b，《新編》3/3/166。

《國立北平圖書館藏碑目》11b，《新編》3/36/254上。

《古誌彙目》1/8b，《新編》3/37/20。

《循園古冢遺文跋尾》5/11a－b，《新編》3/38/41上。

《中國金石學講義·正編》23a，《新編》3/39/163。

《墓誌徵存目錄》卷1，《羅振玉學術論著集》第五集，577頁。

《魯迅輯校石刻手稿·墓誌》上冊368—369頁。附況周頤跋。

《歷代墓誌銘拓片目錄》31頁。

《增補校碑隨筆》（修訂本）240 頁。
《六朝墓誌檢要》（修訂本）142 頁。
《碑帖鑒定》190 頁。
《遼寧省博物館藏碑誌精粹》97 頁。
《漢魏六朝碑刻校注·總目提要》編號 1920。
淑德大學《中國石刻拓本目錄》"墓誌"編號 208。
《北朝隋代墓誌所在總合目錄》編號 648。
《北京大學圖書館藏歷代墓誌拓片目錄》編號 00477。

武定 031

閻詳墓誌

又名：閻洪慶墓誌。武定二年（544）七月卒於第，以其年十月廿二日葬於鄴城西南十五里谷岸。河南安陽縣出土。拓本高、寬均 54 釐米。文正書，19 行，滿行 21 字。首題：征虜將軍兗州高平太守閻公墓誌。

著錄：

《金石拓本題跋集萃》55 頁。（圖）
《北京大學圖書館新藏金石拓本菁華 1996—2012》107 頁。（圖）
《新出土墓誌精粹》（北朝卷）下冊 70—71 頁。（圖）
《秦晉豫新出墓誌蒐佚續編》1 冊 106 頁。（圖）
《文化安豐》186—187 頁。（圖、文）
《新見北朝墓誌集釋》99—101 頁。（圖、文、跋）
淑德大學《中國石刻拓本目錄》"墓誌"編號 209。（目）
《北朝隋代墓誌所在總合目錄》編號 649。（目）
《北京大學圖書館藏歷代墓誌拓片目錄》編號 00478。（目）

武定 032

汲陽王元敬墓誌

武定二年（544）十月廿八日。誌高、寬均 36.5 釐米。文 12 行，滿行 12 字，正書。

碑目著錄：

《六朝墓誌檢要》（修訂本）142—143 頁。

《漢魏六朝碑刻校注·總目提要》編號 1922。

《北朝隋代墓誌所在總合目錄》編號 650。

武定 033

羅家娣誓要墓記磚

武定二年（544）十一月三日。磚高 14.5、寬 13 釐米。文正書，3 行，行 4 至 7 字不等。

著錄：

《中國古代磚刻銘文集》上、下冊編號 0999。（圖、文）

《北朝隋代墓誌所在總合目錄》編號 651。（目）

《北京大學圖書館藏歷代墓誌拓片目錄》編號 00479。（目）

武定 034

假河東太守呂貽墓誌

正光二年（521）五月終於家，以武定二年（544）十一月五日改葬於朝陽鄉太公里。1967 年衛輝市太公泉鄉呂村出土，現藏衛輝市博物館。誌高 35、寬 36 釐米。文 16 行，滿行 16 字，隸書。首題：魏故詔假河東太守呂君墓誌。

著錄：

《新中國出土墓誌·河南（壹）》上冊 62 頁（圖）、下冊 48 頁（文）。

《漢魏六朝碑刻校注》7 冊 390—391 頁。（圖、文）

《漢魏南北朝墓誌彙編》362—363 頁。（文）

《全北魏東魏西魏文補遺》384 頁。（文）

《漢魏六朝碑刻校注·總目提要》編號 1923。（目）

《北朝隋代墓誌所在總合目錄》編號 652。（目）

武定 035

潁川民墓記磚

武定二年（544）十一月十四日。河北正定墨香閣舊藏。磚高 16、寬 31 釐米。文正書，2 行，行 6 至 7 字。

著錄：

《墨香閣藏北朝墓誌》263 頁。（圖、文）

武定 036

可朱渾王息墓記磚

武定二年（544）十一月十四日。河北出土。兩面刻，拓片一高 30、寬 15 釐米；一高 32、寬 15.5 釐米。文正書，一面 1 行 5 字；一面 2 行，行 7 字不等。

碑目著錄：

《北京大學圖書館藏歷代墓誌拓片目錄》編號 00480。

武定 037

霍育墓誌

武定元年（543）二月卒於鄴定里，二年（544）十一月十六日葬於鄴城之西南野馬罡。河南安陽出土，石藏河北正定墨香閣。誌高、寬均 39 釐米。文正書，24 行，滿行 24 字。首題：魏故前將軍汝北太守霍府君墓銘。

著錄：

《文化安豐》187—188 頁。（圖、文）

《墨香閣藏北朝墓誌》58—59 頁。（圖、文）

《北朝隋代墓誌所在総合目錄》編號 653。（目）

《北京大學圖書館藏歷代墓誌拓片目錄》編號 00481。（目）

備考：《北朝隋代墓誌所在総合目錄》誤作"霍朗墓誌"。

武定 038

可足渾洛妻叔孫氏墓誌

武定二年（544）九月十四日卒於鄴縣令卿里，其年十一月廿九日葬於豹祠西南野馬崗東十里。出土於河南省安陽市。誌高、寬均 54 釐米。文 19 行，滿行 22 字，正書。首題：魏故可足渾氏叔孫夫人墓誌銘。

圖版著錄：

《洛陽新獲七朝墓誌》37 頁。

《文化安豐》191 頁。

《秦晉豫新出墓誌蒐佚續編》1 冊 107 頁。

碑目著錄：

《北朝隋代墓誌所在總合目錄》編號 660。

武定 039

李彬墓誌

卒於鄴都脩仁里，武定二年（544）十一月廿九日葬於鄴城西南。河南安陽縣出土。誌高 66.5、寬 67 釐米。文 28 行，滿行 28 字，隸書。

著錄：

《文化安豐》189—190 頁。（圖、文）

《北朝隋代墓誌所在總合目錄》編號 659。（目）

《北京大學圖書館藏歷代墓誌拓片目錄》編號 00484。（目）

備考：李彬，《北史》卷一〇〇附《李信則傳》。

武定 040

叔孫固墓誌

薨於德遊里，武定二年（544）十一月廿九日葬於紫陌之陽。1915 年河南安陽出土，曾歸安陽金石保存所。誌高 65、寬 66 釐米。文 28 行，滿行 28 字，隸書。首題：魏故使持節都督三州諸軍事驃騎大將軍東梁州東徐州刺史當州大都督儀同三司兗州刺史臨濟縣開國侯叔孫公墓誌之銘。

圖版著錄：

《漢魏南北朝墓誌集釋》圖版三〇三，《新編》3/3/656。

《北京圖書館藏中國歷代石刻拓本匯編》6 冊 117 頁。

《漢魏六朝碑刻校注》8 冊 1 頁。

錄文著錄：

《魯迅輯校石刻手稿・墓誌》上冊 370—373 頁。

《漢魏南北朝墓誌彙編》365—366 頁。

《漢魏六朝碑刻校注》8 冊 2 頁。

《全北魏東魏西魏文補遺》387—388 頁。

碑目題跋著錄：

《續補寰宇訪碑錄》4/2b，《新編》1/27/20322 下。

《石刻題跋索引》149 頁左，《新編》1/30/22487。

《石刻名彙》2/17a，《新編》2/2/1033 上。

《崇雅堂碑錄》1/23a，《新編》2/6/4495 上。

《河朔訪古新錄》2/1b，《新編》2/12/8894 上。

《河朔金石目》2/1b，《新編》2/12/8960 上。

《古誌新目初編》1/12b，《新編》2/18/13697 下。

《蒿里遺文目錄補遺》1a，《新編》2/20/14996 上。

《漢魏南北朝墓誌集釋》6/66b – 67a，《新編》3/3/166 – 167。

《河朔新碑目》上卷/2b、中卷/4b，《新編》3/35/556 下、572 下。

《國立北平圖書館藏碑目》11b，《新編》3/36/254 上。

《循園古冡遺文跋尾》5/11b – 12a，《新編》3/38/41 上—下。

《墓誌徵存目錄》卷 1，《羅振玉學術論著集》第五集，577 頁。

《歷代墓誌銘拓片目錄》31 頁。

《六朝墓誌檢要》（修訂本）143 頁。

《增補校碑隨筆》（修訂本）240 頁。

《碑帖鑒定》190 頁。

《漢魏六朝碑刻校注·總目提要》編號 1925。

《北朝隋代墓誌所在総合目錄》編號 658。

《北京大學圖書館藏歷代墓誌拓片目錄》編號 00482。

武定 041

羊深妻崔元容墓誌

武定二年（544）正月廿五日薨於盧鄉瀝里第，其年十一月廿九日合葬舊塋。1973 年出土於山東省新泰縣天寶鎮顏前村，今存新泰市博物館。誌高 59、寬 89 釐米。文正書，27 行，滿行 19 字。首題：侍中車騎大將軍中書令羊令君妻崔夫人墓誌銘。

著錄：

《漢魏六朝碑刻校注》7 冊 392—393 頁。（圖、文）

《山東石刻分類全集·歷代墓誌》53頁。（圖、文）

《新出魏晉南北朝墓誌疏證》（修訂本）155—156頁。（文、跋）

《全北魏東魏西魏文補遺》386頁。（文）

《齊魯碑刻墓誌研究》242—244頁、366頁。（跋、目）

《漢魏六朝碑刻校注·總目提要》編號1926。（目）

《北朝隋代墓誌所在總合目錄》編號655。（目）

論文：

周郢：《新發現的羊氏家族墓誌考略》，《周郢文史論文集》，第46—80頁；又載於《岱宗學刊》1997年第3期。

常明：《東魏〈羊令君妻崔夫人墓誌銘〉考》，《書法叢刊》2003年第2期。

備考：羊深，《魏書》卷七七、《北史》卷三九有傳。

武定042

賈思伯妻劉靜憐墓誌

興和三年（541）六月十九日薨於青州齊郡益都縣益城里，以武定二年（544）十一月廿九日祔窆宅兆。1973年出土於山東省壽光縣城關鎮李二村，今存壽光縣博物館。誌高、寬均79釐米。文正書，28行，滿行28字。首題：魏故鎮東將軍兗州刺史尚書右僕射文貞賈公夫人劉氏墓誌銘。

著錄：

《漢魏六朝碑刻校注》7冊395—396頁。（圖、文）

《山東石刻分類全集·歷代墓誌》54—55頁。（圖、文）

《全北魏東魏西魏文補遺》385頁。（文）

《齊魯碑刻墓誌研究》295、366頁。（跋、目）

《漢魏六朝碑刻校注·總目提要》編號1927。（目）

《北朝隋代墓誌所在總合目錄》編號654。（目）

論文：

壽光縣博物館：《山東壽光北魏賈思伯墓》，《考古》1992年第8期。

備考：賈思伯，《魏書》卷七二、《北史》卷四七有傳。

武定 043

隗天念墓誌

武定二年（544）十一月廿九日葬於城東北三里。河南輝縣出土，曾歸天津姚貴昉，今存北京故宮博物院。誌高 35、寬 24.5 釐米。文 8 行，滿行 14 字，正書。

圖版著錄：

《漢魏南北朝墓誌集釋》圖版三〇二，《新編》3/3/655。

《北京圖書館藏中國歷代石刻拓本匯編》6 冊 118 頁。

《漢魏六朝碑刻校注》7 冊 401 頁。

《故宮博物院藏歷代墓誌彙編》1 冊 75 頁。

錄文著錄：

《漢魏南北朝墓誌彙編》365 頁。

《漢魏六朝碑刻校注》7 冊 402 頁。

《故宮博物院藏歷代墓誌彙編》1 冊 74 頁。

《全北魏東魏西魏文補遺》386 頁。

碑目題跋著錄：

《石刻題跋索引》149 頁左，《新編》1/30/22487。

《石刻名彙》2/17a，《新編》2/2/1033 上。

《崇雅堂碑錄補》1/9b，《新編》2/6/4555 上。

《蒿里遺文目錄》2（1）/4a，《新編》2/20/14945 下。

《漢魏南北朝墓誌集釋》6/66b，《新編》3/3/166。

《石交錄》3/15b–16a，《新編》4/6/470 上—下。

《墓誌徵存目錄》卷 1，《羅振玉學術論著集》第五集，577 頁。

《歷代墓誌銘拓片目錄》31 頁。

《六朝墓誌檢要》（修訂本）143 頁。

《漢魏六朝碑刻校注·總目提要》編號 1928。

淑德大學《中國石刻拓本目錄》"墓誌" 編號 210。

《北朝隋代墓誌所在總合目錄》編號 657。

《北京大學圖書館藏歷代墓誌拓片目錄》編號 00483。

武定 044

李希宗墓誌并蓋

興和二年（540）卒，以武定二年（544）十一月葬黃石山東。1975年冬贊皇縣南邢郭鄉南邢郭村東南 500 米處出土，現藏正定縣文物保管所。盝頂蓋，誌、蓋均高 62.5、寬 62.5、厚 11 釐米。蓋 3 行，行 3 字，篆書。文 30 行，滿行 30 字，正書。蓋題：魏故司空李公之墓銘。首題：大魏武定二年歲次甲子十一月辛巳朔廿九日己酉司空李君墓銘。

著錄：

《河北金石輯錄》229—230 頁。（誌圖、文、跋）

《新中國出土墓誌·河北〔壹〕》上冊 12 頁（圖）、下冊 7—8 頁（文）。

《漢魏六朝碑刻校注》7 冊 398—400 頁。（圖、文）

《漢魏南北朝墓誌彙編》363—365 頁。（文）

《全北魏東魏西魏文補遺》388—389 頁。（文）

《碑帖鑒定》191 頁。（目）

《漢魏六朝碑刻校注·總目提要》編號 1924。（目）

《北朝隋代墓誌所在總合目錄》編號 656。（目）

論文：

石家莊地區革委會文化局文物發掘組：《河北贊皇東魏李希宗墓》，《考古》1977 年第 6 期。

備考：李希宗，《魏書》卷三六、《北史》卷三三有傳。

武定 045

呂光墓記磚

武定二年（544）。磚高 31、寬 13.5 釐米。文正書，2 行，行 2 或 6 字。

著錄：

《俟堂專文雜集》152 頁（圖）、目錄編號 166（目）。

《中國磚銘》圖版上冊 704 頁右。（圖）

《中國古代磚刻銘文集》上、下冊編號 1000。（圖、文）

《蒿里遺文目錄》3 上/3b,《新編》2/20/14982 上。(目)
《北朝隋代墓誌所在總合目錄》編號 662。(目)

武定 046
元嘉墓誌

武定二年（544）。河南省新鄉市博物館藏石。
碑目著錄：
《北朝隋代墓誌所在總合目錄》編號 661。
論文：
傅山泉：《河南新鄉石刻綜述》,《華夏考古》2009 年第 3 期。

武定 047
宇文紹義墓誌

卒於寧鄉里，以武定三年（545）正月五日葬於鄴城西南。石藏河北正定墨香閣。誌高、寬均 61 釐米。文 29 行，滿行 30 字，正書。首題：魏故安南將軍尚書右丞修國史宇文君墓誌銘。
著錄：
《文化安豐》194—195 頁。(圖、文)
《墨香閣藏北朝墓誌》60—61 頁。(圖、文)
《北朝隋代墓誌所在總合目錄》編號 663。(目)

武定 048
元光基墓誌并蓋

武定三年（545）二月十九日薨於私宅，越六月廿八日遷葬于西陵。河南洛陽出土。誌、蓋均高 37、寬 33 釐米。文正書，11 行，滿行 12 字。蓋 3 行，行 4 字，篆書。蓋題：魏故侍中司空公吳郡王墓銘；首題：魏故侍中征西將軍雍州刺史司空公吳郡王墓誌銘。
著錄：
《北京圖書館藏中國歷代石刻拓本匯編》6 冊 123 頁。(圖)
《漢魏六朝碑刻校注》8 冊 12—13 頁。(圖、文)
《洛陽出土北魏墓誌選編》武定一，182 頁。(文)
《漢魏南北朝墓誌彙編》366—367 頁。(文)

《全北魏東魏西魏文補遺》389 頁。（文）
《漢魏六朝碑刻校注·總目提要》編號 1933。（目）
《北朝隋代墓誌所在総合目録》編號 664。（目）

武定 049
王邕婦張定女阿蘭甎

《石刻名彙》作"張阿難"。武定三年（545）七月五日。高一尺一寸九分，廣七寸五分。文正書，3 行，計存 24 字。

錄文著錄：

《雪堂專錄·專誌徵存》6b，《羅雪堂先生全集》五編 3 册 1276 頁。

碑目著錄：

《石刻名彙》12/206a，《新編》2/2/1131 上。

《蒿里遺文目錄》3 上/3b，《新編》2/20/14982 上。

武定 050
宗欣墓誌并蓋

武定三年（545）七月七日卒於縣，其年九月遷柩鄴都崇仁里宅，以十月廿八日葬於鄴都之西野馬崗之左。河南安陽出土，一說河北磁縣出土，曾歸周肇祥。拓片誌高、寬均 53 釐米；蓋高、寬均 30 釐米。文隸書，29 行，滿行 29 字。蓋篆書，3 行，行 3 字。首題：魏故荆州刺史宗使君墓誌銘；蓋題：魏故荆州宗使君墓誌。

著錄：

《北京圖書館藏中國歷代石刻拓本匯編》6 册 127—128 頁。（圖）

《漢魏六朝碑刻校注》8 册 20—21 頁。（圖、文）

《漢魏南北朝墓誌彙編》367—368 頁。（文）

《全北魏東魏西魏文補遺》389—390 頁。（文）

《六朝墓誌檢要》（修訂本）143 頁。（目）

《漢魏六朝碑刻校注·總目提要》編號 1936。（目）

《北朝隋代墓誌所在総合目録》編號 665。（目）

《北京大學圖書館藏歷代墓誌拓片目錄》編號 00485。（目）

武定 051
元晫墓誌

又名：元晫墓誌。武定三年（545）閏月廿日薨於位，以其年十一月廿九日遷葬於鄴城西北十五里武城之陰。河北磁縣出土，曾歸粵中鄧氏，吳興張鈞衡。誌高 76、寬 79 釐米。文 25 行，滿行 26 字，正書。首題：魏故散騎侍郎汝陽王墓誌銘。

圖版著錄：

《漢魏南北朝墓誌集釋》圖版一〇五，《新編》3/3/402。

《北京圖書館藏中國歷代石刻拓本匯編》6 冊 131 頁。

《漢魏六朝碑刻校注》8 冊 25 頁。

錄文著錄：

《魯迅輯校石刻手稿·墓誌》上冊 374—376 頁。

《漢魏南北朝墓誌彙編》368—369 頁。

《漢魏六朝碑刻校注》8 冊 26 頁。

《全北魏東魏西魏文補遺》390—391 頁。

碑目題跋著錄：

《石刻題跋索引》149 頁左，《新編》1/30/22487。

《石刻名彙》2/17a，《新編》2/2/1033 上。

《崇雅堂碑錄補》1/10a，《新編》2/6/4555 下。

《河朔金石目》2/1b，《新編》2/12/8960 上。

《蒿里遺文目錄》2（3）/3a，《新編》2/20/14978 上。

《夢碧簃石言》5/15b，《新編》3/2/220 上。

《漢魏南北朝墓誌集釋》4/24a，《新編》3/3/81。附《九鐘精舍金石跋尾乙編》。

《國立北平圖書館藏碑目》11b，《新編》3/36/254 上。

《古誌彙目》1/8b，《新編》3/37/20。

《循園古冢遺文跋尾》5/12a–b，《新編》3/38/41 下。

《元氏誌錄》3b、7a，《新編》3/38/48 上、50 上。

《墓誌徵存目錄》卷 1，《羅振玉學術論著集》第五集，577 頁。

《丙寅稿》，《羅振玉學術論著集》第十集（上）146 頁。

《魯迅輯校石刻手稿·墓誌》上冊 376—377 頁。附况周頤跋。

《增補校碑隨筆》（修訂本）240—241 頁。

《六朝墓誌檢要》（修訂本）143 頁。

《碑帖鑒定》190 頁。

《漢魏六朝碑刻校注·總目提要》編號 1938。

《北朝隋代墓誌所在總合目錄》編號 666。

《北京大學圖書館藏歷代墓誌拓片目錄》編號 00486。

論文：

馬忠理：《磁縣北朝墓群——東魏北齊陵墓兆域考》，《文物》1994年第 11 期。

備考：元睟，字子沖，《魏書》卷一九上《元遥傳》載其為元遥之子，以字顯。

武定 052

鄭君墓誌

武定三年（545）。河南洛陽出土，浙江會稽顧氏舊藏。正書。

碑目題跋著錄：

《藝風堂金石文字目》18/2b，《新編》1/26/19814 下。

《石刻名彙》2/17a，《新編》2/2/1033 上。

《崇雅堂碑錄補》1/10a，《新編》2/6/4555 下。

《古誌彙目》1/8b，《新編》3/37/20。

武定 053

陸子玉墓誌

天平四年（537）七月六日卒於鄴都，武定四年（546）正月廿九日葬於鄴西之崗。河南安陽出土，石藏河北正定墨香閣。誌高、寬均 55 釐米。文 25 行，滿行 26 字，正書。首題：魏故使持節都督齊州諸軍事平東將軍齊州刺史陸使君墓誌銘。

著錄：

《文化安豐》192—193 頁。（圖、文）

《墨香閣藏北朝墓誌》62—63 頁。（圖、文）
《北朝隋代墓誌所在綜合目錄》編號 667。（目）
《北京大學圖書館藏歷代墓誌拓片目錄》編號 00487。（目）

武定 054

封柔墓誌

又名：封思溫墓誌。武定二年（544）三月十九日卒於廣樂鄉新安里，以武定四年（546）二月十一日葬於本邨；夫人崔氏，以熙平二年（517）八月十日卒，繼夫人畢氏以興和三年（541）七月十一日卒，回葬樂陵。1956 年河北省吳橋縣西宋門鄉小馬廠村出土，河北省文物研究所藏石。誌高·寬均 63.5 釐米、厚 13 釐米。文 27 行，滿行 28 字，正書。首題：魏故諮議封府君墓誌銘并序。

著錄：

《河北金石輯錄》230—231 頁。（圖、文、跋）
《漢魏六朝碑刻校注》8 冊 32—33 頁。（圖、文）
《漢魏南北朝墓誌彙編》369—371 頁。（文）
《全北魏東魏西魏文補遺》391—392 頁。（文）
《六朝墓誌檢要》（修訂本）144 頁。（目）
《北朝隋代墓誌所在綜合目錄》編號 668。（目）
《漢魏六朝碑刻校注·總目提要》編號 1942。（目）

論文：

張平一：《河北吳橋縣發現東魏墓》，《考古通訊》1956 年第 6 期。

趙超：《中國國家博物館藏北朝封氏諸墓誌匯考》，《中國歷史文物》2007 年第 2 期。

武定 055

臨漳縣民張□彥甎

又名：臨漳縣殘葬甎。武定四年（546）二月廿伍（五）日。正書。日本太田氏舊藏。

碑目題跋著錄：

《石刻名彙》12/206a，《新編》2/2/1131 上。

《蒿里遺文目錄續編·甄誌徵存》12b，《新編》3/37/542 下。

《海外貞珉錄》4b，《新編》4/1/244 下。

武定 056

王忻墓誌

武定四年（546）三月十九日葬於鄴西際陌河北崗嶺之阿。據云 21 世紀初出土於河南省安陽市，一說河北磁縣出土（據葬地推測）。誌高、寬均 55 釐米。文 26 行，滿行 26 字，隸書。首題：魏故征虜將軍掖庭令王君墓誌銘。

著錄：

《秦晉豫新出墓誌蒐佚續編》1 冊 110 頁。（圖）

《文化安豐》196—197 頁。（圖、文）

《北朝隋代墓誌所在總合目錄》編號 669。（目）

《北京大學圖書館藏歷代墓誌拓片目錄》編號 00488。（目）

武定 057

董索墓誌

武定四年（546）二月廿日卒，四月十三日遷葬。近年出土。誌高 34.3、寬 39 釐米。文 9 行，滿行 9 字，正書含隸意。

圖版著錄：

《新出土墓誌精粹》（北朝卷）下冊 20—21 頁。（圖）

武定 058

陰寶墓誌

武定二年（544）二月八日卒於臨漳縣軌俗里，四年（546）五月八日遷葬于鄴城西南。河南安陽出土，石藏河北正定墨香閣。誌高、寬均 30 釐米。文 17 行，滿行 18 字，正書。首題：魏故征東將軍金紫光祿大夫陰君墓誌銘。

著錄：

《文化安豐》199—200 頁。（圖、文）

《墨香閣藏北朝墓誌》64—65 頁。（圖、文）

《新見北朝墓誌集釋》96—98 頁。（圖、文、跋）

《北朝隋代墓誌所在總合目錄》編號670。（目）

《北京大學圖書館藏歷代墓誌拓片目錄》編號00489。（目）

武定 059

可足渾桃杖墓誌磚

武定四年（546）九月十二日終於寧鄉里，以其年九月廿一日葬於豹祀之西。近年河北臨漳縣出土，磚藏民間。尺寸不詳。文正書，7行，行10至12字不等。

著錄：

《中國古代磚刻銘文集》上、下冊編號1001。（圖、文）

《北朝隋代墓誌所在總合目錄》編號671。（目）

武定 060

劉強定記

正始三年（506）二月十六日卒，武定四年（546）十月廿八日葬。吳縣潘氏舊藏。出土時地及尺寸不詳。文正書，6行，行11至13字不等。

圖版、錄文著錄：

《漢魏六朝碑刻校注》8冊39—40頁。（圖、文）

《漢魏南北朝墓誌彙編》371頁。（文）

《全北魏東魏西魏文補遺》392頁。（文）

碑目題跋著錄：

《石刻名彙》2/17b，《新編》2/2/1033上。

《古誌彙目》1/8b，《新編》3/37/20。

《蒿里遺文目錄續編·甎誌徵存》12b，《新編》3/37/542下。

《增補校碑隨筆》（修訂本）244頁。

《碑帖鑒定》190頁。

《漢魏六朝碑刻校注·總目提要》編號1946。

《北朝隋代墓誌所在總合目錄》編號672。

《北京大學圖書館藏歷代墓誌拓片目錄》編號00490。

武定 061

元融妃盧貴蘭墓誌

又名"章武王妃盧氏墓誌"。武定四年（546）十一月八日薨於鄴都，以其月廿二日葬於漳水之北，武城之西。1912 年河北磁縣南鄉八里塚出土，曾歸武進陶蘭泉、上虞羅振玉，據傳民國間售往日本。有重刻本。遼寧省博物館藏石。誌高、寬均 61.5 釐米。文正書，23 行，正文 19 行，滿行 22 字；尾題 4 行，滿行 44 字。首題：魏故使持節侍中司徒公都督雍華岐并楊青五州諸軍事車騎大將軍雍州刺史章武王妃盧墓誌銘。

圖版著錄：

《漢魏南北朝墓誌集釋》圖版一五〇，《新編》3/3/451。

《北京圖書館藏中國歷代石刻拓本匯編》6 冊 137 頁。

《中國金石集萃》7 函 9 輯編號 82。

《遼寧省博物館藏碑誌精粹》98 頁。

《漢魏六朝碑刻校注》8 冊 41 頁。

錄文著錄：

《滿洲金石志別錄》卷上/52a－53a，《新編》1/23/17423 下—17424 上。

《魯迅輯校石刻手稿·墓誌》上冊 378—381 頁。

《漢魏南北朝墓誌彙編》371—372 頁。

《漢魏六朝碑刻校注》8 冊 42 頁。

《遼寧省博物館藏碑誌精粹》98 頁。

《全北魏東魏西魏文補遺》392—393 頁。

碑目題跋著錄：

《石刻題跋索引》149 頁左，《新編》1/30/22487。

《石刻名彙》2/17a，《新編》2/2/1033 上。

《崇雅堂碑錄補》1/10a，《新編》2/6/4555 下。

《蒿里遺文目錄》2（3）/4a，《新編》2/20/14978 下。

《夢碧簃石言》5/15b，《新編》3/2/220 上。

《漢魏南北朝墓誌集釋》4/32a，《新編》3/3/97。

《國立北平圖書館藏碑目》11b，《新編》3/36/254 上。

《古誌彙目》1/8b，《新編》3/37/20。

《循園古冢遺文跋尾》5/12b–13a，《新編》3/38/41 下—42 上。

《元氏誌錄》3b、10a，《新編》3/38/48 上、51 下。

《雪堂金石文字跋尾》3/6b–7b，《新編》3/38/306 下—307 上。

《墓誌徵存目錄》卷1，《羅振玉學術論著集》第五集，578 頁。

《洛陽出土石刻時地記》附錄 009，72 頁。

《歷代墓誌銘拓片目錄》31 頁。

《增補校碑隨筆》（修訂本）244 頁。

《六朝墓誌檢要》（修訂本）144 頁。

《碑帖鑒定》191 頁。

《遼寧省博物館藏碑誌精粹》99 頁。

《漢魏六朝碑刻校注·總目提要》編號 1947。

淑德大學《中國石刻拓本目錄》"墓誌"編號 213。

《北朝隋代墓誌所在總合目錄》編號 673。

《北京大學圖書館藏歷代墓誌拓片目錄》編號 00491。

論文：

馬忠理：《磁縣北朝墓群——東魏北齊陵墓兆域考》，《文物》1994 年第 11 期。

王金科：《鄴城早年出土的幾方墓誌》（一），《文物春秋》1996 年第 1 期。

備考：元融，《魏書》卷一九下、《北史》卷一八有傳，附《章武王太洛傳》。

武定 062

姬朗墓誌

武定四年（546）八月廿五日卒，其年十二月四日葬於野馬崗左。石藏河北正定墨香閣。磚高、寬均 34 釐米。文 17 行，滿行 20 字。首題：大魏冠軍將軍中散大夫姬朗墓誌。

著錄：

《墨香閣藏北朝墓誌》66—67 頁。（圖、文）

武定 063
田靜墓誌

武定四年（546）十月十日卒於鄴城之東臨漳縣崇仁鄉孝義里，十二月四日葬於豹祠之西南。河南安陽縣出土。誌高、寬均 49 釐米。文 27 行，滿行 28 字，正書。首題：魏故平西將軍太中大夫田君墓誌銘。

著錄：

《文化安豐》197—198 頁。（圖、文）

《北朝隋代墓誌所在總合目錄》編號 674。（目）

《北京大學圖書館藏歷代墓誌拓片目錄》編號 00492。（目）

武定 064
孟桃湯墓誌

武定四年（546）十二月廿六日卒，武定五年（547）正月廿二日葬於鄴城西南十五里。河南安陽縣出土。誌高、寬均 43 釐米。文 9 行，滿行 9 字，正書。

著錄：

《文化安豐》202 頁。（圖、文）

《新見北朝墓誌集釋》102—104 頁。（圖、文、跋）

《北朝隋代墓誌所在總合目錄》編號 675。（目）

《北京大學圖書館藏歷代墓誌拓片目錄》編號 00493。（目）

武定 065
高歡墓碑

又名：獻武王碑、高歡墓闕。武定五年（547）正月卒。石原在河北磁縣，久佚。拓片高 12、寬 29 釐米。文正書，存 17 行，行存 10 至 13 字不等。

圖版著錄：

《北京圖書館藏中國歷代石刻拓本匯編》6 冊 139 頁。

錄文著錄：

《全北魏東魏西魏文補遺》396—397 頁。

碑目題跋著錄：

《石刻名彙》2/17b,《新編》2/2/1033 上。

《崇雅堂碑錄補》1/10a,《新編》2/6/4555 下。

（光緒）《畿輔通志·金石十一》148/61a,《新編》2/11/8538 上。

（光緒）《重修廣平府志·金石略下》36/5a－b,《新編》3/25/132 上。

《諸史碑銘錄目·魏書金石》,《新編》3/37/329 下。

《全後魏文》51/9a,《全文》4 冊 3767 上。

備考：高歡,《北齊書》卷一、卷二,《北史》卷六有本紀。

武定 066

相里才墓記磚

又名：相里才高墓磚。武定五年（547）二月五日。羅振玉唐風樓舊藏。磚高一尺三寸七分，廣六寸三分。文正書，2 行，計 12 字。

錄文著錄：

《雪堂專錄·專誌徵存》6b－7a,《羅雪堂先生全集》五編 3 冊 1276—1277 頁。

碑目著錄：

《石刻名彙》12/206a,《新編》2/2/1131 上。

《蒿里遺文目錄》3 上/3b,《新編》2/20/14982 上。

武定 067

西兗州刺史鄭君殘碑

又名：鄭公碑、西兗州刺史鄭君殘誌。武定五年（547）二月七日薨於陽武縣五池鄉永豐里舍。河南河陰縣西十餘里大覺寺出土，曾歸長白端方，今存中國國家博物館。殘石拓片高 77、寬 75 釐米。文殘存 25 行，行 20 至 26 字不等，正書。

圖版著錄：

《北京圖書館藏中國歷代石刻拓本匯編》6 冊 140 頁。

《漢魏六朝碑刻校注》8 冊 46 頁。

錄文著錄：

《匋齋藏石記》9/12a – 13a，《新編》1/11/8068 下—8069 上。

《魯迅輯校石刻手稿·碑銘》中冊 411—413 頁。

《漢魏六朝碑刻校注》8 冊 47 頁。

《全北魏東魏西魏文補遺》76—77 頁。

碑目題跋著錄：

《匋齋藏石記》9/13b – 14b，《新編》1/11/8069 上—下。

《唐風樓金石文字跋尾》，《新編》1/26/19843 上。

《續補寰宇訪碑錄》4/2b，《新編》1/27/20322 下。

《續補寰宇訪碑錄》8/2a，《新編》1/27/20345 下。

《石刻題跋索引》35 頁左，《新編》1/30/22373。

《蒿里遺文目錄》1 上/4a，《新編》2/20/14939 上。

《雪堂金石文字跋尾》3/8b – 9a，《新編》3/38/307 下—308 上。

《歷代墓誌銘拓片目錄》31 頁。

《增補校碑隨筆》（修訂本）251 頁。

《六朝墓誌檢要》（修訂本）145 頁。

《碑帖鑒定》192 頁。

《漢魏六朝碑刻校注·總目提要》編號 1949。

淑德大學《中國石刻拓本目錄》"碑碣等刻石" 編號 456。

武定 068

雷亥郎妻文羅氣墓誌并蓋

卒於鄴都德宮里，武定五年（547）二月十七日葬於鄴城西豹寺之南公田之際。河南安陽縣出土，石藏河北正定墨香閣。誌高、寬均 37 釐米。文 20 行，滿行 20 字，正書。蓋 3 行，行 6 字，正書。蓋題：魏故魯陽郡中正長秋雷氏文夫人之墓誌銘。首題：魏故長秋雷氏文夫人墓誌銘記。

著錄：

《文化安豐》200—201 頁。（圖、文）

《墨香閣藏北朝墓誌》68—69 頁。（誌圖、文）

《北朝隋代墓誌所在總合目錄》編號 676。（目）

《北京大學圖書館藏歷代墓誌拓片目錄》編號00494。（目）

論文：

胡鴻：《蠻女文羅氣的一生——新出墓誌所見北魏後期蠻人的命運》，《魏晉南北朝隋唐史資料》第35輯，2017年。

武定069

喬貳仁塚記磚

又名：高貳仁塚記磚。武定五年（547）二月廿日。磚高23、寬16釐米。文正書兼隸書，3行，行3至5字不等。

著錄：

《中國古代磚刻銘文集》上、下冊編號1002。（圖、文）

《北朝隋代墓誌所在總合目錄》編號677。（目）

《北京大學圖書館藏歷代墓誌拓片目錄》編號00495。（目）

武定070

軍士張羽生記

武定五年（547）二月廿三日。正書。

碑目著錄：

《蒿里遺文目錄》3上/3b，《新編》2/20/14982上。

武定071

堯榮妻趙胡仁墓誌并蓋

武定三年（545）卒於第，武定五年（547）二月廿九日葬於鄴城西七里之北，左帶漳水五里之西。1974年5月磁縣東陳村四美塚之南塚出土，現藏磁縣文物保管所。盝頂蓋，誌、蓋均高56、寬56釐米。蓋3行行3字，篆書。文29行，滿行29字，正書。首題：魏故南陽郡君趙夫人墓誌銘；蓋題：魏故堯氏趙郡君墓銘。韓理洲《全北魏東魏西魏文補遺》考訂，趙胡仁乃《北齊書》卷二十《堯雄傳》中堯雄之母。

著錄：

《河北金石輯錄》231—232頁。（誌圖、文、跋）

《新中國出土墓誌·河北〔壹〕》上冊13頁（圖）、下冊8—9頁（文）。

《漢魏六朝碑刻校注》8 冊 51—53 頁。（圖、文）

《漢魏南北朝墓誌彙編》372—373 頁。（文）

《全北魏東魏西魏文補遺》393—394 頁。（文）

《碑帖鑒定》190—191 頁。（目）

《漢魏六朝碑刻校注·總目提要》編號 1951。（目）

《北朝隋代墓誌所在總合目錄》編號 678。（目）

論文：

磁縣文化館：《河北磁縣南陳村東魏墓》，《考古》1977 年第 6 期。

備考：堯榮，《魏書》卷四二附《堯暄傳》，事又見《北齊書》卷二○《堯雄傳》。

武定 072

號鄃之墓誌

武定五年（547）二月。河南陽武出土。正書。

碑目著錄：

《石刻名彙》2/17b，《新編》2/2/1033 上。

《崇雅堂碑錄》1/23b，《新編》2/6/4495 上。

《六朝墓誌檢要》（修訂本）144 頁。

《漢魏六朝碑刻校注·總目提要》編號 1952。

武定 073

安州刺史赫連栩碑

又名：安州刺史赫連相碑。武定五年（547）四月。

碑目題跋著錄：

《金石錄》2/11a，《新編》1/12/8811 上。

《通志·金石略》卷上/33b，《新編》1/24/18035 下。

《寶刻叢編》20/20b，《新編》1/24/18382 下。

《石刻題跋索引》35 頁左，《新編》1/30/22373。

《佩文齋書畫譜·金石》62/11b 下，《新編》3/2/56 下。

《六藝之一錄》60/5a，《新編》4/5/100 上。

備考：《通志·金石略》所載與《金石錄》有出入，前書云墓主

"赫連相",而後書云墓主"赫連栩",當是字形相似產生的歧義。

武定074

田洛銘記

武定五年（547）五月十三日葬於鄴都城西狗寺南。2009年秋河南省安陽市出土,存民間。誌高35、寬33釐米。文6行,滿行13字。

圖版著錄：

《秦晉豫新出墓誌蒐佚》1冊51頁。

《新出土墓誌精粹》（北朝卷）下冊60—61頁。

碑目著錄：

《北朝隋代墓誌所在總合目錄》編號679。

武定075

穆瑜墓誌并蓋

武定五年（547）二月十八日卒於晉陽,以其年五月十三日葬於西門豹祠西南之野馬崗。誌長67、高65.5釐米；誌蓋底長67、高65釐米；頂長58.5、高57.5釐米。蓋3行,行3字,隸書。文32行,滿行32字,隸書。蓋題：魏故瀛洲穆使君之銘；首題：魏故鎮東將軍相國司馬高唐縣開國男穆君墓誌銘。

著錄：

《北朝藝術研究院藏品圖錄·墓誌》104—107頁。（圖、文）

論文：

李昃、王銀田：《東魏高唐縣開國男穆瑜及夫人陸氏墓誌考釋》,《暨南史學》第11輯,2015年；又載於《北朝藝術研究院藏品圖錄·墓誌》,第216—221頁。

武定076

元澄妃馮令華墓誌

又名"文宣王文靜馮太妃墓誌"、"任城王太妃馮氏墓誌"。武定四年（546）四月四日薨於國邸,以武定五年（547）十一月十六日葬於鄴城西崗漳水之北。河南安陽出土,一說河北磁縣出土,曾歸安陽金石保存所。誌高、寬均79.2釐米。文30行,滿行31字,正書。

首題：魏上宰侍中司徒公領尚書令太傅領太尉公假黃鉞九錫任城文宣王文諍太妃墓誌銘。

圖版著錄：

《漢魏南北朝墓誌集釋》圖版一二六，《新編》3/3/426。

《北京圖書館藏中國歷代石刻拓本匯編》6 冊 145 頁。

《中國金石集萃》7 函 9 輯編號 83。

《漢魏六朝碑刻校注》8 冊 67 頁。

錄文著錄：

《魯迅輯校石刻手稿·墓誌》上冊 385—389 頁。

《漢魏南北朝墓誌彙編》374—375 頁。

《漢魏六朝碑刻校注》8 冊 68—69 頁。

《全北魏東魏西魏文補遺》394—395 頁。

碑目題跋著錄：

《續補寰宇訪碑錄》4/3a，《新編》1/27/20323 上。

《石刻題跋索引》149 頁左，《新編》1/30/22487。

《石刻名彙》2/17b，《新編》2/2/1033 上。

《崇雅堂碑錄補》1/10a，《新編》2/6/4555 下。

《河朔訪古新錄》2/1b，《新編》2/12/8894 上。

《河朔金石目》2/2a，《新編》2/12/8960 下。

《古誌新目初編》1/12b，《新編》2/18/13697 下。

《蒿里遺文目錄》2（3）/4a，《新編》2/20/14978 下。

《夢碧簃石言》5/15b，《新編》3/2/220 上。

《漢魏南北朝墓誌集釋》4/27a–b，《新編》3/3/87–88。附《九鐘精舍金石跋尾乙編》。

《河朔新碑目》上卷/2b、中卷/4b，《新編》3/35/556 下、572 下。

《國立北平圖書館藏碑目》11b，《新編》3/36/254 上。

《循園古冢遺文跋尾》5/13b–14b，《新編》3/38/42 上—下。

《元氏誌錄》3b、8b，《新編》3/38/48 上、50 下。

《中國金石學講義·正編》23a，《新編》3/39/163。

《墓誌徵存目錄》卷 1，《羅振玉學術論著集》第五集，578 頁。

《洛陽出土石刻時地記》附錄010，72頁。

《歷代墓誌銘拓片目錄》31頁。

《碑帖敘錄》19頁。

《六朝墓誌檢要》（修訂本）145頁。

《碑帖鑒定》191頁。

《漢魏六朝碑刻校注·總目提要》編號1959。

淑德大學《中國石刻拓本目錄》"墓誌"編號214。

《北朝隋代墓誌所在總合目錄》編號680。

《北京大學圖書館藏歷代墓誌拓片目錄》編號00497。

論文：

馬忠理：《磁縣北朝墓群——東魏北齊陵墓兆域考》，《文物》1994年第11期。

王金科：《鄴城早年出土的幾方墓誌》（二），《文物春秋》1996年第2期。

備考：元澄，《魏書》卷一九中、《北史》卷一八有傳，附《任城王雲傳》。

武定077

元凝妃陸順華墓誌

又名"東安王太妃墓誌"。武定五年（547）五月十一日薨於鄴城脩正里之第，以其年十一月十六日葬於武城之西北，去鄴城十里。河南安陽出土，一說河北磁縣出土，曾歸安陽金石保存所。誌高、寬均58釐米。文22行，滿行22字，正書。首題：大魏故驃騎大將軍散騎常侍濟兖二州刺史二州諸軍事東安王太妃墓誌銘。

圖版著錄：

《漢魏南北朝墓誌集釋》圖版一五一，《新編》3/3/452。

《北京圖書館藏中國歷代石刻拓本匯編》6冊146頁。

《中國金石集萃》8函9輯編號89。

《漢魏六朝碑刻校注》8冊71頁。

錄文著錄：

《魯迅輯校石刻手稿・墓誌》上冊 382—384 頁。
《漢魏南北朝墓誌彙編》375—376 頁。
《漢魏六朝碑刻校注》8 冊 72 頁。
《全北魏東魏西魏文補遺》396 頁。

碑目題跋著錄：

《續補寰宇訪碑錄》4/3a，《新編》1/27/20323 上。
《石刻題跋索引》149 頁左，《新編》1/30/22487。
《石刻名彙》2/17b，《新編》2/2/1033 上。
《崇雅堂碑錄補》1/10a，《新編》2/6/4555 下。
《河朔訪古新錄》2/1b，《新編》2/12/8894 上。
《河朔金石目》2/1b，《新編》2/12/8960 上。
《古誌新目初編》1/12b，《新編》2/18/13697 下。
《蒿里遺文目錄補遺》11a，《新編》2/20/15001 上。
《夢碧簃石言》5/15b，《新編》3/2/220 上。
《漢魏南北朝墓誌集釋》4/32a－b，《新編》3/3/97－98。附《九鐘精舍金石跋尾乙編》。
《河朔新碑目》上卷/2b、中卷/4b，《新編》3/35/556 下、572 下。
《國立北平圖書館藏碑目》11b，《新編》3/36/254 上。
《循園古冢遺文跋尾》5/13a－b，《新編》3/38/42 上。
《元氏誌錄》3b、10a，《新編》3/38/48 上、51 下。
《碑帖跋》64—65 頁，《新編》3/38/212－213、4/7/430 下—431 上。
《中國金石學講義・正編》23a，《新編》3/39/163。
《墓誌徵存目錄》卷 1，《羅振玉學術論著集》第五集，578 頁。
《歷代墓誌銘拓片目錄》32 頁。
《六朝墓誌檢要》（修訂本）145 頁。
《漢魏六朝碑刻校注・總目提要》編號 1960。
淑德大學《中國石刻拓本目錄》"墓誌"編號 215。
《北朝隋代墓誌所在総合目錄》編號 681。
《北京大學圖書館藏歷代墓誌拓片目錄》編號 00496。

論文：

馬忠理：《磁縣北朝墓群——東魏北齊陵墓兆域考》，《文物》1994年第11期。

備考：元凝，《魏書》卷一九下有傳。

武定 078

□君磚誌

武定五年（547）十二月九日。2005年至2008年在河南省安陽縣安豐鄉固岸村、施家河村東、漳河南岸的高臺地 M6 發掘出土。凡18字，未見拓本。

碑目著錄：

《北朝隋代墓誌所在總合目錄》編號682。

論文：

河南省文物考古研究所：《河南安陽固岸墓地考古發掘收穫》，《華夏考古》2009年第3期。（文）

武定 079

穆景相墓誌

卒於晉陽，武定五年（547）十二月廿一日葬於鄴城之西一十九里橫渠之右。誌高、寬均58釐米。文29行，滿行29字，正書。首題：魏故散騎常侍中書舍人使持節驃騎大將軍南豫州刺史穆公墓誌銘。

圖版著錄：

《洛陽新獲七朝墓誌》38頁。

《秦晉豫新出墓誌蒐佚續編》1冊111頁。

碑目著錄：

《北朝隋代墓誌所在總合目錄》編號683。

論文：

李迪：《東魏穆景相墓誌考釋》，《河南牧業經濟學院學報》2017年第5期。

備考：穆景相，《魏書》卷二七附《穆顗傳》，事又見《北史》卷九八《蠕蠕傳》。

武定 080

宋寧道墓銘磚

武定六年（548）二月十七日。河北臨漳縣出土，石藏河北正定墨香閣。磚高 28、寬 18 釐米。文正書，5 行，行 9 字。

著錄：

《墨香閣藏北朝墓誌》264 頁。（圖、文）

《北京大學圖書館藏歷代墓誌拓片目錄》編號 00498。（目）

武定 081

馮僧暉墓記磚

武定六年（548）二月廿五日。2005 年至 2008 年在河南省安陽縣安豐鄉固岸村、施家河村東、漳河南岸的高臺地 M57 發掘出土。凡 16 字，未見拓本。

碑目著錄：

《北朝隋代墓誌所在總合目錄》編號 684。

論文：

河南省文物考古研究所：《河南安陽固岸墓地考古發掘收穫》，《華夏考古》2009 年第 3 期。（文）

武定 082

高林仁母磚誌

武定六年（548）三月十五日。2005 年至 2008 年在河南省安陽縣安豐鄉固岸村、施家河村東、漳河南岸的高臺地 M30 發掘出土。文 4 行，前 3 行行 8 字，末行 1 字，正書。

碑目著錄：

《北朝隋代墓誌所在總合目錄》編號 685。

論文：

河南省文物考古研究所：《河南安陽固岸墓地考古發掘收穫》，《華夏考古》2009 年第 3 期。（圖彩版 17—1、文）

武定 083

許白磚誌

武定六年（548）三月廿日。2005 年至 2008 年在河南省安陽縣安豐鄉固岸村、施家河村東、漳河南岸的高臺地 M12 發掘出土。計 21 字，未見拓本。

碑目著錄：

《北朝隋代墓誌所在總合目錄》編號 686。

論文：

河南省文物考古研究所：《河南安陽固岸墓地考古發掘收穫》，《華夏考古》2009 年第 3 期。（文）

武定 084

趙小慶墓記磚

武定六年（548）三月卅日葬。據云 21 世紀初出土於河南省安陽市。磚高 30、寬 15 釐米。文 2 行，首行 8 字，次行 3 字，正書。

圖版著錄：

《秦晉豫新出墓誌蒐佚續編》1 冊 113 頁。

碑目著錄：

《北京大學圖書館藏歷代墓誌拓片目錄》編號 00499。

武定 085

王顯明墓記磚

武定六年（548）四月十五日。磚高一尺三寸一分，廣六寸六分。文正書，2 行，行 5 或 9 字。

著錄：

《中國磚銘》圖版上冊 705 頁。（圖）

《中國古代磚刻銘文集》上、下冊編號 1003。（圖、文）

《雪堂專錄·專誌徵存》7a，《羅雪堂先生全集》五編 3 冊 1277 頁。（文）

《石刻名彙》12/206a，《新編》2/2/1131 上。（目）

《蒿里遺文目錄》3 上/3b，《新編》2/20/14982 上。（目）

《北朝隋代墓誌所在總合目錄》編號687。（目）

武定 086
高歡妻閭氏墓誌

武定六年（548）四月十三日卒於并州王宮，其年五月卅日葬於齊王陵之北一里。石藏河北正定墨香閣。誌高、寬均79釐米。文22行，滿行23字，隸書。首題：魏故齊獻武高王閭夫人墓誌。

著錄：

《文化安豐》203—204頁。（圖、文）

《墨香閣藏北朝墓誌》70—71頁。（圖、文）

《北朝隋代墓誌所在總合目錄》編號688。（目）

論文：

馬忠理：《磁縣北朝墓群——東魏北齊陵墓兆域考》，《文物》1994年第11期。

劉連香：《東魏齊獻武高王閭夫人茹茹公主墓誌考釋》，《華夏考古》2016年第2期。

備考：閭氏，即蠕蠕公主，《北史》卷一四有傳。

武定 087
魯□甄

武定六年（548）六月十三日。正書。

碑目著錄：

《蒿里遺文目錄》3上/3b，《新編》2/20/14982上。

武定 088
張瓊墓誌

又名：張德連墓誌。天平五年（538）十一月卒於西夏州，武定六年（548）十月廿二日葬於鄴城之西北五里近小崗。石藏河北正定墨香閣。誌高75、寬73釐米。文34行，滿行34字，正書。首題：魏故使持節司徒公張君墓誌銘。

著錄：

《文化安豐》158頁（圖）。

《金石拓本題跋集萃》57 頁。（圖）

《墨香閣藏北朝墓誌》72—73 頁。（圖、文）

《北朝隋代墓誌所在總合目錄》編號 690。（目）

論文：

劉東升：《東魏張瓊墓誌考釋》，《內蒙古社會科學》（漢文版）2015 年第 6 期。

廖基添：《論魏齊之際"河南—河北"政治格局的演變—從東魏張瓊父子墓誌説起》，《文史》2016 年第 3 輯。

備考：張瓊，《北齊書》卷二〇、《北史》卷五三有傳。

武定 089

元延明妃馮恭貞墓誌

又名：安豐王妃馮氏墓誌。薨於鄉義里，以武定六年（548）十月廿二日葬於鳳義里第。1912 年河北省磁縣南鄉八里塚出土，曾歸安陽勸學所，今存遼寧省博物館。誌高 67、寬 68.5 釐米。文 22 行，滿行 21 字，隸書。首題：魏故使持節侍中太保特進都督離華岐三州諸軍事大將軍離州刺史安豐王妃馮氏墓銘。

圖版著錄：

《漢魏南北朝墓誌集釋》圖版一七〇，《新編》3/3/475。

《北京圖書館藏中國歷代石刻拓本匯編》6 冊 151 頁。

《遼寧省博物館藏碑誌精粹》100 頁。

《漢魏六朝碑刻校注》8 冊 87 頁。

錄文著錄：

《魯迅輯校石刻手稿·墓誌》上冊 390—392 頁。

《漢魏南北朝墓誌彙編》376—377 頁。

《漢魏六朝碑刻校注》8 冊 88 頁。

《遼寧省博物館藏碑誌精粹》100 頁。

《全北魏東魏西魏文補遺》397 頁。

碑目題跋著錄：

《續補寰宇訪碑錄》4/3b，《新編》1/27/20323 上。

《石刻名彙》2/17b，《新編》2/2/1033 上。

《崇雅堂碑錄》1/23b，《新編》2/6/4495 上。

《古誌新目初編》1/12b–13a，《新編》2/18/13697 下—13698 上。

《蒿里遺文目錄》2（3）/4b，《新編》2/20/14978 下。

《夢碧簃石言》5/15b，《新編》3/2/220 上。

《漢魏南北朝墓誌集釋》4/35b，《新編》3/3/104。

《國立北平圖書館藏碑目》11b，《新編》3/36/254 上。

《循園古冢遺文跋尾》5/14b–15a，《新編》3/38/42 下—43 上。

《元氏誌錄》3b、8b，《新編》3/38/48 上、50 下。

《中國金石學講義·正編》23a，《新編》3/39/163。

《墓誌徵存目錄》卷1，《羅振玉學術論著集》第五集，578 頁。

《洛陽出土石刻時地記》附錄011，72 頁。

《歷代墓誌銘拓片目錄》32 頁。

《六朝墓誌檢要》（修訂本）146 頁。

《碑帖鑒定》191 頁。

《遼寧省博物館藏碑誌精粹》101 頁。

《漢魏六朝碑刻校注·總目提要》編號1966。

淑德大學《中國石刻拓本目錄》"墓誌"編號216。

《北朝隋代墓誌所在總合目錄》編號689。

《北京大學圖書館藏歷代墓誌拓片目錄》編號00500。

論文：

馬忠理：《磁縣北朝墓群——東魏北齊陵墓兆域考》，《文物》1994年第11期。

武定090

張遵墓誌

武定六年（548）春正月卒於渦陽城，其年十月廿二日葬於鄴城西北五里近小崗之麓。河北磁縣出土，石藏河北正定墨香閣。拓片高67、寬68釐米。文正書，31行，滿行31字。首題：魏故使持節儀同三司張君墓誌銘。

著錄：

《墨香閣藏北朝墓誌》74—75 頁。（圖、文）

《北京大學圖書館藏歷代墓誌拓片目錄》編號 00501。（目）

論文：

廖基添：《論魏齊之際"河南—河北"政治格局的演變——從東魏張瓊父子墓誌說起》，《文史》2016 年第 3 期。

武定 091

劉欽墓誌并蓋

武定六年（548）卒於行邸，以十一月十五日葬於鄴城西南九里。河南安陽縣出土，石藏河北正定墨香閣。誌高、寬均 40 釐米。文 18 行，滿行 18 字；蓋 3 行，行 3 字；均正書。首題：魏故龍驤將軍頓丘郡尉劉君墓誌銘；蓋題：魏龍驤將軍劉君墓誌。

著錄：

《文化安豐》204—205 頁。（圖、文）

《墨香閣藏北朝墓誌》76—77 頁。（圖、文）

《北朝隋代墓誌所在總合目錄》編號 691。（目）

《北京大學圖書館藏歷代墓誌拓片目錄》編號 00502。（目）

論文：

叢文俊：《跋東魏劉欽墓誌》，載於《藝術與學術：叢文俊書法題跋研究文集》，第 250 頁。

武定 092

淨修藏形塔銘

武定六年（548）。山西絳縣出土。正書。

碑目著錄：

《石刻名彙》2/17b，《新編》2/2/1033 上。

武定 093

潘達墓誌

武定七年（549）四月廿日卒於臨漳安衆行里宅，其月廿三日葬於豹寺西南。出土時地不詳。誌高、寬均 35 釐米，厚 8 至 9 釐米。文 9 行，行 5 至 11 字不等。首題：魏故營構幢主南使郎潘君墓誌銘。

碑目著錄：

《北朝隋代墓誌所在總合目錄》編號 692。

論文：

［日］田熊信之：《新出土北朝刻字資料瞥見——東魏・北齊期の墓誌、墓磚》，《學苑》第 819 號，2009 年。（圖、文）

武定 094

丁今遵墓銘磚

武定七年（549）七月廿六日。尺寸不詳。文正書，3 行，行 2 至 6 字。

著錄：

《中國磚銘》上冊 706 頁右上。（圖）

《中國古代磚刻銘文集》上、下冊編號 1004。（圖、文）

《北朝隋代墓誌所在總合目錄》編號 693。（目）

備考：據圖版，"丁今遵"之"今"恐當為"令"字。

武定 095

王訛墓誌

歲次戊辰（武定六年，548）卒於舊館，武定七年（549）十一月九日葬。石藏河北正定墨香閣。誌高、寬均 44 釐米。文 22 行，滿行 21 字。首題：維大魏七年歲次己巳十一月壬子朔九日庚申王君之墓誌銘。

著錄：

《墨香閣藏北朝墓誌》78—79 頁。（圖、文）

武定 096

房纂墓誌

武定七年（549）二月卒，以其年十一月廿二日葬於西門厝西一十五里。據云 21 世紀初出土於河南省安陽市。誌高、寬均 48 釐米。文 21 行，滿行 22 字，正書。首題：維大魏武定七年歲次己巳十一月壬子朔廿一日壬申故征西將軍員外散騎常侍襄陽侯房君之墓志銘。

圖版著錄：

《秦晉豫新出墓誌蒐佚續編》1 冊 114 頁。

武定 097

楊黑妻郭石妃墓記磚

武定七年（549）十二月廿一日。磚高一尺四寸，廣八寸七分。文正書，3 行，計 16 字。

錄文著錄：

《雪堂專錄·專誌徵存》7a，《羅雪堂先生全集》五編 3 冊 1277 頁。

碑目題跋著錄：

《石刻名彙》12/206a，《新編》2/2/1131 上。

《蒿里遺文目錄》3 上/3b，《新編》2/20/14982 上。

武定 098

石紹妻王阿妃墓銘磚

武定八年（550）正月廿日。顧燮光舊藏。拓片高 27.3、寬 18 釐米。文正書，2 行，行 4 或 11 字。

著錄：

《廣倉專錄》，《新編》4/10/731。（圖）

《中國磚銘》圖版上冊 695 頁下。（圖）

《中國古代磚刻銘文集》上、下冊編號 1005。（圖、文）

《北朝隋代墓誌所在總合目錄》編號 694。（目）

《北京大學圖書館藏歷代墓誌拓片目錄》編號 00503。（目）

備考：《中國磚銘》著錄為"永安八年"，誤，據圖版當為"武定八年"。

武定 099

穆良墓誌

武定中卒，武定八年（550）正月廿三日葬。2009 年秋河南省安陽市出土，存洛陽民間。誌長 45、寬 45.5 釐米。文 28 行，滿行 29 字。首題：魏故安東將軍中書舍人穆□墓誌銘。

圖版著錄：

《秦晉豫新出墓誌蒐佚》1 冊 52 頁。

目錄著錄：

《北朝隋代墓誌所在總合目錄》編號 696。

論文：

章名未：《東魏〈穆良墓誌〉考釋》，《湖北社會科學》2017 年第 11 期。

備考：穆良，《魏書》卷二七附《穆琳傳》。

武定 100

郭欽墓誌

武定七年（549）七月十九日卒於鄴都建忠里，以武定八年（550）正月廿三日葬於鄴城西南十五里。河南安陽縣出土，石藏河北正定墨香閣。誌高、寬均 56 釐米。文 26 行，滿行 26 字，正書。首題：魏故前將軍太尉東閣祭酒郭君墓誌銘。

著錄：

《文化安豐》206—207 頁。（圖、文）

《墨香閣藏北朝墓誌》80—81 頁。（圖、文）

《北朝隋代墓誌所在總合目錄》編號 695。（目）

《北京大學圖書館藏歷代墓誌拓片目錄》編號 00504。（目）

論文：

叢文俊：《跋東魏郭欽墓誌》，載於《藝術與學術：叢文俊書法題跋研究文集》，第 250 頁。

武定 101

關勝頌德碑

又名：關寶顯誦德碑。武定五年（547）十壹月薨，武定八年（550）二月四日葬於二□東南八里。碑在山西平定，拓片高 142、寬 80 釐米；額高 30、寬 34 釐米。文正書，26 行，滿行 42 字，第 23 行下垂 4 字。額題"魏故冀州刺史關寶顯誦德之碑（文永記）"；首題：大魏武定八年二月辛巳朔十四日甲申建立碑文。

圖版著錄：

《北京圖書館藏中國歷代石刻拓本匯編》6 冊 161 頁。

《漢魏六朝碑刻校注》8 冊 121 頁。

錄文著錄：

《十二硯齋金石過眼錄》6/18a－20b，《新編》1/10/7845 下—7846 下。

《山右石刻叢編》1/25b－28a，《新編》1/20/14959 上—14960 下。

《魯迅輯校石刻手稿·碑銘》中冊 418—423 頁。

《漢魏六朝碑刻校注》8 冊 122—123 頁。

《全北魏東魏西魏文補遺》77—78 頁。

碑目題跋著錄：

《十二硯齋金石過眼錄》6/20b－21a，《新編》1/10/7846 下—7847 上。

《集古求真》3/12b－13a，《新編》1/11/8507 下—8508 上。

《山右石刻叢編》1/28a－b，《新編》1/20/14960 下。

《潛研堂金石文字目錄》1/11b，《新編》1/25/19012 上。

《藝風堂金石文字目》2/28a，《新編》1/26/19547 下。

《寰宇訪碑錄》2/11a，《新編》1/26/19866 上。

《寰宇訪碑錄刊謬》3b，《新編》1/26/20086 上。

《寰宇訪碑錄校勘記》2/6b，《新編》1/27/20111 下。

《補寰宇訪碑錄》2/8b，《新編》1/27/20209 下。

《補寰宇訪碑錄校勘記》1/7a，《新編》1/27/20289 上。

《金石彙目分編》11/11b，《新編》1/28/21233 上。

《石刻題跋索引》35 頁左—右，《新編》1/30/22373。

《天下金石志》4/2，《新編》2/2/820 下。

《望堂金石初集》，《新編》2/4/2778 上。

（光緒）《畿輔通志·金石十四》151/4b，《新編》2/11/8616 下。附《州志》。

《語石》2/9b、3/14b，《新編》2/16/11880 上、11904 下。

《寶鴨齋題跋》卷上/23b，《新編》2/19/14346 上。

《古林金石表》10a，《新編》2/20/14898 下。

《佩文齋書畫譜·金石》62/11b 下，《新編》3/2/56 下。

（光緒）《山西通志·金石記二》90/23a，《新編》3/30/343 上。

《金石備攷・太原府》,《新編》4/1/51 下。

《六藝之一錄》60/5a,《新編》4/5/100 上。

《碑帖敘錄》240 頁。

《漢魏六朝碑刻校注・總目提要》編號 1976。

淑德大學《中國石刻拓本目錄》"碑碣等刻石" 編號 460。

備考：《寰宇訪碑錄》所載 "濟州刺史誦德碑" 當是 "冀州刺史關勝誦德碑"，其時間著錄可能有誤，為 "武定二年八月"。

武定 102

瑤光寺尼法師惠義墓記磚

武定八年（550）二月廿六日。2009 年 8 月河北出土。磚高 31、寬 16、厚 5 釐米。文 3 行，滿行 9 字，正書。

碑目著錄：

《北朝隋代墓誌所在總合目錄》編號 697。

論文：

[日] 田熊信之：《新出土北朝刻字資料瞥見——東魏・北齊期の墓誌、墓磚》,《學苑》第 819 號，2009 年。（圖、文）

武定 103

李雲妻鄭氏墓誌

又名 "李府君夫人鄭氏墓誌"。武定七年（549）四月十一日卒於鄴，以八年（550）二月廿八日遷於舊塋。1958 年河南省濮陽縣這河砦村西北出土，存濮陽縣文化館。誌高、寬均 53 釐米。文 16 行，滿行 16 字，隸書。首題：魏驃騎將軍都水使者頓丘邑中正頓丘男頓丘李府君夫人鄭氏墓誌；蓋題：魏故鄭夫人墓誌之銘。

著錄：

《漢魏六朝碑刻校注》8 冊 106—107 頁。（圖、文）

《漢魏南北朝墓誌彙編》377 頁。（文）

《全北齊文補遺》151 頁。（文）

《全北魏東魏西魏文補遺》402—403 頁。（文）

《碑帖敘錄》74—75 頁。（跋）

《六朝墓誌檢要》（修訂本）165 頁。（目）
《漢魏六朝碑刻校注·總目提要》編號 1971。（目）
《北朝隋代墓誌所在總合目錄》編號 698。（目）

論文：

周到：《河南濮陽北齊李雲墓出土的瓷器和墓誌》，《考古》1964 年第 9 期。

武定 104

姬景神墓誌

武定八年（550）二月廿八日遷葬於鄴都漳水之南豹祠之南三里。河南安陽縣出土。誌高、寬均 70 釐米。文 23 行，滿行 26 字，正書。首題：魏故衛大將軍尚書郎中開封太守下洛縣開國子姬景神墓誌銘。尾題：武定八年歲次庚午二月辛巳朔廿八日戊申姬公墓誌銘記。

著錄：

《文化安豐》208—209 頁。（圖、文）
《北朝隋代墓誌所在總合目錄》編號 699。（目）
《北京大學圖書館藏歷代墓誌拓片目錄》編號 00505。（目）

武定 105

蕭正表墓誌并蓋

又名：蕭正衮墓誌。武定七年（549）十二月廿三日薨於私第，以八年（550）二月廿九日葬於鄴城之西坰。1913 年河北磁縣大塚營村出土，曾歸遼寧教育會、瀋陽博物館，今存遼寧省博物館。誌高 70、寬 69.5 釐米。蓋 3 行，行 4 字，篆書。文 40 行，滿行 41 字，隸書。首題：魏故侍中使持節都督徐陽兗豫濟五州諸軍事驃騎大將軍徐州刺史司空公蘭陵郡開國公吳郡王銘；蓋題：魏故侍中司空公吳郡王墓銘。

圖版著錄：

《漢魏南北朝墓誌集釋》圖版三〇四，《新編》3/3/657–658。
《北京圖書館藏中國歷代石刻拓本匯編》6 冊 164 頁。（誌）
《中國金石集萃》8 函 9 輯編號 90。（誌）
《漢魏六朝碑刻校注》8 冊 125 頁。

《遼寧省博物館藏碑誌精粹》102 頁。

錄文著錄：

《滿洲金石志別錄》卷上/54a–57a,《新編》1/23/17424 下—17426 上。

《魯迅輯校石刻手稿·墓誌》上冊 393—400 頁。

《漢魏南北朝墓誌彙編》378—381 頁。

《漢魏六朝碑刻校注》8 冊 126—127 頁。

《遼寧省博物館藏碑誌精粹》264 頁。

《全北魏東魏西魏文補遺》397—399 頁。

碑目題跋著錄：

《滿洲金石志別錄》卷上/57a,《新編》1/23/17426 上。

《續補寰宇訪碑錄》4/4a,《新編》1/27/20323 下。

《石刻題跋索引》149 頁左,《新編》1/30/22487。

《石刻名彙》2/17b,《新編》2/2/1033 上。

《崇雅堂碑錄》1/24a,《新編》2/6/4495 下。

《古誌新目初編》1/13a,《新編》2/18/13698 上。

《蒿里遺文目錄》2（1）/4a,《新編》2/20/14945 下。

《漢魏南北朝墓誌集釋》6/67a,《新編》3/3/167。

《國立北平圖書館藏碑目》11b,《新編》3/36/254 上。

《古誌彙目》1/8b,《新編》3/37/20。

《循園古冢遺文跋尾》5/15a–b,《新編》3/38/43 上。

《中國金石學講義·正編》23a,《新編》3/39/163。

《墓誌徵存目錄》卷1,《羅振玉學術論著集》第五集,578 頁。

《魯迅輯校石刻手稿·墓誌》上冊 400—402 頁。附況周頤跋。

《歷代墓誌銘拓片目錄》32 頁。

《增補校碑隨筆》（修訂本）246 頁。

《六朝墓誌檢要》（修訂本）146 頁。

《碑帖鑒定》191 頁。

《漢魏六朝碑刻校注·總目提要》編號 1977。

淑德大學《中國石刻拓本目錄》"墓誌"編號 217。

《北朝隋代墓誌所在綜合目錄》編號 700。

《北京大學圖書館藏歷代墓誌拓片目錄》編號00506。
《遼寧省博物館藏碑誌精粹》103頁。
論文：
馬衡：《北魏墓誌跋六種：魏徐州刺史吳郡王蕭正表墓誌銘跋》，載於《凡將齋金石叢稿》，第195—196頁。
王金科：《鄴城早年出土的幾方墓誌》（二），《文物春秋》1996年2期。
備考：蕭正表，《魏書》卷五九、《北史》卷二九有傳。

武定106

源磨耶壙記

武定八年（550）三月六日卒於北豫州，葬於城南二里澗南臨坎。清代末年河南沁水出土，曾歸長白端方，三原于右任，今存西安碑林博物館。誌高33、寬42釐米。文正書，9行，行9至11字不等；重刻本10行，行8至10字不等。

圖版著錄：
《漢魏南北朝墓誌集釋》圖版五九三，《新編》3/4/351。
《北京圖書館藏中國歷代石刻拓本匯編》6冊165頁。
《鴛鴦七誌齋藏石》圖153。
《中國金石集萃》8函10輯編號91。
《西安碑林全集》66/984－985。
《漢魏六朝碑刻校注》8冊129頁。
錄文著錄：
《八瓊室金石補正》19/34a，《新編》1/6/4296下。
《匋齋藏石記》9/18b，《新編》1/11/8071下。
《魯迅輯校石刻手稿·墓誌》上冊403頁。
《漢魏南北朝墓誌彙編》381頁。
《漢魏六朝碑刻校注》8冊130頁。
《全北魏東魏西魏文補遺》400頁。
碑目題跋著錄：

《八瓊室金石補正》19/34a－b，《新編》1/6/4296 下。

《匋齋藏石記》9/19a－20b。《新編》1/11/8072 上—下。

《藝風堂金石文字目》18/2b，《新編》1/26/19814 下。

《石刻題跋索引》149 頁左—右，《新編》1/30/22487。

《石刻名彙》2/17b，《新編》2/2/1033 上。

《崇雅堂碑錄補》1/10a，《新編》2/6/4555 下。

《寰宇貞石圖目錄》卷上/7a，《新編》2/20/14674 下。

《蒿里遺文目錄》3 上/3b，《新編》2/20/14982 上。

《漢魏南北朝墓誌集釋》11/116a，《新編》3/3/265。

（民國）《汜水縣志·地理》1/8a，《新編》3/28/431 上。

《石目》，《新編》3/36/73 上。

《國立北平圖書館藏碑目》12a，《新編》3/36/254 下。

《古誌彙目》1/8b，《新編》3/37/20。

《再續寰宇訪碑錄》卷上，《羅振玉學術論著集》第五集，438 頁。

《墓誌徵存目錄》卷1，《羅振玉學術論著集》第五集，578 頁。

《面城精舍雜文甲編》，《羅振玉學術論著集》第九集，39—40 頁。

《增補校碑隨筆》（修訂本）246—247 頁。

《六朝墓誌檢要》（修訂本）146—147 頁。

《碑帖鑒定》191—192 頁。

《漢魏六朝碑刻校注·總目提要》編號 1978。

淑德大學《中國石刻拓本目錄》"墓誌"編號 218。

《北朝隋代墓誌所在總合目錄》編號 701。

《北京大學圖書館藏歷代墓誌拓片目錄》編號 00507。

武定 107

甯恒墓誌

武定七年（549）六月二日卒，八年（550）四月十八日葬於鄴都西南一十五里官地。河南安陽出土，石藏河北正定墨香閣。誌高、寬均 49 釐米。文正書，28 行，滿行 28 字。首題：魏故冠軍將軍辛平太守甯恒墓誌銘。

著錄：

《墨香閣藏北朝墓誌》82—83頁。（圖、文）

《北京大學圖書館藏歷代墓誌拓片目錄》編號00508。（目）

武定108

高湛妻茹茹公主閭叱地連墓誌并蓋

武定八年（550）四月七日卒於晉陽，以其年五月十三日葬於釜水之陰。1979年6月磁縣城南大塚營村西北300米處小塚出土，現藏磁縣文物保管所。盝頂蓋，誌高、寬均62.3釐米，厚15.5釐米；誌蓋高61.5、寬61.9、厚13.5釐米。蓋5行，行4字，篆書。文正書，22行，滿行22字。蓋題：魏開府儀同長廣郡開國高公妻茹茹公主閭氏銘。首題：魏驃騎大將軍開府儀同三司長廣郡開國公高公妻茹茹公主閭氏墓誌銘。

著錄：

《新中國出土墓誌·河北〔壹〕》上冊14頁（圖）、下冊9—10頁（文）。

《漢魏六朝碑刻校注》8冊153—154頁。（圖、文）

《河北金石輯錄》232—233頁。（圖、文、跋）

《漢魏南北朝墓誌彙編》382—383頁。（文）

《全北魏東魏西魏文補遺》401—402頁。（文）

《北朝隋代墓誌所在總合目錄》編號704。（目）

論文：

磁縣文化館：《河北磁縣東魏茹茹公主墓發掘簡報》，《文物》1984年第4期。

周偉洲：《河北磁縣出土的有關柔然、吐谷渾等族文物考釋》，《文物》1985年第5期。

備考：茹茹公主，其事見《北齊書》卷七《世祖武成高湛本紀》。

武定109

穆子巖墓誌

武定七年（549）十二月十八日卒於鄴京，武定八年（550）五月十三日葬於鄴都之西、西門豹祠之曲。1916年河南安陽出土，曾歸安陽金石保存所。誌高、寬均69.5釐米。文25行，滿行25字，正書。首題：

魏故太原太守穆公墓誌。

圖版著錄：

《漢魏南北朝墓誌集釋》圖版三〇五，《新編》3/3/659。

《北京圖書館藏中國歷代石刻拓本匯編》6 冊 176 頁。

《中國金石集萃》8 函 10 輯編號 92。

《漢魏六朝碑刻校注》8 冊 150 頁。

錄文著錄：

《誌石文錄》卷上/51b－52a，《新編》2/19/13767 上—下。

《魯迅輯校石刻手稿·墓誌》上冊 407—409 頁。

《漢魏南北朝墓誌彙編》381—382 頁。

《漢魏六朝碑刻校注》8 冊 151 頁。

《全北魏東魏西魏文補遺》400—401 頁。

碑目題跋著錄：

《續寰宇訪碑錄》4/4a，《新編》1/27/20323 下。

《石刻題跋索引》149 頁右，《新編》1/30/22487。

《石刻名彙》2/17b，《新編》2/2/1033 上。

《崇雅堂碑錄》1/24b，《新編》2/6/4495 下。

《河朔訪古新錄》2/1b，《新編》2/12/8894 上。

《河朔金石目》2/2a，《新編》2/12/8960 下。

《古誌新目初編》1/13a，《新編》2/18/13698 上。

《蒿里遺文目錄》2（1）/4a，《新編》2/20/14945 下。

《漢魏南北朝墓誌集釋》6/67a，《新編》3/3/167。附《九鐘精舍金石跋尾乙編》。

《河朔新碑目》上卷/2b、中卷/4b，《新編》3/35/556 下、572 下。

《國立北平圖書館藏碑目》12a，《新編》3/36/254 下。

《循園古冢遺文跋尾》5/15b－16b，《新編》3/38/43 上—下。

《雪堂金石文字跋尾》3/7b－8a，《新編》3/38/307 上—下。

《墓誌徵存目錄》卷 1，《羅振玉學術論著集》第五集，578 頁。

《歷代墓誌銘拓片目錄》32 頁。

《六朝墓誌檢要》（修訂本）147 頁。

《漢魏六朝碑刻校注·總目提要》編號1983。

淑德大學《中國石刻拓本目錄》"墓誌"編號219。

《北朝隋代墓誌所在総合目錄》編號703。

《北京大學圖書館藏歷代墓誌拓片目錄》編號00509。

備考：穆子巖，《魏書》卷二七《穆紹傳》有載，作"穆巖"，少"子"字。

武定110

鄭踐妻元孟瑜墓誌

武定七年（549）四月十六日卒於鄴縣脩仁里宅，以武定八年（550）五月十三日葬於滎陽。2000年7月河南洛陽出土，散落在洛陽民間。誌高、寬均35釐米。文21行，滿行21字，正書。首題：魏儀同開府行參軍鄭踐妻元夫人墓誌銘。

圖版著錄：

《邙洛碑誌三百種》32頁。

《龍門區系石刻文萃》429頁。

錄文著錄：

《全北魏東魏西魏文補遺》401頁。

碑目著錄：

《漢魏六朝碑刻校注·總目提要》編號1984。

《北朝隋代墓誌所在総合目錄》編號702。

東魏無年號

無年號001

王君殘墓誌

東魏（534—550）。年月缺，第五行有"永熙二年"，當之後所立。河南洛陽出土，誌四周俱斷缺，曾歸諸城王緒祖、長白端方。誌高23.5、寬26.3釐米。存文13行，行存9至12字不等，正書。首題：（上缺）王君墓誌銘。

圖版著錄：

《漢魏南北朝墓誌集釋》圖版三〇六，《新編》3/3/660。
《北京圖書館藏中國歷代石刻拓本匯編》6 冊 179 頁。
錄文著錄：
《匋齋藏石記》9/20b－21a，《新編》1/11/8072 下—8073 上。
《魯迅輯校石刻手稿·墓誌》上冊 410—411 頁。
《漢魏南北朝墓誌彙編》507—508 頁。
《全北魏東魏西魏文補遺》412 頁。
碑目題跋著錄：
《匋齋藏石記》9/21b，《新編》1/11/8073 上。
《續補寰宇訪碑錄》3/12a，《新編》1/27/20320 下。
《石刻題跋索引》149 頁右，《新編》1/30/22487。
《石刻名彙》2/18a，《新編》2/2/1033 下。
《崇雅堂碑錄補》1/9a，《新編》2/6/4555 上。
《古誌新目初編》1/11b，《新編》2/18/13697 上。
《蒿里遺文目錄》2（1）/3a，《新編》2/20/14945 上。
《夢碧簃石言》5/9b 引《周句鑃齋藏石目》，《新編》3/2/217 上。
《漢魏南北朝墓誌集釋》6/67a，《新編》3/3/167。
《國立北平圖書館藏碑目》10b，《新編》3/36/253 下。
《古誌彙目》1/11a，《新編》3/37/25。
《北山集古錄》卷三"殘石題跋"，《北山金石錄》上冊 427 頁。
《六朝墓誌檢要》（修訂本）147 頁。
《北朝隋代墓誌所在總合目錄》編號 1164。
《北京大學圖書館藏歷代墓誌拓片目錄》編號 00510。

無年號 002

元景植（字寶建）碑

東魏（534—550）。墓碑位於河北磁縣講武城鄉東小屋村東北元寶建墓南 35 米。碑額 3 行，行 4 字，篆書。額題：魏侍中假黃鉞太尉宜陽王碑。未見拓本和錄文，行款、形制未詳。
論文：

馬忠理：《磁縣北朝墓群——東魏北齊陵墓兆域考》，《文物》1994年第 11 期。

無年號 003

王歌郎碑陰

東魏（534—550）。滿洲托活洛氏舊藏。正書，僅數字可辨。

碑目著錄：

《續補寰宇訪碑錄》4/2a,《新編》1/27/20322 下。

無年號 004

東魏高陽內史李繪碑

東魏（534—550）。在高陽縣。

碑目著錄：

《金石彙目分編》3（1）/6a,《新編》1/27/20688 下。

備考：李繪，《北齊書》卷二九、《北史》卷三三有傳。

無年號 005

陶城郡守崔府君墓誌蓋

時間不詳，有列東魏者，暫從東魏（534—550）。河南新鄭出土，石曾在時家莊觀音堂。篆書，蓋題：魏金紫光祿大夫陶城郡守崔府君墓誌。

錄文著錄：

《金石萃編補正》4/27b,《新編》1/5/3549 上。

碑目題跋著錄：

《金石彙目分編》9（1）/34a,《新編》1/28/20940 下。

《石刻名彙》2/18a,《新編》2/2/1033 下。

（乾隆）《新鄭縣志·金石志》29/3b,《新編》3/28/216 上。

《古誌彙目》1/7b,《新編》3/37/18。

無年號 006

東魏清河太守辛術頌德碑

東魏（534—550）。東昌府清平縣。

碑目著錄：

《金石彙目分編》3（2）/75a、10（3）/17b,《新編》1/27/20730

上、1/28/21187 上。

備考：《金石彙目分編》一作"年術"，誤。辛術，《北齊書》卷三八、《北史》卷五〇有傳。

無年號 007
彭城太妃爾朱氏墓誌

東魏（534—550），《金石彙目分編》列入北齊，今暫從東魏。在太原府太原縣。正書。爾朱氏，爾朱榮之女，北齊神武帝妃。

碑目題跋著錄：

《金石彙目分編》11/5a，《新編》1/28/21230 上。

《石刻名彙》2/18a，《新編》2/2/1033 下。

《崇雅堂碑錄補》1/10a，《新編》2/6/4555 下。

（光緒）《山西通志·金石記二》90/23b，《新編》3/30/343 上。

《古誌彙目》1/8b，《新編》3/37/20。

無年號 008
汝南王元悅碑

東魏（534—550）。

碑目題跋著錄：

《金石錄》3/1a、22/2b－3a，《新編》1/12/8812 上、8928 下—8929 上。

《石刻題跋索引》35 頁右，《新編》1/30/22373。

《佩文齋書畫譜·金石》62/10b 上，《新編》3/2/56 上。

《六藝之一錄》59/24b，《新編》4/5/94 下。

備考：元悅，《魏書》卷二二、《北史》卷一九有傳。

無年號 009
陰誨孫墓記磚

東魏（534—550）元年十二月。羅振玉唐風樓舊藏。磚高一尺一寸五分，廣五寸五分。文正書，3 行，計存 12 字。

錄文著錄：

《雪堂專錄·專誌徵存》7a，《羅雪堂先生全集》五編 3 冊 1277 頁。

碑目著錄：

《石刻名彙》12/206b，《新編》2/2/1131 上。

《蒿里遺文目錄》3 上/4a，《新編》2/20/14982 下。

無年號 010

安憙張元穎銘

無年月，暫附東魏（534—550）。正書。

碑目著錄：

《蒿里遺文目錄》3 上/4a，《新編》2/20/14982 下。

無年號 011

程難兒妻桓氏墓記磚

東魏（534—550）。山東濰縣陳氏舊藏。磚高一尺三寸七分，廣四寸六分。文正書，2 行，計 14 字。

錄文著錄：

《雪堂專錄‧專誌徵存》7b，《羅雪堂先生全集》五編 3 冊 1278 頁。

碑目著錄：

《石刻名彙》12/206b，《新編》2/2/1131 上。

《蒿里遺文目錄》3 上/4a，《新編》2/20/14982 下。

無年號 012

孫模喪柩甋

東魏（534—550）。端方舊藏。磚高一尺三寸四分，廣六寸九分。文隸書，2 行，計 12 字。

錄文著錄：

《雪堂專錄‧專誌徵存》8a，《羅雪堂先生全集》五編 3 冊 1279 頁。

碑目著錄：

《石刻名彙》12/206b，《新編》2/2/1131 上。

《蒿里遺文目錄》3 上/4a，《新編》2/20/14982 下。

無年號 013

劉安和墓記

東魏（534—550）七月廿九日。磚高一尺三寸，廣六寸三分。文隸書，1 行 11 字。

　　錄文著錄：

《雪堂專錄・專誌徵存》8a，《羅雪堂先生全集》五編 3 冊 1279 頁。

　　碑目著錄：

《蒿里遺文目錄》3 上/4a，《新編》2/20/14982 下。

無年號 014

曾檀甎

東魏（534—550）。甎高一尺三寸一分，廣六寸五分。隸書，1 行 2 字。

　　錄文著錄：

《雪堂專錄・專誌徵存》8a，《羅雪堂先生全集》五編 3 冊 1279 頁。

　　碑目著錄：

《蒿里遺文目錄》3 上/4a，《新編》2/20/14982 下。

無年號 015

檀女阿雌甎

東魏（534—550）。高一尺三寸二分，廣六寸五分。隸書，2 行，計 11 字。

　　錄文著錄：

《雪堂專錄・專誌徵存》8b，《羅雪堂先生全集》五編 3 冊 1280 頁。

　　碑目著錄：

《蒿里遺文目錄》3 上/4a，《新編》2/20/14982 下。

無年號 016

吳慈恩殘甎

東魏（534—550）。正書。

　　碑目著錄：

《蒿里遺文目錄》3 上/4b，《新編》2/20/14982 下。

無年號 017

東魏康王妃郭氏碑

東魏（534—550）。

　　碑目著錄：

《古今碑帖考》12b,《新編》2/18/13168 下。

《佩文齋書畫譜・金石》62/11b 下,《新編》3/2/56 下。

《墨池篇》6/7b,《新編》4/9/670 上。

無年號 018

霍君墓誌蓋

東魏（534—550）。河南洛陽出土。篆書。

碑目著錄：

《石刻名彙》2/18a,《新編》2/2/1033 下。

無年號 019

山屬殘墓誌

東魏（534—550）。正書。

碑目著錄：

《石刻名彙》2/18a,《新編》2/2/1033 下。

《古誌新目初編》1/13a,《新編》2/18/13698 上。

無年號 020

梁君銘記蓋

暫附東魏（534—550）。篆書。

碑目著錄：

《崇雅堂碑錄》1/30b,《新編》2/6/4498 下。

西　魏

大　統

大統 001

□武第八指揮單身兵士張元磚誌

大統元年（535）九月。清末出土,浙江定海方若舊藏。文 4 行,首行 7 字,第 2、3 行,行 8 字,末行 6 字。正書。

碑目著錄：

《石刻名彙》12/206a，《新編》2/2/1131 上。

《古誌彙目》1/7b，《新編》3/37/18。

《增補校碑隨筆》（修訂本）224 頁。

《六朝墓誌檢要》（修訂本）131 頁。

《漢魏六朝碑刻校注·總目提要》編號 1993。

《北朝隋代墓誌所在綜合目錄》編號 992。

大統 002

岐州刺史王毅墓誌

大統元年（535）十月，一作大統九年（543）十月，暫從元年。在河間府任邱縣。

碑目題跋著錄：

《金石錄》2/10b，《新編》1/12/8810 下。

《通志·金石略》卷上/33b，《新編》1/24/18035 下。

《寶刻叢編》6/14a，《新編》1/24/18170 下。

《金石彙目分編》3（2）/2b，《新編》1/27/20693 下。

《石刻題跋索引》35 頁右，《新編》1/30/22373。

（光緒）《畿輔通志·金石六》143/33b，《新編》2/11/8360 上。

《京畿金石考》卷上/40b–41a，《新編》2/12/8765 下—8766 上。

《畿輔待訪碑目》卷上/3b，《新編》2/20/14802 上。

《佩文齋書畫譜·金石》62/10a 下，《新編》3/2/56 上。

《古誌彙目》1/7b，《新編》3/37/18。

《六藝之一錄》59/25b，《新編》4/5/95 上。

備考：《金石錄》無《王毅碑》，僅卷二載《王毅墓誌》，故疑《寶刻叢編》在引用《金石錄》時將"墓誌"誤寫為"碑"，以後大多數金石著作皆沿襲這一錯誤。另西魏"大統"年號無九年，故凡著錄"九年"者，當為"元年"之誤寫。

大統 003

辛萇墓誌

大統元年（535）十二月十二日葬於莨安城北原。出土時間、地點不詳，現藏西安碑林博物館。誌長50、寬44.5釐米。文28行，滿行32字，正書。首題：魏故儀同三司驃騎大將軍朔州刺史真定縣開國公辛公墓誌銘。

著錄：

《西安碑林博物館新藏墓誌彙編》上冊21—23頁。（圖、文）

《漢魏六朝碑刻校注·總目提要》編號1994。（目）

《北朝隋代墓誌所在總合目錄》編號993。（目）

大統004

趙超宗妻王氏墓誌

大統元年（535）二月二十七日卒，二年（536）四月廿六日合葬於山北縣小陵原。2015年9月西安市文物保護考古研究院在西安市地鐵4號線航天城車輛段項目基建中清理出土墓誌蓋。誌石曾被盜，2002年入藏西安碑林博物館。誌石長72、寬67釐米。誌文29行，滿行28字，後7行下有雙行小字，正書。蓋題：魏故使持節征虜將軍岐華二州刺史尋陽成伯天水趙使君命婦京兆王夫人墓誌銘。首題與誌蓋同。

著錄：

《西安碑林博物館新藏墓誌彙編》上冊24—26頁。（圖、文）

《漢魏六朝碑刻校注》8冊165—167頁。（圖、文）

《漢魏六朝碑刻校注·總目提要》編號1996。（目）

《北朝隋代墓誌所在總合目錄》編號994。（目）

論文：

辛龍：《西安北朝王夫人墓》，《大眾考古》2015年第11期。

備考：趙超宗，《魏書》卷五二有傳。

大統005

張㣥墓誌

大統二年（536）二月廿一日卒於長安縣鴻固鄉永貴里，其年四月廿八日葬於石安原。1997年陝西省考古研究院在咸陽機場附近徵集。誌長35.2、寬37.2釐米。文15行，滿行22字，正書。首題：魏故征東將軍浙州長史行長利郡事清河縣開國男張君墓誌。

論文：

馮莉：《西魏張悼墓誌考》，《文博》2014 年第 6 期。（圖、文）

大統 006

雍州刺史長孫稚碑

大統二年（536）。西安府萬年縣。

碑目題跋著錄：

《寶刻叢編》8/1a，《新編》1/24/18218 上。

《金石彙目分編》12（1）/22a，《新編》1/28/21287 下。

《石刻題跋索引》35 頁右，《新編》1/30/22373。

《六藝之一錄》60/1a，《新編》4/5/98 上。

備考：長孫稚，字承業，《魏書》作"長孫稚"，《北史》避唐諱作"長孫幼"，《魏書》卷二五、《北史》卷二二有傳。

大統 007

劉阿倪提墓誌

大統三年（537）十月十五日卒，其年十一月十一日葬於石安縣堅固鄉中武里。陝西出土，石藏大唐西市博物館。誌高 52.5、寬 65、厚 11.5 釐米。文 26 行，滿行 23 字，正書。首題：魏故使持節驃騎大將軍儀同三司尚書右僕射都督恒幽安平燕五州諸軍事恒州刺史欒城縣開國劉武公墓誌銘。

著錄：

《大唐西市博物館藏墓誌》上冊 2—3 頁。（圖、文）

《北朝隋代墓誌所在總合目錄》編號 995。（目）

論文：

周偉洲：《大唐西市博物館入藏北朝胡族墓誌考》，《大唐西市博物館藏墓誌研究》（續一），第 5—20 頁。

大統 008

宇文測墓誌并蓋

大統三年（537）十月八日卒，十二月葬於京兆山北縣。2007 年春陝西西安長安區出土，旋歸洛陽王氏，今存大唐西市博物館。盝頂蓋，蓋高 53、寬 53、厚 11.5 釐米；誌石高、寬均 53、厚 13.5 釐米。蓋 4 行，行 4 字，篆書。文 22 行，滿行 23 字，正書。蓋題：魏故開府綏州刺史廣川靖伯宇文測銘。首題：魏故使持節驃騎大將軍開府儀同三司綏州刺史廣川靖伯宇文測墓。

著錄：

《秦晉豫新出墓誌蒐佚》1 冊 42—43 頁。（圖）

《大唐西市博物館藏墓誌》上冊 4—5 頁。（圖、文）

《北朝隋代墓誌所在總合目錄》編號 996。（目）

《北京大學圖書館藏歷代墓誌拓片目錄》編號 00522。（目）

論文：

周偉洲：《大唐西市博物館入藏北朝胡族墓誌考》，《大唐西市博物館藏墓誌研究》（續一），第 5—20 頁。

備考：宇文測，《周書》卷二七、《北史》卷五七有傳。

大統 009

姬買勖墓誌

卒於永貴里舍，大統五年（539）四月廿六日葬於紬貴鄉。1954 年陝西省西安市西郊出土，石藏西安碑林博物館。誌高 53、寬 65 釐米。文正書，19 行，滿行 17 字。首題：魏故假撫軍將軍東夏州刺史姬公墓誌銘。

圖版著錄：

《西安碑林全集》66/927－930。

錄文著錄：

《全北魏東魏西魏文補遺》409 頁。（節文）

碑目著錄：

《漢魏六朝碑刻校注·總目提要》編號 1995。

《北朝隋代墓誌所在總合目錄》編號 997。

論文：

趙強：《西魏兩座紀年墓及相關問題探討》，《考古與文物》2015 年第 4 期。（圖、文）

大統 010
張買壽墓銘

大統六年（540）十月廿八日。1985—1995 年在河南省三門峽市西北部發掘出土。磚長 36、寬 18、厚 6 釐米。文 3 行，前 2 行行 10 或 12 字，末行 2 字，正書。文曰：大魏大統六年歲次庚申十月廿八日癸酉張儀息買壽墓田。

論文：

三門峽市文物考古研究所：《河南三門峽市北朝和隋代墓葬清理簡報》，《華夏考古》2009 年第 4 期。（圖 9—1、文）

大統 011
元顥墓誌并蓋

孝昌二年（526）二月十一日卒於第，大統六年（540）十一月十一日葬於山北縣杜陵原。據云出土於陝西省西安市，石藏河北正定墨香閣。誌高、寬均 79 釐米；蓋高、寬均 55.5 釐米。文 27 行，滿行 26 字，正書。蓋 4 行，行 4 字，篆書。蓋題：魏故使持節冀州刺史司空元公墓誌銘。首題：魏故使持節都督冀州諸軍事車騎大將軍冀州刺史司空公元公墓誌銘。

著錄：

《秦晉豫新出墓誌蒐佚續編》1 冊 94—95 頁。（圖）

《墨香閣藏北朝墓誌》44—45 頁。（誌圖、文）

大統 012
長孫儉妻婁貴華墓誌

大統戊午年（四年，538）十月十八日卒於長安思玄寺，以大統六年（540）十一月十二日遷祔於文宣王之兆。2010 年西安市南郊高望村航天工地出土，石藏西安市文物保護考古所。誌高 47、寬 53 釐米。文 24 行，滿行 22 字，正書。首題：魏使持節侍中開府儀同三司驃騎大將軍都督東雝州諸軍事東雝州刺史大都督高平郡開國公長孫公妻故順陽郡君婁氏墓誌。

碑目著錄：

《北朝隋代墓誌所在總合目録》編號998。

論文：

陳財經、王建中：《新出土北朝長孫氏墓誌三方考略》，《碑林集刊》第17輯，2011年。（圖、文）

大統013

楊瑩（字玉起）墓誌

大統七年（541）十一月廿八日葬於甘泉鄉華望里西三里。2005年河南洛陽宜陽縣出土，旋歸洛陽古玩城金氏。誌高29.5、寬28釐米。文15行，滿行15字，隸書。首題：楊玉起墓誌。

圖版著録：

《新出土墓誌精粹》（北朝卷）下册100—101頁。

《河洛墓刻拾零》上册40頁。

碑目著録：

《北朝隋代墓誌所在總合目録》編號1000。

《北京大學圖書館藏歷代墓誌拓片目録》編號00512。

大統014

楊蘭墓誌

大統七年（541）十一月廿八日葬於甘泉鄉華望西三里。2005年河南洛陽宜陽縣出土，旋歸洛陽古玩城金氏。誌高27.5、寬29.5釐米。文15行，滿行14字，隸書。首題：楊蘭墓誌。

圖版著録：

《新出土墓誌精粹》（北朝卷）下册102—103頁。

《河洛墓刻拾零》上册41頁。

碑目著録：

《北朝隋代墓誌所在總合目録》編號999。

《北京大學圖書館藏歷代墓誌拓片目録》編號00511。

大統015

蔣黑墓銘磚

大統七年（541）。先歸涇陽端方，又歸南皮張仁蠡，後歸北京大學文科研究所，1952年後藏故宮博物院。磚高25.5、寬11.5、厚6釐米。文正書，2行，行4或7字。

圖版著錄：

《中國磚銘》圖版上冊706頁右下。

《中國古代磚刻銘文集》上冊編號1006。

錄文著錄：

《匋齋藏石記》10/2a－b，《新編》1/11/8076下。

《中國古代磚刻銘文集》下冊編號1006。

《全北魏東魏西魏文補遺》403頁。

碑目題跋著錄：

《石刻題跋索引》149頁右，《新編》1/30/22487。

《石刻名彙》12/206a、第一編"誌銘類補遺"2a，《新編》2/2/1131上、1136下。

《古誌彙目》1/7b，《新編》3/37/18。

《六朝墓誌檢要》（修訂本）131頁。

《漢魏六朝碑刻校注·總目提要》編號2007。

《北朝隋代墓誌所在總合目錄》編號1001。

《北京大學圖書館藏歷代墓誌拓片目錄》編號00513。

大統016

楊儉墓誌

大統八年（542）正月遘疾卒於華州習仙里，以三月六日葬於華陰之原。陝西華陰出土。拓片高68、寬67.5釐米。文隸書，31行，滿行33字。首題：魏故驃騎大將軍儀同三司都督雍華二州諸軍事華州刺史夏陽縣開國侯楊君墓誌銘。

錄文著錄：

《全唐文補遺·千唐誌齋新藏專輯》442—444頁。

碑目著錄：

《北朝隋代墓誌所在總合目錄》編號1002。

《北京大學圖書館藏歷代墓誌拓片目錄》編號00514。

備考：楊儉，《魏書》卷五八附《楊鈞傳》，《北史》卷四一、《周書》卷二二有傳。

大統 017

和照墓誌并蓋、陰

大統八年（542）七月廿日葬於華山之陰。1999 年陝西華陰縣觀北村出土，今存陝西省華陰縣。誌、蓋均高 27、寬 33 釐米。文正書，陽面 17 行，滿行 13 字；陰面 15 行，滿行 12 字。蓋篆書，3 行，行 3 字。首題：魏故宜君襄樂華山澄城四郡太守南秦州長史大都督開府長史使持節車騎將軍恒州刺史都督白石縣開國公和照墓誌。蓋題：魏故恒州刺史和照銘。

著錄：

《陝西碑石精華》16 頁。（圖）

《漢魏六朝碑刻校注》8 冊 179—181 頁。（圖、文）

《秦晉豫新出墓誌蒐佚續編》1 冊 99—101 頁。（圖）

《北京大學圖書館新藏金石拓本菁華 1996—2012》110 頁。（圖）

《漢魏六朝碑刻校注·總目提要》編號 2009。（目）

《北朝隋代墓誌所在總合目錄》編號 1003。（目）

《北京大學圖書館藏歷代墓誌拓片目錄》編號 00515。（目）

大統 018

封獨生墓誌

葬於萬壇山，大統九年（543）十月廿七日遷葬。甘肅天水出土。誌高 35、寬 24 釐米。文 8 行，滿行 14 字，正書。

著錄：

《新見北朝墓誌集釋》105—107 頁。（圖、文、跋）

《北朝隋代墓誌所在總合目錄》編號 1004。（目）

論文：

王連龍：《西魏獨生墓誌》，《社會科學戰線》2011 年第 4 期。

大統 019

馮景之墓誌并蓋

大統十年（544）三月六日卒於長安城內永貴里，即以其年四月十八日葬於南鄉。1993 年長安縣鎬京村出土，1994 年入藏陝西省歷史博物館。誌與蓋均高 60、寬 64 釐米。文 35 行，滿行 38 字，正書。蓋 3 行，行 3 字，篆書。蓋題：魏故司空公馮君墓誌。首題：魏故使持節侍中司空公都督瀛滄幽安平五州諸軍事驃騎大將軍瀛洲刺史高陽縣開國公馮公墓誌。

著錄：

《尋覓散落的瑰寶——陝西歷史博物館徵集文物精粹》90 頁。（圖）

《風引薤歌：陝西歷史博物館藏墓誌萃編》10—13 頁。（圖、文）

《北朝隋代墓誌所在總合目錄》編號 1006。（目）

備考：馮景之，《周書》卷二二、《北史》卷六三有傳，史傳作"馮景"，少"之"字。

大統 020

楊峴墓誌

大統十年（544）三月廿六日卒於家，四月十八日附葬於潼鄉之舊塋。2000 年 7 月陝西省華陰縣潼鄉出土，石歸洛陽西工文博城周氏。誌高、寬均 51.5 釐米。文正書，22 行，滿行 22 字。首題：魏故持節督東雍州諸軍事平東將軍東雍州刺史敷西縣開國男楊君墓誌銘。

圖版著錄：

《秦晉豫新出墓誌蒐佚》1 冊 50 頁。

《龍門區系石刻文萃》428 頁。

碑目著錄：

《漢魏六朝碑刻校注·總目提要》編號 2012。

《北朝隋代墓誌所在總合目錄》編號 1005。

大統 021

侯義墓誌

大統十年（544）五月廿六日葬於石安縣孝義鄉崇仁里。1984 年陝西省咸陽市渭城區窯店鄉胡家溝村北出土，現藏陝西省歷史博物館。誌高 67、寬 65 釐米，厚 7 釐米。文正書，12 行，滿行 13 字。首題：魏故侍中司徒武陽公之孫燕州刺史之子太師開府參軍事墓誌。尾題：侯僧伽墓誌。

著錄：

《陝西碑石精華》17 頁。（圖）

《新中國出土墓誌·陝西（壹）》上冊 19 頁（圖）、下冊 16 頁（文、跋）。

《咸陽碑石》1—2 頁。（圖、文、跋）

《漢魏六朝碑刻校注》8 冊 183—184 頁。（圖、文）

《風引薤歌：陝西歷史博物館藏墓誌萃編》14—15 頁。（圖、文）

《新出魏晉南北朝墓誌疏證》（修訂本）223—225 頁。（文、跋）

《全北魏東魏西魏文補遺》403 頁。（文）

《漢魏六朝碑刻校注·總目提要》編號 2010。（目）

《北朝隋代墓誌所在綜合目錄》編號 1007。（目）

論文：

咸陽市文管會、咸陽博物館：《咸陽市胡家溝西魏侯義墓清理簡報》，《文物》1987 年第 12 期。

大統 022

征東將軍權景宣德政頌

又名：西魏征東將軍景宣頌。大統十年（544）七月初二立。在南陽府南陽縣。

碑目題跋著錄：

《中州金石考》8/4a，《新編》1/18/13736 下。

《寶刻叢編》3/29b，《新編》1/24/18128 上。

《金石彙目分編》9（4）/61b，《新編》1/28/21066 上。

《石刻題跋索引》35 頁右，《新編》1/30/22373。

《中州金石目錄》2/8a、b，《新編》2/20/14695 下。

（光緒）《南陽縣志·藝文下》10/25a，《新編》3/30/199 上。

《諸史碑銘錄目·周書》，《新編》3/37/334 下。

《六藝之一錄》59/23a，《新編》4/5/94 上。附《集古後錄》。

備考：《寶刻叢編》載，碑主缺姓，名景宣，曾拜南陽太守。《周書》

卷二八有《權景宣傳》，與碑主事跡暗合，故碑主當為"權景宣"。

大統 023

韋隆妻梁氏墓誌

大統十年（544）五月十六日卒於第，十一月二十九日葬於洪固鄉疇貴里。陝西西安長安區出土，今存西安市長安博物館。拓片高53、寬51釐米。文正書，21行，滿行26字。首題：魏故雍州京兆郡山北縣梁君墓誌銘。

著錄：

《漢魏六朝碑刻校注》8冊185—186頁。（圖、文）

《漢魏六朝碑刻校注·總目提要》編號2011。（目）

《北朝隋代墓誌所在總合目錄》編號1008。（目）

《北京大學圖書館藏歷代墓誌拓片目錄》編號00516。（目）

大統 024

鄧子詢墓誌

大統十二年（546）正月廿日卒於第，其月廿九日葬於長安洪固鄉永貴皋。1956年西安市東郊韓森寨出土，現藏西安碑林博物館。誌長36.5、寬55釐米。文29行，滿行18字，正書。首題：魏故假節督東荊州諸軍事征虜將軍東荊州刺史鄧君之墓誌。

著錄：

《中國西北地區歷代石刻匯編》1冊64頁。（圖）

《西安碑林全集》66/978—981。（圖）

《新中國出土墓誌·陝西（貳）》上冊3頁（圖）、下冊1—2頁（文）。

《漢魏六朝碑刻校注》8冊188—189頁。（圖、文）

《全北魏東魏西魏文補遺》403—404頁。（文）

《漢魏六朝碑刻校注·總目提要》編號2013。（目）

《北朝隋代墓誌所在總合目錄》編號1010。（目）

論文：

趙強：《西魏兩座紀年墓及相關問題探討》，《考古與文物》2015年第4期。

大統 025

辛術墓誌并蓋

大統十年（544）八月三日卒於家，十二年（546）正月卅日葬於樂遊厝南。陝西西安市南郊出土，2012年入藏西安碑林博物館。誌高51.2、寬51.4、厚13釐米；蓋高51.5、寬52.4、厚8.8釐米。文正書，28行，滿行25字。蓋3行，行3字，篆書。蓋題：魏故東雍州辛使君誌。首題：魏故使持節都督東雍州諸軍事衛將軍東〔雍州刺史辛□〕墓誌。

著錄：

《秦晉豫新出墓誌蒐佚續編》1冊108—109頁。（圖）

《北京大學圖書館新藏金石拓本菁華1996—2012》111頁。（圖）

《西安碑林博物館新藏墓誌續編》上冊1—4頁。（圖、文）

《新見北朝墓誌集釋》108—113頁。（圖、文、跋）

《北朝隋代墓誌所在總合目錄》編號1009。（目）

《北京大學圖書館藏歷代墓誌拓片目錄》編號00517。（目）

備考：辛術，《北史》卷五〇有傳。

大統 026

杜何拔墓誌

又名：杜阿拔墓誌。東魏武定四年（546）九月十一日卒於并地，西魏大統十三年（547）八月二十二日葬於鹿蹄山西北八里。舊在榆次縣麓臺村。正書。

錄文著錄：

（同治）《榆次縣志》12/2a－3a，《中國地方志集成·山西府縣志輯》16，476頁上—下。

碑目題跋著錄：

《金石彙目分編》11/7b，《新編》1/28/21231 上。

《石刻名彙》2/16a，《新編》2/2/1032 下。

《崇雅堂碑錄》1/20b，《新編》2/6/4493 下。

（光緒）《山西通志·金石記二》90/21a，《新編》3/30/342 上。

《古誌彙目》1/7b，《新編》3/37/18。

《六朝墓誌檢要》（修訂本）131 頁。

《漢魏六朝碑刻校注·總目提要》編號 2015。

《北朝隋代墓誌所在總合目錄》編號 1011。

大統 027

李賢和妻吳輝墓誌并蓋

大統十三年（547）九月廿六日卒於州治，以其年十二月廿一日葬於高平。1983 年寧夏固原出土。蓋長 46.5、寬 46、厚 12 釐米。誌長 45、寬 44、厚 11 釐米。文正書，20 行，滿行 20 字。蓋篆書，3 行，行 3 字。首題：魏使持節假鎮北將軍征虜將軍大都督散騎常侍原州刺史上封縣開國公李賢和妻故長城郡君吳氏墓誌銘。蓋題：魏故李氏吳郡君之銘。

著錄：

《漢魏六朝碑刻校注》8 冊 202—203 頁。（圖、文）

《寧夏歷代碑刻集》3—4 頁。（圖、文）

《固原歷代碑刻選編》68—69 頁。（圖、文）

《漢魏南北朝墓誌彙編》384 頁。（文）

《全北魏東魏西魏文補遺》404 頁。（文）

《漢魏六朝碑刻校注·總目提要》編號 2019。（目）

《北朝隋代墓誌所在總合目錄》編號 1012。（目）

論文：

寧夏回族自治區博物館、寧夏固原博物館：《寧夏固原北周李賢夫婦墓發掘簡報》，《文物》1985 年第 11 期。

《勒石留香——寧夏固原博物館藏魏晉南北朝時期墓誌賞析》，《文物天地》2017 年第 9 期。

大統 028

司空周惠達碑

大統十三年（547）。在咸陽縣。文隸書。篆書額題：大魏故司空匡穆周公之碑銘。

碑目題跋著錄：

《金石錄補》8/1b－2a，《新編》1/12/9028 上—下。

《陝西金石志》6/15a,《新編》1/22/16437 上。

《石墨鐫華》1/14b,《新編》1/25/18599 下。

《寰宇訪碑錄》2/9a,《新編》1/26/19865 上。

《金石彙目分編》12（1）/74a,《新編》1/28/21313 下。

《石刻題跋索引》35 頁右,《新編》1/30/22373。

《天下金石志》6/8,《新編》2/2/834 下。

《關中金石文字存逸考》6/1b–2a、11/24b,《新編》2/14/10497 上—下、10631 下。

《語石》8/26b,《新編》2/16/12006 下。

《古林金石表》9b,《新編》2/20/14898 上。

《佩文齋書畫譜·金石》62/10b 上,《新編》3/2/56 上。

《西安碑目·咸陽縣》,《新編》3/37/265 上。

《漢魏六朝墓銘纂例》4/5b,《新編》3/40/461 上。

《金石備攷·西安府》,《新編》4/1/30 下。

《六藝之一錄》60/1a,《新編》4/5/98 上。附王家瑞《咸陽金石遺文》。

備考：周惠達,《周書》卷二二、《北史》卷六三有傳。

大統 029

天水王妃韓樂妃墓誌

大統十四年（548）二月四日卒於長安縣之永貴里，其年三月十八日葬於山北縣小陵原。陝西西安長安區出土。誌高 29、寬 33.5 釐米。文 15 行，滿行 13 字，隸書。首題：大魏平東將軍秘書監天水王故妃韓氏墓誌銘。

圖版著錄：

《秦晉豫新出墓誌蒐佚續編》1 冊 112 頁。

碑目著錄：

《北京大學圖書館藏歷代墓誌拓片目錄》編號 00518。

大統 030

長孫儁墓誌

大統十四年（548）五月十七日卒，其年十月廿二日祔葬於文宣王之塋。2010 年西安市南郊高望村航天工地出土，石藏西安市文物保護考古所。誌高、寬均 47 釐米。文 26 行，滿行 27 字，正書。首題：魏故使持節驃騎大將軍開府儀同三司太子太傅後軍大都督侍中雍州刺史平高公長孫使君墓誌。

碑目著錄：

《北朝隋代墓誌所在總合目錄》編號 1013。

論文：

陳財經、王建中：《新出土北朝長孫氏墓誌三方考略》，《碑林集刊》第 17 輯，2011 年。（圖、文）

備考：長孫子彥，本名儁，《魏書》卷二五、《北史》卷二二有傳。

大統 031

侯興墓誌

大統三年（537）卒，大統十五年（549）四月廿四日遷葬於山北縣小陵原。西安市長安區出土，2012 年入藏西安碑林博物館。誌高 32.1、寬 33、厚 13.5 釐米。文 10 行，滿行 11 字，正書。首題：故中軍將軍郢州刺史侯使君墓誌。

著錄：

《西安碑林博物館新藏墓誌續編》上冊 5—6 頁。（圖、文）

大統 032

任小香磚誌

大統十五年（549）八月廿八日。磚高、寬均 17 釐米。文正書，3 行，行 4 至 6 字不等。

著錄：

《北京圖書館藏中國歷代石刻拓本匯編》6 冊 21 頁。（圖）

《中國古代磚刻銘文集》上、下冊編號 1007。（圖、文）

《漢魏南北朝墓誌彙編》384 頁。（文）

《全北魏東魏西魏文補遺》405 頁。（文）

《漢魏六朝碑刻校注·總目提要》編號 2024。（目）

《北朝隋代墓誌所在總合目錄》編號 1015。（目）

大統 033

朱龍妻任氏墓誌

卒於長安，葬於滻川西陵，大統十五年（549）十月廿七日。1956年陝西省西安市東郊韓森寨出土，現藏西安碑林博物館。誌高、寬均38釐米。文15行，滿行16字，正書。首題：魏故定安縣君任氏墓誌。

著錄：

《西安碑林全集》66/982－983。（圖）

《新中國出土墓誌·陝西（貳）》上冊4頁（圖）、下冊2頁（文）。

《漢魏六朝碑刻校注》8冊211—212頁。（圖、文）

《全北魏東魏西魏文補遺》405頁。（文）

《漢魏六朝碑刻校注·總目提要》編號2023。（目）

《北朝隋代墓誌所在總合目錄》編號1014。（目）

大統 034

韋彧妻柳敬憐墓誌

大統十五年（549）十一月十九日薨，十六年（550）二月四日合葬杜陵舊兆洪固鄉疇貴里。1998年陝西省西安市長安縣韋曲北原出土。誌高43、寬45釐米。文正書，23行，滿行23字。首題：魏故使持節撫軍將軍豫雍二州刺史陰槃縣開國文烈公韋彧妻澄城郡君柳墓銘。

著錄：

《漢魏六朝碑刻校注》8冊213—214頁。（圖、文）

《新出魏晉南北朝墓誌疏證》（修訂本）226—227頁。（文、跋）

《全北魏東魏西魏文補遺》405—406頁。（文）

《漢魏六朝碑刻校注·總目提要》編號2025。（目）

《北朝隋代墓誌所在總合目錄》編號1016。（目）

《北京大學圖書館藏歷代墓誌拓片目錄》編號00519。（目）

論文：

周偉洲、賈麥明、穆小軍《新出土的四方北朝韋氏墓誌考釋》，《文博》2000年第2期。

牟發松、蓋金偉：《新出四方北朝韋氏墓誌校注》，《故宮博物院院刊》2006 年第 4 期。

備考：柳敬憐夫韋彧，《魏書》卷四五有傳。

大統 035

謝婆仁磚誌

大統十六年（550）七月九日。1991 年出土於陝西省咸陽市陝西省郵電學校內。磚高 32.6、寬 16、厚 6.5 釐米。文正書，3 行，行 2 至 9 字。

著錄：

《中國古代磚刻銘文集》上、下冊編號 1008。（圖、文）

《新出魏晉南北朝墓誌疏證》（修訂本）228 頁。（文、跋）

《全北魏東魏西魏文補遺》406 頁。（文）

《漢魏六朝碑刻校注・總目提要》編號 2026。（目）

《北朝隋代墓誌所在總合目錄》編號 1017。（目）

論文：

劉衛鵬：《咸陽西魏謝婆仁墓清理簡報》，《考古與文物》2003 年第 1 期。

劉衛鵬：《咸陽西魏謝婆仁墓》，《文博》2004 年第 1 期。

馬永強、孫愛芹：《咸陽出土西魏墓磚銘商榷》，《考古與文物》2004 年第 4 期。

李朝陽：《陝西關中出土的西晉十六國時期磚誌考述》，《文博》2012 年第 6 期。

大統 036

楊泰妻元氏墓誌

大統十五年（549）卒於長安，十七年（551）三月廿八日同葬於華陰潼鄉。1969 年陝西華陰司家村出土，《新中國出土墓誌》云：1957 年華陰縣五方鄉五方村出土，石存西嶽廟文物管理所。誌高、寬均 43 釐米。文正書，14 行，滿行 18 字。首題：魏故平西將軍汾州刺史華陰伯楊保元妻華山郡主元氏誌銘。

著錄：

《新中國出土墓誌・陝西（壹）》上冊 20 頁（圖）、下冊 16—17 頁（文）。

《華山碑石》19 頁（圖）、243 頁（文）。
《漢魏六朝碑刻校注》8 冊 218—219 頁。（圖、文）
《漢魏南北朝墓誌彙編》385 頁。（文）
《全北魏東魏西魏文補遺》406—407 頁。（文）
《漢魏六朝碑刻校注·總目提要》編號 2029。（目）
《北朝隋代墓誌所在總合目錄》編號 1018。（目）
《北京大學圖書館藏歷代墓誌拓片目錄》編號 00520。（目）

論文：

杜葆仁、夏振英：《華陰潼關出土的北魏楊氏墓誌考證》，《考古與文物》1984 年第 5 期。

李文才：《華陰出土北魏楊氏墓誌考釋》，《陝西歷史博物館館刊》第 14 輯，2007 年。

大統 037

楊褒墓誌

大統十六年（550）十一月六日卒，以十七年（551）三月廿九日葬。王其禕藏拓。未見拓本。首題：魏故假節征虜將軍東雍州刺史楊君墓誌。

著錄：

《北朝隋代墓誌所在總合目錄》編號 1019。

論文：

王慶衛、王煊：《隋代弘農楊氏續考——以墓誌銘為中心》，《碑林集刊》第 12 輯，2006 年。（文）

西魏廢帝

廢帝 001

劉晦暨妻韋氏墓誌

正光四年（523）卒於洛陽文華里，夫人韋氏永熙元年（532）終於河南陸渾之頻陰里，廢帝元年（552）正月合葬於弘農城東。1985—1995 年在河南三門峽市西北部發掘出土。誌高、寬均 48.5 釐米，厚 8 釐米。文 19 行，滿行 19 字，正書。

碑目著錄：

《漢魏六朝碑刻校注·總目提要》編號2031。

《北朝隋代墓誌所在總合目錄》編號1020。

論文：

三門峽市文物考古研究所：《河南三門峽市北朝和隋代墓葬清理簡報》，《華夏考古》2009年第4期。（圖8、文）

備考：《華夏考古》云，墓主姓氏不得而知，"劉"姓從何得來？待考。

廢帝002

舒史軍墓誌

卒於長安，廢帝元年（552）三月十四日葬在藍田。1997年8月在陝西省藍田縣馮家村鄉營坡磚瓦廠出土。誌高、寬均41釐米、厚8釐米。文16行，滿行16字，正書。首題：□軍持節兗州刺史舒史軍墓。

碑目著錄：

《北朝隋代墓誌所在總合目錄》編號1021。

論文：

阮新正：《陝西藍田發現的西魏紀年墓》，《考古與文物》2006年第2期。（圖、文）

廢帝003

韋隆墓誌

大統十七年（551）十二月薨於本邑，西魏廢帝元年（552）十月廿七日葬於杜原。陝西省出土，現藏西安市長安博物館。拓片高39.5、寬41釐米。文正書，16行，滿行18字。首題：魏持節安西將軍贈南秦州刺史韋使君墓誌。

著錄：

《漢魏六朝碑刻校注》8冊222—223頁。（圖、文）

《漢魏六朝碑刻校注·總目提要》編號2034。（目）

《北朝隋代墓誌所在總合目錄》編號1022。（目）

廢帝 004

柳𤞤天墓誌

大統十四年（548）閏月亡於陰磐之曲漕鄉，以今二年（553）二月十六日祔葬。陝西西安出土。誌高 36、寬 33 釐米。文正書，8 行，滿行 11 字。

著錄：

《新見北朝墓誌集釋》114—115 頁。（圖、文、跋）

廢帝 005

柳檜墓誌

廢帝元年（552）山南寇亂，陷於華陽，以二年（553）二月十六日權葬小陵原，去長安卅里。陝西西安出土。誌高 45、寬 43 釐米。文正書，20 行，滿行 20 字。首題：魏故持節撫軍將軍大都督通直散騎常侍東梁州刺史萬年縣開國子柳君墓誌。

著錄：

《新見北朝墓誌集釋》116—119 頁。（圖、文、跋）

備考：柳檜，《周書》卷四六、《北史》卷六四有傳。

廢帝 006

韋彪妻柳遺蘭墓誌

西魏廢帝二年（553）二月廿日。1998 年出土於陝西省西安市長安縣韋曲北原。誌高 39.5、寬 39 釐米。文正書，14 行，滿行 14 字。首題：車騎大將軍廷尉卿儀同三司頻陽縣開國侯京兆韋彪妻河東郡南解縣柳遺蘭之墓銘。

著錄：

《漢魏六朝碑刻校注》8 冊 224—225 頁。（圖、文）

《新出魏晉南北朝墓誌疏證》（修訂本）229—230 頁。（文、跋）

《漢魏六朝碑刻校注・總目提要》編號 2035。（目）

《北朝隋代墓誌所在總合目錄》編號 1023。（目）

論文：

周偉洲、賈麥明、穆小軍《新出土的四方北朝韋氏墓誌考釋》，《文博》2000 年第 2 期。

牟發松、蓋金偉：《新出四方北朝韋氏墓誌校注》，《故宮博物院院刊》2006 年第 4 期。

廢帝 007

朱欣墓誌并蓋

西魏廢帝元年（552）八月廿日卒於涇州安定郡大廻原烏氏里，以二年（553）二月廿七日葬於樊川南中鄉原。據云 21 世紀初出土於陝西省西安市。誌高、寬均 44.5 釐米；蓋高 26.5、寬 28.5 釐米。蓋 3 行，行 3 字，篆書。誌文 19 行，滿行 19 字，正書。蓋題：魏故肆州刺史朱君誌。首題：魏故使持節中軍將軍肆州刺史朱公墓誌銘。

圖版著錄：

《秦晉豫新出墓誌蒐佚續編》1 冊 119—120 頁。

廢帝 008

楊穆墓誌

西魏廢帝二年（553）十一月二十五日葬。陝西華陰出土。拓片高 43.5、寬 42.5 釐米。文隸書，24 行，滿行 25 字。首題：□故使持節驃騎大將軍開府儀同三司侍中華州刺史澄城縣開國伯楊君之墓誌。

碑目著錄：

《北京大學圖書館藏歷代墓誌拓片目錄》編號 00521。

備考：楊穆，《周書》卷二二、《北史》卷四一有傳，《魏書》卷五八附《楊鈞傳》。

廢帝 009

吳飈墓誌

西魏廢帝二年（553）十月卒於家，以十二月廿二日葬於華陰東原。據云近年出土於陝西省華陰縣。誌高、寬均 47 釐米。文 17 行，滿行 20 字，正書。首題：魏故假節假龍驤將軍譙州刺史吳君墓誌。

圖版著錄：

《秦晉豫新出墓誌蒐佚續編》1 冊 121 頁。

廢帝 010

韋孝寬妻鄭毗羅墓誌

西魏廢帝二年（553）。1990年在陝西省長安縣韋曲鎮北原出土。形制未詳，未見圖版和錄文。

碑目著錄：

《漢魏六朝碑刻校注·總目提要》編號2036。

論文：

戴應新：《韋孝寬墓誌》，《文博》1991年第5期，第54頁。

廢帝 011

趙悅墓誌

大統十四年（548）卒於第，西魏廢帝三年（554）□月三日遷葬於長樂鄉中原里。1994年初戶縣大上鎮兆倫村出土，現藏戶縣文物管理委員會。誌高34、寬34、厚6.5釐米。文16行，滿行16字，字體隸正之間。首題：□故雍州杜縣令趙君墓誌銘并□。

著錄：

《新中國出土墓誌·陝西〔叁〕》上冊5頁（圖）、下冊2頁（文）。

《北朝隋代墓誌所在総合目錄》編號1024。（目）

西魏恭帝

恭帝 001

王琳（字玉賢）墓誌

西魏大統八年（542）五月十四日終於位，以（恭帝）二年（555）十一月七日遷葬於鄀州使君神塋之南。誌石尺寸不詳。文18行，滿行22字，正書。首題：魏故車騎大將軍儀同三司定州刺史王公墓誌銘。

著錄：

《珍稀墓誌百品》12—13頁。（圖、文、跋）

西魏無年號

無年號 001
西魏荊州刺史長孫儉清德頌

西魏（535—556）。在南陽府鄧州。

碑目題跋著錄：

《金石彙目分編》9（4）/66b，《新編》1/28/21068 下。

《諸史碑銘錄目·周書》，《新編》3/37/334 上。

備考：長孫儉，《周書》卷二六、《北史》卷二二有傳。

無年號 002
西魏秦州刺史元遐碑

又名：君遐碑。西魏（535—556）。碑出土於甘肅天水，民國十四年移置天水中學。尺寸未詳。文正書，28 行，行字不等，下殘。陰題名 2 列，上列 13 行，下列 9 行，下殘。

著錄：

《隴右金石錄》1/37b – 39a，《新編》1/21/15971 上—15972 上。（文、跋）

《全北魏東魏西魏文補遺》81 頁。（文）

《魯學齋金石文跋尾》，《新編》3/38/372 – 373。（跋）

《碑帖鑒定》155 頁。（目）

《善本碑帖錄》2/63。（目）

淑德大學《中國石刻拓本目錄》"碑碣等刻石" 編號 437。（目）

無年號 003
西魏張將軍墓碣

西魏（535—556）。在南陽府冠軍故城。

碑目著錄：

《墨華通考》卷 7，《新編》2/6/4384 下。

北朝·魏

北朝·魏

北朝·魏 001

曹永康磚誌

北朝·魏（386—556）。磚高35、寬18釐米。文正書，2行，行6字。

著錄：

《北京圖書館藏中國歷代石刻拓本匯編》6冊197頁。（圖）

《中國古代磚刻銘文集》上、下冊編號1050。（圖、文）

《漢魏南北朝墓誌彙編》505頁。（文）

《全北魏東魏西魏文補遺》411頁。（文）

《漢魏六朝碑刻校注·總目提要》編號2502。（目）

《北朝隋代墓誌所在總合目錄》編號1173。（目）

北朝·魏 002

城皋縣人□□墓記磚

北朝·魏（386—556）八月十日。1996年河南滎陽市出土。尺寸不詳。兩面刻，文正書，均1行4字。

著錄：

《中國古代磚刻銘文集》上、下冊編號1051。（圖、文）

《北朝隋代墓誌所在總合目錄》編號1192。（目）

論文：

鄭州市文物開骨研究所、滎陽市文物保管所：《鄭州市幾座隋墓的發掘》，《中原文物》1997年第3期。

北朝・魏 003
董保和墓記磚

北朝・魏（386—556）。1996年河南滎陽市出土。尺寸不詳。文正書，1行3字。

著錄：

《中國古代磚刻銘文集》上、下冊編號1052。（圖、文）

《北朝隋代墓誌所在總合目錄》編號1193。（目）

論文：

鄭州市文物考古研究所等：《鄭州市幾座隋墓的發掘》，《中原文物》1997年第3期。

北朝・魏 004
劉登墓記磚

北朝・魏（386—556），或作東魏（534—550），暫從前者。高一尺一寸四分，廣五寸六分。文隸書，1行4字。

著錄：

《中國磚銘》圖版下冊941頁。（圖）

《中國古代磚刻銘文集》上、下冊編號1054。（圖、文）

《雪堂專錄・專誌徵存》8b，《羅雪堂先生全集》五編3冊1280頁。（文）

《蒿里遺文目錄》3上/4a，《新編》2/20/14982下。（目）

《北朝隋代墓誌所在總合目錄》編號1195。（目）

北朝・魏 005
明副恭墓記磚

北朝・魏（386—556）。山東桓台縣出土。尺寸不詳。文正書，1行6字。

著錄：

《中國古代磚刻銘文集》上、下冊編號1056。（圖、文）

《北朝隋代墓誌所在總合目錄》編號1196。（目）

北朝·魏 006

宋義墓記磚

北朝·魏（386—556）。近年河北磁縣出土，藏河北正定縣墨香閣。磚高30.2、寬16、厚4.8釐米。文正書，1行2字。

著錄：

《金石拓本題跋集萃》58頁。（圖）

《中國古代磚刻銘文集》上、下冊編號1057。（圖、文）

《北朝隋代墓誌所在總合目錄》編號1197。（目）

《北京大學圖書館藏歷代墓誌拓片目錄》編號00524。（目）

北朝·魏 007

孫烏路墓記磚

又名：孫軍女烏路甄。北朝·魏（386—556），或作東魏（534—550），暫從前者。定海方若舊藏。高一尺二寸八分，廣六寸一分。文草隸書，1行5字。

著錄：

《中國磚銘》圖版下冊949頁右。（圖）

《中國古代磚刻銘文集》上、下冊編號1058。（圖、文）

《雪堂專錄·專誌徵存》8b，《羅雪堂先生全集》五編3冊1280頁。（文）

《蒿里遺文目錄》3上/4a，《新編》2/20/14982下。（目）

《北朝隋代墓誌所在總合目錄》編號1198。（目）

北朝·魏 008

孫□殘墓記磚

北朝·魏（386—556）□月八日。端方舊藏。磚高11、寬12釐米。文隸書，2行，行3或5字。

著錄：

《中國古代磚刻銘文集》上、下冊編號1059。（圖、文）

《北朝隋代墓誌所在總合目錄》編號1199。（目）

《北京大學圖書館藏歷代墓誌拓片目錄》編號00525。（目）

北朝·魏 009
信始將墓記磚

又名：頓丘人墓磚。北朝·魏（386—556），或作三國魏刻，暫從前者。河南清豐出土，上虞羅振玉舊藏。磚高 18、寬 13 釐米。文正書兼隸書，2 行，行存 4 字。

著錄：

《北京圖書館藏中國歷代石刻拓本匯編》2 冊 28 頁。（圖）

《中國古代磚刻銘文集》上、下冊編號 1061。（圖、文）

《雪堂專錄·專誌徵存》8a，《羅雪堂先生全集》五編 3 冊 1279 頁。（文）

《北朝隋代墓誌所在總合目錄》編號 1200。（目）

北朝·魏 010
楊興墓記磚

北朝·魏（386—556），《蒿里遺文目錄補遺》置於晉前，暫附北朝·魏。尺寸不詳，隸書，1 行 2 字。

著錄：

《中國磚銘》圖版下冊 961 頁。（圖）

《中國古代磚刻銘文集》上、下冊編號 1062。（圖、文）

《蒿里遺文目錄補遺》11a，《新編》2/20/15001 上。（目）

《北朝隋代墓誌所在總合目錄》編號 1201。（目）

北朝·魏 011
張景和墓記磚

北朝·魏（386—556）。磚高 27、寬 14.5 釐米。文正書，1 行 3 字，上方又 1 字，利用廢磚刻就。

著錄：

《中國古代磚刻銘文集》上、下冊編號 1063。（圖、文）

《北朝隋代墓誌所在總合目錄》編號 1202。（目）

北朝·魏 012

張虎妻趙氏墓記磚

北朝·魏（386—556）。尺寸不詳。正、側面刻字，隸書，面 2 行，行 2 或 6 字；側 1 行 5 字。

著錄：

《中國磚銘》圖版下冊 972 頁上。（圖）

《中國古代磚刻銘文集》上、下冊編號 1064。（圖、文）

《北朝隋代墓誌所在總合目錄》編號 1203。（目）

北朝·魏 013

趙豪妻公乘墓記磚

北朝·魏（386—556），或作漢代，暫附北朝·魏。近年河北出土，藏河北正定縣民間。磚高 34、寬 17.5 釐米。文正書兼隸書，2 行，行 3 或 5 字。

著錄：

《中國古代磚刻銘文集》上、下冊編號 1065。（圖、文）

《金石拓本題跋集萃》38 頁。（圖）

《北朝隋代墓誌所在總合目錄》編號 1204。（目）

北朝·魏 014

趙年殘磚誌

北朝·魏（386—556）。磚高 35、寬 17 釐米。文正書，1 行 3 字。

著錄：

《北京圖書館藏中國歷代石刻拓本匯編》6 冊 203 頁。（圖）

《中國古代磚刻銘文集》上、下冊編號 1066。（圖、文）

《北朝隋代墓誌所在總合目錄》編號 1205。（目）

北朝·魏 015

趙嚮妻郭氏墓記磚

北朝·魏（386—556）。磚高 34、寬 18.5 釐米。正書兼隸書，2 行，行 3 至 4 字。

著錄：

《中國磚銘》圖版下冊 954 頁。（圖）
《中國古代磚刻銘文集》上、下冊編號 1067。（圖、文）
《蒿里遺文目錄》3 上/2a，《新編》2/20/14951 下。（目）
《北朝隋代墓誌所在總合目錄》編號 1206。（目）
《北京大學圖書館藏歷代墓誌拓片目錄》編號 00527。（目）